W0236460

Kirsten John

„Mein Vater wird gesucht ...“

Häftlinge des Konzentrationslagers
in Wewelsburg

Umschlagabbildungen:
Die Luftaufnahme zeigt das Lagergelände östlich von Wewelsburg,
23.3.1945 (Royal Air Force, Großbritannien)
Die weiteren Aufnahmen (v. l. n. r.):
1. Georg Klohe, ca. 1908 (Addi Klohe, Offenburg)
2. Otto Preuss (5. v. rechts) mit seiner Agitprop-Gruppe
"Die Roode Rebellen", 1934 (Otto Preuss, s'Gravenwezel/Belgien)
3. Günther Ransenberg und seine Schwester Inge, 1938
(Friedel Ransenberg, Westbridgewater/USA)

Die Deutsche Bibliothek - CIP-Einheitsaufnahme

John, Kirsten:
„Mein Vater wird gesucht ..." : Häftlinge des
Konzentrationslagers in Wewelsburg / Kirsten John. - 1. Aufl. -
Essen : Klartext-Verl., 1996
    (Historische Schriften des Kreismuseums Wewelsburg ; Bd. 2)
    ISBN 3-88474-542-5
NE: Kreismuseum <Wewelsburg> : Historische Schriften des ...

1. Auflage Dezember 1996
Layout und Satz: SCRIPTORIUM, Münster
Druck: Runge, Cloppenburg
© Klartext Verlag, Essen 1996
ISBN 3-88474-542-5

Zum Geleit

1934 pachtete Heinrich Himmler die Wewelsburg, die er zu einer Kultstätte für die SS umbauen wollte. Er ließ im Dorf Wewelsburg ein Konzentrationslager errichten, um die KZ-Häftlinge für die Umbauarbeiten einzusetzen. Unter möderischen Bedingungen wurden zwischen 1939 bis 1945 mehr als 3 900 Häftlinge in Wewelsburg inhaftiert. 1 285 Häftlinge überlebten die Torturen nicht.

Als heutiger Eigentümer der Wewelsburg ist sich der Kreis Paderborn der Verantwortung zur Wahrung des Vermächtnisses der Opfer des SS-Terrors bewußt. Mit der 1982 eröffneten Ausstellung *Wewelsburg 1933 - 1945. Kult- und Terrorstätte der SS* werden die Ereignisse der Jahre 1933 bis 1945 in Wewelsburg dargestellt und die Erinnerung an die Opfer des KZ Niederhagen wachgehalten. Bei der Eröffnung gab es nur wenige Unterlagen zu den Häftlingen des Konzentrationslagers. In den 14 Jahren des Bestehens der Dokumentation wurde von den Mitarbeiterinnen und Mitarbeitern des Kreismuseums Wewelsburg Material zusammengetragen, das neben Dokumenten zur Geschichte der Wewelsburg vor allem auch Unterlagen und Fotos der Verfolgten umfaßt. Die Mitarbeiter des Kreismuseums suchen den Kontakt zu den Überlebenden und den Angehörigen der Opfer des SS-Terrors, um ihnen Ansprechpartner bei der Aufarbeitung ihrer eigenen Geschichte oder ihrer Angehörigen zu sein. Jeder noch so kleine Hinweis auf die Opfer des Konzentrationslagers trägt ein weiteres Stück zur Erhellung der Geschichte des Lagers und der Menschen, die dort eine Zeit ihres Lebens verbringen mußten, bei. Es sind gerade die individuellen Erinnerungen und Erfahrungen der Zeitzeugen, die das Vergangene eindringlich schildern. In diesem Buch erscheinen die KZ-Häftlinge nicht als namenlose, unpersönliche Masse, sondern als Individuen, die ihre eigene Geschichte erlebt haben und von der ein Teil hier wiedergegeben wird. Mehr als 50 Jahre nach Kriegsende ist es dringend notwendig, die persönlichen Erfahrungen der meist schon betagten Zeitzeugen aufzuschreiben und für die Jüngeren zu bewahren. Denn gerade an den persönlichen Schicksalen wird die Vergangenheit nachvollziehbar.

Die Dokumentation erfüllt den Auftrag der politischen Bildung, die nachwachsenden Generationen über das Funktionieren der nationalsozialistischen Diktatur aufzuklären, damit sie der politischen Entwicklung ihrer Gegenwart sensibel gegenüberstehen können. Zwar wiederholt sich Geschichte nicht, doch bestehen Grundmuster gesellschaftlicher Ausgrenzung bestimmter Gruppen in Krisenzeiten fort. Die Biographien in diesem Band zeigen eindringlich, was geschieht, wenn ein Staat seine Machtmittel in den Dienst einer Ideologie stellt, die Vorurteile zu ihren Grundsätzen erhebt: Hoheitsträger werden zu Mordgehilfen oder gar zu Mördern, unbescholtene Bürger des eigenen Landes und eroberter Staaten aufgrund bestimmter Merkmale ihrer Andersartigkeit zu Opfern. Es erscheint uns als Herausgebern wichtig, daran zu gemahnen, daß dieses in unserer Heimat möglich wurde. Öffentliches Erinnern kann den Tod eines Angehörigen, das zugefügte Leid nicht wieder gut machen; daß die Schicksale in dieser Form dokumentiert werden, verleiht den Toten und Verfolgten jedoch wieder ein Stück ihrer Würde, die ihnen der NS-Staat entzogen hat. Die öffentliche Würdigung verweist darauf, daß der Staat in der demokratischen, christlich geprägten Ordnung auf Recht und Gesetz beruht und die unveräußerlichen Rechte eines jeden Menschen in seinem Einflußbereich zu schützen hat.

Reinhold Stücke
Landrat des Kreises Paderborn

Dr. Rudolf Wansleben
Oberkreisdirektor des Kreises Paderborn

Vorwort

„Mein Vater wird gesucht ..."

Dieses Zitat ist einem Gedicht Hans Drachs entnommen, in dem ein Sohn von seinem Vater erzählt, der von der Gestapo gehetzt und gefangen genommen wurde. Seine Mutter erhält die Nachricht, er hätte sich erhängt, doch in Wirklichkeit wurde er von der SA erschossen. Wenige Jahre später bewahrheitet sich der Inhalt seines Gedichtes – in Drachs eigenem Leben: Aus dem sowjetischen Exil wird er an die Gestapo ausgeliefert und ins Konzentrationslager gebracht. Am 10. Dezember 1941 stirbt Hans Drach im KZ Niederhagen in Wewelsburg. Die offizielle Todesursache lautet: "Selbstmord durch Erhängen". Neben der literarischen Bedeutung des Zitates werden noch zwei Interpretationen greifbar: Für einen Großteil der Opfer des Konzentrationslagers in Wewelsburg bedeutete *„Mein Vater wird gesucht ..."* Flucht vor der Gestapo und der SS. Für viele Angehörige versinnbilicht dieser Satz aber auch die verzweifelte Suche nach ihren Vätern und Verwandten. Es gehört zu den eindrucksvollsten Augenblicken der Gedenkstättenarbeit in Wewelsburg, wenn Angehörige der im Lager Verstorbenen das erste Mal an den Ort kommen, den sie nur aus der Sterbeurkunde ihres Vaters kennen. Erst dann ist die Suche nach dem Vater für sie abgeschlossen. Für andere endet die Suche nicht, denn noch heute gelten viele der in Wewelsburg gestorbenen Häftlinge als vermißt, ohne daß die Angehörigen wissen, wo und wie ihre Väter gestorben sind.

Der erste Teil der vorliegenden Arbeit ist die gekürzte und aktualisierte Fassung meiner 1992 als Magisterarbeit an der Philosophischen Fakultät der Westfälischen-Wilhelms-Universität bei Prof. Dr. Hans-Ulrich Thamer eingereichten Studie. Die Häftlingsbiographien hingegen sind neu erarbeitet worden. Für einen Teil der Biographien konnte ich auf die langjährige Archivarbeit des Kreismuseums Wewelsburg zurückgreifen, das seit dem Bestehen der Dokumentation *Wewelsburg 1933 - 1945. Kultund Terrorstätte der SS* (1982) den Kontakt zu den überlebenden Zeitzeugen und den Angehörigen der Opfer des Konzentrationslagers aufbaute und pflegt.

Mein herzlicher Dank gilt dem Leiter des Kreismuseums, Wulff E. Brebeck, der den Anstoß für diese Forschungsarbeit gab. Die Gespräche mit ihm und seine kritischen Anregungen erwiesen sich als wichtige und ermutigende Unterstützung. Besonderen Dank sagen möchte ich auch den Zeitzeugen und Angehörigen der Opfer des KZ Niederhagen, die meine Studie durch zahlreiche Hinweise förderten. Ohne ihr Vertrauen, das sie mir während meiner Arbeit in Gesprächen entgegenbrachten, und ihre Offenheit, mir zahlreiche private Unterlagen zur Verfügung zu stellen, hätte diese Studie nicht entstehen können. Ich danke Herbert Baron, Prof. Dr. Waleri Berdjajew, Paul Buder (†), Gerhard Claus, Joachim Escher, Max Hollweg, Zbigniew Jaworski, Karlheinz Kellermann, Friedrich Klingenberg, Addi Klohe, Alois Moser (†), Otto Preuss-Hermans, Friedel Ransenberg, Annerose Schmeichel, Heinrich Schürmann, Prof. Dr. Heinz Schumann, Henriette Schwalm, Georgina Sorm Beachell, Irena Tatara, Johannes Visser und Mark Weidmann für ihre Hilfsbereitschaft. Leider war es nicht möglich, von allen Überlebenden eine eigenständige Biographie für diese Arbeit anzufertigen, ich konnte nur eine bestimmte Anzahl von Schicksalen berücksichtigen. Ich hoffe aber, daß sich auch die übrigen Überlebenden in den Zitaten und Berichten der Studie wiederfinden.

Desweiteren danke ich Dr. Detlef Garbe für seine konstruktiven Hinweise auf seinem Forschungsgebiet, der Verfolgung der Zeugen Jehovas im Nationalsozialismus. Auch den Mitarbeiterinnen und Mitarbeitern staatlicher und kommunaler Archive, die meine Recherche unterstützten, sei gedankt. Nicht unerwähnt bleiben soll die Unterstützung durch Bernd Klar von der Wachtturm Bibel- und Traktat-Gesellschaft, Selters. Mein Dank gilt auch Andreas Pflock und Jörg Piron, die die Mühe auf sich nahmen, die Arbeit vor der Drucklegung kritisch durchzusehen. Dr. Michael Drewniok sei für seinen Rat und seine geduldige Hilfe bei den technischen Vorbereitungen des Textes für den Druck gedankt.

Zu besonderem Dank verpflichtet bin ich dem Kreis Paderborn für seine finanzielle Unterstützung zur Drucklegung meiner Arbeit und seine Bereitschaft, die Studie als zweiten Band in der Schriftenreihe *Historische Schriften des Kreismuseums Wewelsburg* aufzunehmen. Nicht zuletzt danke ich meinen Eltern und Meinhard Stucke, die sich stets als aufmerksame Gesprächspartner erwiesen haben, wenn mich die Thematik zu sehr zu belasten drohte.

Büren-Wewelsburg, Oktober 1996   Kirsten John

Inhaltsverzeichnis

IV.   Häftlingsgruppen und Häftlinge des Konzentrationslagers
        in Wewelsburg

I.   Einleitung

1.   Zur Fragestellung

Das Konzentrationslager Niederhagen in Wewelsburg[1] wurde 1941 zum kleinsten selbständigen Konzentrationslager auf dem Gebiet des Deutschen Reiches erhoben. Wewelsburg liegt in der Nähe von Paderborn in Westfalen. Das Dorf verdankt seinen Namen der Wewelsburg, einer seit dem Mittelalter befestigten Burganlage auf dem im Dorf liegenden Bergsporn. Anfang des 17. Jahrhunderts wurde die heutige Wewelsburg im Stil eines Weserrenaissance-Schlosses erbaut. Das Konzentrationslager stand in unmittelbarer Verbindung zum SS-Bauprojekt "Wewelsburg". Zu den Bauarbeiten an der Burg wurden seit 1939 KZ-Häftlinge herangezogen. Zunächst kam ein Häftlingskommando aus dem KZ Sachsenhausen, das das bis dahin tätige Kommando des Reichsarbeitsdienstes ersetzte. Nach den Plänen Heinrich Himmlers sollte die Wewelsburg das geistig-ideologische Zentrum des SS-Ordens werden. Von 1939 bis zu seiner Auflösung im April 1943 zählte das Konzentrationslager insgesamt etwa 3 900 Häftlinge. Die Todesrate war sehr hoch, es starben nachweislich 1 285 Häftlinge in Wewelsburg. Nach der Auflösung verblieb ein Restkommando von 42 Ernsten Bibelforschern[2] in Wewelsburg, das im April 1945 von amerikanischen Truppen befreit wurde.

Die Häftlinge des Konzentrationslagers in Wewelsburg und ihre Verhaltensweisen, die durch unterschiedliche Aspekte bedingt wurden, stehen im Mittelpunkt der vorliegenden Arbeit. Entsprechend der von der SS vorgegebenen Häftlingskategorien sollen die den verschiedenen Häftlingsgruppen eigenen Verhaltensweisen herausgearbeitet und in Relation zu den Verhaltensformen anderer Gruppen gestellt werden.

[1] Um der wechselnden organisatorischen Stellung des Konzentrationslagers (Außenkommando des KZ Sachsenhausen und des KZ Buchenwald, Außenlager des KZ Sachsenhausen, selbständiges KZ Niederhagen) in Wewelsburg gerecht zu werden, wird allgemein die Bezeichnung "Konzentrationslager in Wewelsburg" verwendet. Die SS-offizielle Abkürzung KL für Konzentrationslager wird nur in Zitaten verwendet, ansonsten wird die bereits in der NS-Zeit von der Bevölkerung benutzte Abkürzung KZ gebraucht.

[2] "Ernste Bibelforscher" ist die ursprüngliche Bezeichnung für die Anhänger der 1874 in Pittsburg/Pennsylvania von Charles Taze Russel gegründeten religiösen Glaubensgemeinschaft der Zeugen Jehovas. Seine Anhänger wurden 1914 in London zur International Bible Students Association (Internationale Vereinigung Ernster Bibelforscher/Internationale Bibelforscher-Vereinigung/IBV) zusammengefaßt und nannten sich offiziell "Bibelforscher". 1931 wurde der neue Name "Zeugen Jehovas" angenommen. Da die alte Bezeichnung "Bibelforscher" weiterhin von den Gläubigen in der deutschen Öffentlichkeit und vor allem von den nationalsozialistischen Verfolgungsinstanzen gebraucht wurde, wird in dieser Arbeit auf beide Bezeichnungen zurückgegriffen.

Abb. 1:   Die Wewelsburg im Jahre 1939

Zugrunde gelegt wird eine These Falk Pingels[3] über Häftlingsverhalten. Pingel vertritt die Auffassung, *„daß die Häftlinge bereits mit einer 'Vorbelastung' ins Lager kamen, die Ausdruck ihrer individuellen Geschichte und objektiver historischer Prozesse der Zeit vor ihrer Einlieferung gleichermaßen ist "*[4]. Er nennt dies die *vorkonzentrationären* Eigenschaften oder Fähigkeiten der Häftlinge. Diese Prägung bestimmte im wesentlichen die Verhaltensweisen und Überlebenschancen der Häftlinge im Lager: ob der Häftling die Extrembedingungen des Konzentrationslagers überhaupt als "bewältigungswürdig" ansah und sich ihnen stellte und ob er *konzentrationäre Verhaltensstrategien* entwickeln konnte.[5]

[3] FALK PINGEL: Häftlinge unter SS-Herrschaft. Widerstand, Selbstbehauptung und Vernichtung im Konzentrationslager, Hamburg 1978, S. 10f.
[4] PINGEL, Häftlinge, S. 10f.
[5] PINGEL, Häftlinge, S. 11-13.

Neben den vorkonzentrationären Eigenschaften waren die Lebens- und Arbeitsbedingungen im Konzentrationslager in Wewelsburg die entscheidenden Faktoren zur
Bildung von Verhaltensweisen der Häftlinge. Arbeits- und Lebensbedingungen waren
Elemente der von der SS bewußt herbeigeführten Extremsituation im Konzentrationslager. Je nach Lagersituation waren die Häftlinge gezwungen, unterschiedliche Hand-
lungsformen zu assimilieren, um die extremen Lebensbedingungen zu bewältigen.[6] Die
Betrachtung der äußeren Lagergeschichte in Wewelsburg ist daher Vorbedingung für
das Verständnis der inneren Verhältnisse, der Existenzbedingungen und der *Häftlingsgesellschaft*.[7] Da vorausgesetzt wird, daß die Entwicklung der nationalsozialistischen
Herrschaft die Entwicklung der inneren Struktur der Konzentrationslager bedingte und
prägte, wird die Entwicklung des KZ-Systems in drei Zeitabschnitte eingeteilt.[8] Ausgehend von dieser These soll der Frage nachgegangen werden, inwieweit diese Abhängigkeit von der Entwicklung der nationalsozialistischen Herrschaft auch für die Lager-
entwicklung in Wewelsburg entscheidend war. Inwieweit beeinflußten gerade die
politischen und wirtschaftlichen Ziele der SS die Existenzbedingungen der Häftlinge
in Wewelsburg?

Im ersten Teil dieser Untersuchung soll daher die Geschichte des Konzentrationslagers in Wewelsburg dargestellt werden. Die übergreifenden Zusammenhänge der
Entwicklung des KZ-Systems werden skizziert, um die Voraussetzungen für eine
Einordnung des Lagers in Wewelsburg zu schaffen. Anschließend werden die welt-
anschaulichen und auch finanziellen Hintergründe des SS-Bauprojektes "Wewelsburg"
betrachtet, da hier die wirtschaftlichen und ideologischen Ziele der SS ansetzten. Auf
dieser Basis sollen die inneren Lagerverhältnisse in Wewelsburg aus der Perspektive
der Häftlinge untersucht werden.

Die Entwicklung des Konzentrationslagers in Wewelsburg läßt sich in fünf Ab-
schnitte teilen. Bestimmend waren hierbei nicht allein die Änderungen der organisatorischen Stellung des Lagers im KZ-System, sondern auch die sich durch äußere Einflüsse ergebende Zusammensetzung der Häftlingsbelegschaft und die sich ändernden
Existenzbedingungen:

---

[6] Das erfolgreiche Überleben der Lagersituation bei gleichzeitiger Bewahrung der eigenen Identität
war nur eine mögliche Verhaltensform. Zahlreiche psychologische Untersuchungen weisen darauf
hin, daß die Erfahrungen der Lagerhaft Verhaltensweisen begünstigten, die atavistisch erscheinen
und bei den Überlebenden als Schuld empfunden werden; vgl. "Überlebenssyndrom" bei BRUNO
BETTELHEIM: Erziehung zum Überleben. Zur Psychologie der Extremsituation, Stuttgart 1980, S. 38.
[7] Fachtermini werden nur bei ihrer ersten Nennung durch Kursivsetzung hervorgehoben; diskriminierende und ethisch bedenkliche Begriffe werden im gesamten Text durch Anführungszeichen gekennzeichnet. Zitate werden durch Kursivsetzung und Anführungszeichen kenntlich
gemacht.
[8] Vgl. PINGEL, Häftlinge, S. 13-15. In einem Aufsatz von 1981 gibt Pingel eine Zusammenfassung
seiner grundlegenden These, in: Die Konzentrationslagerhäftlinge im nationalsozialistischen Arbeitseinsatz, in: WACLAW DLUGOBORSKI (Hg.): Zweiter Weltkrieg und sozialer Wandel, Göttingen
1981, S. 151-163.

Abb. 2:   *Luftbild des Dorfes Wewelsburg und des Lagergeländes im Niederhagen, Ausschnitt einer*
         Aufnahme der britischen Aufklärung vom 22.2.1945

1. Phase: Mai 1939 - Januar 1940
2. Phase: Februar 1940 - August 1940
3. Phase: September 1940 - August 1941
4. Phase: September 1941 - April 1943
5. Phase: Mai 1943 - April 1945.

    Für jede Phase der sich ändernden Lagerentwicklung werden die Lebens- und
Arbeitsbedingungen der Häftlinge untersucht. Der Darstellung der Extrembedingun
gen in der Zeit von September 1940 bis April 1945 (Phasen 3 und 4) wird besonders
breiter Raum gewidmet, da sich in diesen Phasen sowohl die einzelnen Machtelemente
des SS-Terrors präzise herausarbeiten lassen als auch die typischen Merkmale eines
nationalsozialistischen Konzentrationslagers nachzuweisen sind.[9] In dieser Zeit des
Schutzhaftlagers in der Gemarkung Niederhagen lassen sich auch die Häftlingsgrup
pen in ihrer Vollständigkeit analysieren. Besondere Berücksichtigung findet dabei die
Gruppe der Ernsten Bibelforscher, die seit ihrem Verbot durch die Nationalsozialisten

---

[9] Zu den Typologien der Konzentrationslager s. ANDRZEJ J. KAMINSKI: Konzentrationslager 1896
bis heute. Geschichte. Funktion. Typologie, München, Zürich 1990.

4

1935 eine eigene Häftlingsgruppe im KZ-System bildeten.[10] Sie waren die erste Glaubensgemeinschaft, die verboten wurde, und nach den Juden die am stärksten verfolgte. In Wewelsburg bildeten sie die Kerngruppe, denn sie waren zweimal während der Lagergeschichte nahezu die einzige Häftlingsgruppe im Lager (Phasen 2 und 5).

Vor dem Hintergrund der im ersten Teil dargestellten Lebens- und Arbeitsbedingungen in den unterschiedlichen Lagerphasen läßt sich im zweiten Teil der Untersuchung die Aneignung von bestimmten Verhaltensweisen für die einzelnen Häftlingsgruppen darstellen. Die vorkonzentrationären Bedingungen und die Behandlung durch die SS werden dabei berücksichtigt. Das Verhältnis der Häftlinge innerhalb einer Kategorie zueinander sowie gegenüber anderen Häftlingsgruppen wird untersucht.

Die der allgemeinen Beschreibung einer Häftlingsgruppe folgenden Biographien einzelner Häftlinge sollen in diesem Zusammenhang nicht generell repräsentativ für eine Häftlingsgruppe stehen, sondern an ein jeweils individuelles Schicksal aus der jeweiligen Häftlingskategorie erinnern. Die Auswahl der Biographien mußte sich dem Kenntnisstand der Forschung anpassen. Selbst nach jahrelangen Forschungsbemühungen sind nur wenige Schicksale der über 3 900 Häftlinge des Konzentrationslagers in Wewelsburg bekannt. In dieser Arbeit soll daher auch die Chance genutzt werden, zumindest einen Teil der wenigen bisher bekannten Häftlingsbiographien vorzustellen. Die Lebensgeschichten können ebenso wie die zahlreichen Zitate aus Zeitzeugeninterviews und Erinnerungsberichten von Überlebenden Einblicke in die individuellen Erfahrungswelten und Empfindungen der Opfer des Konzentrationslagers geben.

2. Zum Forschungsstand

Der deutschen Geschichtsforschung über nationalsozialistische Konzentrationslager mangelt es an umfassenden Gesamtdarstellungen. Nach dem Krieg erschien eine Fülle von Erfahrungsberichten ehemaliger Häftlinge, in denen aber nur selten versucht wurde, über die persönlichen Erfahrungen hinaus zu systematisieren.[11] Eugen Kogons bereits 1946 erschienenes Werk *Der SS-Staat*[12] ist als erste wissenschaftliche Analyse der Konzentrationslager zu bewerten. Allerdings zeigt es Mängel in den Aussagen über die

[10] Auf den Begriff der Sekte, den die maßgeblichen Kirchen in diskriminierender Absicht gebrauchen, wird in dieser Untersuchung verzichtet, da es nicht um eine theologische Wertung der Glaubensgemeinschaft gehen soll. Vgl. dagegen KURT HUTTEN: Seher, Grübler, Enthusiasten. Das Buch der traditionellen Sekten und religiösen Sonderbewegungen, vollst. revid. und wesent. erw. Auflage, Stuttgart 1982.
[11] ELIE A. COHEN: Human Behavior in the Concentration Camp, New York 1953; BENEDICT KAUTSKY: Teufel und Verdammte. Erfahrungen und Erkenntnisse aus sieben Jahren in deutschen Konzentrationslagern, Wien 1948.
[12] EUGEN KOGON: Der SS-Staat. Das System der deutschen Konzentrationslager, München ²1989 (Erstaufl. 1946).

Organisation des KZ-Systems, die über das KZ Buchenwald hinausgehen.[13] Falk Pingel hebt hervor, daß Kogon versucht, eine „Soziologie der KZ-Gesellschaft" zu entwerfen.[14] Martin Broszats Arbeit Nationalsozialistische Konzentrationslager 1933 -1945 entstand 1964 als Gutachten für den Frankfurter Auschwitz-Prozeß. Sie liefert grundlegende Erkenntnisse für die Organisationsgeschichte der Konzentrationslager, jedoch auch nur als "Gerüst" und nicht als „umfassende Geschichte der Konzentrationslager "[15]. Einen Überblick über die Organisationsgeschichte der frühen Jahre 1934-1938 gibt Johannes Tuchel in seinem Werk über die Inspektion der Konzentrationslager.[16] Erst Wolfgang Sofsky legte 1993 mit seiner soziologischen Untersuchung eine umfassende Studie über Macht- und Gewaltstrukturen im nationalsozialistischen Konzentrationslagersystem vor.[17]

In einer Vielzahl von Detailstudien werden einzelne Themenkomplexe des KZ-Systems bearbeitet. So unterwirft Bruno Bettelheim das Verhalten der Häftlinge einer sozialpsychologischen Analyse und weist entgegengesetzte Formen von Persönlichkeitsstrukturen nach, die Überlebensfähigkeit entwickeln.[18] Falk Pingel behandelt in seiner Arbeit das Häftlingsverhalten in Konzentrationslagern, besonders Solidaritäts- und Widerstandshandlungen.[19] Selbstbehauptung und Solidarität stellen auch Hermann Langbein und Johannes Tuchel[20] in den Mittelpunkt ihrer Arbeiten. Den Komplex Arbeit und Arbeitseinsatz untersuchen Falk Pingel[21] und Johannes Tuchel[22] in

---

[13] JOHANNES TUCHEL: Konzentrationslager. Organisationsgeschichte und Funktion der "Inspektion der Konzentrationslager" 1934-1938, Boppard am Rhein 1991, S. 15.

[14] PINGEL, Häftlinge, S. 11.

[15] MARTIN BROSZAT: Nationalsozialistische Konzentrationslager 1933-1945, in: MARTIN BROSZAT, HANS-ADOLF JACOBSEN, HELMUT KRAUSNICK (Hg.): Anatomie des SS-Staates, Bd. 2, München [5]1989, S. 11.

[16] TUCHEL, Konzentrationslager.

[17] WOLFGANG SOFSKY: Die Ordnung des Terrors: Das Konzentrationslager, Frankfurt a. M. 1993.

[18] BRUNO BETTELHEIM, Erziehung zum Überleben; nach Bettelheims These überlebte ein Teil der Häftlinge, weil er sich mit der SS identifizierte und ihre Verhaltensweisen übernahm, der andere Teil vollzog eine Persönlichkeitsspaltung, um die Lagersituation zu bewältigen. Das Problem dieser These liegt in der Bewertung der Charaktere, die sich aus diesem Gegensatz ergibt.

[19] PINGEL, Häftlinge. Das Verhalten der unterschiedlichen Häftlingsgruppen im KZ Neuengamme unter psychologischen Aspekten griff LOUIS MAURY bereits 1955 auf, in: Apercus sur la psychologie et le comportement des ressortissants des diverses nationalités de déportés au camp de concentration de Neuengamme, Revue d'Histoire de la Deuxième Guerre Mondiale 17/1955, S. 47-64.

[20] HERMANN LANGBEIN: ... nicht wie die Schafe zur Schlachtbank. Widerstand in den nationalsozialistischen Konzentrationslagern 1938-1945, Frankfurt a. M. 1980; JOHANNES TUCHEL: Selbstbehauptung und Widerstand in den nationalsozialistischen Konzentrationslagern, in: JÜRGEN SCHMÄDECKE, PETER STEINBACH (Hg.): Der Widerstand gegen den Nationalsozialismus. Die deutsche Gesellschaft und der Widerstand gegen Hitler, München, Zürich 1986, S. 938-953.

[21] PINGEL, Die Konzentrationslagerhäftlinge; FALK PINGEL: Die KZ-Häftlinge zwischen Vernichtung und NS-Arbeitseinsatz, in: WOLFGANG MICHALKA (Hg.), Der Zweite Weltkrieg. Analysen. Grundzüge. Forschungsbilanz, München, Zürich 1989, S. 784-788.

[22] JOHANNES TUCHEL: Arbeit in den Konzentrationslagern im Deutschen Reich 1933-1939, in: RUDOLF G. ARDELT, HANS HARTMANN (Hg.): Arbeiterschaft und Nationalsozialismus in Österreich, Wien, Zürich 1990, S. 455-467.

6

ihren Aufsätzen sowie Hermann Kaienburg[23] in seiner Studie über das KZ Neuengamme.

Der Forschungsstand bezüglich Einzelstudien über die nationalsozialistischen Konzentrationslager und ihrer Außenlagern ist wesentlich differenzierter. Aus der Fülle sollen jene erwähnt werden, die in Beziehung zu dem Konzentrationslager in Wewelsburg stehen. Grundlegend ist hier die Arbeit von Karl Hüser *Wewelsburg 1933-1945. Kult- und Terrorstätte der SS*[24] von 1982. Seitdem gibt es eine Reihe von Arbeiten, die die Geschichte der Wewelsburg und des Konzentrationslagers vor allem unter dem Aspekt der Gedenkstättenarbeit erschließen.[25]

Während das Schicksal der Ernsten Bibelforscher in zahlreichen Erinnerungsberichten ehemaliger Konzentrationslagerhäftlinge aufgegriffen wurde, fand die Glaubensgemeinschaft als solche trotz ihrer Widerstandsaktivitäten kaum Berücksichtigung in der Forschungsliteratur zum Nationalsozialismus. Zwei Werke, die in den 1960er Jahren die Verfolgung der Bibelforscher durch ausführliche Quellenrecherche herausarbeiteten, legten Friedrich Zipfel und Michael H. Kater[26] vor, die lange Zeit grundlegend waren. In den allgemeinen Darstellungen über die Geschichte der Konzentrationslager finden die Bibelforscher als Häftlingsgruppe vor allem bei Kogon, Langbein und Pingel Erwähnung. In lokal- und regionalgeschichtlichen Widerstandsstudien erschienen Beiträge zu der Verfolgung der Zeugen Jehovas; hier sind besonders Hans-Josef Steinbergs Untersuchung aus dem Jahr 1969 über Widerstand und Verfolgung in Essen[27] und die Studie von Gerhard Hetzer über die Ernsten Bibelforscher in

[23] HERMANN KAIENBURG: "Vernichtung durch Arbeit". Der Fall Neuengamme. Die Wirtschaftsbestrebungen der SS und ihre Auswirkungen auf die Existenzbedingungen der KZ-Gefangenen, Bonn 1991.

[24] KARL HÜSER: Wewelsburg 1933-1945. Kult- und Terrorstätte der SS. Eine Dokumentation, Paderborn ²1987; s. auch KARL HÜSER: Das KZ in Wewelsburg 1939-1945, in: LUDWIG EIBER (Hg.): Verfolgung - Ausbeutung - Vernichtung. Die Lebens- und Arbeitsbedingungen der Häftlinge in deutschen Konzentrationslagern 1933-1945, Hannover 1985, S. 149-159; in Hüsers Arbeit zeigt sich ein gravierender Mangel in der Beschreibung der Häftlingsgruppen und deren Verhalten.

[25] Auswahl: WULFF E. BREBECK: Wie Wewelsburg zu einer Gedenkstätte kam, in: DETLEF GARBE (Hg.): Die vergessenen KZs? Gedenkstätten für die Opfer des NS-Terrors in der Bundesrepublik, Bornheim-Merten 1983, S. 153-176; WULFF E. BREBECK, KARL HÜSER: Wewelsburg 1933-1945. Das Konzentrationslager, Münster ²1991; WULFF E. BREBECK, ANDREAS RUPPERT: Wewelsburg, in: JOACHIM MEYNERT, ARNO KLÖNNE (Hg.): Verdrängte Geschichte. Verfolgung und Vernichtung in Ostwestfalen 1933-1945, Bielefeld 1986, S. 323-372; WULFF E. BREBECK: Wewelsburg. Zum Umgang der Bevölkerung mit der Erfahrung eines Konzentrationslagers im Dorf, in: HUBERT FRANKEMÖLLE (Hg.): Opfer und Täter. Zum nationalsozialistischen und antijüdischen Alltag in Ostwestfalen-Lippe, Bielefeld 1990, S. 175-202.

[26] MICHAEL H. KATER: Die Ernsten Bibelforscher im Dritten Reich, in: VfZG 17/1969, S. 181-218; FRIEDRICH ZIPFEL: Kirchenkampf in Deutschland 1933-1945. Religionsverfolgung und Selbstbehauptung der Kirchen in der nationalsozialistischen Zeit, Berlin 1965, S. 174-203.

[27] HANS-JOSEF STEINBERG: Widerstand und Verfolgung in Essen 1933-1945, Hannover 1969, S. 159-166.

Augsburg[28] hervorzuheben. Erst Detlef Garbe legte 1993 eine umfassende Untersuchung über die Zeugen Jehovas im "Dritten Reich" vor, die einen grundlegenden Beitrag zur Forschungsliteratur über die Verfolgung dieser Glaubensgruppe bildet.[29]

3. Zur Quellenlage

Amtliche Dokumente oder NS-Akten über das Konzentrationslager in Wewelsburg sind kaum verfügbar. Ein Großteil der Akten soll kurz vor Beginn des zweiten Wewelsburger Gerichtsprozesses 1970/71 von einer alten Wewelsburger Bäuerin verbrannt worden sein. Die KZ-Akten hätten jahrelang in einigen Kisten auf dem Heuboden ihres Hofes gelegen.[30]

Der vorliegenden Arbeit sind vor allem Quellen zugrundegelegt worden, die unter dem Begriff *Oral History* zusammengefaßt werden. Sowohl Zeugenaussagen der Gerichtsprozesse als auch mündlichen und schriftlichen Erinnerungsberichten ist die retrospektive Sicht auf historische Ereignisse und Erlebnisse gemeinsam.[31]

Den Hauptteil der für diese Arbeit zugrundegelegten Quellen bilden die Prozeßunterlagen[32] des zweiten Wewelsburger Gerichtsprozesses[33] aus den Jahren 1970/71 vor dem Paderborner Schwurgericht, in dem zwei ehemalige SS-Unterführer und zwei ehemalige Häftlings-*Kapos* nach fünfjähriger Ermittlungszeit wegen Mordes und Mord-

[28] GERHARD HETZER: Ernste Bibelforscher in Augsburg, in: MARTIN BROSZAT, ELKE FRÖHLICH und ANTON GROßMANN (Hg.): Bayern in der NS-Zeit. Herrschaft und Gesellschaft im Konflikt, Bd. 4, München, Wien 1981, S. 621-643; s. auch LAWRENCE D. STOKES: Kleinstadt und Nationalsozialismus. Ausgewählte Dokumente zur Geschichte von Eutin 1918-1945, Neumünster 1984, S. 697-716.
[29] DETLEF GARBE: Zwischen Widerstand und Martyrium. Die Zeugen Jehovas im "Dritten Reich", München 1993. Garbes Studie stützt sich vor allem auf NS-Gerichtsakten, auf das Schrifttum der Zeugen Jehovas und auf Zeitzeugeninterviews (hauptsächlich mit verfolgten Zeugen Jehovas). Er untersucht Ursachen und Mittel der Verfolgung durch die Nationalsozialisten und die Gegenreaktionen der Zeugen Jehovas.
[30] Bericht der Neuen Westfälischen vom 2.2.1971. Über den Inhalt und wissenschaftlichen Wert der Akten ist nichts bekannt, ebenso ist der Wahrheitsgehalt des Berichtes nicht geklärt.
[31] HERMANN KAIENBURG: Erinnerungsberichte als Geschichtsquellen bei der Erforschung der Geschichte der Konzentrationslager, in: HERBERT DIERCKS (Hg.): Die Bedeutung von Zeitzeugenberichten für die Erforschung und die Vermittlung der Geschichte der Konzentrationslager. Dokumentation und Protokolle der Tagung der KZ Gedenkstätte Neuengamme am 24./25. November 1989 im Museum für Hamburgische Geschichte, Hamburg 1990, S. 16-22, hier S. 18.
[32] Unterlagen der Zentralstelle im Lande Nordrhein-Westfalen für die Bearbeitung von nationalsozialistischen Massenverbrechen in Konzentrationslagern bei dem Leitenden Oberstaatsanwalt in Köln zum zweiten Wewelsburg-Prozeß beim Landgericht Paderborn; Prozeßunterlagen betr. KL Niederhagen- Wewelsburg, AZ: 24 JS 2/69 (Z), HStA D, Zweigstelle Kalkum (Rep. 118 Nr. 855-935).
[33] Der erste Wewelsburg-Prozeß fand 1952 gegen einen ehemaligen Häftlings-Kapo statt. Er wurde wegen "Verbrechen gegen die Menschlichkeit" zu vier Jahren Gefängnis verurteilt, 1954 wurde die Urteilsbegründung in "Körperverletzung mit Todesfolge" abgeändert und die Strafe auf fünf Jahre und acht Monate verlängert.

versuches angeklagt wurden, da bis auf Mord und Mordversuch alle Straftaten bereits verjährt waren. Den Angeklagten, die keine Geständnisse ablegten, konnte kein Mordfall persönlich zur Last gelegt werden, doch ließ das Gericht bei der Urteilsbegründung keinen Zweifel an der moralischen Schuld der Angeklagten.[34] Der Prozeß war im Zusammenhang mit dem Auschwitz-Prozeß von der Zentralstelle im Lande Nordrhein-Westfalen für die Bearbeitung von nationalsozialistischen Massenverbrechen in Konzentrationslagern bei dem Leitenden Oberstaatsanwalt in Köln vorbereitet worden. 1965 hatte die Zentrale Stelle der Landesjustizverwaltungen in Ludwigsburg begonnen, sämtliche Konzentrationslager sowie Nebenlager und Außenlager des "Dritten Reiches" auf einen potentiellen Täterkreis hin zu überprüfen und wegen Verbrechen, die bis zu diesem Zeitpunkt noch nicht strafrechtlich geahndet waren, Ermittlungen einzuleiten.[35]

Neben der Anklageschrift, dem Urteil sowie Verhandlungsprotokollen und Personalakten liegen weit über einhundert Zeugenprotokolle des Gerichts- und Ermittlungsverfahrens vor. Anklageschrift und Urteil geben historische Ereignisse nicht unter Berücksichtigung von historischen, sondern von juristischen Aspekten wieder. In der juristischen Darstellung werden nicht gesellschaftliche Strukturereignisse untersucht, sondern die subjektiven Tatbeiträge einzelner Personen an einem Tathergang. Es reicht daher nicht aus, sich auf Anklageschrift und Urteil zu beschränken; sie können nur einen ersten Zugang liefern.

Zeugenaussagen und Vernehmungsprotokolle bilden jedoch eine hervorragende Quellengrundlage zur Untersuchung der Erlebnisse und Erfahrungen ehemaliger Häftlinge. Durch die Analyse der Aussagen können gerade bezüglich der Erfahrungen der Zeitzeugen, ihrer Verarbeitungsmechanismen, aber auch der im Blickpunkt historischer Forschung stehenden gesellschaftlichen Strukturprozesse und Ereignisse, die hier noch ohne juristische Interpretation durch Richter oder Staatsanwalt freiliegen, Erkenntnisse gewonnen werden. *„Je näher eine Quelle am tatsächlichen Geschehen ist, desto größeren Wert hat sie. Aussagen und Vernehmungen sind daher am wichtigsten."*[36] Zwar ist die gelenkte Fragestellung in der Interpretation der Zeugenaussagen nicht außer acht zu lassen, die auch als "Zwangskommunikation" bezeichnet wird[37], doch zeichnen sich die dem historischen Geschehen zeitnäheren Justizprotokolle trotz ihrer oft verzerrenden Schilderungen im Vergleich zu den mündlichen Erinnerungsberichten häufig durch eine größere Validität aus.[38] Bei den dieser Arbeit zugrundegelegten Zeugenprotokollen von ehemaligen Häftlingen des Konzentrationslagers in Wewelsburg

[34] Prozeßunterlagen betr. KL Niederhagen/Wewelsburg, Urteil vom 5.2.1971 (Rep. 118-884).

[35] ADALBERT RÜCKERL (Hg.): Die Strafverfolgung von NS-Verbrechen 1945-1978. Eine Dokumentation, Heidelberg, Karlsruhe 1978, S. 116.

[36] JOHANNES TUCHEL: Die NS-Prozesse als Materialgrundlage für die historische Forschung. Thesen zu Möglichkeiten und Grenzen interdisziplinärer Zusammenarbeit, in: PETER STEINBACH, JÜRGEN WEBER (Hg.): Vergangenheitsbewältigung durch Strafverfahren? NS-Prozesse in der Bundesrepublik Deutschland, München 1984, S. 134-144.

[37] REINHARD MANN: Zur Validität retrospektiver Interviews, in: Protest und Kontrolle im Dritten Reich. NS-Herrschaft im Alltag einer rheinischen Großstadt, Frankfurt, New York 1987, S. 97.

[38] TUCHEL, Die NS-Prozesse als Materialgrundlage für die historische Forschung, S. 144.

überwiegen Aussagen von Zeugen Jehovas. Daher liegt auch aus quellenkritischen Gründen der Schwerpunkt der Untersuchung mehr auf der Kategorie der *Bifo*-Häftlinge[39] als auf anderen Häftlingsgruppen im Konzentrationslager in Wewelsburg. Die Verhaltensweisen der Ernsten Bibelforscher können deshalb ausführlicher analysiert werden.

Auch die schriftlichen und mündlichen Erinnerungsberichte über Erfahrungen im Konzentrationslager in Wewelsburg stammen fast ausschließlich von ehemaligen Bibelforscher-Häftlingen. Als besonders wertvoll erwiesen sich die retrospektiven Interviews, die von Mitarbeiterinnen und Mitarbeitern des Kreismuseums Wewelsburg mit einigen ehemaligen Bifo-Häftlingen des Konzentrationslagers in Wewelsburg geführt wurden.[40] Die Interviews wurden zum größten Teil im Rahmen eines Treffens ehemaliger Häftlinge aus Anlaß des zehnjährigen Bestehens der Dokumentation und der Gedenkstätte in Wewelsburg im Mai 1992 aufgezeichnet. Interviews von zwei ehemaligen politischen Häftlingen des KZ Niederhagen erweitern die Quellengrundlage.

Gegen die mögliche Auffassung, daß die historische Faktizität bei den erst in den 1980er und 1990er Jahren geführten Interviews nicht mehr gewährleistet sei, wendet sich James E. Young.[41] Er betont, daß den Überlebenden in ihren frühen Erinnerungsberichten oftmals die Möglichkeit zur Reflexion gefehlt habe und sie ihre Umwelt nur verzerrt wahrgenommen hätten. Die subjektiven Erlebnisse der Häftlinge seien den Überlebenden aber jederzeit präsent, ihre Berichte also auch nach Jahren noch als Quelle nutzbar.

Ein wichtiger Aspekt, der vor der Analyse der Oral-History-Quellen beachtet werden muß, ist die Validität der retrospektiven Erinnerungsberichte.[42] Die Erinnerungfähigkeit der älteren Zeitzeugen an die mittlerweile über 50 Jahre zurückliegenden Ereignisse mag - besonders bei Zahlen und Zeitangaben - geschwächt sein, doch lassen diese Ungenauigkeiten keine Rückschlüsse auf die Zuverlässigkeit anderer Angaben zu. Weiterhin müssen emotionale Einflüsse und Verdrängungstendenzen sowie die Anpassung der Erinnerung an heutige kognitive Strukturen oder Weltbilder berücksichtigt werden. Erinnerungsberichte sind stets Schilderungen subjektiver Wahrnehmungen. Doch gerade hier liegt auch der Vorteil der Zeitzeugenberichte. Die extremen Lagererfahrungen der Häftlinge können ebenso wie die inneren Verhältnisse der Häftlingsgesellschaft nur von Beteiligten dargestellt werden. Die Verhaltensweisen und die Einstellungen der unterschiedlichen Häftlingsgruppen können nur durch Erinne-

---

[39] "Bifo-Häftlinge" war die im SS-Sprachgebrauch übliche Bezeichnung für die Bibelforscher-Häftlinge.

[40] Zu den Mitarbeiterinnen des Kreismuseums gehört auch die Verfasserin. Die Interviewzitate wurden transkribiert und in sprachlich behutsam geglätteter Form in der Arbeit wiedergegeben.

[41] JAMES EDWARD YOUNG: Beschreiben des Holocaust. Darstellung und Folgen der Interpretation, Frankfurt a. M. 1992, S. 49-69.

[42] LUTZ NIETHAMMER (Hg.): Lebenserfahrung und kollektives Gedächtnis. Die Praxis der "Oral History", Frankfurt a. M. 1980; KAIENBURG, Erinnerungsberichte als Geschichtsquellen, S. 16-22; MANN, Protest und Kontrolle im Dritten Reich, S. 383-391.

Abb. 3:   Das ehemalige Lagergelände im Niederhagen, ca. 1947

rungsberichte der Zeitzeugen ausreichend untersucht werden. Die Unsicherheits-
faktoren der Zeitzeugenberichte können durch den Vergleich mit anderen voneinander
unabhängigen Erinnerungsberichten oder amtlichen Dokumenten reduziert werden.
Die NS-Akten geben wenig Informationen über die realen Existenz- und Arbeitsbedingungen im Konzentrationslager, denn bei der Benutzung von NS-Akten als Geschichts-
quelle darf nicht übersehen werden, daß die realen Ereignisse oft bewußt durch täu-
schende oder verzerrende Formulierungen verfälscht wurden. Die Oral History-Quel-
len bieten gerade hier ihren großen Informationswert. Eine kombinierte Benutzung von
amtlichen Dokumenten und Erinnerungsberichten ehemaliger Häftlinge bildet die
Grundlage zur Erlangung von validen Daten und möglichst realen historischen Darstellungen.

Eine weitere Quellengruppe bilden die Wewelsburger Dorfchronik[43] und die katholische Pfarrchronik.[44] Die Chroniken geben die historischen Ereignisse in Wewelsburg
während des "Dritten Reiches" aus der offiziellen Sicht der Dorfbevölkerung und des
katholischen Pfarrers wieder und ermöglichen eine Untersuchung der Reaktionen der

---

[43] Gemeindechronik Wewelsburg 1814-1971 (StdA Bü).
[44] Pfarrchronik Wewelsburg (PfA We).

Bevölkerung. Bei der Pfarrchronik ist zu beachten, daß sie teilweise erst nach 1945 geschrieben wurde.

Schließlich wurde Schriftenmaterial der Zeugen Jehovas als Quelle hinzugezogen, um die Verfolgung der Glaubensgemeinschaft im Nationalsozialismus aus dem Blickwinkel der Betroffenen zu berücksichtigen.

Diejenigen Erkenntnisse, die aufgrund der gegenwärtigen Quellenlage nicht als endgültig gesichert gelten können, werden in der Arbeit durch unterschiedliche Formulierungen sichtbar gemacht. Der Gebrauch des Konjunktivs oder der indirekten Rede weist auf eine weniger gesicherte Aussage einzelner Zeitzeugen hin. Um den Datenschutz zu gewährleisten, sind die Namen aus den Prozeßunterlagen gekürzt worden. Bei Erkenntnissen, die durch mehrere Zeugenaussagen gesichert werden, entfällt die Namensnennung. Die vollständigen Angaben zu den retrospektiven Zeitzeugeninterviews sind im Quellenverzeichnis aufgeführt.

II. Zur historischen Einordnung des Konzentrationslagers in Wewelsburg

1. Zur Entwicklung des nationalsozialistischen KZ-Systems

1.1 Die rechtlichen Grundlagen der Schutzhaft

Die *Schutzhaft* und ihr Vollzug in den Konzentrationslagern waren eines der wichtigsten Mittel zur Etablierung und Aufrechterhaltung des NS-Herrschaftssystems. Die Institution der Schutzhaft war nicht neu in der deutschen Geschichte, doch bekam sie durch die Beseitigung rechtsstaatlicher Beschränkungen nach 1933 einen genuin nationalsozialistischen Charakter. Bereits in den preußischen Gesetzen von 1848 und 1850 wurde die polizeiliche Verwahrung zum Schutz der eigenen Person oder zur Aufrechterhaltung der "öffentlichen Sittlichkeit" und Sicherheit geregelt.[44] Während des Ersten Weltkrieges konnten die militärischen Befehlshaber, die die exekutive Gewalt innehatten, aufgrund des militärischen Belagerungszustandes staatspolitisch verdächtige Personen verhaften.[45] Am 4. Dezember 1916 wurde ein Gesetz erlassen, das die Haft *„zur Abwendung einer Gefahr für die Sicherheit des Reiches"* zuließ, dem Verhafteten aber das Recht auf Haftbefehl und ein Beschwerderecht zubilligte.[46] In der Weimarer Republik wurde die präventive militärische Schutzhaft schließlich 1919/20 im Rahmen des zeitlich und lokal begrenzten Ausnahmezustandes vor allem in Berlin, Bayern und im Ruhrgebiet zur Niederwerfung kommunistischer und separatistischer Bestrebungen angeordnet.

Mit der Notverordnung *Zum Schutze des deutschen Volkes* vom 4. Februar 1933 wurden die rechtlichen Voraussetzungen dafür geschaffen, bei Verdacht auf Landes- oder Hochverrat Polizeihaft bis zu drei Monaten Dauer zu veranlassen. Nach dem Reichstagsbrand vom 27. Februar 1933 begannen die rücksichtslosen, brutalen Verfolgungsmaßnahmen der Nationalsozialisten gegen ihre politischen Gegner. Die Notverordnung *Zum Schutze von Volk und Staat* setzte neben anderen Grundrechten die Unverletzlichkeit der persönlichen Freiheit (Art. 114 der Weimarer Verfassung) außer Kraft

---

[44] LOTHAR GRUCHMANN: Justiz im Dritten Reich 1933-1940. Anpassung und Unterwerfung in der Ära Gürtner, München 1988, S. 545.

[45] BROSZAT, Konzentrationslager, S. 13.

[46] Gesetz vom 4.12.1916 *„betreffend die Verhaftung und Aufenthaltsbeschränkung auf Grund des Kriegszustandes und des Belagerungszustandes"* (Reichsgesetzblatt, S. 1329), zit. in: FRANZ SCHULZE-BERGE: Die Schutzhaft, ihr Begriff und ihre Grundlagen, (Diss.) Greifswald 1918, S. 86-89. Zwar wurde der Begriff "Schutzhaft" im Gesetz selbst nicht erwähnt, doch wurde er im allgemeinen Sprachgebrauch für diese Haftart benutzt.

und schuf die Möglichkeit, politische Gegner in Schutzhaft zu nehmen. Die Schutzhaft galt als *„vorbeugende Polizeimaßnahme zur Ausschaltung der von 'staatsfeindlichen' Elementen drohenden Gefahren".*[47] Der Einfluß des Innenministeriums auf den Polizeiapparat Himmlers war beschränkt, doch versuchte Reichsinnenminister Frick mit dem Schutzhafterlaß vom 26. April 1934 die Durchsetzung einheitlicher Bestimmungen bezüglich der Schutzhaft zu erreichen.[48] Der bis 1938 gültige Erlaß verdeutlichte das Bestreben des Innenministeriums und der Justiz, die Rechtslage zu normalisieren und die außernormative Institution der Schutzhaft und ihren Vollzug in den Konzentrationslagern abzubauen.[49] Eine "Verrechtlichung" der Schutzhaft konnte allerdings nicht erreicht werden. Vielmehr wurde die Schutzhaft in den folgenden Jahren sowohl zu einem von der Justiz unabhängigen Instrument zur Ausschaltung politischer Gegner als auch zum Korrektiv der Strafrechtspflege, wenn die Gerichtsurteile nicht den Anforderungen der polizeilichen Verfolgungsinstanzen genügten.[50]

1.2   1933 - 1936: Erste Phase des nationalsozialistischen KZ-Systems

Um eine Einordnung des KZ Niederhagen in das System der Konzentrationslager zu ermöglichen, sollen im folgenden die wichtigsten Strukturen der Geschichte des Konzentrationslagersystems skizziert werden. Obwohl das Konzentrationslager in Wewelsburg erst 1939 gegründet wurde, soll auch auf die vorherige Entwicklung des KZ-Systems eingegangen werden, da in dieser Zeit Grundlagen für die spätere Entwicklung gelegt wurden. Auch viele Häftlinge des Konzentrationslagers in Wewelsburg befanden sich in dieser Zeit bereits in Schutzhaft und erfuhren die Lagerbedingungen der früheren Konzentrationslager.

Die ersten Jahre nach der Machtergreifung dienten den Nationalsozialisten zur inneren Herrschaftsfestigung. Die ersten großen Verhaftungsaktionen nach dem Reichstagsbrand gegen die politischen Gegner der Nationalsozialisten stellten die Polizei- und Gefängnisbehörden vor große Probleme, denn weder reichten die Unterbringungsmöglichkeiten der regulären Strafanstalten für die Massenverhaftungen aus, noch war die Art und Weise des Schutzhaftvollzuges geklärt. Die Inhaftierten wurden in alten Kasernen, Kellern oder SA-Treffpunkten untergebracht. Die Behandlungen durch die zur Hilfspolizei ernannten SS- und SA-Leute war in den provisorisch eingerichteten Haftstätten häufig von brutaler Willkür gekennzeichnet.[51] In der Literatur findet sich für diese Art von Haftorten sehr häufig die Bezeichnung "wilde" Lager[52], die zuerst 1950 von Rudolf Diels, dem ehemaligen ersten Chef der preußischen Gestapo,

---

[47] BROSZAT, Konzentrationslager, S. 14f.
[48] GRUCHMANN, Justiz im Dritten Reich, S. 547-551.
[49] BROSZAT, Konzentrationslager, S. 35.
[50] GRUCHMANN, Justiz im Dritten Reich, S. 558f., 583-589.
[51] PINGEL, Häftlinge, S. 30-33.
[52] Vgl. PINGEL, Häftlinge, S. 33; BROSZAT, Konzentrationslager, S. 35: "wilde KZ's".

in seinen Memoiren gebraucht wurde.[53] Diels schob mit dieser Aussage allein den SS- und SA-Formationen die Verantwortung für die Terrormaßnahmen des Jahres 1933 zu. Dagegen ist aber einzuwenden, daß alle von der SA und SS eingerichteten Lager nicht lange "privat" betrieben wurden, sondern nach kurzer Zeit mit regionalen Polizei- oder Innenbehörden zusammenarbeiteten. Man spricht daher besser von "frühen" Lagern.[54]

Eine genuin nationalsozialistische Prägung war den Lagern 1933 noch nicht vorgegeben.[55] Sie entwickelte sich erst in dieser Zeit in dem Lager in Dachau, das von dem Polizeipräsidium München gegründet worden war, dann aber in den Machtbereich der SS überging. Als Reichsführer SS und Politischem Polizeikommandeur Bayerns gelang es Himmler[56], Dachau als SS-eigenem Lager neben anderen staatlichen Lagern im Reichsgebiet eine autonome Stellung zu verschaffen. Gleichzeitig mit der gewaltsamen Entmachtung der SA nach dem "Röhm-Putsch" vom 30. Juni 1934[57] gewann die SS die Vormachtstellung in der Gegnerverfolgung und in der Leitung des KZ-Systems. Himmler richtete 1934 - mittlerweile Leiter der politischen Polizei in sämtlichen Ländern - eine eigene zentrale Stelle ein, um die Führung der Konzentrationslager zu vereinheitlichen.[58] Der Kommandant des KZ Dachau, SS-Oberführer Theodor Eicke[59], wurde im Juli 1934 zum "Inspekteur der Konzentrationslager und der SS-Wachverbände" ernannt.

Das KZ Dachau entwickelte sich unter Eicke zum Vorbild für die späteren Konzentrationslager im "Dritten Reich". Die wichtigsten Elemente des Modells waren der Arbeitseinsatz der Häftlinge, die Systematisierung der Lagervorschriften und die Neuorganisation der Lagerverwaltung.[60]

Eicke führte mit der Disziplinar- und Strafverordnung vom 1. Oktober 1933 die Arbeitspflicht für Dachau ein, die später auf alle Lager ausgeweitet wurde.[61] Die Häftlinge sollten sich durch ihre Arbeit an der Finanzierung der Schutzhaftlager beteiligen. Himmlers Absicht, die Häftlinge über den Lageraufbau hinaus zu produktiven Arbei-

[53] RUDOLF DIELS: Lucifer ante Portas, Stuttgart 1950, S. 257; auch zit. in: TUCHEL, Konzentrationslager, S. 38.

[54] TUCHEL, Konzentrationslager, S. 38-45.

[55] Vgl. ANDRZEJ KAMINSKÍ: Konzentrationslager 1896 bis heute.

[56] H. Himmler, geb. 1900 in München, 1917/18 Offiziersanwärter im 11. bayr. Infanterie-Regiment, Studium der Landwirtschaft, 1925 Eintritt in die NSDAP, 1929 Ernennung zum Reichsführer SS, 1936 Ernennung zum "Chef der deutschen Polizei", 1943 Ernennung zum Reichsinnenminister, 1944 Oberbefehlshaber des Ersatzheeres nach dem Attentat auf Hitler, 23.5.1945 Selbstmord in britischer Gefangenschaft.

[57] HANS-ULRICH THAMER: Verführung und Gewalt. Deutschland 1933-1945, Berlin 1986, S. 320-336.

[58] PINGEL, Häftlinge, S. 34f.

[59] THAMER, Verführung und Gewalt, S. 379; Th. Eicke, geb.1892, 1928 Eintritt in die NSDAP und die SA, bald danach Karriere bei der SS. 1932 Flucht nach Italien, Leiter des SS-Flüchtlingslagers am Gardasee. Seit Februar 1933 wieder in Deutschland, auf Anweisung Himmlers Anfang März 1933 in Schutzhaft genommen, dann auf seinen Geisteszustand hin untersucht. Ende Juni ersetzte Himmler den bisherigen Dachauer Kommandanten Wäckerle durch Eicke.

[60] TUCHEL, Konzentrationslager, S. 143.

[61] Teilweise gedruckt in: BROSZAT, Konzentrationslager, S. 50-55.

ten einzusetzen, scheiterte zunächst an den Einwänden der Privatwirtschaft, die die Konkurrenz auf dem durch Arbeitslosigkeit geprägten Arbeitsmarkt fürchtete.[62] Zu den "geeigneten Arbeiten", zu denen die Häftlinge herangezogen wurden, zählten vor allem körperliche Schwerstarbeiten u. a. im Moor. Schikane und überzogene Leistungsanforderungen bestimmten die Zwangsarbeit. Daß der Terror und die Mißhandlung der Häftlinge wichtiger waren als die Produktivität und Effizienz des Arbeitseinsatzes, verdeutlichen die sinnlosen, ineffektiven Tätigkeiten, die von den Gefangenen erwartet wurden.[63] Im Gegensatz zu diesem unproduktiven Arbeitseinsatz entstanden bereits 1933 in Dachau Werkstätten, in denen Handwerker sinnvollen Beschäftigungen nachgingen. Diese Werkstätten übernahmen eine Modellfunktion in der mehr von ökonomischen Aspekten geprägten Entwicklung des Arbeitseinsatzes im KZ-System.

Eickes auf den *Sonderbestimmungen* seines Vorgängers Wäckerle basierende Disziplinar- und Strafverordnung legte fest, daß die *„vollziehende Strafgewalt"* in der Hand des Lagerkommandanten liegen solle und dieser nur dem *„Politischen Polizei-Kommandeur persönlich verantwortlich"* sei. Den Wachmannschaften schrieb Eicke mit den *Dienstvorschriften für die Begleitposten und Gefangenenbewachung* einheitliche Bestimmungen zur Häftlingsbehandlung vor. Die Dienstvorschrift, die außerdem genaue Vorgaben zum Häftlingsappell und Arbeitseinsatz und zum Wortlaut der Kommandos umfaßte, wurde auf die späteren Konzentrationslager übertragen.[64] Der SS wurde in der Disziplinar- und Strafverordnung ein Strafkatalog vorgegeben, dessen Spektrum von Essensentzug über Einzelhaft und Prügelstrafe bis zur Todesstrafe reichte. Die SS erließ ein undurchschaubares System von Verboten, so daß sich die Häftlinge unter ständiger Todesbedrohung fühlen mußten.[65] Ob ein Häftling aus der Schutzhaft entlassen wurde, hing von seiner "Entlassungsreife" ab. Sie wurde danach festgelegt, ob ein Häftling die "ideologische Umschulung" im Sinne der nationalsozialistischen Weltanschauung erfolgreich bestanden hatte. Dies legt die Vermutung nahe, es hätte spezielle Erziehungsziele und -maßnahmen gegeben, so wie es auch offiziell vertreten wurde. Allerdings lassen sich solche nicht nachweisen. Die "Umschulung" zielte allein darauf, die alte Einstellung aufzugeben, neue Ideale oder Inhalte wurden nicht vermittelt.[66]

Konkrete Erziehungsmaßnahmen lagen ebenfalls nicht vor. Die "Erziehung" bestand nur aus Arbeit und Mißhandlung. Die gesamte Lagerordnung war darauf ausgerichtet, in dem Lager ein absolutes Machtsystem aufzubauen, das auf Terror, Organisation und Tötungsgewalt basierte, mit dem Zweck, existenzielle Ängste zu wecken und so die

---

[62] PINGEL, Häftlinge, S. 35-38.
[63] KAIENBURG, Vernichtung durch Arbeit, S. 54.
[64] TUCHEL, Arbeit, S. 459-461.
[65] TUCHEL, Konzentrationslager, S. 146f.; SOFSKY, Die Ordnung des Terrors, S. 30.
[66] PINGEL, Die Konzentrationslagerhäftlinge, S. 154f.; vgl. PETERSON, AGNES F., BRADLEY F. SMITH (Hg.): Heinrich Himmler: Geheimreden 1933 bis 1934 und andere Ansprachen, Berlin 1974, S. 110f.

Persönlichkeitsstruktur und den Willen der Häftlinge zu brechen[67]. Mit der Einführung der Disziplinarverordnung ging auch eine Umgestaltung der Lagerverwaltung und ihrer Kompetenzen einher. Eicke löste 1934 die Wachmannschaften der Konzentrationslager aus dem Verband der Allgemeinen SS heraus und erklärte sie zu eigenständigen Totenkopfverbänden, die den einzelnen Lagern zugeordnet wurden. Ausgehend von der Dachauer Lagerordnung gab die Inspektion der Konzentrationslager 1936 eine Gliederung der Lagerverwaltung in fünf Abteilungen für alle Konzentrationslager vor:[68]

I.   Kommandantur (Lagerkommandant, Adjutant, Postzensurstelle)
II.   Politische Abteilung (Leiter der Politischen Abteilung, Erkennungsdienst)
III.   Schutzhaftlager (Schutzhaftlagerführer, Rapportführer, Blockführer, Arbeitsdienstführer, Kommandoführer)
IV.   Verwaltung (Verwaltungsführer, Gefangenen-Eigentumsverwaltung, Lageringenieur)
V.   Lagerarzt

Als Inspekteur der KL kontrollierte Eicke die vorhandenen Schutzhaftlager. Bis zum Frühjahr 1935 führte er eine Reorganisation der bisher entstandenen Lager durch. Eicke verfolgte das Ziel, die Lager gegenüber den Behörden und der Öffentlichkeit abzuschirmen.[69] Die formale Organisation der Konzentrationslager bildete somit ein stabiles Gerüst hierarchischer Strukturen, in dem sich die absolute Macht der SS entfalten konnte.[70]

1.3   1936 - 1941/42: Zweite Phase des nationalsozialistischen KZ-Systems

Die zweite Phase in der Entwicklung der nationalsozialistischen Konzentrationslager war geprägt durch die Gründung neuer Lager, die Ausweitung der Verfolgung sowie durch den intensivierten ökonomischen Arbeitseinsatz der Häftlinge. Durch seine Ernennung zum "Reichsführer SS und Chef der deutschen Polizei" verband Himmler seit 1936 in Personalunion die Kompetenzen der Parteigliederung SS und der Polizei miteinander; er unterstand nicht mehr dem Innenministerium, sondern Hitler selbst.[71]
    Seit 1937 dehnte die SS die Verfolgung auf Gruppen aus, die sich nach dem nationalsozialistischen Verständnis nicht in die "Volksgemeinschaft" einordnen ließen

---

[67] KAIENBURG, Vernichtung durch Arbeit, S. 48; SOFSKY, Die Ordnung des Terrors, S. 23, 32. Dies entspricht Sofskys These, daß sich die absolute Macht der Nationalsozialisten im Konzentrationslager von jeglichen ideologischen Legitimationszwängen lossagt. Nicht die rassenideologisch motivierten Ziele waren wichtig, sondern vor allem die Machtsteigerung.
[68] BROSZAT, Konzentrationslager, S. 58.
[69] TUCHEL, Konzentrationslager, S. 202-204.
[70] SOFSKY, Die Ordnung des Terrors, S. 29.
[71] GRUCHMANN, Justiz im Dritten Reich, S. 557f.; BROSZAT, Konzentrationslager, S. 45f.

oder sich einer Einordnung verweigerten: dazu gehörten u. a. Gewohnheits- und Schwerverbrecher, Landstreicher, Sinti und Roma, Prostituierte, Arbeitslose, Ernste Bibelforscher und Juden. Zur Legalisierung der Verhaftungsaktionen berief sich Himmler auf die Verordnung vom 28. Februar 1933. Im Winter 1937 wurde die polizeiliche Vorbeugehaft und damit die Konzentrationslagerhaft für *„Berufs- und Gewohnheitsverbrecher, gemeingefährliche Personen und Asoziale"* per Erlaß angeordnet.[72] Gleichzeitig wurde eine einheitliche Kennzeichnung für die einzelnen Häftlingsgruppen im KZ-System eingeführt.[73] Die Häftlinge erhielten farbige Stoffdreiecke, die mit der Spitze nach unten auf der linken Brustseite an ihrer Häftlingskleidung befestigt wurden. Darunter stand ihre Häftlingsnummer auf einem weißen Stoffrechteck geschrieben. Die Kategorie der *asozialen* Häftlinge bekam schwarze Winkel, die *BV*-Häftlinge (*Befristete Vorbeuge*-Häftlinge) erhielten grüne, die *politischen* Häftlinge rote Winkel. Der Kategorie der *homosexuellen* Häftlinge wurden rosa, den *Zigeunern*[74] braune Winkel zugeteilt. Während Angehörige der katholischen und evangelischen Kirche keine eigene Häftlingskategorie bildeten, sondern allgemein zu den politischen Häftlingen gerechnet wurden, separierte die SS die Angehörigen der Zeugen Jehovas, zusammen mit den wenigen Adventisten, in der Häftlingskategorie *Bibelforscher*. Sie erhielten violette Winkel.[75] Die SS-Führung war bei den Verhaftungsaktionen vor allem an der Aufbesserung der Häftlingskontingente für die SS-eigenen Wirtschaftsunternehmen interessiert. Dem bisherigen Zweck der Konzentrationslager, der "Erziehung der Häftlinge" wurde eine neue Funktion, die auf den wirtschaftlichen Interessen der SS aufbaute, zugeordnet: der Zwangsarbeitseinsatz.[76] Seit 1938 gründete die SS nämlich verschiedene Wirtschaftsunternehmen, um sowohl eine größere wirtschaftliche Autonomie gegenüber anderen Instanzen zu erlangen als auch ihren politischen Aktionsradius zu er-

---

[72] PINGEL, Häftlinge, S. 71f.; BROSZAT, Konzentrationslager, S. 69.

[73] PINGEL, Häftlinge, S. 76; GARBE, Zwischen Widerstand und Martyrium, S. 396f.: 1935/36 war die Markierung zunächst uneinheitlich. Im KZ Sachsenhausen erhielten die Häftlinge farbige Flecken, im KZ Lichtenburg farbige Kreise, im KZ Buchenwald farbige Punkte. Die BV-Häftlinge hatten eine grüne, die "asozialen" Häftlinge gelbe, die Bibelforscher eine blaue Markierung erhalten, die sie von den als Stammkategorie nicht markierten politischen Häftlingen trennten.

[74] Die Herkunft der Bezeichung "Zigeuner" ist nicht eindeutig geklärt, im heutigen deutschen Sprachgebrauch wird die Bezeichnung durch die mit ihr verbundenen Diskriminierungen häufig als Schimpfwort verstanden und durch "Sinti und Roma" ersetzt. Bei den Sinti handelt es sich um die deutsch sprechenden, seit Jahrhunderten in Deutschland ansässigen "Zigeuner", die osteuropäischen "Zigeuner" werden als Roma bezeichnet. "Rom" bedeutet in der Sprache der Sinti und Roma (Romanes) "Mann" oder "Mensch" und gilt daher auch als Bezeichnung für die ganze Bevölkerungsgruppe, s. NIEDERSÄCHSISCHER VERBAND DEUTSCHER SINTI e. V (Hg.): *„Es war unmenschenmöglich."* Sinti aus Niedersachsen erzählen - Verfolgung und Vernichtung im Nationalsozialismus und Diskriminierung bis heute, Hannover 1995. In dieser Arbeit werden die zeitgenössische und die moderne Bezeichnung nebeneinander verwendet.

[75] KOGON, Der SS-Staat, S. 71-73.

[76] PINGEL, Häftlinge, S. 72.

weitern.[77] Trotz aller Bemühungen um Profitabilität der SS-Wirtschaftsunternehmen galten die Häftlinge in der SS-Ideologie weiterhin als *„asoziale Elemente, die keine Daseinsberechtigung im NS-Staat hatten"*[78] und erfuhren eine dementsprechende Behandlung.

Mit Kriegsbeginn wurden verstärkt ausländische Häftlinge eingeliefert. Um die ansteigenden Häftlingszahlen zu bewältigen, entstanden neue Lager, vorrangig in den besetzten polnischen Gebieten.[79] Das Strafrecht erfuhr eine radikale Verschärfung. Neue Kriegsstrafgesetze wurden erlassen, die die Todesstrafandrohungen vervielfachten. Himmler dehnte die strafrechtlichen Befugnisse der SS mit der Genehmigung aus, eigenständig und ohne Verfahren gegen Volks- und Staatsfeinde vorzugehen, Schutzhaft zu verhängen und sogar ohne Justizurteile Exekutionen vorzunehmen.[80] Die Konzentrationslager erhielten als Exekutionsstätten eine weitere Funktion: die physische Vernichtung.[81] Bereits in der ersten Kriegshälfte, verstärkt aber in der zweiten, führten SS-Ärzte wissenschaftliche Experimente an Häftlingen durch. *Euthanasie*-Programme (zur Tötung von Geisteskranken), die in der Öffentlichkeit Proteste ausgelöst hatten, konnten in den abgeschirmten Konzentrationslagern weiterhin durchgeführt werden.[82]

1.4   1941/42 - 1945: Dritte Phase des nationalsozialistischen KZ-Systems

Die dritte Phase der Entwicklung des KZ-Systems war geprägt durch den Gegensatz der physischen Vernichtung des ideologischen Gegners und der ökonomischen Ausnutzung der Häftlingsarbeitskraft in der Rüstungsindustrie. Denn der langwierige Krieg gegen die Sowjetunion zwang zu einer drastischen Steigerung der Rüstungsproduktion.[83] Die Kompetenzen für den seit 1942 verstärkten Häftlingseinsatz in der Rüstungsproduktion blieben bei der SS. Um die eigenen wirtschaftlichen und finanziellen Interessen zu koordinieren, unterstellte Himmler am 16. März 1942 die Inspektion

---

[77] KAIENBURG, Vernichtung durch Arbeit, S. 132-134; ENNO GEORG: Die wirtschaftlichen Unternehmungen der SS, Stuttgart 1963, S. 138-142. Die SS als Parteigliederung der NSDAP war nicht rechtsfähig und verfügte über kein eigenes Vermögen. Der Persönliche Stab des Reichsführers SS schöpfte daher die Möglichkeiten des Wirtschafts- und Vereinsrechts aus, um über verschiedene Handelsgesellschaften, deren Geschäftsführer ausnahmslos der SS angehörten, ein "Treuhandvermögen" aufzubauen, das der Verfügungsgewalt der SS unterlag; 1938 gründete die SS die Deutschen Erd- und Steinwerke GmbH (DEST), 1939 die Deutschen Ausrüstungswerke GmbH (DAW) und die Textil- und Lederverwertung GmbH (Tex Led).
[78] Rede Himmlers vor dem Führerkorps der Leibstandarte Adolf Hitler vom 7.9.1940; teilweise zit. in: PINGEL, Häftlinge, S. 66.
[79] PINGEL, Häftlinge, S. 74; BROSZAT, Konzentrationslager, S. 82.
[80] MARTIN BROSZAT: Zur Perversion der Strafjustiz im Dritten Reich, in: VfZG 6/1958, S. 395-443.
[81] PINGEL, Häftlinge, S. 119-122.
[82] BROSZAT, Konzentrationslager, S. 88f. und 104f.
[83] PINGEL, Die Konzentrationslagerhäftlinge, S. 161.

der KL dem aus den alten Hauptämtern "Finanzen und Bauten" und "Verwaltung und Wirtschaft" zusammengeschlossenen Wirtschafts- und Verwaltungshauptamt (WVHA), unter der Leitung von Oswald Pohl[84]. Himmlers Vorhaben, die Rüstungsproduktion in den Konzentrationslagern aufzubauen, um seinen Einfluß im Rüstungsbereich zu stärken, brachte nicht den erwünschten Erfolg. Vielmehr ging man dazu über, Außenlager an bestehende Rüstungsbetriebe anzugliedern, so daß ein Netz von Außen- und Nebenlagern entstand, das sich über das gesamte Reichsgebiet zog. Die Masseneinlieferungen von Häftlingen (darunter sowjetische Kriegsgefangene und *Ostarbeiter*) in die Konzentrationslager führten seit 1942 aufgrund von mangelnder materieller Versorgung, Krankheiten und Unterernährung zu einem erheblichen Anstieg der Todesrate. Solange die SS die Arbeitskraft der Häftlinge nutzte, wurden die Repressionsmaßnahmen zurückgestellt, um ihre Leistungsfähigkeit zu erhalten. Häufig kam jedoch die Anpassung an die Bedürfnisse der Wirtschaft einer völligen physischen Ausbeutung gleich, so daß die Häftlinge kaum einen Unterschied zwischen der ökonomischen Ausbeutung und dem SS-Terror spürten.[85]

Der qualitativen Wertsteigerung der Häftlinge durch die Ausnutzung ihrer Arbeitskraft in der Rüstungsproduktion[86] stand die politisch-ideologische Zielsetzung der SS, die physische Vernichtung des Gegners, gegenüber. Gleichzeitig mit den physischen Vernichtungsaktionen von Geisteskranken ("Ausschaltung minderwertigen Lebens")[87] fiel mit den Planungen für den Krieg gegen die Sowjetunion die Entscheidung zur physischen "Endlösung" der Judenfrage.[88] Es ist kein schriftlicher Befehl Hitlers überliefert, jedoch ist eine Weisung Hitlers im Sommer 1941, die Vernichtung auf alle europäischen Juden im deutschen Machtbereich auszuweiten, zweifellos anzunehmen. Auf der Wannsee-Konferenz am 20. Januar 1942 wurde die systematische Judenvernichtung nicht mehr beschlossen, sie diente Heydrich nur noch zur Koordinierung der Teilnahme von Reichs- und Parteiinstanzen an den Maßnahmen der Judenpolitik. Die Vernichtungsaktionen waren längst angelaufen. Die zentralen Vernichtungsstätten für den Völkermord an den Juden wurden in den Orten Belzec, Sobibór, Chelmo und

---

[84] O. Pohl, geb. 1892 in Duisburg, Marine-Zahlmeister, seit 1934 Verwaltungschef der SS, zuletzt SS-Obergruppenführer und General der Waffen-SS, 1947 zum Tode verurteilt, 1951 hingerichtet.
[85] KAIENBURG, Vernichtung durch Arbeit, S. 288.
[86] KAIENBURG, Vernichtung durch Arbeit, S. 467-470; PINGEL, Arbeitseinsatz, S. 155; ULRICH HERBERT: Arbeit und Vernichtung. Ökonomisches Interesse und Primat der "Weltanschauung" im Nationalsozialismus, in: ULRICH HERBERT (Hg.): Europa und der "Reichseinsatz". Ausländische Zivilarbeiter, Kriegsgefangene und KZ-Häftlinge in Deutschland 1938-1945, Essen 1991, S. 384-426; vgl. auch SOFSKY, Die Ordnung des Terrors, S. 34.
[87] S. HANS-WALTHER SCHMUHL: Reformpsychiatrie und Massenmord, in: MICHAEL PRINZ, RAINER ZITELMANN (Hg.): Nationalsozialismus und Modernisierung, Darmstadt ²1994, S. 239-266.
[88] THAMER, Verführung und Gewalt, S. 696-710 sowie PETER LONGERICH (Hg.): Die Ermordung der europäischen Juden. Eine umfassende Dokumentation des Holocaust 1941-1945, München, Zürich 1989, S. 65-73. Zur Rationalität der NS-Vernichtungspolitik s. WOLFGANG SCHNEIDER (Hg.): "Vernichtungspolitik". Eine Debatte über den Zusammenhang von Sozialpolitik und Genozid im nationalsozialistischen Deutschland, Hamburg 1991.

Abb. 4:   Blick auf die Wewelsburg und das Dorf, ca. 1930

Treblinka sowie auf dem Gelände der Konzentrationslager Auschwitz und Majdanek eingerichtet, die in den besetzten Gebieten lagen. Während Majdanek und Auschwitz als Konzentrationslager von der Inspektion der KL verwaltet wurden, waren Belzec, Sobibór, Chelmo und Treblinka reine Vernichtungslager.[89] Auch in den Konzentrationslagern Sachsenhausen, Ravensbrück, Neuengamme, Natzweiler, Stutthof und Mauthausen wurden Gaskammern in Betrieb genommen.[90] Über drei Millionen Juden, Sinti und Roma sowie nichtjüdische Polen und sowjetische Häftlinge wurden in den nationalsozialistischen Vernichtungsstätten getötet.[91]

---

[89] SOFSKY, Die Ordnung des Terrors, S. 296-299.
[90] U. a. in Sachsenhausen und Buchenwald wurden zusätzlich Tausende von sowjetischen Kriegsgefangenen in Genickschußanlagen ermordet.
[91] ISRAEL GUTMANN u. a. (Hg.): Enzyklopädie des Holocaust. Die Verfolgung und Ermordung der europäischen Juden, Berlin 1993, Bd. III, S. 1497.

2. Die Wewelsburg - ideologischer und finanzieller Hintergrund des SS-Projektes

2.1 Die Wewelsburg - geplantes ideologisches Zentrum des SS-Ordens

Die wirtschaftlichen Bestrebungen der SS waren in der Vorkriegszeit nicht nur von Profitdenken geleitet. Neben den großen Häftlingsunternehmen in den Branchen der Erd- und Steingewinnung sowie der Holzverarbeitung entstanden auf persönliche Initiative Himmlers Unternehmen, die eher ideelle Ziele verfolgten. Dazu gehörten die Porzellan-Manufaktur Allach München, der Nordlandverlag oder auch die Apollinaris Brunnen AG.[92]

Der Ausbau der Wewelsburg war ein persönlicher Wunsch Himmlers. Als Reichsführer SS beabsichtigte er, die ehemalige Leibwache Hitlers zu einem *„nationalsozialistischen soldatischen Orden nordisch bestimmter Männer"*[93] zu erziehen. Himmler verstand die SS als eine auserlesene, rassische Elite, die durch Tugenden wie Treue, Gehorsam und Ehrgefühl geprägt sein sollte. Ihre Aufgabe sah er in der *„Sicherung des Reiches nach innen".*[94] Um die einheitliche Erziehung der SS-Führer zu gewährleisten, plante das Rasse- und Siedlungsamt der SS nach der Machtergreifung die Einrichtung einer Reichsführerschule-SS.[95] Als Himmler während des Lippischen Landtagswahlkampfes westfälische Burgen und Schlösser kennenlernte, faßte er den Entschluß, eine Burg *„im Lande Hermann des Cheruskers"* für seine Schulungszwecke zu wählen. Seine Wahl fiel im November 1933 auf die Wewelsburg, die Eigentum des Kreises Büren war. Das Dorf Wewelsburg hatte 1933 rund 930 Einwohner, die zu 97 Prozent katholischen Glaubens waren. Die soziale Struktur wurde durch klein- und mittelbäuerlichen Besitz bestimmt, auch wenn mehr als die Hälfte der Erwerbstätigen nicht mehr in der Landwirtschaft tätig war. Aber auch die Handwerker und Arbeiter besaßen meist ein eigenes Haus mit etwas Ackerland, so daß die Versorgung mit Grundnahrungsmitteln trotz steigender Arbeitslosigkeit - 1932 waren 75 Einwohner arbeitslos - gesichert war.[96] Nach anfänglichen Auseinandersetzungen um den Mietvertrag wurde die Burg von der NSDAP unter der Auflage, die Kosten des Ausbaus der Wewelsburg tragen zu müssen, am 29.

[92] JOSEF HENKE: Von den Grenzen der SS-Macht. Eine Fallstudie zur Tätigkeit der Verwaltung contra Menschenführung im Staat Hitlers, in: DIETER REBENTISCH, KARL TEPPE (Hg.): Studien zum politisch-administrativen System, Göttingen 1986, S. 255-277.

[93] HEINRICH HIMMLER: Die Schutzstaffel als antibolschewistische Kampforganisation, München 1936, S. 31.

[94] HIMMLER, Die Schutzstaffel, S. 20-31.

[95] HÜSER, Wewelsburg, S. 13-15.

[96] HÜSER, Wewelsburg, S. 38-43. Das Ergebnis der Reichstagswahl vom 5.3.1933 weist auf die Stabilität des Zentrums hin (67 Prozent) und deutet die Tendenz zur Radikalisierung nach rechts an, denn rund 25 Prozent der Wähler stimmten für die NSDAP oder die Kampffront "Schwarz-Weiß-Rot".

September 1934 auf einhundert Jahre für den symbolischen jährlichen Mietpreis von 1 RM gepachtet.[97]

Zunächst war geplant, die Wewelsburg als Reichsführerschule-SS auszubauen, allerdings existierten nur recht vage ideologische Vorstellungen einer Art "nordischer Akademie". Gleichzeitig mit dem Übergang des SS-Projektes vom Rasse- und Siedlungsamt an den Persönlichen Stab des RF SS wurden die Voraussetzungen geschaffen, zur Untermauerung der SS-Rassenlehre junge Wissenschaftler einzustellen, die ideologische Zweckforschungen betreiben sollten.

Die Wissenschaft hatte nach Himmlers Vorstellung die Aufgabe, weltanschaulich bereits fixierte Axiome nachträglich zu beweisen.[98] Allerdings erhielten die Forscher und Wissenschaftler keine konkreten Forschungsziel-Vorgaben.[99] Daß Himmler keine feste Zielkonzeption des Wewelsburg-Projektes vor Augen hatte, wird auch an der zunächst fehlenden einheitlichen Bezeichnung deutlich.

Abb. 5: Die "Gruft" im Kellergewölbe des Nordturms, 1981

---

[97] Zu den Schwierigkeiten und Auseinandersetzungen um den Mietvertrag s. HÜSER, Wewelsburg, S. 17-24 und S. 150-190.

[98] Brief Himmlers an Prof. Wüst vom 10.12.1937, in: MICHAEL KATER: Das "Ahnenerbe" der SS 1935-1945. Ein Beitrag zur Kulturpolitik des Dritten Reiches, Stuttgart 1974, S. 47.

[99] HÜSER, Wewelsburg, S. 27-38. Zu den wissenschaftlichen Disziplinen gehörten "germanische" Vor- und Frühgeschichte, Mittelalterliche Geschichte, Volkskunde und Sippenforschung, sogar "Germanische Himmelskunde". Neben einer Bibliothek wurde ein vorgeschichtliches Museum eingerichtet, archäologische Grabungen und Ahnenforschungen duchgeführt. Karl Maria Wiligut, genannt Weisthor, ein wegen Geistesschwäche in Österreich entmündigter Oberst a. D., wurde 1935 Himmlers persönlicher Berater in Weltanschauungsfragen, 1939 schied er aus der SS aus, nachdem seine Krankheit offenkundig geworden war.

Abb. 6:   Der "SS-Obergruppenführersaal" im Erdgeschoß des Nordturms, 1982

Erst am 6. November 1935 wurde die Bezeichnung "SS-Schule Haus Wewelsburg" verbindlich festgelegt. Die Wahl dieser unauffälligen Bezeichnung veranschaulicht Himmlers Intention, die Burg vor der Öffentlichkeit abzuschirmen. Über die übrigen NS-Schulungsstätten, die NS-Ordensburgen oder die SS-Junkerschulen, wurde hingegen in der Presse ausführlich berichtet. Seit 1935 entwickelte Himmler, der durch seinen persönlichen Berater Wiligut/Weisthor beeinflußt wurde, Pläne zur *„pseudoreligiösen Überhöhung des Wewelsburg-Projektes".*[100]

Nachdem sich Himmler durch die Übertragung der Wewelsburg an die "Gesellschaft zur Förderung und Pflege deutscher Kulturdenkmäler e. V." von der Rechenschaftspflicht gegenüber der NSDAP gelöst und das Bauprojekt finanziell gesichert hatte, begann er mit der Realisierung seiner Vorstellung von der Wewelsburg als einem religiösen Kultzentrum des SS-Ordens mit dem Nordturm der Burg als "Mittelpunkt der Welt".[101] Während das Kellergewölbe ("Gruft") und der Säulensaal ("SS-Obergruppenführersaal") von KZ-Häftlingen weitgehend ausgebaut wurden, blieb der Kuppel-

---

[100] HÜSER, Wewelsburg, S. 32.
[101] HÜSER, Wewelsburg, S. 23, 59-61.

Abb. 7: In den Fußboden des "SS-Obergruppenführersaals" ist ein Marmormosaik in Form eines Sonnenrades eingearbeitet, 1982

saal über dem Erdgeschoß unverwirklichte Planung. Die "Gruft" sollte als Weiheraum für tote SS-Führer dienen, in dem "Obergruppenführersaal" sollten sich zu besonderen Anlässen die SS-Obergruppenführer treffen.[102]

[102] Die Gruft ist einem mykenischen Kuppelgrab nachempfunden, am Rand befinden sich zwölf runde Steinsockel. In der Mitte sollte eine Flammenschale stehen. Über den Ablauf der geplanten Kultfeiern zur Totenverehrung gibt es keine genauen Quellen, die Legendenbildung (zum Beispiel: Bezug zur Artus-Sage oder Verbrennung der Wappen von toten SS-Führern) in der mündlichen Überlieferung ist groß; vgl. HEINZ HÖHNE: Der Orden unter dem Totenkopf. Die Geschichte der SS, Gütersloh 1967, S. 142f. Die Säulenhalle wird wegen ihres Marmorfußbodens auch "Marmorsaal" genannt; in der Mitte ist ein symbolisches Sonnenrad eingearbeitet, die zwölf Speichen des Rades in der Form einer Sig-Rune weisen auf zwölf Säulen. Vorbilder für das Symbol bilden vermutlich bronzene Schmuckfibeln, die seit dem 3. Jahrhundert von alamannischen und fränkischen Frauen getragen wurden. Das Ornament wurde von römischen Hakenkreuzfibeln übernommen und weiterentwickelt. Diese Form des Sonnenrades, die in der okkult-mythischen Gedankenwelt auch als "Schwarze Sonne" interpretiert wird, stammt vermutlich aus dem 7. Jahrhundert. Der Nordturm ist in einem typischen Stil der NS-Architektur, dem *Triumphalismus* entstanden (Begriff in: JOACHIM

25

Abb. 8:   Modell der geplanten kreisförmigen Burganlage in Wewelsburg aus dem Jahr 1944

Die Idee, die Wewelsburg als Repräsentationsstätte der SS-Gruppenführer zu gebrauchen, brachte Himmler in einer Rede vor den SS-Gruppenführern am 8. November 1938 zum Ausdruck: *„Ich habe vor, in Zukunft zwei ständige große Gruppenführerbesprechungen anzusetzen und einzuführen, eine am 8. November hier in München - die nun seit 5 Jahren stattfindet - und eine jedes Jahr im Frühjahr auf der Wewelsburg."*[103] Dort wollte Himmler die Vereidigung der neu ernannten Gruppenführer durchführen. Nach dem Kriegsbeginn wurde der Plan, auf der Burg wissenschaftliche Forschungen zu betreiben, ganz aufgegeben.[104] Stattdessen nahmen Himmlers Pläne, den pseudokulturellen "Mittelpunkt der Welt" zu gestalten, gigantische Dimensionen an. Sein Privatarchitekt Hermann Bartels[105] entwickelte 1941 ein Konzept einer riesigen Burganlage, die sich mit einem Radius von 635 m kreisförmig um den Nordturm als Mittelpunkt legte und deren Realisierung die Umsiedlung des gesamten Dorfes zur Folge gehabt hätte.[106] Aus

PETSCH: Baukunst und Stadtplanung im Dritten Reich. Herleitung - Bestandsaufnahme - Entwicklung - Nachfolge, München, Wien 1976, S. 54).
[103] HIMMLER, Geheimreden, S. 26; tatsächlich fand nur eine Gruppenführerbesprechung auf der Wewelsburg statt, und zwar im Juni 1941.
[104] Der neue "Burghauptmann" Siegfried Taubert, der nichts von den pseudowissenschaftlichen Forschungen hielt, trug wohl mit zu der Entwicklung bei. Die Wissenschaftler verließen die Wewelsburg.
[105] H. Bartels, geb. 1900 in Minden, Architekturstudium, 1921 Eintritt in das Denkmalamt des westf. Provinzialverbandes, 1932 Eintritt in die NSDAP, 1933 Gaukulturwart der NSDAP in Münster, seit 1933 Architekt beim Ausbau der Wewelsburg, 1936 - 1945 Beschäftigung bei der "Gesellschaft", 1938 Eintritt in die SS als Sturmbannführer, nach 1945 selbständiger Architekt, am 13.1.1989 verstorben.
[106] WULFF E. BREBECK, KARL HÜSER: Wewelsburg 1933-45. Kultstätte des SS-Ordens, Münster ²1995, S. 26f.

26

Angst vor Zwangsenteignungen verkauften einige Bauern ihre Höfe.[107] Noch 1944, ein Jahr nach der kriegsbedingten Baueinstellung, arbeiteten Himmler und Bartels an einer Endfassung ihres gigantischen Konzeptes.

Himmler griff in seinen Plänen für ein pseudoreligiöses Zentrum des SS-Ordens bewußt auf mittelalterliche Traditionen zurück.[108] Zu den wichtigsten Ordenssymbolen, die Himmler für die SS einführte, gehörten der *Ehrendegen*, der *Totenkopfring* und das *Wappen*. Der Ahnenkult und die Ordenssymbole waren als Integrationsfaktoren für die aus verschiedenen Gesellschaftsschichten stammenden SS-Angehörigen bestimmt, um eine ideologische Gemeinschaft bilden zu können.[109] Die von Wiligut/Weisthor entworfenen Totenkopfringe wurden nach dem Tod ihres Trägers in der Wewelsburg aufbewahrt.[110] Mit der Verleihung dieser Runen-Ringe an verdiente SS-Männer entwickelte Himmler eine neue pseudoreligiöse Tradition, die in Wewelsburg ihren Ursprung hatte. Somit sah Himmler in der Wewelsburg nicht nur eine bedeutende Repräsentationsstätte für SS-Funktionäre, sondern vielmehr ein pseudoreligiöses Kultzentrum für seinen SS-Orden zur Schaffung "neugermanischer Traditionen" und Riten.[111] Auch wenn die ideologischen Pläne Himmlers keine feste Zielkonzeption aufwiesen, wird deutlich, daß er der Wewelsburg einen hohen Stellenwert in seinem SS-Ordensgefüge einräumte.

[107] Auch wenn sich die Bevölkerung äußerlich den neuen Verhältnissen anpaßte, ist dennoch eine deutliche Distanz zur NSDAP sichtbar, denn nach 1933 trat kein Wewelsburger in die SS ein.

[108] Pläne von 1939 versahen die Wewelsburg mit einer mittelalterlichen Pfalzanlage; Kommandant und Wirtschaftsleiterin der Burg erhielten mittelalterliche Titel: "Burghauptmann" und "Beschließerin". SS-Leute sollten sich als "Wehrbauern" nach dem Plan von 1944 in den äußeren Bereichen der Burganlage ansiedeln.

[109] HÖHNE, Der Orden unter dem Totenkopf, S. 141f. Der Ehrendegen wurde nach Himmlers Ermessen an SS-Männer ab dem Rang eines Untersturmführers verliehen, Wappen sollten SS-Gruppenführer erhalten, allerdings löste die "Wappenaktion" eine meist erfolglose "Ahnenforschung" aus und wurde wieder aufgegeben. Zum Totenkopfring s. JOSEF ACKERMANN: Heinrich Himmler als Ideologe, Göttingen u. a. 1970, S. 72.

[110] HÜSER, Wewelsburg, S. 300-308. Die Wewelsburg wurde in der Folgezeit auch Aufbewahrungsort für Kunstgegenstände und Kulturgüter aus Kirchen-, Staats- und Privatbesitz der von der deutschen Wehrmacht besetzten Gebiete, die Himmler zur Ausschmückung der Wewelsburg vorgesehen hatte.

[111] HÜSER, Wewelsburg, S. 71f. Hüser bestätigt den *„Ordinationscharakter"* der *„Feierstunden"*, den JOACHIM C. FEST skizziert (in: Das Gesicht des Dritten Reiches. Profile einer totalitären Herrschaft, München 1963, S. 159), doch berichtigt er, daß die von Fest beschriebenen *„kultischen Gebräuche"* nur vorgesehen waren, aber nie auf der Wewelsburg stattgefunden haben. Zu den Vorläufern der von den Nationalsozialisten entwickelten "neugermanischen" Tradition und den pseudoreligiösen Mythen s. NICHOLAS GOODRICK-CLARKE: The occult Roots of Nazism. The Ariosophists of Austria and Germany 1890-1935, Wellingborough 1985.

2.2   Die Gesellschaft zur Förderung und Pflege deutscher Kulturdenkmäler e. V.

Am 1. Februar 1936 gründete Himmler in München die Gesellschaft zur Förderung und Pflege deutscher Kulturdenkmäler e. V., die kein eigentliches Wirtschaftsunternehmen war, sondern der Pflege und dem Ausbau kultureller und historischer Einrichtungen dienen sollte. Das vornehmliche Motiv für die Gründung der Gesellschaft war jedoch die Finanzierung des Wewelsburg-Projektes. Als eingetragenem Verein war es der Gesellschaft - anders als der SS als nicht rechtsfähiger Parteigliederung - möglich, über eigene finanzielle Mittel zu verfügen und als Bauträger des Wewelsburg-Projektes zu fungieren.[112]   Erster Vorsitzender wurde Himmler, Geschäftsführer wurde Oswald Pohl. Die juristischen Fragen bearbeitete 1936 Walter Salpeter, die Verwaltungsaufgaben übernahm Bruno Glake, 1938 wurden beide durch Horst Klein ersetzt, der 1944 durch Salpeter abgelöst wurde.[113] Die Gesellschaft wurde unter der Leitung des Persönlichen Stabes Reichsführer SS zunächst dem SS-Verwaltungsamt zugeordnet. Als dieses Amt 1939 umstrukturiert wurde, bildete die Gesellschaft die Hauptabteilung HS I im Hauptamt für Sonderaufgaben des Hauptamtes Haushalt und Bauten/Verwaltung und Wirtschaft, ab 1942 dann das Amt W VIII: Sonderaufgaben in Amtsgruppe W Wirtschaftsunternehmen des WVHA. In der Satzung wurde bereits festgelegt, daß der Hauptzweck des Vereins die Erhaltung der Wewelsburg war, aber auch andere Bauwerke gefördert werden sollten.[114] Die Gesellschaft kaufte die Objekte nach und nach an, übernahm die Verwaltung und finanzierte die notwendigen Umbauten. Zur Deckung des eigenen Finanzbedarfs griff die Gesellschaft auf Bankkredite und Spenden zurück, denn die Mitgliedsbeiträge erbrachten jährlich nur rund 240 RM. Die meisten Bankkredite kamen von der Dresdner Bank, der als Sicherheit für die gewährten Kredite eine *„Garantieerklärung des RF SS"* ausreichte. Insgesamt gewährte die Dresdner Bank den Unternehmen des WVHA rund 30 Millionen RM an Krediten, davon allein der Gesellschaft 13 Millionen RM. Da die Bankkredite zunächst zu privatwirtschaftlichen Bedingungen aufgenommen wurden, waren die Unternehmen durch die hohen Zinsen sehr belastet. Deshalb strebte die SS seit 1939 die Ablösung der hohen Bankschulden durch öffentliche Kredite von der Deutschen Reichsbank mit niedrigen Zinssätzen an.[115]

---

[112] ENNO GEORG: Die wirtschaftlichen Unternehmungen der SS, S. 21, 29; s. auch Übersicht des SS-WVHA in: ROBERT KEMPNER: SS im Kreuzverhör. Die Elite, die Europa in Scherben schug, erw. NA Nördlingen 1987, S. 139.

[113] Vereinssatzung, Abschrift des Registerauszuges von 1948 (BA Z 36 I, 501/49), zit. in: HÜSER, Wewelsburg, S. 231; s. auch S. 45f.

[114] HÜSER, Wewelsburg, S. 231; s. auch HARDY PRIESKE, Die Bedeutung der Gesellschaft zur Förderung und Pflege deutscher Kulturdenkmäler e. V. für das SS-Projekt Wewelsburg, (Magisterarbeit) Bochum, 1996.

[115] GEORG, Die wirtschaftlichen Unternehmungen der SS, S. 133-136. Weitere Kredite gewährten das Deutsche Rote Kreuz (insgesamt 8 Millionen RM) und der sogenannte "Reinhard Fonds" (Darlehen von insgesamt 30 Millionen RM bei einem Zinssatz von 2 Prozent), der sich aus dem bei der "Aktion Reinhard" enteigneten jüdischen Vermögen zusammensetzte.

Abb. 9:   *Heinrich Himmler besichtigt die Baustelle des geplanten Wachgebäudes vor der Wewelsburg (v. l. n. r. Bauunternehmer Scherpeltz, Heinrich Himmler, Architekt Hermann Bartels, Burghauptmann Manfred von Knobelsdorff, Gauleiter Dr. Alfred Meyer und Karl Wolff, Chef des Persönlichen Stabes RF SS), 1936*

Während Horst Klein vor den stets steigenden Zinslasten warnte, beruhigte Oswald Pohl die SS-Führung noch Ende 1944 mit dem Hinweis, die aufgenommenen Kredite könnten sofort durch die Gewinne der großen SS-Häftlingsunternehmen gedeckt werden.[116] Ihrerseits gab die Gesellschaft selbst Darlehen an SS-Stiftungen und SS-Firmen aus. 1939 wurden diese finanziellen Transaktionen eingestellt. Die Tätigkeiten der Gesellschaft wurden auf das Wewelsburg-Projekt konzentriert, das höhere finanzielle Unterstützung verlangte.[117]

Seitdem die Gesellschaft das Projekt "Wewelsburg" übernommen hatte, trat der Verein als Bauherr und -träger auf. Hermann Bartels wurde Baumeister und bauleitender Architekt, für das Baubüro wurden bis zum Kriegsbeginn insgesamt 54 Beschäftigte eingestellt.[118] Seit dem 25. Januar 1934 hatte bereits ein rund 100 Mann starkes Kom-

[116] Schreiben Pohls an Himmler vom 20.12.1944 (ISD Hist. Ordner 6 - SS WVHA 6), zit. in: HÜSER, Wewelsburg, S. 418. Während des Krieges wurden die Gewinne der SS-Unternehmen zwangsverstaatlicht.
[117] HÜSER, Wewelsburg, S. 46.
[118] HÜSER, Wewelsburg, S. 45.

mando des Freiwilligen Arbeitsdienstes (FAD) mit den Bauarbeiten an der Burg begonnen. Als das mittlerweile zum Reichsarbeitsdienst (RAD) gehörende Kommando im Sommer 1938 abgezogen wurde,[119] waren die Bauarbeiten wegen der mangelnden Arbeitskräfte gefährdet. Aus diesem Grunde erwog Himmler den Einsatz von KZ-Häftlingen für das SS-Projekt. Daß für den Ausbau der Wewelsburg bereits 1938 die wirtschaftliche Ausbeutung der Häftlinge in Betracht gezogen wurde, kommt auch in einem Schreiben Dr. Salpeters, Chef des Amtes W VIII, an Oswald Pohl vom 4. Januar 1945 zum Ausdruck.[120] Bartels' Einfluß auf die Entscheidung Himmlers, KZ-Häftlinge nach Wewelsburg zu schicken, ist ebenso zu beachten, wie sein Einsatz 1940 für die Vergrößerung des Konzentrationslagers. Das Bauprojekt galt juristisch gesehen als private, nicht kriegswichtige Baumaßnahme.[121] Um die notwendige Ausnahmegenehmigung vom Bauverbot von dem "Generalbevollmächtigten für die Regelung der Bauwirtschaft im Kriege" zu erhalten, gab Bartels die Erklärung ab, *„daß durch das Bauvorhaben Wewelsburg weder zusätzliche Rohstoffe noch Arbeitskräfte dem Baumarkt entzogen würden".*[122] Diese Entscheidung Himmlers entsprach dem typischen Vorgehen der SS bei ihren Wirtschaftsunternehmen. Der Häftlingseinsatz war die Voraussetzung für die Fortsetzung der Bauarbeiten. Die Schwierigkeiten bei der Beschaffung kriegswichtiger Baustoffe vergrößerten sich 1941. Weder Reichsminister Dr. Todt als Generalbevollmächtigter-Bau noch der NSDAP-Reichsschatzmeister Schwarz verteilten an das Wewelsburg-Projekt "Kennziffern", die den legalen Bezug von Baumaterialien ermöglicht hätten. Deshalb war der Chef des WVHA Pohl gezwungen, unter erhöhten Kosten und auf illegale Weise in den besetzten Gebieten Rohstoffe zu beschaffen.[123]

Seit Mai 1939 wurden Häftlinge nach Wewelsburg verlegt. Die Kosten zur Errichtung und zum Unterhalt des Konzentrationslagers trug bis zur Gründung des selbständigen Lagers die Gesellschaft, die auch zunächst die Bauplanung und die bautechnische Überwachung der Bautätigkeit im Konzentrationslagerbereich übernahm. Die Errichtung des selbständigen Lagers in Wewelsburg erfolgte aus wirtschaftlichen

---

[119] Der FAD wurde am 26.6.1935 in den RAD überführt. Das RAD-Lager wurde in die Eifel zum Bau des Westwalles verlegt.

[120] Schreiben Salpeters an Pohl vom 4.1.1945 (ISD Hist. Ordner 6 - SS WVHA 6), zit. in: HÜSER, Wewelsburg, S. 419.

[121] HÜSER, Wewelsburg, S. 47, 55. Das Bauprojekt war eine private Baumaßnahme der Gesellschaft; somit entging es zwar der Verordnung vom 20.11.1938, die den staatlichen und parteilichen Bauten die baupolizeiliche Genehmigung entzog, doch war es der Bauaufsicht des Landratsamtes Büren unterstellt. Zu den weiteren Baumaßnahmen der SS in Wewelsburg s. WULFF E. BREBECK: Erhaltung oder Zerstörung von NS-Bauten? in: EDELTRAUD KLUETING (Hg.): Denkmalpflege und Architektur in Westfalen 1933-1945, Münster 1995, S. 111-135.

[122] HÜSER, Das KZ in Wewelsburg, S. 155.

[123] HÜSER, Wewelsburg, S. 82. Der Monatsbericht des WVHA von Oktober 1941 (StA Dt D 70 Nr. 160) verdeutlicht die Grenzen der SS. Ihr Einfluß reichte nicht aus, um im Reichsgebiet die notwendigen Rohstoffe zu beschaffen.

Abb. 10:
Der Freiwillige Arbeitsdienst
(FAD) bei Arbeiten im Burg-
graben, 1934

Gründen.[124] Um die unter finanziellen Druck geratene Gesellschaft zu entlasten, änder-
te Himmler zusammen mit Pohl den Status des Außenlagers in Wewelsburg in den
eines selbständigen Konzentrationslagers. Es wurde kurzerhand an den Staat verkauft;
dadurch gingen die Kosten auf das Reich über, denn selbständige Konzentrationslager
wurden aus dem Reichsetat finanziert. Die Gesellschaft erhielt eine Kostenerstattung
für die in der Zeit von 1939 bis 1941 veranschlagten Aufwendungen von 660 000 RM.
Bis zum 31. Dezember 1941 flossen ihr rund 492 000 RM zu.[125] In Wewelsburg war der
Mangel an Arbeitskräften für die Durchführung eines SS-Projektes die Ursache für den

---

[124] HÜSER, Wewelsburg, S. 87f. Hüser hält Broszats These, die Ursache für die Umwandlung läge in
der Erweiterung des Lagers (in: BROSZAT, Konzentrationslager, S. 123), entgegen, daß nicht die
Größe des Außenlagers entscheidend gewesen sei, da es wesentlich größere Außenlager gegeben
habe.
[125] Jahresbericht 1941 des Amtes W VIII vom 10.1.1942 (UB Gö, Fall IV, Dok. Nr. NO-547, S. 2).

Arbeitseinsatz von Häftlingen. Zwar trug das Projekt nicht zum wirtschaftlichen Machtgewinn bei, sondern basierte auf ideologischen Vorstellungen, doch läßt es sich den allgemeinen Entwicklungslinien des KZ-Systems zuordnen. Ebenso wie die Konzentrationslager die Basis der SS-Betriebe bildeten, stellte die wirtschaftliche Ausbeutung der Häftlinge in Wewelsburg die finanzielle Voraussetzung für die Durchführung des SS-Projektes dar. Das SS-Projekt "Wewelsburg" wurde in das KZ-System integriert.[126]

[126] HÜSER, Das KZ in Wewelsburg, S. 153.

III.   Das Konzentrationslager in Wewelsburg 1939 - 1945

1.   Mai 1939 - September 1939, Dezember 1939 - Januar 1940: Das BV-Kommando des KZ Sachsenhausen

Obwohl bereits am 27. März in der Bürener Zeitung die Errichtung eines Gefangenenlagers gemeldet wurde,[127] trafen die ersten Häftlinge aus Sachsenhausen erst Anfang Mai 1939 mit der Eisenbahn ein. Wie die Gemeindechronik von Wewelsburg berichtet, handelte es sich um ein etwa 100 Mann starkes Kommando, das sich aus *„Zuchthäuslern, politischen Häftlingen und Arbeitsscheuen"* zusammensetzte und von 50 SS-Wachleuten begleitet wurde.[128] Untergebracht wurden sie in einem großen Zelt, das mit einem Stacheldrahtzaun umgeben wurde, unterhalb der Burg auf einer Wiese im Finneckestal. Das Zelt war aufgeteilt in einen Aufenthalts- und Schlafraum sowie einen Küchenbereich.[129] Die SS-Leute übernachteten zunächst auf der Wewelsburg.[130] Die Häftlinge arbeiteten in zwei Arbeitskommandos. Ein Kommando war für die Baumaßnahmen der Burg zuständig, das andere Kommando begann mit dem Aufbau eines Barackenlagers an einem der Burg gegenüberliegenden Waldabhang des Kuhkampsberges.[131]

Am 15. Mai 1939 kam es zu einem Fluchtversuch zweier BV-Häftlinge, der große Aufmerksamkeit in der Öffentlichkeit erregte. Die beiden Häftlinge überwältigten einen SS-Posten und flohen. Während der Häftling Walter Henningsen[132] noch am selben Tag gestellt wurde und durch einen Bauchschuß so schwer verletzt wurde, daß er am nächsten Tag im Krankenhaus starb, wurde Paul Bugla erst einen Tag später in dem ca. 20 km entfernten Ort Geseke verhaftet, nachdem ihm ein Bauer Kleidung und Unterkunft gewährt hatte. Interessant ist hierbei, daß sich die freiwillige Feuerwehr von Wewelsburg trotz Aufforderung weigerte, neben SS, Wehrmacht und Polizei an der Fahndung nach den geflüchteten Häftlingen teilzunehmen. Der Kommandant des KZ

---

[127] Bericht der Bürener Zeitung, Nr. 43 vom 27.3.1939, zit. in: HÜSER, Wewelsburg, S. 322.

[128] Gemeindechronik, S. 434f.

[129] HStA D, Prozeßunterlagen betr. KL Niederhagen/Wewelsburg, Zeugenaussagen (ZA) (Rep. 118 Nr. 855-935). Der Untersuchung liegen Zeugenaussagen von insgesamt 132 ehemaligen Häftlingen zugrunde, von denen 103 den lila Winkel, 14 den schwarzen oder braunen Winkel, neun den roten Winkel, fünf den grünen Winkel und zwei den rosa Winkel trugen. Dazu kommen noch die Aussagen von 26 ehemaligen SS-Leuten.

[130] ZA Martin B. (Rep. 118-920).

[131] HÜSER, Wewelsburg, S. 75.

[132] W. Henningsen, geb. 19.2.1917, sein Tod wurde am 19.5.1939 mit "verstorben" in den Akten vermerkt (SH R 202 M 5, S. 34; Sonderarchiv).

Abb. 11: Das Zeltlager des ersten Häftlingskommandos im Finneckestal unterhalb der Burg , 1939

Sachsenhausen, SS-Oberführer Baranowski, fuhr selbst nach Wewelsburg, um sich ein Bild von der Situation zu machen, denn die SS wertete die Weigerung der freiwilligen Feuerwehr als Indiz für die reservierte Haltung der Wewelsburger Dorfbevölkerung.[133] Sie nutzte diesen Zwischenfall, um die Häftlinge in einem Prozeß öffentlich als "Schwerverbrecher" darzustellen.[134] Der Gemeindechronist, späterer Leiter der NSDAP-Ortsgruppe, griff die Wertung der Nationalsozialisten auf, indem er den Bauern rügte, dem Flüchtigen Schutz gewährt zu haben: *„Pflicht dieses Bauern wäre es gewesen, anstatt den Verbrecher mit Nahrung und Kleidung zu unterstützen, sofort der Polizei Meldung zu erstatten, um im Kampfe gegen das Verbrechertum zu helfen."*[135] Das Verhältnis der Wewelsburger zu den KZ-Häftlingen in der Anfangszeit beschrieb Pfarrer Tusch in der Pfarrchronik folgendermaßen: *„Die Häftlinge in ihren gestreiften Anzügen wurden von der Bevölkerung eben als Häftlinge angesehen und bewertet; man nannte sie kurz: 'Die Padjakken'. "*[136]

---

[133] BREBECK, Wewelsburg. Zum Umgang der Bevölkerung mit der Erfahrung eines Konzentrationslagers im Dorf, S. 188f.
[134] Bericht der Bürener Zeitung, Nr. 148 vom 28.6.1939.
[135] Gemeindechronik, S. 434f.
[136] Pfarrchronik, S. 51.

Im August hatten die Häftlinge das neue Lager am Kuhkampsberg fertiggestellt und zogen dorthin um.[137] Zunächst war der Wald gerodet worden, dann errichteten die Häftlinge drei Baracken, die ca. 8 x 50 m groß waren. Die beiden unterhalb gelegenen Baracken wurden mit einem Stacheldrahtzaun umgeben und von den Häftlingen bezogen. In der oberen Baracke wurden die SS-Wachleute untergebracht. Zwei Wachtürme mit Scheinwerfern wurden aufgestellt. Der erste stand am Lagereingang, der andere auf der gegenüberliegenden Seite. In einer Häftlingsbaracke waren die Häftlinge untergebracht, die andere diente als Häftlingsküche, Kleiderkammer, Krankenrevier sowie als Handwerksstube und Schneiderei. Die SS-Wachleute erhielten ihre Verpflegung aus der Burg. Nach der Errichtung des Kleinen Lagers[138] arbeiteten die Häftlinge im Steinbruch unterhalb der Burg. Neben den Bauarbeiten an der Burg und der Arbeit im Steinbruch gab es im Dorf weitere Baukommandos, bei denen die Häftlinge eingesetzt wurden. 1934 hatte der FAD, seit 1935 der RAD, mit den Ausbauarbeiten der Burg begonnen und sich an dem Umbau des Dorfgemeinschaftshauses beteiligt, das Himmler den Wewelsburgern als Ersatz für die Nutzung der Burg an Dorfabenden zur Verfügung gestellt hatte. Ein 1936 erbautes Wachgebäude wurde von Burghauptmann Siegfried Taubert als Dienstwohnung benutzt und enthielt weitere Büroräume sowie einen Sportraum im Kellergeschoß. Die Häftlinge wurden seit 1939 zu Arbeiten an dem Nordturm der Burg eingesetzt, die vor allem den Ausbau des Kellergeschosses zur "Gruft" und des Erdgeschosses zum "Obergruppenführersaal" umfaßten. Im Dorf wurde 1939 auf dem Kuhkampsberg mit dem Bau des "Führerhauses I" für den Architekten Bartels und des für Verwaltungszwecke genutzten Stabsgebäudes neben dem Wachgebäude am Berghang begonnen.[139]

Zu Beginn des Polenfeldzuges am 1. September 1939 erhielt Hermann Bartels den Befehl zur Einstellung aller Baumaßnahmen an der Wewelsburg. Der Rückzug des Häftlingskommandos ins Stammlager Sachsenhausen erfolgte noch am selben Tag.[140] Erst nach dem Sieg über Polen entschloß sich Himmler zur Fortsetzung des Bauprojektes. Am 12. Dezember 1939 traf per Lastwagen erneut ein BV-Kommando aus Sachsenhausen in Wewelsburg ein, dessen Zusammensetzung nicht identisch mit dem ersten war.[141] Begleitet wurde es von dem Untersturmführer Wolfgang Plaul[142], der die Kommandoführung übernahm. Die Gemeindechronik verzeichnete den Häftlingstransport

---

[137] Zur Unterscheidung vom Schutzhaftlager im Niederhagen wurde das erste Lager am Kuhkampsberg von den Wewelsburgern "Kleines Lager"' genannt.

[138] ZA Martin B. (Rep. 118-920), Paul B. (Rep. 118-924), Kurt N. (Rep. 118-922).

[139] Das Wachgebäude dient dem Kreismuseum heute u. a. als Dokumentation und Gedenkstätte. In dem ehemaligen Dorfgemeinschaftshaus ist ein Restaurant untergebracht. Das "Führerhaus I" wird seit 1950 von der evangelischen Gemeinde als Pfarrhaus und Kirche benutzt. Das Stabsgebäude ist 1945 von der SS zerstört worden.

[140] Gemeindechronik, S. 435. In den Stärkemeldungen des KZ Sachsenhausen erscheint Wewelsburg seit dem 8.9.1939 nicht mehr als Nebenlager (SH R 202 M 5, S. 147; Sonderarchiv).

[141] ZA Martin B. (Rep. 118-920).

[142] W. Plaul, geb. 1909 in Sachsen, gelernter Elektriker, 1931 Eintritt in die NSDAP und die SS, 1939-1943 in Wewelsburg, seit 1945 verschollen.

Abb. 12: Standort des Kleinen Lagers am Kuhkampsberg, später wurde dort die SS-Waldsiedlung errichtet, 1941

mit 60 Häftlingen und 35 SS-Leuten. Weiterhin deutete der offensichtlich gut informierte Chronist bereits an, daß die Lagerstärke *„in nächster Zeit merklich erhöht werden"* sollte.[143] Die Häftlinge wurden im Kleinen Lager untergebracht und nahmen die Arbeit in den einzelnen Kommandos wieder auf.

Ein Fluchtversuch von zwei BV-Häftlingen am 22. Januar 1940 bei sehr strengem Frost erregte erneut die Aufmerksamkeit der Wewelsburger Bevölkerung.[144] Die rücksichtslose Verfolgung der Häftlinge durch die SS und das Verhalten des Kommandoführers Plaul beunruhigte die Wewelsburger. Der Häftling Karl Wuwer wurde auf der Flucht angeschossen und starb am nächsten Tag im Bürener Krankenhaus. Willi Petermann, der andere Häftling, wurde auf einem Bauernhof gestellt und nach einer ein-

---

[143] Gemeindechronik, S. 435.
[144] Die Gemeindechronik bemerkte zu diesem Fluchtversuch nur: *„Zwei Häftlinge flüchteten am 22.1.40 bei -27° Kälte. In Ahden brachen sie ein. Bei ihrer Gefangennahme fällt der eine sofort, der andere stirbt im Bürener Krankenhaus"* (Gemeindechronik, S. 449).

stündigen Vernehmung von Kommandoführer Plaul hinterrücks erschossen.[145] Die nun einsetzenden Bemühungen der SS hatten das Ziel, die Öffentlichkeit zu beruhigen und juristische Folgen zu vermeiden. War der erste Fluchtversuch noch in der Presse ausführlich behandelt worden, wurde nun jede Publizierung unterlassen. Außerdem wurde die Bezeichnung der Todesursache auf den Leichenpässen für die Überführung der Leichen in das Krematorium nach Berlin-Treptow von "auf der Flucht erschossen" hin zu "Unglücksfall" geändert, um so die Gewalteinwirkung zu verdecken.[146] Die Reaktionen der Wewelsburger Bevölkerung waren Heinrich Himmler auch deshalb so wichtig, weil er zur erfolgreichen Durchführung seiner Pläne, die seit Anfang 1940 das gesamte Dorf in die Baumaßnahmen mit einbezogen, eine bessere Zusammenarbeit mit den Dorfbewohnern anstrebte.[147] Um das Interesse und die Aufmerksamkeit der Bevölkerung von dem Häftlingslager abzuwenden und ihre Gesprächsbereitschaft nicht zu gefährden, entschloß sich Himmler zum Austausch des gesamten Häftlingskommandos gegen ein Kommando, das ausschließlich aus Ernsten Bibelforschern bestand, die aus Glaubensgründen keine Fluchtversuche unternahmen. Das BV-Kommando wurde gleich nach seiner Rückkehr nach Sachsenhausen in die dortige Strafkompanie eingewiesen, wo in den kommenden Monaten ein großer Teil der Häftlinge den dort herrschenden Existenzbedingungen zum Opfer fiel.[148]

2. Februar 1940 - August 1940: Das Bifo-Kommando in Wewelsburg

2.1 Die Häftlingsgruppe mit dem lila Winkel

Am 16. Februar 1940 kam das erste Bibelforscher-Kommando aus Sachsenhausen in den Omnibussen nach Wewelsburg, in denen das BV-Kommando wieder nach Sachsenhausen gebracht worden war.[149] Herbert Baron, der in dem Bibelforscher-Kommando war, erinnert sich:

„[...] hauptsächlich Handwerker und so kam auch ich dazu. Wir vermuteten zuerst, daß ein neues Kommando zusammengestellt würde. So war es auch, doch nicht für Sachsenhausen, sondern wir sollten ein neues Lager aufbauen in Westfalen, nicht weit von Paderborn. Wir wurden [ein] paar

[145] ZA Fritz St. (Rep. 118-919).
[146] Schriftwechsel bezüglich der Ausfertigung der Sterbeurkunden (StdtA Bü Polizeiakte), zit. in: HÜSER, Wewelsburg, S. 327-330.
[147] HÜSER, Wewelsburg, S. 77.
[148] ZA Martin B. (Rep. 118-920). Viele der Bifo-Häftlinge des Transportes vom 12.3.1940 aus Sachsenhausen berichteten in Wewelsburg über das Schicksal der in die Strafkompanie eingewiesenen Häftlinge.
[149] GARBE, Zwischen Widerstand und Martyrium, S. 563. Aufgrund besonders brutaler Gewaltanwendungen der SS starben im KZ Sachsenhausen im Winter 1939/40 130 Zeugen Jehovas, jeder vierte Bibelforscher-Häftling. Der Vernichtungsaktion konnten vor allem Handwerker entgehen, die zum Arbeitseinsatz in Außenkommandos geschickt wurden.

Abb. 13: Eine Berliner Predigergruppe der Ernsten Bibelforscher (2. v. r. Georg Klohe), 1920er Jahre

Tage später in zwei Bussen verteilt. [...] Wir verließen früh um 6 Uhr unser Lager [...]. Abends, ungefähr gegen 21-22 Uhr kamen wir auf einen schmalen Weg. Noch eine viertel Stunde, und wir waren angelangt. Wir hatten jeder eine Decke, ein Kochgeschirr und einen Esslöffel mit, das war alles und unser Brot hatten wir bereits unterwegs gegessen. Jetzt hieß es raus aus dem Bus. Antreten. Es wurde abgezählt und dies 2 mal. Nun mußten wir zu zweit hintereinander 100 Meter marschieren. Da waren wir angelangt. Ein hoher Drahtzaun umschloss ein Gelände, darin stand eine Holzbaracke. Zwei hohe Holztürme, wo die Wachposten standen, umgaben das Lager. Wie groß es war? Vielleicht 50 qm. Doch höher über uns gelegen standen eine SS Baracke für die Wachtruppe mit einzelnen Zimmern zu je 2 Mann. Schätzungsweise waren es 16-18 Mann insgesamt mit dem Arbeitsdienstführer und neuem Lagerführer."[150]

Das 70 Mann starke Kommando wurde durch zwei weitere Transporte aus Sachsenhausen mit 30 Bibelforschern am 20. Februar 1940[151] und mit 20 Bibelforschern am 12. März 1940 verstärkt. Paul Buder erinnert sich:

[150] Herbert Baron: Jahre des Grauens, Erinnerungsbericht eines Zeugen Jehovas, 1977 (Stu Dok F AN 707).
[151] Paul Buder: Oh Wewelsburg, ich kann dich nicht vergessen, Erinnerungsbericht, 1976 (Kreismuseum), S. 14. Im folgenden: Buder-Bericht.

„In Sachsenhausen reitet der Tod. Leichengeruch liegt über dem Lager. Ich höre, daß Transporte in ein anderes Lager gehen. 99 BVer, Berufsverbrecher kamen von dem Lager, das wir noch nicht kennen.[...] Ich höre, das Lager hieße Wewelsburg! Ich melde mich sofort, es sollen nur Handwerker dort hin." [152]

Als am 25. Mai 1940 per Lastwagen ein Transport mit 100 Bibelforschern aus Buchenwald eintraf, mußte das Kleine Lager um eine Baracke erweitert werden.[153] Es befanden sich seitdem mindestens 220 Häftlinge, ausschließlich Ernste Bibelforscher, im Außenkommando Wewelsburg.[154]

Die Ernsten Bibelforscher lebten streng nach den Worten Gottes, dessen biblische Weisungen sie durch dogmatische Bibelauslegungen gewannen.[155] Sie gehorchten dem *Neutralitätsgebot*, denn als *Gottes Gesandte* glaubten sie, sich nicht aktiv an der Politik ihres "Gastlandes" beteiligen zu dürfen. Solange sie ihre neutrale Haltung nicht aufgeben mußten, befolgten sie die "irdischen" Gesetze, immer in der *chiliastischen* Hoffnung auf den baldigen Beginn der Herrschaft Gottes.[156] Das Lager in Wewelsburg war für viele Bibelforscher nur eine Station einer längeren Reihe von Gefängnis- und KZ-Aufenthalten. Bibelforscher, die bereits 1935 oder 1936 inhaftiert worden waren, hatten meist mehrmalige Gefängnis- und Schutzhaftstrafen hinter sich, bevor sie nach Wewelsburg kamen. Bis 1935 wurden für die illegalen Missiontätigkeiten meist nur Geldstrafen erhoben. Nach dem reichsweiten Verbot der Bibelforscher und der deutschen Organisation, der Wachtturm-Gesellschaft (WTG) 1935, nahm das Strafmaß zu. Die Schutzhaft wurde von der Gestapo zur "Korrektur" der Rechtsprechung eingesetzt.[157] Die Schutzhaftverhängungen wurden hauptsächlich mit der illegalen Betätigung für die IBV oder mit der Verweigerung des "Hitlergrußes", des Fahneneides, des Eintritts in NS-Organisationen oder der Teilnahme an Wahlen oder Spenden-

---

[152] Buder-Bericht, S. 13.

[153] Häftlingstransportliste über 100 Ernste Bibelforscher aus dem KZ Buchenwald nach Wewelsburg vom 25.5.1940 (ISD HM Niederhagen-Wewelsburg/KL Bu).

[154] Diese Zahl ergibt sich aus den bisher ermittelten Transporten. Eine Stärkemeldung des KZ Sachsenhausen gibt bereits für den 17.2.1940 eine Häftlingszahl von 216 Häftlingen für Wewelsburg an (SH R 221 M 101, S. 4; Sonderarchiv 1367-1-4). Die Differenz der Häftlingszahlen läßt sich nach dem derzeitigen Forschungsstand nicht klären.

[155] Intensive Bibelstudien und die Glaubensverkündigung waren Pflichten für jeden Bibelforscher. Neben der Erwachsenentaufe gab es als einziges symbolisches Fest noch das jährliche Gedächtnismahl, an dem im April 1933 nahezu 25 000 Zeugen Jehovas in Deutschland teilnahmen.

[156] WACHTTURM- BIBEL- UND TRAKTAT-GESELLSCHAFT (Hg.): Jehovas Zeugen - weltweit vereint, Gottes Willen zu tun, Selters/Taunus 1986, S. 8-13; JOHANNES WROBEL: Einige Grundwerte und Glaubensinhalte der Zeugen Jehovas und ihr Verhalten während der Haft, Selters/Taunus 1994 (Maschinenschrift); WACHTTURM-, BIBEL- UND TRAKTAT-GESELLSCHAFT (Hg.): Jehovas Zeugen. Verkündiger des Königreiches Gottes, Selters/Taunus 1993.

[157] GRUCHMANN, Justiz im Dritten Reich, S. 599-604, 620-624. Am 22.4.1937 erging ein Runderlaß an die Gestapostellen, generell seien alle Bibelforscher nach Freispruch oder Strafverbüßung in Schutzhaft zu nehmen. Die Justizbehörden unterstanden der Mitteilungspflicht.

aktionen, wie das Winterhilfswerk, begründet.[158] Bevor die Ernsten Bibelforscher wegen dieser Weigerungen, sich in die deutsche "Volksgemeinschaft" einzuordnen, von den Sondergerichten verurteilt wurden, hatten die meisten von ihnen bereits andere Verfolgungsmaßnahmen durchlitten, die auf ihre wirtschaftliche Existenzvernichtung und soziale Ächtung zielten.[159] Der Großteil der Bibelforscher, die nach Wewelsburg kamen, wurde im Zuge der großen Verhaftungswellen gegen die Bibelforschervereinigung 1936/37 und im darauffolgenden Jahr inhaftiert. Die erste Verhaftungsaktion fand bereits vor dem internationalen Kongreß der Zeugen Jehovas vom 4. - 7. September 1936 in Luzern statt. Viele Funktionäre und ganze Ortsgruppen der WTG wurden verhaftet.[160] Die Luzerner Resolution wurde an Regierungs- und Kirchenvertreter geschickt und am 12. Dezember 1936 in Form von Flugblättern mit mehr als 100 000 Exemplaren im gesamten Reich verteilt. Die Gestapo reagierte mit neuen Massenverhaftungen. Eine weitere Flugblattverteilung am 20. Juni 1937 war die letzte Großaktion der Bibelforscher,[161] denn der Gestapo gelang durch verstärkte Repressionen die nachhaltige Zerschlagung der Organisation.[162] Erst 1939 nahmen Gruppen heimlich wieder Kontakt zueinander auf und bauten kleinere illegale Kurierdienste auf. Vor dem Krieg waren rund fünf bis zehn Prozent des Häftlingkontingents in nationalsozialistischen Konzentrationslagern Zeugen Jehovas. Durch den kriegsbedingten Anstieg der Häftlingszahlen nach 1939 wurden sie allerdings zu einer kleinen Minderheit. Gleichzeitig erhöhte sich der Anteil der wegen Wehrdienstverweigerung in Schutzhaft genommenen Häftlinge innerhalb der Bibelforschergruppe.[163] Bibelforscher, die den Kriegsdienst aus Glaubensgründen prinzipiell verweigerten, fielen unter die *Verordnung zur Ergänzung der Strafvorschriften zum Schutz der Wehrkraft des deutschen Volkes* vom 25. November 1939. Durch die Kriegssonderrechtsstrafverordnung konnten sie wegen "Wehrkraftzer-

---

[158] RADOMÍR LUZA: Der Widerstand in Österreich 1938-1945, Wien 1985, S. 79.
[159] Interview Gerhard Claus vom 16.5.1992; Jahrbuch der WTG, 1989, S. 123-125; GARBE, Zwischen Widerstand und Martyrium, S. 159-214. Sie litten unter Verlust des Arbeitsplatzes, Geschäftsboykotten und Beschlagnahmungen der Rentenzahlungen. Eltern wurde das Sorgerecht für ihre Kinder entzogen, um deren Erziehung im nationalsozialistischen Sinne in NS-Erziehungsheimen oder parteitreuen Familien zu gewährleisten. Vgl. Schreiben an Helene Tr. zur Überweisung ihrer drei Kinder zur Fürsorgeerziehung vom 4.7.1938 (Original in Privatbesitz), Kopie im Kreismuseum.
[160] Jahrbuch der WTG, 1974, S. 151-156. Auf dem Kongreß wurde eine Resolution verfaßt, in der die grausame Verfolgung der Zeugen Jehovas durch die Hitler-Regierung angeklagt wurde. Die als Diener oder Leiter bezeichneten Funktionäre waren streng hierarchisch organisiert, dem Reichsdiener unterstanden Bezirksgruppendiener bzw. Dienstleiter.
[161] Jahrbuch der WTG, 1974, S. 156; "Offener Brief", zit. in: KUNO BLUDAU: Gestapo geheim! Widerstand und Verfolgung in Duisburg 1933-1945, Bonn-Bad Godesberg 1973, S. 289f.
[162] ZIPFEL, Kirchenkampf, S. 187; SD der SS, Meldung Nr. 24, in: HEINZ BOBERACH (Hg.): Meldungen aus dem Reich. Auswahl aus den Geheimen Lageberichten des SD der SS 1939-1944, Neuried, Berlin 1965, S. 23.
[163] Zeugenaussagen (Rep. 118, Nr. 855-935); GARBE, Zwischen Widerstand und Martyrium, S. 394-397.

setzung" zum Tode verurteilt werden.[164] Die bereits in Schutzhaft und damit im Machtbereich der Gestapo befindlichen Bibelforscher entgingen der Wehrmachtsjustiz und dem
drohenden Todesurteil.

2.2   Die Sozialstruktur der Ernsten Bibelforscher in Wewelsburg

Die Entscheidung Himmlers, in Wewelsburg Ernste Bibelforscher zur Arbeit einzusetzen,
beruhte nicht allein auf der Absicht, durch solche Häftlinge die Aufmerksamkeit der Öffentlichkeit von dem Konzentrationslager abzulenken, die keine Fluchtversuche unternahmen,
sondern auch auf der Erkenntnis, gewissenhaft arbeitende und fähige Handwerker für die
Bauarbeiten zu benötigen. Unter den Bibelforscher-Häftlingen gab es viele Handwerker,[165]
so daß die SS keine Schwierigkeiten hatte, die erwünschten Handwerker und Arbeiter nach
Wewelsburg zu versetzen. Vor allem Tischler, Maurer, Maler und Bauarbeiter wurden für
die Arbeitskommandos eingesetzt, aber auch Elektriker, Installateure und Steinmetze.[166] Die
besonderen Bedingungen im Außenkommando in Wewelsburg lassen keine unmittelbaren
Folgerungen auf die Sozialstruktur der Bibelforscher-Häftlinge zu. Die Bibelforscher in
Wewelsburg waren aufgrund ihrer beruflichen Fähigkeiten aus den Konzentrationslagern
Sachsenhausen und Buchenwald ausgewählt worden und kamen nicht direkt nach ihrer
Inhaftierung oder nach Verbüßung ihrer Haftstrafe, quasi als "Neueinweisungen" nach
Wewelsburg. Daten über den Familienstand der Zeugen Jehovas in Wewelsburg sind nicht
ausreichend zu ermitteln.[167] Viele Bibelforscher kannten sich bereits aus den vorherigen

---

[164] KATER, Die Ernsten Bibelforscher, S. 198f.; GARBE, Zwischen Widerstand und Martyrium, S.
356f., 365-368. Rund 250-300 Zeugen Jehovas wurden während des Krieges nach kriegsgerichtlichem
Urteil hingerichtet; s. auch GARBE, "Gott mehr gehorchen als den Menschen." Neuzeitliche Christenverfolgung im nationalsozialistischen Hamburg, in: Projektgruppe für die vergessenen Opfer des
NS-Regimes in Hamburg e. V. (Hg.): Verachtet - verfolgt - vernichtet - zu den vergessenen Opfern
des NS-Regimes, Hamburg ²1988, S. 208-210.
[165] GARBE, Zwischen Widerstand und Martyrium, S. 497f. Garbe stellt in seiner Untersuchung über
die Hamburger Zeugen Jehovas den hohen Anteil der Handwerker in der Glaubensgemeinschaft
heraus. Nach seiner Analyse liegt der soziale Schwerpunkt der Zeugen Jehovas zwar in der Unter-
schicht und der unteren Mittelschicht, doch lehnt er die pauschalisierende Bezeichnung der *„Arme-
Leute-Religion"* (ZIPFEL, Kirchenkampf, S. 203) mit dem Hinweis auf den innerhalb der Hamburger
Glaubensgemeinschaft bestehenden Anteil der Mittelschicht von 30 Prozent ab.
[166] Weitere Berufe der Bibelforscher in Wewelsburg laut Häftlingslisten und Buder-Bericht waren:
Gärtner, Schmied, Polsterer und Sattler, Schlosser, Bergmann, Mechaniker, Koch, Schneider, Schuh-
macher, Dekorateur, Landwirt. "Gehobene" Berufe, wie Prokurist, Architekt und Direktor (genannt
bei Buder), waren im Gegensatz zu den oben genannten Berufsgruppen der Handwerker und
Facharbeiter sehr selten.
[167] RÜDIGER LAUTMANN, WINFRIED GRIKSCHAT und EGBERT SCHMIDT stellen in ihrer Arbeit: Der rosa
Winkel in den nationalsozialistischen Konzentrationslagern, in: Seminar: Gesellschaft und Homosexualität, Frankfurt a. M. 1977 fest, daß rund 74 Prozent aller Bibelforscher in Konzentrationslagern
verheiratet oder verwitwet waren, 26 Prozent ledig bzw. geschieden waren. 44 Prozent der Bibelforscher waren ohne Kind, 17 Prozent hatten ein Kind, 39 Prozent hatten mehrere Kinder. Für die

Lageraufenthalten in Sachsenhausen und Buchenwald. Über die Religionszusammengehörigkeit hinaus förderten die gemeinsam verbrachte Lagerzeit ebenso wie die gemeinsame Sprache das Zusammenwachsen der Bibelforscher in Wewelsburg. Nahezu alle Bibelforscher-Häftlinge kamen aus deutschsprachigen Gebieten. Durch dieses Merkmal, eine vorwiegend deutschsprachige Häftlingsgruppe zu bilden, hoben sich die Bibelforscher zunehmend von den anderen Häftlingskategorien ab, die sich seit dem September 1940 verstärkt aus ausländischen Häftlingen zusammensetzten.[168]

Bei Betrachtung des Lebensalters der Bibelforscher-Häftlinge fällt eine Besonderheit im Vergleich zu anderen Häftlingsgruppen auf. Das durchschnittliche Alter der Bibelforscher war höher als in anderen Häftlingsgruppen. Von den insgesamt 302 Zeugen Jehovas[169], die sich im Frühjahr 1941 nachweisbar im Außenkommando Wewelsburg befanden, konnten 198 Geburtsdaten ermittelt werden, die folgendermaßen aufgeteilt sind:[170]

1880 - 1885	=	14	1901 - 1905	=	36
1886 - 1890	=	24	1906 - 1910	=	24
1891 - 1895	=	36	1911 - 1915	=	12
1896 - 1900	=	5	1916 - 1920	=	2

Im Jahre 1941 waren also 11 Zeugen Jehovas 25 - 30 Jahre (5,5 %)
57 " 30 - 40 Jahre (28,8 %)
87 " 40 - 50 Jahre (43,9 %)
40 " 50 - 60 Jahre (20,2 %) alt,
drei Zeugen Jehovas waren älter als 60 Jahre (1,5 %).

Es wird ersichtlich, daß mehr als 65 Prozent aller Bibelforscher in Wewelsburg älter als 40 Jahre waren, sogar 21,7 Prozent älter als 50 Jahre. Aber nur 5,5 Prozent der Bibelforscher waren jünger als 30 Jahre.[171] Das folgende Diagramm veranschaulicht die Altersstruktur der Bibelforscher-Häftlinge in Wewelsburg:

Bibelforscher in Wewelsburg kann ein ähnlich hoher Grad an familiärer Integration angenommen werden.

[168] PINGEL, Häftlinge, S. 262, Anm. 99. Das Merkmal, eine deutschsprachige Gruppe innerhalb der Häftlingskategorien zu bilden, stellte eine Erscheinung dar, die in sämtlichen Lagern auf reichsdeutschen Gebieten festzustellen war.

[169] Vgl. HÜSER, Wewelsburg, S. 95. Hüser berechnet die Gesamthöchstzahl der Bibelforscher in Wewelsburg auf 310 Personen. Fehlerquelle war die Zahlenangabe eines Häftlingstransportes im März 1941 aus Buchenwald. Zusammen wurden 90 Personen nach Wewelsburg gebracht, doch waren acht Häftlinge davon politisch und nur 82 Bibelforscher, wie aus der "täglichen StärkeMeldung des KZ Buchenwald vom 7.3.41" zu ersehen ist (BA NS 4 Bu/Vorl. 138).

[170] Die Datenerhebung erfolgte nach Zeugenprotokollen und Häftlingstransportlisten. Nicht alle Geburtsdaten konnten ermittelt werden, die Ergebnisse der Erhebung sind daher unter Berücksichtigung der Lückenhaftigkeit der Angaben zu bewerten. Für spätere Jahre und andere Häftlingskategorien sind aufgrund fehlender Daten keine empirischen Untersuchungen möglich.

[171] Vgl. LAUTMANN, GRIKSCHAT, SCHMIDT: Der rosa Winkel, S. 331. Der dort berechnete Mittelwert für das Lebensalter der Zeugen Jehovas bei ihrer Inhaftierung beträgt 41 Jahre.

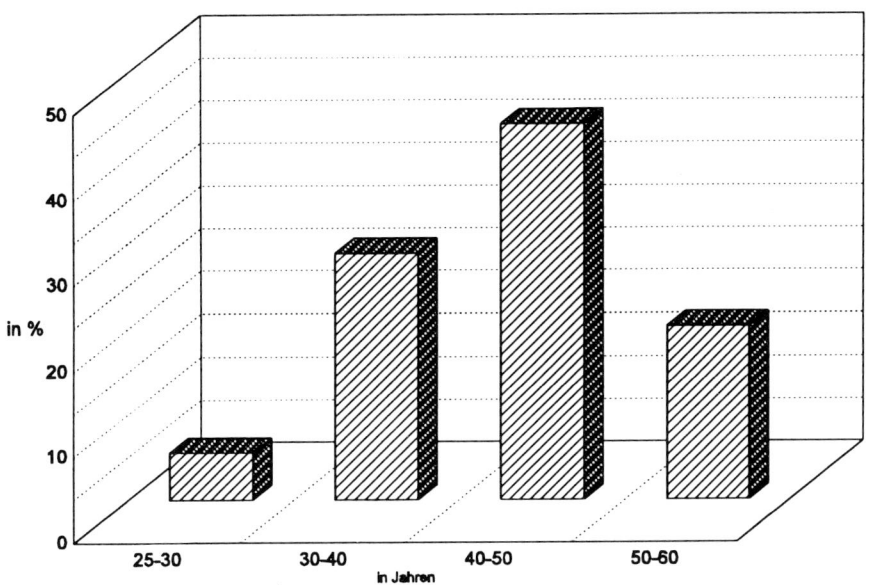

Diagramm 1: Altersstruktur der Bibelforscher in Wewelsburg

Besonders signifikant wird der hohe Anteil an älteren Bifo-Häftlingen im Vergleich zur Altersstruktur der Gesamtheit der einsitzenden Häftlinge. Da hier für die anderen Häftlingskategorien in Wewelsburg keine ausreichenden Angaben zu ermitteln sind, soll der Vergleich mit verfügbaren Daten des KZ Buchenwald gezogen werden. Zugrundegelegt wurde die *Unterteilung in Altersstufen der im K.-L. Buchenwald einsitzenden Häftlinge nach dem Stande vom 30.1.1941*, die von der SS erstellt worden war.[172] Die Prozentwerte der Altersangaben für Bifo-Häftlinge und für die Gesamtheit aller Häftlinge im KZ Buchenwald sowie für Bifo-Häftlinge im KZ in Wewelsburg im Jahr 1941 lassen sich graphisch als Kurven darstellen:

---

[172] SS-Statistik über die Altersverteilung der Häftlinge (BA NS 4 Bu/Vorl. 141). Daten zitiert in GARBE, Zwischen Widerstand und Martyrium, S. 638f. Absolute Zahlen: Gesamtheit der Häftlinge/Bibelforscher in Buchenwald: bis 20 Jahre: 139/-; 20-30 Jahre: 1 124/10; 30-40 Jahre: 2 400/69; 40-50 Jahre: 2 314/136; 50-60 Jahre: 1 134/70; 60-70 Jahre: 246/15; 70-80 Jahre: 5/-; insgesamt: 7 362/300.

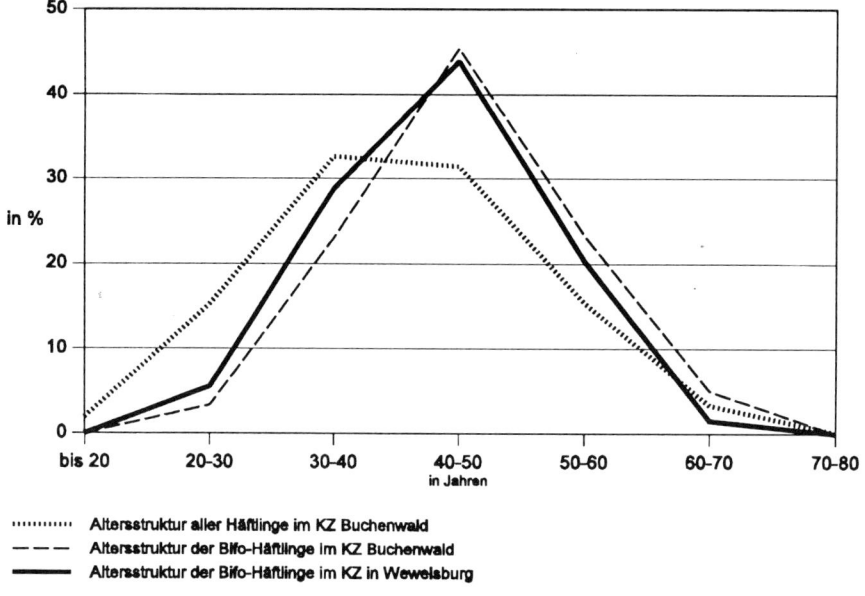

....	Altersstruktur aller Häftlinge im KZ Buchenwald	
– – –	Altersstruktur der Bifo-Häftlinge im KZ Buchenwald	
——	Altersstruktur der Bifo-Häftlinge im KZ in Wewelsburg	

Diagramm 2: Vergleich der Altersstrukturen der Häftlinge

		Gesamthäftl./KZ Buch.	Bibelf./KZ Buch.	Bibelf./KZ in Wew.
bis 20 Jahre	:	1,9 %	0,0 %	0,0 %
20-30 "	:	15,3 %	3,3 %	5,5 %
30-40 "	:	32,6 %	23,0 %	28,8 %
40-50 "	:	31,4 %	45,4 %	43,9 %
50-60 "	:	15,4 %	23,3 %	20,3 %
60-70 "	:	3,3 %	5,0 %	1,5 %
70-80 "	:	0,1 %	0,0 %	0,0 %

Diagramm 2 zeigt die deutlich verschobenen Kurvenverläufe der Bibelforscher-Gruppen im Vergleich zu dem der Gesamtzahl der Häftlinge im KZ Buchenwald. Die Übersicht der Prozentwerte bestätigt die Aussage.

Ein Grund für das relativ hohe Durchschnittsalter der Bibelforscher-Häftlinge liegt in dem generell hohen Lebensalter der Angehörigen dieser Religionsgemeinschaft.[173]

---

[173] Es gehörten eher ältere Menschen zu der Glaubensgemeinschaft; ZIPFEL, Kirchenkampf, S. 178.

Abb. 14: KZ-Häftlinge beim Bau der Villa Bartels, ca. 1939 - 1941

Im Gegensatz hierzu war das Durchschnittsalter der Angehörigen der politisch aktiven Widerstandsgruppen deutlich niedriger, wodurch sich der hohe Anteil jüngerer Häftlinge an der Gesamtzahl der Häftlinge im Konzentrationslager erklären läßt. Die beiden Bibelforscher-Kurven weichen leicht voneinander ab. Der geringfügig höhere Anteil der 30 - 40jährigen Bibelforscher in Wewelsburg mag darin begründet sein, daß für das SS-Projekt bewußt Häftlinge ausgewählt wurden, die den speziellen Arbeitsbedingungen genügen sollten, also eher jüngere, "arbeitsfähige" Häftlinge gewählt wurden.[174]

Die Bibelforscher-Häftlinge des Kleinen Lagers setzten die Arbeit des BV-Kommandos fort. Die Bauarbeiten am Nordturm der Wewelsburg, dem "Führerhaus I" und dem Stabsgebäude/Burg wurden mit der den Bibelforschern eigenen Disziplin und Gewissenhaftigkeit durchgeführt. Weitere Arbeitskommandos wurden zum Straßenbau und zur Planierung der Burgeinfahrt sowie zur Befestigung der Böschungen im Burg- und Wachhausbereich eingesetzt.[175] Die Arbeit in den Steinbrüchen unterhalb der Burg und in Ahden gehörte zu den anstrengendsten und mühevollsten Kommandos, da nicht

---

[174] Für die Bibelforscher-Transporte wurde der hohe Anspruch realisiert, "arbeitsfähige" Häftlinge nach Wewelsburg zu schicken. Spätestens seit den Masseneinlieferungen im Sommer 1941 galt dieser Anspruch nicht mehr.
[175] Anklageschrift, S. 94-97 (Rep. 118-859).

Abb. 15: Die Villa Bartels ("Führerhaus I") nach der Fertig-
stellung, ca. 1942 - 1945

genügend Sprengwerkzeuge für den steinigen und felsigen Boden in Wewelsburg vorhanden waren. Die eingesetzten Kipploren am Steinbruch/Burg führten zu zahlreichen Unfällen. Das Steinmaterial wurde für den Ausbau der Burg und die neuen Gebäude benötigt. Im Lagerbereich selbst waren einzelne Innenkommandos beschäftigt, so in der Häftlingsküche, der Handwerksstube und der Effektenkammer.[176]

Trotz der schweren Arbeitsbedingungen und der katastrophalen Lagerverhältnisse sind für die Zeit, in der ausschließlich Bibelforscher im Lager in Wewelsburg lebten, nur wenige Todesfälle belegt. Die Gründe für die geringe Todesrate[177] können jedoch nicht allein in der Häftlingszusammensetzung gesehen werden. Dem Anstieg der Todesrate in den folgenden Jahren gingen sowohl eine weitere Verschlechterung der äußeren Lebensbedingungen voraus als auch mangelnde materielle Versorgung bei gleichzeitiger Überbelegung der Häftlingsunterkünfte sowie eine Verschärfung der Bestrafung. Doch ist die Bedeutung des starken Zusammenhalts der Bibelforscher im Lager nicht zu unterschätzen. Die Wirksamkeit ihrer Überlebensstrategien zur Bewältigung der Lagerbedingungen wird an der geringen Todesrate der Häftlingsgruppe in Relation zu

---

[176] ZA Kurt R. (Rep. 118-922) und Kurt N. (Rep. 118-922); "Wäscherei", "Schneiderei/Strumpf-
stopfkommando".
[177] PINGEL, Häftlinge, S. 16. Pingel benutzt die Todesrate als Indikator zur Bewertung der Rigorosität
der gesellschaftlichen Prozesse innerhalb der Lagerbelegschaft.

anderen Häftlingsgruppen deutlich. Während von den 306 Bibelforschern 19 Personen starben, gab es unter den 903 deutschen Häftlingen der anderen Häftlingskategorien mindestens 357 Tote.[178]

2.3   Der Bau des Schutzhaftlagers im Niederhagen

Am 17. Juni 1940 löste Adolf Haas[179] Wolfgang Plaul als Kommandoführer ab. Plaul blieb als stellvertretender Lagerführer in Wewelsburg. Haas leitete den Bau eines neuen, größeren Lagers auf einem 2,87 ha großen Gelände in der Gemarkung Niederhagen ein, das von der Gesellschaft gepachtet worden war. Das Gelände, vormals ein Teil des Gemeindewaldes von Wewelsburg, war erst kurz vor dem Kriegsausbruch gerodet worden und befand sich an der Straße zum Nachbarort Niederntudorf.[180] Ein Arbeitskommando "Lageraufbau" war seitdem mit der Planierung des Geländes beschäftigt. Anfang August 1940 erfolgte der Umzug, an den sich Paul Buder erinnert: *„Am Ausgang des Dorfes, Richtung Niedern-Tudorf entsteht ein neues Lager. Wir sind umgezogen. Alle Barackenteile wurden von uns, von der Waldsiedlung bis hierher auf den Schultern getragen, an einem Tag!"*[181] Die drei Häftlingsbaracken des Kleinen Lagers wurden im neuen Schutzhaftlager wieder aufgebaut und um eine vierte Baracke ergänzt, so daß das Lager zunächst aus vier Baracken, die in zwei Reihen mit einem breiten Mittelgang aufgebaut waren, und einem hinter den Blöcken befindlichen Appellplatz bestand. Ein ca. 2,5 m hoher Stacheldrahtzaun umgab Baracken und Appellplatz, ließ aber noch Platz für weitere Baracken, die in der Folgezeit gebaut werden sollten. Die SS-Baracke des Kleinen Lagers wurde zwischen Lager und Straße errichtet. Drei weitere SS-Baracken wurden entlang der Straße gebaut. In Block 1 des Häftlingslagers waren zunächst Häftlingsküche, Häftlingskammer und Krankenrevier untergebracht. Die Blöcke 2 - 4 dienten den Häftlingen als Unterkünfte.[182] Jeder Block war ca. 8 x 50 m groß und bestand aus zwei Flügeln, die durch einen gemeinsamen Flur in der Mitte des Blocks begehbar waren, dort lagen auch der gemeinsame Waschraum, der Toilettenraum und eine Besenkammer. Die Blockflügel waren in je einen Schlafraum (96 m²) und einen Tagesraum (72 m²) aufgeteilt. Der Schlafraum enthielt zweistöckige Etagenbetten. Im Tagesraum befanden sich vier lange Eßtische, Bänke, das durch Spinde abgetrennte Bett des Blockältesten und ein Ofen. In der Anfangszeit hatte jeder Häftling eine eigene

---

[178] HÜSER, Wewelsburg, S. 85; nach dem Bericht des ehemaligen Lagerschreibers Wettin Müller vom 4.5.1945.
[179] A. Haas, geb. 1893 in Siegen/Westf., Bäckerausbildung, im Ersten Weltkrieg Marinesoldat, sechs Jahre japanische Kriegsgefangenschaft, seit 1929 Bäckermeister, 1931 Eintritt in die NSDAP, 1932 in die SS, am 17.6.1940 Versetzung als Kommandant nach Wewelsburg, 1943 als Kommandant nach Bergen-Belsen, ab 20.12.1944 Führung des SS-Panzergrenadierbatallions 18, seit 1945 verschollen.
[180] HÜSER, Wewelsburg, S. 78f.
[181] Buder-Bericht, S. 20; Pfarrchronik, S. 78: *„1940 wurde das Konzentrationslager am Niederhagen angelegt, es war durchgehend mit 1000 Häftlingen belegt!"*
[182] ZA Erich P. (Rep. 118-922), Albert R. (Rep. 118-922), Max Sch. (Rep. 118-918).

Abb. 16: Eine ehemalige KZ-Baracke, ca. 1946 - 1947

Bettstelle.[183] Handtücher und Spinde mußten sich mehrere Häftlinge teilen. In Block 2 war der Waschraum mit einer Dusche ausgestattet.[184] Für die Wasserversorgung hatte das Arbeitskommando "Lageraufbau" vom Dorf her Wasserleitungen verlegt. Die Wasserversorgung war zunächst sehr schlecht, erst durch eine weitere Zusatzleitung von einem Bauernhaus aus konnte ein ausreichender Wasserdruck erzielt werden.[185]

Seit dem Umzug in das Schutzhaftlager im Niederhagen kamen neue Transporte mit Angehörigen anderer Häftlingskategorien. Der erste nachgewiesene Transport mit sogenannten "asozialen" Häftlingen kam am 22. September 1940 aus Sachsenhausen. Der Transport umfaßte 287 Häftlinge, nicht nur "Asoziale", sondern auch politische und BV-Gefangene. Seit diesem Zeitpunkt bildeten die Bibelforscher zahlenmäßig die Minderheit.[186] Paul Buder berichtet:

[183] Durch die Zunahme der Häftlingszahl herrschte seit 1941/42 eine drangvolle Enge. Die Häftlinge mußten sich seitdem die Bettstellen teilen.
[184] Anklageschrift (Rep. 118-859, S. 91-93); Interviews Joachim Escher vom 23.5.1991, Friedrich Klingenberg.
[185] ZA Willi W. (Rep. 118-919); Interview Joachim Escher vom 23.5.1991.
[186] Auch hier lassen sich nicht alle Überstellungen nach Wewelsburg und Rücküberführungen ermitteln. Eine Stärkemeldung des KZ Sachsenhausen gibt für den 8.1.1941 nur eine Häftlingsstärke von 470 Häftlingen in Wewelsburg an. Die Differenz läßt sich nicht klären (SH LAG XV 10).

48

„Es sollen neue Häftlinge kommen! - Und dann kamen sie, immer neue Transporte. Nachts, nach 10 Uhr, wenn alles im Dorf schlief, fuhren wir zum Bahnhof hinab. Verplombte Güterwagen geöffnet, standen die Neuen dann dicht gedrängt in den L.K.W.'s, ein paar SS-Männer dabei mit Maschinenpistolen. Im letzten L.K.W. dann Halbtote und Tote. Es kamen Kommunisten, Kriminelle, Zuhälter, Zigeuner, Juden, Asoziale, später nach Ausbruch des Krieges dann auch Russen, Polen, Holländer, Belgier, Franzosen, Jugoslawen, jedoch keine Soldaten."[187]

Die Vergrößerungen des Häftlingskontingents und des Lagers waren Voraussetzung für die Fortführung des Bauprojektes während des Krieges, denn nur durch den verstärkten Einsatz von Häftlingen ließen sich die Baumaßnahmen an der Burg fortsetzen. Der Architekt Bartels hatte nur mit der Erklärung, durch den Einsatz von KZ-Häftlingen den Arbeitsmarkt nicht zu belasten, die Genehmigung der Ausnahme vom Baustopp erhalten.[188]

3. September 1940 - August 1941: Wewelsburg - Außenlager des KZ Sachsenhausen in der Gemarkung Niederhagen

3.1 Die innere Organisation der SS-Wachmannschaften

Am 7. Januar 1941 wurde das Außenkommando in Wewelsburg mit einer Häftlingsbelegschaft von 471 Personen zum Außenlager des KZ Sachsenhausen bestimmt.[189] Die Häftlingsstärke wurde durch Transporte am 8. März 1941 mit 82 Bibelforschern und acht Politischen aus Buchenwald und am 27. Juni 1941 mit 56 "Asozialen" und Politischen aus Sachsenhausen erweitert. Nur zwei Tage später wurden 40 deutsche Häftlinge von Wewelsburg zurück nach Sachsenhausen gebracht.[190] Am 30. Juli kamen drei politische Häftlinge aus dem KZ Dachau nach Wewelsburg.[191]

Nach der Erklärung zum Außenlager ordnete Kommandant Haas die Lagerverwaltung nach der von der Inspektion der KL vorgeschriebenen Organisationsstruktur des Dachauer Modells. Adolf Haas blieb bis 1943 Kommandant in Wewelsburg. Sein Adjutant hieß Satter. Der Leiter der Politischen Abteilung, die Vertretung der Gestapo und Kripo im Lager, war SS-Sturmscharführer Friedrich Schultes. Er erhielt seine Befehle aus der Berliner Zentrale und nicht vom Kommandanten. Die Politische Abteilung war verantwortlich für die Einweisungen, Entlassungen und Vernehmungen der Häftlinge. Wolfgang Plaul, Haas' Vorgänger als Kommandoführer, war Schutzhaftlagerführer und ständiger Vertreter des Lagerkommandanten Haas bei dessen Abwe-

---

[187] Buder-Bericht, S. 21f.
[188] HÜSER, Wewelsburg, S. 78f.
[189] HÜSER, Wewelsburg, S. 83; s. auch Stärkemeldung vom 7.1.1941: 471 Häftlinge in Wewelsburg (SH LAG XV 10).
[190] Statistik Sachsenhausen (SH R 232 M 158, S. 128; GARF P 7021-104-4).
[191] ZA Willi W. (Rep. 118-919).

Abb. 17: Die SS-Wachmannschaft des Konzentrationslagers vor einer SS-Baracke, ca. 1941 - 1943

senheit.[192] Die Aufgaben des Arbeitseinsatzführers versah bis 1942 ebenfalls Plaul, dann übernahm SS-Unterssturmführer Heinrich Grüter[193] diese Aufgaben. Arbeitsdienstführer in Wewelsburg wurde bereits im September 1940 Ludwig Rehn.[194] Sein Nachfolger wurde 1942 Rau. Der Arbeitsdienstführer war für den Arbeitseinsatz und die Arbeitskommandos zuständig. Er überließ es meist der *Häftlingsselbstverwaltung*, die Häftlinge für die Arbeitskommandos auszusuchen. Der Rapportführer Josef Kuhn kontrollierte die Zählappelle und den Sanktionsvollzug. Ihm waren die Blockführer unterstellt, die die Kontrolle über einzelne oder mehrere Blöcke und deren *Funktionshäftlinge* hatten. Außerdem wurden sie zum "Wach- und Bereitschaftsdienst" am Lagertor sowie zur Vollstreckung von offiziellen Lagerstrafen herangezogen. Bei bestimmten

[192] HÜSER, Wewelsburg, S. 84-86; Anklageschrift, S. 44-52 (Rep. 118-859).
[193] H. Grüter, geb. 10.1.1887 in Krefeld, 1932 Eintritt in die NSDAP und in die SS, seit seit April 1940 in Wewelsburg.
[194] Rehn war einer der vier Angeklagten im zweiten Wewelsburger Prozeß; vom 15.8.1942 bis 3.1.1943 war er in Neuengamme, danach in Sachsenhausen. Rehn war bereits im Sachsenhausen-Prozeß 1947 von einem sowjetischen Militärgericht zu lebenslanger Haft mit Zwangsarbeit verurteilt worden; 1955 kehrte er aus Workuta nach Deutschland zurück.

50

Arbeitskommandos wurden sie zu Aufsichtszwecken eingesetzt.[195] Die Abteilung IV der Lagerleitung umfaßte die Verwaltung des Konzentrationslagers sowie die Versorgung der SS-Wachmannschaften und der Häftlinge. Erster Verwaltungsführer in Wewelsburg war Hermann Michl.[196] Der Lagerarzt war verantwortlich für den gesamten medizinischen Bereich im Konzentrationslager. Im Kleinen Lager am Kuhkampsberg gab es noch keinen eigentlichen Lagerarzt. Dort war der in Büren ansässige Dr. Heinrich Hagel für die ärztliche Betreuung der Häftlinge zuständig.[197] Am 10. Oktober 1940 wurde er mit dem Rang eines SS-Hauptsturmführers der Waffen-SS als KZ-Arzt dienstverpflichtet und übernahm bis September 1941 die Aufgaben als Lagerarzt im Außenlager Wewelsburg neben seiner

Abb. 18: *Junge SS-Wachleute des KZ Niederhagen posieren vor ihrer Baracke, ca. 1941 - 1943*

Praxistätigkeit. Von Oktober 1941 bis Dezember 1942 erfüllte der SS-Untersturmführer Dr. Franz Metzger die Aufgaben des Lagerarztes.[198]

---

[195] Als Blockführer eingesetzt waren u. a. Josef Friedsam, Josef Hamer, Otto Jacob, Otto Klein, Heinrich Stöcker, Schwarz, Mooshagen, Scheidler, Kugler, entweder im Range von SS-Rottenführern oder SS-Unterscharführern.

[196] Über die Abteilung IV in Wewelsburg ist nur wenig bekannt. Michl fiel 1944 an der Front.

[197] H. Hagel, geb. 1875, seit 1904 praktischer Arzt in Büren, 1937 Eintritt in die NSDAP, seit 10.10.1940 bis 1945 im Sanitätsdienst der Waffen-SS.

[198] F. Metzger, geb. 1911, 1933 Eintritt in die NSDAP, Lagerarzt im KZ Neuengamme vom 4.10.1940 bis 3.3.1942, wurde jedoch bereits im Oktober 1941 ins KZ Niederhagen überstellt, Lagerarzt und Standortarzt in Wewelsburg vom 4.3.1942 bis 1.12.1942, danach zur SS-Panzergrenadierdivision "Totenkopf".

Als Zahnärzte waren Dr. Rudolf Hennings und Dr. Willi Frank in Wewelsburg tätig.[199] Die SS-Wachmannschaften des Konzentrationslagers in Wewelsburg wurden von den ansässigen SS-Totenkopfeinheiten gestellt, die zum Wachsturmbann zusammengefaßt waren. Führer des SS-Wachsturmbanns "Niederhagen" war Gustav Strese.[200]

3.1.1   Ein SS-Mann des KZ Niederhagen

Aufgrund der schlechten Quellenlage zum Konzentrationslager in Wewelsburg lassen sich auch nur wenige biographische Angaben zum Wewelsburger SS-Personal machen. Auch die Zeugenaussagen und Interviewberichte sind nicht sehr ergiebig, denn nur in seltenen Fällen kannten die Häftlinge ihre Bewacher über das Lagergeschehen hinaus. Daher sind die Briefe und Postkarten eines SS-Unterscharführers aus Bünde, der von seinen Dienstorten, den Konzentrationslagern Mauthausen, KZ Niederhagen/Wewelsburg und Bergen-Belsen, einen regelmäßigen Schriftwechsel mit seinen früheren Arbeitskollegen im Finanzamt führte, besonders interessant.[201]

W. wurde 1905 als Sohn eines Oberbahnhofvorstehers in einem Ort bei Braunschweig geboren. Nach dem Besuch der Volksschule begann er eine Betriebs-Telegraphen-Verkehrsdienst-Lehre bei der Reichseisenbahn. Seine beiden Brüder wurden ebenfalls Büroangestellte. Nach der Lehre wurde er zunächst als Hilfskraft im Büro der Reichsbahn weiterbeschäftigt, dann aber 1925 entlassen. Erst ein Jahr später fand er eine neue Beschäftigung zunächst als Volontär, dann als Verkäufer im Parfümerie-Großhandel seines Cousins. Als die Firma 1927 nach einem Jahr Konkurs anmeldete, wurde er erneut arbeitslos. Von 1930 bis 1937 arbeitete er als Lagerist in einer Kammgarnzieherei. 1937 wurde er Finanzangestellter im Finanzamt einer westfälischen Stadt. In die NSDAP und die SS war er bereits am 1. März 1933 eingetreten, vermutlich um seine berufliche Stellung zu sichern. Seine unbeständige berufliche Laufbahn ist typisch für einen nicht geringen Teil der deutschen Bevölkerung, der

---

[199] Die Angaben der Anklageschrift (Rep. 118-859, S. 97f.) und bei HÜSER, Wewelsburg, S. 86 bezüglich der Ärzte in Wewelsburg sind nicht vollständig gesichert und teilweise falsch. Der dort genannte Dr. Alfred Krüger war kein Mediziner, sondern Jurist; vgl. STUART RUSSEL, JOST W. SCHNEIDER: Heinrich Himmlers Burg. Das weltanschauliche Zentrum der SS. Bildchronik der SS-Schule Haus Wewelsburg 1934-1945, Essen 1989, S. 205. Über einen dort genannten Dr. von Bodmann sind keine Angaben bekannt. Dr. Rudolf Friedrich Ludwig Hennings war von Herbst 1941 bis Oktober 1942 als Zahnarzt in Wewelsburg tätig. Er war zuständig für die Häftlinge des Lagers, die SS-Truppen und deren Familienangehörige, nach eigener ZA (Rep. 118-921). Die Anwesenheit von Dr. Willi Frank ist ebenfalls belegt; vgl. KEMPNER, Die SS im Kreuzverhör, S. 177f. W. Frank, geb. 1903, war von November 1942 bis Februar 1943 in der SS-Zahnstation in Wewelsburg tätig, dann leitender Zahnarzt im KZ Auschwitz.

[200] Anklageschrift, S. 51 (Rep. 118-859).

[201] Schreiben von W. aus seinen Dienstorten an das Finanzamt (StA Dt D 2443-2445). Die Schreiben wurden im Finanzamt abgeheftet und konnten so überliefert werden. Aufgrund des Datenschutzes werden die persönlichen Daten des SS-Mannes nur in anonymisierter Form veröffentlicht.

bedingt durch die Wirtschaftskrisen in den 1920er Jahren keinen festen Arbeitsplatz erhielt. Viele der SS-Mitglieder rekrutierten sich aus dieser Bevölkerungsgruppe.[202] 1939 heiratete er eine Lageristin, nachdem er zuvor die SS-Heiratsgenehmigung eingeholt hatte. Vermutlich 1939 wurde er zum Wehrdienst eingezogen. Für 1940 ist sein Name auf einer Liste der 7. SS-Totenkopf-Standarte nachgewiesen. Er wurde zunächst im Außenlager Gusen des KZ Mauthausen eingesetzt, dann ging er 1942 nach Wewelsburg. Hier gehörte er dem 1. SS-Totenkopf Sturmbann Ndh. Wewelsburg an. Mit der Auflösung des KZ Niederhagen im April 1943 wurde er nach Bergen-Belsen geschickt, wo er hauptsächlich als Kurier nach Berlin eingesetzt wurde.[203] Seine Briefe und Postkarten, stets mit Grüßen an den Vorgesetzten oder die Arbeitskollegen versehen, skizzieren das Bild eines Mannes, der geprägt durch die unruhigen Zeiten der 1920er Jahre eine feste Rolle im System des Nationalsozialismus einnahm und als SS-Unterscharführer der SS-Wachmannschaften seinen Dienst in Konzentrationslagern erfüllte. Die erste Postkarte aus dem KZ Niederhagen vom 31. Januar 1942 enthält den Hinweis, daß W. in Wewelsburg tätig war. Damit ist seinem Wunsch entsprochen worden, zu einer seinem Heimatort näher gelegenen Dienststelle versetzt zu werden:

„Euern Brief mit den neuesten Vorkommnissen am Finanzamt erhalten, herzlichen Dank für die Mitteilungen. Möchte Euch nun eine Neuigkeit mitteilen, daß ich ab 27. I. 42 vom K.L. M. Gusen zum K.L. Niederhagen (Bahnstation Wewelsburg über Paderborn) versetzt worden bin. [...] Habe doch jetzt hin u. wieder die Gelegenheiten meine Angehörigen zu besuchen. [...]"[204]

In einem Feldpostbrief vom 24. April 1942 äußerte er seinen Wunsch, in seinen zivilen, bürgerlichen Beruf in der Finanzverwaltung zurückkehren zu können:

„Liebe Arbeitskameraden! [...] Die allgemeine Urlaubssperre hat für uns Heimattruppen immer noch Gültigkeit, sodaß ich immer nur für Stunden [in] Sonntagsurlaub fahren kann. Ehe die Sperre nicht aufgehoben wird, ist für mich nicht die Aussicht vorhanden, Euch im Amt zu besuchen, gesundheitlich geht es mir immer noch sehr gut, hoffe, daß dieses auch bei Euch allen der Fall ist. Bin nun schon über 2 1/2 Jahr aus der mir liebgewordenen Tätigkeit in der Finanzverwaltung heraus und wünsche doch so sehnlichst, daß der Tag bald anbrechen möge, wo ich dieser meiner Beschäftigung wieder nachgehen kann. Mit kameradschaftlichen Grüßen u. Heil Hitler verbleibe ich Euer W."[205]

Am 24. August 1942 schrieb W. in einem weiteren Feldpostbrief erneut über seine gegenwärtige Situation. Er bedauerte es, aufgrund der ihm auferlegten Schweigepflicht keine Einzelheiten über seine Erlebnisse im Lager erzählen zu dürfen. Es wird sehr deutlich, daß er den Kampfeinsatz an der Front der Arbeit im Konzentrationslager

---

[202] Biographische Angaben der SS-Wachmannschaften bei ALEXANDRA WENCK, Dissertation über SS-Wachmannschaften im KZ Bergen-Belsen, unveröffentl. Manuskript, 1996.
[203] Biographische Angaben nach WENCK, SS-Wachmannschaften.
[204] Schreiben von W. an das Finanzamt vom 31.1.1942 (StA Dt D 2443).
[205] Brief von W. an das Finanzamt vom 24.4.1942 (StA Dt D 2443).

vorzöge. Wenn er vom „*verantwortungsvollen und selbstlosen Dienst*" schreibt, wirkt dies angesichts der vielen Schikanen und Gewalttaten der SS gegenüber den Häftlingen sehr zynisch. Gleichzeitig drückt es aber wohl auch den Versuch des SS-Unterscharführers aus, die Lagergeschehnisse seinem Erfahrungshorizont und seiner Weltanschauung anzupassen:

> „*Liebe Arbeitskameraden! [...] Gerne hätte ich schon mal wieder im Amt vorgesprochen, aber der kurzbefristete Wochenendurlaub erlaubt mir dieses Vorhaben nicht. Ich bitte ferner mein seltenes Schreiben damit entschuldigen zu wollen, daß es mir infolge meiner Schweigepflicht nicht möglich gemacht wird wie meine Kameraden an der Front Episoden und Kampferlebnisse der Heimat mitzuteilen. Hatte bis vor wenigen Wochen noch die Hoffnung zum Fronteinsatz zu kommen, aber auch dieselbe hat sich wieder einmal zerschlagen. Machen wir also unseren verantwortungsvollen und selbstlosen Dienst weiter wie bisher und tun unsere Pflicht. Mir geht es gesundheitlich gut und hoffe, daß dieses auch bei Euch der Fall ist. Ich bitte meine Zeilen beenden zu dürfen und verbleibe mit kameradschaftlichen Grüßen Euer Arbeitskamerad W.*"[206]

So wie er sich scheinbar an die Verhältnisse im Lager gewöhnt, verharmlost er auch auf der Postkarte vom 27. März 1943 den alltäglichen Fliegeralarm:

> „*Liebe Arbeitskameraden! [...] Am 16. III. d. M. überflogen einige feindl. Flugzeuge im Tiefflug Paderborn und warfen einige leichte Sprengbomben. Die einzigen Störungen sind hier in W. die alltäglichen Fliegeralarme aber auch daran gewöhnt man sich. Kameradschaftliche Grüße Euer W.*"[207]

Nach einem Festtagsurlaub wieder zurück in Wewelsburg, erinnert sich W. im Feldpostbrief vom 26. Januar 1943 an die „*schönen Stunden*" in ungezwungener Runde. Seinen Wunsch nach einer Rückkehr in den bürgerlichen Alltag umschrieb er mit der Hoffnung auf ein siegreiches Kriegsende:

> „*Liebe Arbeitskameraden! [...] Insbesondere bitte ich Sie, verehrter Herr Oberregierungsrat, die Versicherung entgegennehmen zu wollen, daß der Kameradschaftsabend am 29.12. dank Ihrer vorzüglichen Regie meiner Frau und mir ganz vorzüglich gefallen hat. Wir werden uns stets der schönen Stunden erinnern, die wir so ganz ungezwungen in kameradschaftlichem Kreise erleben durften. Schön wäre es, wenn in diesem Jahre der Krieg für uns siegreich beendet sein würde. Herzliche Grüße und Heil Hitler! sendet Euch in kameradschaftlicher Verbundenheit Euer Kamerad W.*"[208]

In seiner Abwesenheit wurde er in seinem "zivilen Leben" zum Steuerassistenten ernannt. Im Feldpostbrief vom 19. April 1943 bedankte er sich daraufhin höflich bei seinem Vorgesetzten und kündigte die Auflösung des KZ Niederhagen und den bevorstehenden Umzug nach Bergen-Belsen an:

---

[206] Brief von W. an das Finanzamt vom 24.8.1942 (St A Dt D 2443).
[207] Schreiben von W. an das Finanzamt vom 27.3.1943 (StA Dt D 2444).
[208] Brief von W. an das Finanzamt vom 26.1.1943 (StA Dt D 2444).

„Geehrter Herr Oberregierungsrat! In Besitz der Einweisungsverfügung nebst Ihrem Beischreiben betreffs meiner Ernennung zum Steuerassistenten danke ich Ihnen und sämtlichen Gefolgschafts-mitgliedern für die Glückwünsche. Ich möchte Sie ferner bitten, die Ernennungsurkunde meiner Frau auszuhändigen. Sollte ich das Glück haben, die Ostertage bei den Meinen weilen zu dürfen, will ich es nicht versäumen, im Amt vorzusprechen. Ferner teile ich Ihnen mit, daß unser Lager hier in W. seiner Auflösung entgegen steht. Die Errichtung eines neuen Lagers in der Lüneburger Heide ist vorgesehen. Die Übersiedlung wird in den kommenden Wochen vor sich gehen. [...]"[209]

W. erlebte das Kriegsende als Angehöriger des Bergen-Belsener Wachbatallions, bevor er von den britischen Soldaten gefangengenommen und 1948 in das Internierungslager Neuengamme eingewiesen wurde. Während des Prozesses gegen Teile der Wach-mannschaft des KZ Bergen-Belsen 1946 wurde er nicht verurteilt, da seine Teilnahme an Verbrechen in Bergen-Belsen nicht geklärt werden konnte.[210] Von ehemaligen Häft-lingen von Bergen-Belsen wurde er als harmloser und pedantischer Mann beschrie-ben.[211] W. starb 1992.[212]

3.1.2 Adolf Haas, Lagerkommandant des KZ Niederhagen

Die Personalakten und Dokumente des Lagerkommandanten Adolf Haas sind überlie-fert. Als Lagerkommandant des KZ Niederhagen ist er auch vielen ehemaligen Häftlin-gen im Gedächtnis geblieben, so daß die biographische Beschreibung seiner Person ausführlicher ausfallen kann.

Adolf Haas wurde am 14. November 1893 in Siegen / Westfalen geboren. Er begann nach dem Besuch der Volksschule mit 14 Jahren eine Konditor- und Bäckerlehre in Hachenburg / Westerwald. Dort arbeitete er auch nach seiner Ausbildung, bis er im Oktober 1913 zur Marine eingezogen und in Ostasien eingesetzt wurde. Nach Aus-bruch des Ersten Weltkrieges geriet er im November 1914 in japanische Kriegsgefan-genschaft. Erst sechs Jahre später kehrte er nach Deutschland zurück und heiratete 1923 Lina Müller. Aus der Ehe gingen vier Kinder hervor. 1929 machte er sich als Bäckermei-ster selbständig. 1931 trat er der NSDAP bei, ein Jahr später der SS. Er wurde beauf-tragt, die Schutzstaffel im Abschnitt Rhein-Westfalen aufzubauen, später übernahm er Leitungsfunktionen in diesem Abschnitt. 1932 erfolgte seine erste Beförderung zum SS-Scharführer, 1935 schließlich zum SS-Sturmbannführer. In diesem Jahr gab er auch seine Bäckerei auf, da ihm seine SS-Führungstätigkeiten keine Zeit mehr für das Ge-schäft ließen.[213] Eine Dienstbeurteilung vom 4. Oktober 1937 schließt ihn jedoch für die Verwendung in höheren Dienststellen aus:

[209] Brief von W. an das Finanzamt vom 19.4.1943 (StA Dt D 2444).
[210] Biographische Angaben nach WENCK, SS-Wachmannschaften.
[211] Biographische Angaben nach WENCK, SS-Wachmannschaften.
[212] Biographische Angaben nach WENCK, SS-Wachmannschaften.
[213] "Lebensbrief" von Adolf Haas (BDC-Akte).

Abb. 19:
Offizielles Porträt des späteren KZ-Kommandanten Adolf Haas, ca. 1935

„SS-Sturmbannführer Haas ist als Führer eines Sturmbannes im allgemeinen geeignet. Es hat sich jedoch erwiesen, dass er in der Führung eines ländlichen Sturmbannes besser ist. Im Schriftwechsel sind seine Leistungen nicht immer ausreichend; hier bedarf er dringend der Unterstützung schriftgewandter Referenten. Seine Verwendung in höheren Stäben oder überhaupt höheren Dienststellen ist nicht gegeben. Bei den wachsenden Anforderungen, die an einen SS-Führer gestellt werden müssen, wird jedoch in späterer Zeit auch seine Belassung in der jetzigen Dienststellung in Frage gestellt sein. Sein Können liegt im besonderen in der Beherrschung der Kommando-Sprache sowie im Exerzierdienst; sein Auftreten führt leicht zu einer Überschätzung seiner Person und seines Könnens."[214]

Am 1. März 1940 wurde er zum Konzentrationslager Sachsenhausen kommandiert, um an einer Einarbeitung zum Schutzhaftlagerführer teilzunehmen. Bevor er am 17. Juni 1940 die Leitung des Konzentrationslagers in Wewelsburg übernahm, wurde er zum Obersturmbannführer der Waffen-SS der Reserve ernannt. In Wewelsburg blieb er bis

---

[214] Beurteilung über den SS-Sturmbannführer Adolf Haas vom 4.10.1937 (BDC-Akte).

zur Auflösung des KZ Niederhagen im Frühjahr 1943 und wurde dann Kommandant des neuerrichteten KZ Bergen-Belsen. Adolf Haas ließ seine Familie nicht an seinen Dienstorten wohnen, sondern im 1940 errichteten Eigenheim in Hachenburg. Er war selten zuhause, seine Frau besuchte ihn in der Regel einmal im Jahr in Wewelsburg. In einem Personalbericht vom 26. November 1942 werden sein Auftreten und Benehmen in und außer Dienst als *„fest, etwas derb"*, seine allgemeinen Charaktereigenschaften als *„aufrichtig, fleißig, eifrig, leicht erregt"* beschrieben. Er sei ein *„guter Führer"*, könne aber *„im Schriftlichen besser sein"*. Ihm wird eine gefestigte und bejahende nationalsozialistische Weltanschauung bescheinigt. Insgesamt wird er als *„guter Kommandeur, der sich im praktischen Dienst bewährt, im theoretischen sich noch weiterbilden kann"* beurteilt.[215] Eine Eignung für höhere Dienstränge wird erneut nicht bestätigt.

Unter den Häftlingen galt Haas als strenger und unberechenbarer Kommandant. *„Ach der Haas war ein Nichts. Das war viel Fleisch und wenig Geist. Eines guten Tages hat er sich hingestellt, breitbeinig: 'Ich bin der Herrgott von Wewelsburg'. Also er war der Herrgott von Wewelsburg und der behielt den Namen dann auch."*[216] Gleichwohl ließ sich Haas mit den Häftlingen ein, wenn er dadurch profitieren konnte. Er beauftragte künstlerisch und handwerklich begabte Häftlinge, ihm kleinere Kunstgegenstände und Gemälde anzufertigen, die er seiner Familie und SS-Führern zum Geschenk machte. Im KZ Bergen-Belsen ließ er sich von einem jüdischen Häftling porträtieren, was ihm allerdings von seinem Vorgesetzten als ein für einen SS-Mann *„unwürdiges Verhalten"* vorgehalten wurde.[217]

Am 20. Dezember 1944 übernahm Haas die Führung des SS-Panzergrenadierbataillons 18. Am 1. Mai 1945 verließ er seinen Heimatort Hachenburg mit dem Fahrrad in Richtung Gießen, weil er dort angeblich einen SS-Befehl erwartete. Seitdem gilt er als verschollen.

3.2   Zum Lageraufbau

Ebenso wie die Organisationsstruktur wurde die äußere Form des Konzentrationslagers bei der Erweiterung des Lagers den geltenden Regeln des KZ-Systems angepaßt. Das Lager bestand aus den klar abgetrennten Funktionsbereichen Schutzhaftlager, Industriehof, SS-Lager/Kommandanturbaracken und SS-Bauhof. Das Schutzhaftlager wurde nach einem gleichförmigen Raster aufgebaut, dessen geometrische Struktur gut einsehbar war. So unterlagen die Häftlinge der ständigen Kontrolle durch das Wachpersonal.[218] Am Eingang des Schutzhaftlagers wurde ein hölzernes Lagertor aufgebaut, das 1941 nach einem Brand durch ein Steingebäude ersetzt wurde. Es entsprach der

[215] Personalbericht des Sturmbannführers Adolf Haas, 26. November 1942 (BDC-Akte).
[216] Interview Otto Preuss vom 20.3.1996.
[217] Brief des Führers der 7. SS-Standarte an den Führer des SS-Abschnittes II, SS-Brigadeführer Popp, vom 19.2.1944 (BDC-Akte).
[218] SOFSKY, Die Ordnung des Terrors, S. 66.

Abb. 20: Luftbild des Lagergeländes im Niederhagen. Der geometrische Grundriß des KZ-Lageraufbaus ist deutlich zu erkennen, Ausschnitt einer Aufnahme der US-Aufklärung vom 23.3.1945

üblichen architektonischen Form der Torhäuser. Die oberen Räume des neuen Torhauses waren für die SS-Verwaltung bestimmt. Auf einem zum Häftlingslager gerichteten Balkon waren für einen Wachposten ein Maschinengewehr und Scheinwerfer installiert.[219] Von dieser exponierten Stelle konnte er den Appellplatz und die Baracken übersehen. Das Tor bildete den Übergang zwischen der Außenwelt und dem Schutzhaftlager.

[219] ZA Georg Sch. (Rep. 118-918).

58

Abb. 21: Das hölzerne Lagertor wurde 1941 durch ein Steingebäude ersetzt, Sommer 1941

Durch dieses Tor kamen die Häftlingstransporte ins Lager, durch dieses Tor zogen die Häftlingskommandos täglich zu ihren Arbeitsplätzen und abends wieder ins Lager hinein. Hinter den bereits vorhandenen Blöcken 1 - 4 wurde westlich vom Appellplatz ein Neubau errichtet, der die neue Häftlingsküche und den -eßsaal aufnahm, östlich vom Appellplatz entstand ein Arrestgebäude mit verdunkelbaren Zellen, der *Bunker*. Er wurde mit einer 2 - 2,5 m hohen Steinmauer umgeben. Im Innenhof wurde ein Galgen errichtet, der in vorgefertigte, in die Erde eingelassene Tonröhren gestellt wurde.[220] Entlang der Lagerstraße, die sich hinter dem Appellplatz fortsetzte, wurden in zwei Reihen weitere Baracken aufgebaut.[221] Neben Block 1 wurde ein Zusatzblock 1a gebaut, in dem *Muselmänner*, kranke und körperlich schwache Häftlinge, unterge-

[220] Nach übereinstimmenden Zeugenaussagen hatte der Galgen die Form eines Fußballtores. Zur Bunkermauer: ZA Gustav N. (Rep. 118-922); zu den Tonröhren: Erich N. (Rep. 118-922), Dr. Franz M. (Rep. 118-933), Oswin H. (Rep. 118-921).
[221] Dabei handelte es sich um die Blöcke 5 - 16, wobei die Blöcke 14 und 16 nicht fertiggestellt wurden, 13 gar nicht errichtet wurde und 5, 6, 11 und 15 kleiner waren als die übrigen Blöcke.

Abb. 22: Das steinerne Torhaus zur Zeit des Flüchtlingslagers. Der zum Appellplatz gerichtete Balkon wurde bereits umgebaut, ca. 1947 - 1950

bracht wurden.[222] Das Revier wurde aus Block 1 in die Blöcke 11 und 15 in den hinteren Teil des Lagers verlegt. Block 11 wurde unterkellert und der Raum als Leichenkeller für das spätere Krematorium benutzt.[223] Die Blöcke 2 - 5, 7 - 10 sowie 12 wurden Unterkunftsbaracken für die Häftlinge. Hinter dem Appellplatz zwischen den Blöcken 7 und 9 mußten die Häftlinge auf der Lagerstraße im Frühjahr 1941 einen runden Feuerlöschteich ausheben und eine gebogene Holzbrücke darüber ziehen.[224] In Block 6 (hinter dem Bunker) war zunächst die Tischlerei untergebracht, die jedoch später verlegt wurde.

Auf dem an das Schutzhaftlager angrenzenden Industriehof wurde eine Werkstätte (Block 4a) eingerichtet, in der gleichzeitig ein Stromgenerator für die Stromversorgung des elektrischen Zaunes untergebracht war. Hinter der Werkstattbaracke 4a befand sich die Kartoffel- und Gemüseküche sowie ein Munitionsbunker.[225] Neben den Werkstätten auf dem Industriehof lagen der Pferdestall und der Schweinestall. Dazwischen stand

[222] ZA Ernst Sch. (Rep. 118-918).
[223] ZA Erich N. (Rep. 118-922), Zeugenheft Josef G. (Rep. 118-866), Herbert Sch. (Rep. 118-918).
[224] ZA Franz H. (Rep. 118-921); Buder-Bericht, S. 49.
[225] Zu der Werkstätte: ZA Kurt N. (Rep. 118-922), Hermann W. (Rep. 118-919), Heinrich Sch. (Rep. 118-918).

Abb. 23: Luftaufnahme des früheren Lagergeländes im Niederhagen. Auf dem einstigen Industriehof siedeln Handwerksbetriebe und Firmen, 1957

ein kleines Leichenhaus, aus dem die Leichen für den Transport in die Krematorien nach Dortmund und Bielefeld-Brackwede abgeholt wurden, bevor das lagereigene Krematorium gebaut wurde.[226] Im vorderen Teil des Industriehofes wurde eine Waschküche für das Häftlingslager gebaut, daneben ein weiterer Block, der das SS-Revier und die Zahnstation aufnahm, die später beide in das große SS-Lager verlegt wurden.[227] Im hinteren Teil des Betriebshofes wurden ein Maschinenhaus und eine Garage für die SS-Wagen errichtet. Der Industriehof war nur durch eine Tür im elektrischen Zaun zwischen den Blöcken 2 und 4 zu erreichen.[228] Der Zaun bestand aus dreifachem Stacheldraht und umfaßte den gesamten Schutzhaftlagerbereich. Die äußere Umzäunung bestand aus einfachem Stacheldraht, die mittlere war mit Starkstrom geladen; von innen war eine Stacheldrahtrolle befestigt. Einzelne Lagerbereiche wurden durch einfachen Stacheldrahtzaun abgegrenzt, wie der Revierbereich im Schutzhaftlager und

[226] ZA Johann W. (Rep. 118-919), Gerhard C. (Rep. 118-920), Erich N. (Rep. 118-922), Albert H. (Rep. 118-921).
[227] ZA Rudolf H. (Rep. 118-921).
[228] ZA Gerhard C. (Rep. 118-920).

Abb. 24:   Blick auf einen mit Holz verkleideten Wachturm des Konzentrationslagers, ca. 1940 - 1941

Teilbereiche des Industriehofes. Der gesamte Industriehof war einfach umzäunt. Ent
lang des Schutzhaftlagerzauns waren Holzwachtürme aufgestellt, die vollständig
verkleidet waren. Unten befand sich ein Aufenthaltsraum mit Tisch und Stühlen sowie
einer Pritsche für zwei Wachleute, der dritte mit einem Karabiner bewaffnete Wach-
mann befand sich auf dem Turm und wurde alle zwei Stunden abgelöst.[229] Die Türme
waren ebenso wie das Torhaus mit schwenkbaren Scheinwerfern ausgerüstet.[230] Es
bestand vermutlich die Möglichkeit, das Lager zur offenen Feldseite mit einem Sicht-
schutz zu umgeben und ebenso das Lagertor mit einer Sichtblende zu versehen.[231]
Durch diese Vorrichtungen konnte das Lager von der Außenwelt abgeschirmt werden.
Für die Häftlinge war jede Annäherung an die Umzäunung verboten und wurde von
der SS hart bestraft. Das Lager bildete einen geschlossenen Machtbereich.[232]

[229] Interview Joachim Escher vom 25.9.1991.
[230] ZA Fritz K. (Rep. 118-932).
[231] ZA Richard H. (Rep. 118-921), Friedrich J. K. (Rep. 118-932); Interview Joachim Escher vom
23.5.1991.
[232] SOFSKY, Die Ordnung des Terrors, S. 70-75.

Die vier SS-Baracken vor dem Schutzhaftlager wurden bis zum Umzug ins SS-Lager im Sommer 1942 von der SS-Kommandantur genutzt. In Block 1b war die politische Abteilung untergebracht. In Block 1c waren die SS-Bekleidungskammer und Unterkünfte eingerichtet, später kam die Häftlingskammer dazu. Block 2a war aufgeteilt in die Diensträume der Lagerführung, die SS-Schneiderei und die Unterkunftsräume der Wachleute. In Block 2b waren die SS-Küche und der Speisesaal untergebracht.[233] Hinter Block 2a befand sich ein Hundezwinger der SS, der später hinter den Pferdestall auf dem Industriehof verlegt wurde.[234] Die vier SS-Barakken bildeten eine Absperrung zwischen Schutzhaftlager und Straße. Vor dem Torhaus, direkt zwischen Block 1b und 2a wurden Wachpostenhäuschen und ein Schlagbaum als zusätzliche Sperre und Schleuse errichtet. Ein weiterer Zaun umfaßte zudem diesen vorderen Teil des Lagergeländes.

Abb. 25: Ein SS-Wachposten steht vor dem KZ Niederhagen. Im Hintergrund geht ein KZ-Häftling an den Absperrungen des Lagertores entlang, ca. 1941 - 1942

Mit dem Bau des SS-Lagers gegenüber dem Konzentrationslager und neben dem SS-Bauhof wurde ebenfalls im Jahr 1941 begonnen. Nur ein Teil der geplanten neun Baracken auf Steinfundamenten wurde bis zum April 1943 bezugsfertig. In Block 1 wurde die Kommandantur untergebracht, in Block 2 die Lagerverwaltung. In Block 3 befand sich das Geschäftszimmer der Wachtruppe und das Zimmer des Einheitsführers. Auch das SS-Revier wurde im SS-Lager untergebracht.

---

[233] ZA Otto B. (Rep. 118-920), Joachim E. (Rep. 118-920).
[234] ZA Ernst S. (Rep. 118-918).

Mit dem Bau eines Wirtschaftsgebäudes wurde begonnen.[235] Gegenüber dem Industriehof wurde ein SS-Bauhof angelegt. Dort wurden sowohl die Handwerksräume, die Büroräume für die Bauhofleitung sowie die Materialverwaltung errichtet als auch das Baumaterial gelagert.[236] Neben dem Bauhof wurde eine von der SS genutzte Gärtnerei angelegt.

3.3 Die neuen Arbeitskommandos

Die Errichtung des neuen Schutzhaftlagers und der voranschreitende Ausbau des gesamten SS-Lagerkomplexes bedingten die Einrichtung neuer Arbeitskommandos. Das Arbeitskommando "Lageraufbau" war mit dem fortlaufenden Ausbau des Schutzhaftlagers betraut, die Kommandos "SS-Lager" und "SS-Bauhof" waren für den Aufbau dieser Bereiche eingesetzt. Auf dem Industriehof wurden neue Arbeitskommandos gebraucht, die in den dort errichteten Betrieben (Werkstätten, Wäscherei und Garagen) arbeiteten und den Betriebshof instand hielten. Das seit dem Umzug des Kleinen Lagers freistehende Gelände auf dem Kuhkampsberg wurde zur Errichtung einer SS-Siedlung verwendet. Die sogenannte "SS-Waldsiedlung" entstand unterhalb des "Führerhauses I". Insgesamt wurden bis Frühjahr 1943 sieben Einfamilienhäuser für die SS-Führer und ihre Familien fertiggestellt. Das Arbeitskommando "Waldsiedlung" wurde im Frühjahr/Sommer 1941 als eine gefürchtete Strafkompanie eingesetzt, in der die Häftlinge mißhandelt und gequält wurden. Im Oberhagen, einem Waldgelände der Preußischen Forstverwaltung ca. 800 m östlich des Schutzhaftlagers im Niederhagen, errichteten die Häftlinge im Sommer 1941 einen Schießstand für das SS-Wachkommando unter der Leitung des Architekten Hermann Bartels.[237] Lagerkommandant Haas hatte am 20. April 1941 dem Bürener Landrat ein Baugesuch vorgelegt, dem am 15. Mai 1941 vom Arbeitsamt Paderborn unter der Bedingung stattgegeben wurde, daß *„alle Arbeiten mit Häftlingen ausgeführt werden. Der Baukostenwert darf 5 000 Mark nicht übersteigen. Baustoffe werden nicht zur Verfügung gestellt".*[238] Der Schießstand erhielt eine Länge von 150 m und eine Breite von 15 m.[239] Auch für den Anbau der Terrasse an das Wachgebäude auf dem Burggelände konnte die Bauleitung der SS-Schule die Ausnahmegenehmigung vom Bauverbot nur dadurch erreichen, daß sie den Arbeitseinsatz

---

[235] ZA Erich N. (Rep. 118-922), Herbert H. (Rep. 118-921).
[236] Anklageschrift, S. 89 (Rep. 118-859).
[237] Zunächst hatte Kommandoführer Haas am 17.12.1940 ein Baugesuch zur Errichtung eines Schießstandes in Bahnhofsnähe an den Landrat des Kreises Büren gerichtet. Da die zuständige Reichsbahnbehörde das Grundstück nur unter der Bedingung, daß der Reichsbahn-Kleinkaliber-Schießverein Gruppe Büren den Stand mitbenutzen könne, pachtfrei überlassen wollte, zog die Bauleitung der SS-Schule den Antrag zurück; vgl. Gemeindechronik, S. 463.
[238] Schreiben Arbeitsamt Paderborn vom 15.5.1941 (KA Pb Bauamt Büren B5 40/53/1/W I-IV), zit. in: HÜSER, Wewelsburg, S. 335.
[239] HÜSER, Wewelsburg, S. 81.

Abb. 26: Nach dem Krieg wurde der SS-Schießstand im Oberhagen zugeschüttet, Aufnahme von 1988

von Häftlingen garantierte. Aus diesem Grunde begann ein Arbeitskommando im Sommer 1941 mit dem Bau einer Terrasse am Wachgebäude.[240]

---

[240] Baubeschreibung vom 28.5.1941 (KA Pb Bauamt Büren B5 40/53/1/W I-IV), teilw. zit. in: HÜSER, Wewelsburg, S. 337.

4. September 1941 - April 1943: KZ Niederhagen

4.1 Die sozialen und räumlichen Strukturen des KZ Niederhagen

4.1.1 Zur Lagerorganisation

Am 1. September 1941 wurde das Außenlager Wewelsburg des KZ Sachsenhausen mit 480 Häftlingen an das Reich verkauft und zum selbständigen Konzentrationslager erklärt.[241] Es war das kleinste, selbständige Konzentrationslager im deutschen Reichsgebiet.[242] In der offiziellen Lagereinstufung des RSHA, die Heydrich 1940 eingeführt hatte, wurde das KZ Niederhagen der Stufe I für die *„wenig belasteten und unbedingt besserungsfähigen Schutzhafthäftlinge, Sonderfälle und Einzelhaft"* zugeordnet, vermutlich deshalb, weil das KZ Niederhagen zunächst ein Außenlager des KZ Sachsenhausen war, das zur Stufe I gerechnet wurde.[243] Stufe II umfaßte Lager für *„schwer belastete, jedoch noch erziehungs- und besserungsfähige Häftlinge"*. Zu Stufe III wurden Lager für *„schwer belastete, insbesondere auch gleichzeitig kriminell vorbestrafte und asoziale, d.h. kaum noch erziehbare Häftlinge"* gezählt.[244] Die realen Existenzbedingungen des Lagers entsprachen allerdings in keiner Weise den Vorstellungen, die die offizielle Einstufung hätte hervorrufen können. Wie bereits im Außenlager Wewelsburg galten die Lager- und Strafordnungen des Dachauer Modells.

Durch die Erhebung zum selbständigen Konzentrationslager ergaben sich keine unmittelbaren Folgen für die Lebensbedingungen der Häftlinge, so daß die eigentliche Zäsur bereits im September 1940 mit dem Umzug ins Schutzhaftlager zu setzen ist, an den sich die Einlieferung neuer Häftlingsgruppen anschloß. Anfängliche Unklarheiten bei der Namensbezeichnung des Lagers wurden durch einen Befehl im Verordnungsblatt der Waffen-SS am 15. Oktober 1941 beseitigt. War das Konzentrationslager bis zu

---

[241] Kommandoliste vom 31.8.1941 (SH R 214 M 55; Sonderarchiv).

[242] Vgl. GUDRUN SCHWARZ: Die nationalsozialistischen Lager, Frankfurt a. M., New York 1990, S. 199. Schwarz stellt heraus, daß das KZ Niederhagen das einzige reine Männer-KZ-Hauptlager war.

[243] HÜSER, Wewelsburg, S. 91, Anm. 23.

[244] Runderlaß des Chefs der Sipo und des SD vom 2.1.1941 (Allgemeine Erlaßsammlung RSHA 2f VIIIa), S. 13; zit. in: BROSZAT, Konzentrationslager, S. 107. Zu Stufe I wurden Sachsenhausen, Dachau und das Stammlager Auschwitz gezählt, besonders schonungsbedürftige ältere und kaum arbeitsfähige Häftlinge sollten in Dachaus Heilkräutergarten untergebracht werden (Stufe 1a). Zu Stufe II gehörten Buchenwald, Flossenbürg, Neuengamme und Auschwitz-Birkenau, zu Stufe III Mauthausen. Allein für Mauthausen und teilweise für Dachau stimmten die Einstufungen mit den realen Existenzbedingungen überein.

Abb. 27: 1942 wurde ein Krematorium im KZ Niederhagen errichtet. Nach dem Krieg wurde es von Flüchtlingen bewohnt, ca. 1947 - 1950

dem Zeitpunkt wiederholt "K. L. Wewelsburg"[245] genannt worden, wurde nun die Bezeichnung "Konzentrationslager Niederhagen" festgelegt. Die Gründe für diese Bezeichnung sind nicht schriftlich überliefert, aber es ist wohl mit großer Wahrscheinlichkeit anzunehmen, daß Himmler diesen Namen zur Tarnung des Konzentrationslagers wählte. Der Reichsführer SS versuchte, das Konzentrationslager nicht in offensichtliche Verbindung mit dem SS-Projekt "Wewelsburg", dem künftigen pseudoreligiösen Kultzentrum und "Mittelpunkt der Welt", zu bringen. Parallel zu der Erklärung der Selbständigkeit erhielten die Häftlinge neue Häftlingsnummern. Bis zum 1. September 1941 waren sie in den Registern des KZ Sachsenhausen geführt worden, jetzt bekamen sie Häftlingsnummern des KZ Niederhagen.[246]

[245] HÜSER, Wewelsburg, S. 88f.; z. B. Stempel vom 3./4.11.1941 (StdtA Bü Polizeiakte), und die Mitteilung des Amtschefs W VIII Horst Klein vom 31.8.1941 (UB Gö, Fall IV, Dokument Nr. NO-547, S. 2).
[246] ZA Paul B. (Rep. 118-920); s. auch Kommandoliste Wewelsburg vom 31.8.1941 (SH R 214 M 55, Sonderarchiv). In der Liste werden alle Häftlinge aufgeführt, die sich zum Zeitpunkt der Selbständigkeitserklärung in Wewelsburg befanden. Auch Häftlinge, die nie in Sachsenhausen waren,

Im Sommer 1942 wurde ein Krematorium in Wewelsburg eingerichtet. Bis Oktober 1942 wurden die Leichen der Gefangenen in die Krematorien von Bielefeld-Brackwede oder von Dortmund gebracht.[247] Für die Transporte nach Bielefeld war zunächst ein privates Bestattungsinstitut zuständig.[248] Die Leichen wurden in dem Leichenhaus auf dem Industriehof aufbewahrt, bis sie zur Einäscherung abgeholt wurden.[249] Seit 1941 fuhr die SS die Leichen in einem offenen LKW selbst nach Bielefeld oder Dortmund.[250] Die Zahl der Toten stieg seit 1942 rapide an. Da die Kapazitäten der Krematorien überlastet waren und die Aufmerksamkeit der Öffentlichkeit durch die häufigen Fahrten in die Krematorien geweckt worden war, kam die SS-Führung zu dem Entschluß, ein eigenes Krematorium in Wewelsburg einzurichten. Die letzten Einäscherungen in den Krematorien Bielefeld und Dortmund fanden am 24. Oktober 1942 statt.[251] Nach übereinstimmenden Zeugenaussagen gab es in Wewelsburg zuerst einen fahrbaren Verbrennungsofen. Der Ofen von ca. 3 m Länge und 0,6 m Breite[252] wurde auf dem hinteren Teil des Industriehofes hinter dem Maschinenhaus und den SS-Garagen zur Anwendung gebracht. In der Folgezeit wurde der transportable Ofen gegen ein neuerrichtetes Krematorium, das mit einem langen Schornstein versehen war, ersetzt. Vermutlich wurde gegen Ende des Jahres 1942 bzw. Anfang 1943 aufgrund der hohen Todesrate der transportable Ofen zusätzlich wieder in Betrieb genommen.[253] Auch wenn die genaue Todesrate durch die lagereigene Einäscherung verdeckt wurde, blieben den Wewelsburgern die Verbrennungen nicht verborgen. Ein Landwirt erinnert sich an den *„süßen, fauligen Geruch, der aus dem Lager ins Dorf zog".*[254] Obwohl ein offizieller "Begräbnisplatz" in den Akten belegt ist,[255] haben Zeitzeugen keine Erinnerung an einen solchen Ort, sondern vermuten, daß die Asche der Verstorbenen verstreut wurde.[256] Gleichzeitig mit dem Bau des Krematoriums plante die Lagerführung die

sondern von anderen Lagern nach Wewelsburg überführt worden waren, wurden bis zum 1.9.1941 in den Registern von Sachsenhausen geführt.

[247] HÜSER, Wewelsburg, S. 98. In das Dortmunder Krematorium wurden von Ende April bis Oktober 1942 insgesamt 143 Leichen des KZ Niederhagen gebracht, da die Kapazität des Bielefelder Krematoriums nicht mehr ausreichte.

[248] ZA des Leichenwagen-Fahrers (Rep. 118-920). Mit einem geschlossenen Kastenwagen mit geätzter Glasscheibe der Marke "Horch" konnte er höchstens zwei Särge aus rohrverarbeitetem Holz transportieren.

[249] ZA des Leichenwagenfahrers (Rep. 118-920), Georg K. (Rep. 118-932).

[250] ZA Otto K. (Rep. 118-932), SS-Fahrer.

[251] Einäscherungslisten der Krematorien (Friedhofsverwaltungen Bielefeld-Brackwede, Krematorium; Hauptfriedhof Dortmund), teilw. zit. in: HÜSER, Wewelsburg, S. 375-378. Die Urnen mit der Asche der verbrannten Häftlinge wurden nach Wewelsburg zurückgeschickt.

[252] ZA Erich N. (Rep. 118-922).

[253] ZA Otto B. (Rep. 118-920), Max H. (Rep. 118-921), Erich N. (Rep. 118-922), Erich W. (Rep. 118-919), Willi W. (Rep. 118-919).

[254] Zeugenaussagen (Rep. 118 Nr. 855-935).

[255] Ohne offiziell ausgewiesenen Begräbnisplatz hätte kein lagereigenes Standesamt eingerichtet werden dürfen.

[256] BREBECK, HÜSER, Das Konzentrationslager, S. 40.

Einrichtung eines eigenen Standesamtes. Am 19. Juni 1942 forderte der Reichsinnen-minister den Regierungspräsidenten in Minden auf, aus dem Lagerbereich des KZ Niederhagen einen neuen Standesamtsbezirk zu bilden. Diese Forderung entsprach einer allgemeinen Maßnahme zur Errichtung von lagereigenen Standesämtern, die in einem Fernschreiben des RSHA an den Amtsgruppenchef D - Konzentrationslager im WVHA erwogen wurde. Genannt wurden dabei die Konzentrationslager Groß-Rosen, Stutthof, Arbeitsdorf, Niederhagen, Sachsenhausen und Flossenbürg, die bisher keine eigenen Standesämter hatten.[257] Am 22. Oktober 1942 errichtete der Regierungsprä-sident einen neuen Standesamtsbezirk mit Wirkung vom 1. Januar 1943. Er legte fest, daß sich die Tätigkeit des Standesbeamten nur auf die Häftlinge erstrecken und daher nur ein Sterbebuch geführt werden sollte.[258] Der Lagerkommandant Haas hatte den SS-Sturmscharführer und Kriminalsekretär Friedrich Schultes, Leiter der politischen Abteilung, zum Standesbeamten ernannt sowie Hauptscharführer Josef Kuhn zum Stellvertreter.[259] Die Bezeichnung "Standesamt Niederhagen in Wewelsburg, Kreis Büren (Westf.)" zeigt wiederum die Bemühungen der SS, eine tarnende Bezeichnung zu wählen, die nicht auf ein Konzentrationslager schließen ließ.[260] Schon am 8. Januar 1942 war der damalige Standesbeamte in Wewelsburg darauf hingewiesen worden, bereits eingetragene Wörter wie *„Häftling"*, *„im Häftlingslager"* oder *„im KL Häftlings-lager"* aus dem Sterbebuch zu streichen, um die *„Freiheitsentziehung in der Eintragung nicht ersichtlich"* zu machen,[261] stattdessen wurde *„wohnhaft in Wewelsburg"* verzeichnet. Das lagereigene Krematorium und das neue Standesamt dienten der SS dazu, die Tarnungsmaßnahmen für die Geschehnisse im KZ Niederhagen weiter auszubauen. Der Öffentlichkeit blieb auf diese Weise die enorm hohe Zahl der Todesfälle verborgen.

[257] HÜSER, Wewelsburg, S. 99.
[258] Schreiben des Regierungspräsidenten an den Landrat in Büren, vom 22.10.1942 (ISD HM Niederhagen-Wewelsburg, KL Bu), zit. in: Hüser, Wewelsburg, S. 348.
[259] HÜSER, Wewelsburg, S. 99.
[260] Bericht des Landrats vom 21.9.1942 (ISD HM Niederhagen-Wewelsburg KL Bu), zit. in: HÜSER, Wewelsburg, S. 353.
[261] Zugrundegelegt wurde wie im Bericht vom 21.9.1942 der § 289 der Dienstanweisung für Standes-ämter. Schreiben des Landrates von Büren gleichzeitig Standesamtsaufsichtsbehörde an den Stan-desbeamten in Wewelsburg vom 8.1.1942 (KA Pb B417).

4.1.2 Die Häftlingstransporte

Der ständige Einsatz der Häftlinge in den seit der Errichtung des neuen Schutzhaftlagers entstandenen Arbeitskommandos führte dazu, daß der bauleitende Architekt Bartels stets mehr Häftlinge vom KZ-Kommandanten forderte. Bartels übte Kritik daran, daß zu viele Häftlinge mit der Lagererweiterung beschäftigt waren, so daß nicht genügend Arbeiter für seine Projekte zur Verfügung standen, obwohl gerade die auf Drängen Bartels' angeforderten Transporte einen Lagerausbau erforderlich machten. Für die weitere Entwicklung des Bauprojektes hatte Himmler die Erhöhung der Häftlingszahlen auf 900 Personen angeordnet.[262]

Am 22. Oktober 1941 wurden 100 Häftlinge, darunter 70 Deutsche, vermutlich BV-Häftlinge, 15 Polen, acht Franzosen, vier Tschechen, zwei Staatenlose und ein Jugoslawe aus Sachsenhausen eingeliefert. Einen Tag später kamen 150 Häftlinge, darunter 108 Deutsche, BV-Häftlinge und Politische, sowie 28 Polen, sieben Franzosen, vier Tschechen und zwei Jugoslawen, ebenfalls aus Sachsenhausen.[263] An der nationalen Zugehörigkeit der ermittelbaren, eingelieferten Häftlinge in das KZ Niederhagen im Jahr 1942 läßt sich der Verlauf der deutschen Besatzungspolitik nachvollziehen. Seit Anfang 1942 kamen Transporte nach Wewelsburg, in denen Polen, Russen und Angehörige anderer Nationalitäten waren. Ein großer Transport kam am 28. März 1942 mit 300 Häftlingen verschiedener Häftlingskategorien aus Sachsenhausen, darunter Polen und Deutsche.[264] Die folgenden Transporte waren Einweisungen der Stapoleitstelle Bielefeld: Zwischen dem 10. Juni 1942 und dem 21. Dezember 1942 kamen Transporte mit 818 Häftlingen, darunter Sowjetbürger und Angehörige anderer Nationalitäten. Vom 22. Dezember 1942 bis zum 8. Januar 1943 wurden 420 Sowjetbürger, darunter 41 Kriegsgefangene und 60 Jugendliche unter 18 Jahren, eingeliefert.[265] Über die Stapoleitstelle Osnabrück sind von Juni 1941 bis zum 20. Februar 1943 zwölf Einlieferungen belegt, darunter sechs polnische Zivilarbeiter, vier Sowjetbürger, ein Reichsdeutscher und ein Franzose.[266] Bedingt durch den Krieg gegen die Sowjetunion stieg die Einlieferung sowjetischer Häftlinge enorm an. Im KZ Niederhagen wurde diese Entwicklung an der hohen Zahl von Durchgangstransporten russischer Häftlinge sichtbar. Zwischen dem 13. Januar und dem 19. Januar 1943 wurden 261 Russen, am 20./21. Januar 1943 153 Russen nach Wewelsburg gebracht, nur 18 blieben davon im Lager, am 5. April 1943 kamen noch einmal 281 Russen.[267] Im Januar 1943 wurden aus dem Arbeitserziehungslager Essen-Mühlheim durch die Stapoleitstelle Düsseldorf 105 Zwangsarbeiter aus Osteuropa eingeliefert. Ebenso sind zwei große Transporte von

---

[262] Monatsbericht des Amtes W VIII vom 15.9.1941 für August 1941 (UB Gö, Nürnb. Dok. No. 3838).
[263] Transportlisten Sachsenhausen (SH R 232 M 158; GARF P 7021-104-4).
[264] Statistik Sachsenhausen (SH R 232 M 158, S. 158; GARF P 7021-104-4).
[265] ZA Wettin M. (Rep. 118-933).
[266] Gestapokartei Osnabrück (StA Os (Rep. 439)).
[267] ZA Wettin M. (Rep. 118-933); ebenfalls von der Stapoleitstelle Bielefeld.

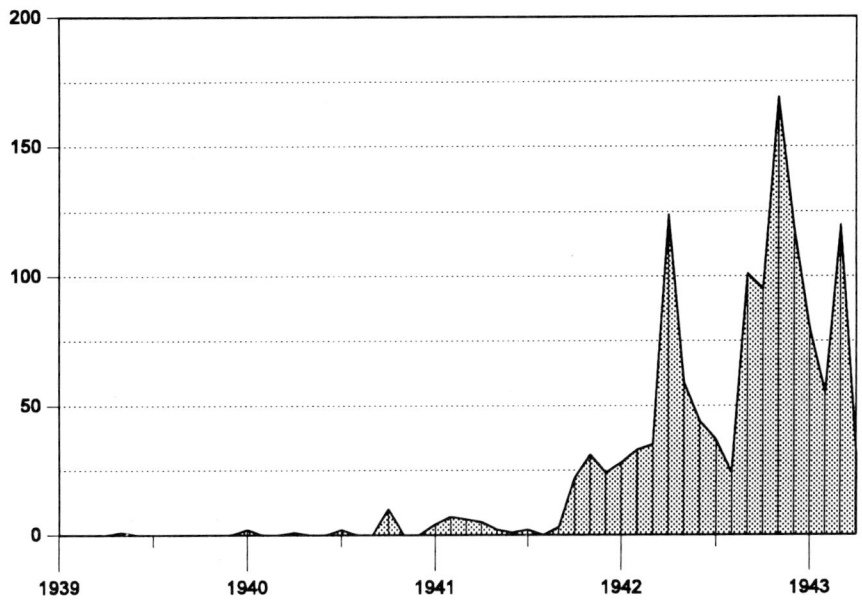

Diagramm 3: Zahl der Todesfälle im KZ in Wewelsburg

Wewelsburg in das KZ Sachsenhausen belegt. Am 17. Januar 1943 verließen 450 Häftlinge, davon 389 Russen, 1 Deutscher und 60 Häftlinge ohne Angaben das Lager. Am 30. Januar 1943 wurden 587 Häftlinge, davon 106 Polen, 29 Deutsche, 23 Franzosen, 16 Holländer, sechs Belgier, vier Protektoratsangehörige und zwei Serben abtransportiert.[268] Am 2. Februar 1943 kamen noch zehn Häftlinge, je fünf deutsche und polnische Häftlinge, aus Sachsenhausen nach Wewelsburg.[269]

4.1.3   Der Anstieg der Todesrate

Die Häftlingstransporte, die seit dem Umzug ins neue Schutzhaftlager kamen, waren im Gegensatz zu den ersten Bibelforscher-Transporten wahllos, ohne Rücksicht auf ihre beruflichen Tätigkeiten oder ihren körperlichen Zustand zusammengestellt worden. Die neueingelieferten Häftlinge waren den Lebens- und Arbeitsbedingungen des Konzentrationslagers in einem geringeren Maße gewachsen als die Ernsten Bibelforscher. Bereits

---

[268] Statistik Sachsenhausen (SH R 232 M 158, S. 158f.; GARF P 7021-104-4).
[269] Weitere Transporte ließen sich aufgrund der mangelnden Quellengrundlage und der fehlenden KZ-Aktenbestände nicht nachweisen.

nach dem Transport am 22. September 1940 stieg die Zahl der Toten im letzten Quartal 1940 auf zehn Personen an. In den folgenden Jahren bis zur Auflösung des Lagers setzte sich der Anstieg der Todesrate fort. Im ersten Quartal 1941 stieg sie während des strengen Winters auf 17 Tote an, während sie in den wärmeren Sommermonaten April bis September 1941 auf 13 zurückging. Dafür erhöhte sie sich im letzten Quartal - bedingt durch den Anstieg der Häftlingszahlen und den Winterbeginn - auf 77 Tote.[270] Diagramm 3 verdeutlicht den rapiden Anstieg der Todesrate im Konzentrationslager in Wewelsburg; die graphische Darstellung beruht auf den Angaben der folgenden Tabelle.[271]

	1939	1940	1941	1942	1943	1944/45
Januar	-	2	4	28	80	-
Februar	-	-	7	33	55	-
März	-	-	6	35	120	-
April	-	1	5	124	32	-
Mai	1	-	2	59	-	-
Juni	-	-	1	44	-	-
Juli	-	2	2	37	-	-
August	-	-	-	24	-	-
September	-	-	3	101	-	-
Oktober	-	10	22	95	-	-
November	-	-	31	169	-	-
Dezember	-	-	24	119	-	-
Gesamtzahl	1	15	107	868	287	0
						= 1 278 Häftlinge

Nach Hüsers Auswertung der Sterbebücher der Standesämter Büren, Brenken, Wewelsburg und Niederhagen ergeben sich ein Todesfall weniger für das Jahr 1941, zusätzlich aber sechs Todesfälle mehr für das Jahr 1942 und zwei mehr für das Jahr 1943.[272] Dadurch ergibt sich folgende Aufteilung der Todesfälle:

1939 = 1
1940 = 15
1941 = 106
1942 = 874
1943 = 289

[270] Eidesstattliche Erklärung Frank W. Y. (HStA D, Prozeßunterlagen betr. KL Niederhagen/Wewelsburg (Rep. 118-926)), vgl. HÜSER, Wewelsburg, S. 96. Hüser gibt für das vierte Quartal 1941 nur 76 Todesfälle an.
[271] Eidesstattliche Erklärung Frank W. Y. (Rep. 118-926).
[272] HÜSER, Wewelsburg, S. 96.

Insgesamt sind 1 285 Todesfälle im Konzentrationslager in Wewelsburg nachgewiesen. Nach Nationalitäten geordnet verteilen sich die Todesfälle auf folgende Weise:[273]

	1939	1940	1941	1942	1943	Gesamt
Deutsche/ Österr.	1	15	91	244	6	357
Belgier	-	-	-	2	2	4
Franzosen	-	-	-	13	5	18
Niederl.	-	-	-	2	1	3
Juden	-	-	6	14	-	20
Polen	-	-	8	95	19	122
Sowjetb.	-	-	-	478	256	734
Serben	-	-	1	-	-	1
Tschechen	-	-	-	10	-	10
Sinti und Roma	-	-	-	15	-	15
Staatenlos	-	-	-	1	-	1
Gesamt	1	15	106	874	289	1285

4.1.4   Die Eingangsphase, Raum- und Zeitdimensionen

Die Häftlingstransporte, vor allem die Durchgangstransporte, trafen meist bei Nacht auf dem Bahnhof Wewelsburg ein. Die Häftlinge, die bis 1942 nach Wewelsburg kamen, waren meist aus anderen Konzentrationslagern verlegt worden. Sie hatten die nun folgende Empfangsprozedur bereits in anderen Lagern durchlitten. Den Angehörigen der großen Durchgangstransporte oder einzelnen, direkt von der Gestapo eingelieferten Schutzhäftlingen stand eine entwürdigende und erniedrigende Konfrontation mit der konzentrationären Welt bevor. Durch die langen Transporte geschwächt oder durch Verhöre gequält, kamen die Häftlinge bereits physisch entkräftet und verunsichert im Lager an. Hier wurden ihnen ihre Kleider und Habseligkeiten abgenommen. Nachdem sie völlig entblößt waren, rasierten ihnen andere Häftlinge die Kopf- und Körperhaare. Dann wurden sie gebadet und mit Holzessig "desinfiziert".[274] Den Verlust ihres Eigentums, die Rasur und die Desinfektion empfanden sie häufig als Verstümmelung ihrer Identität. Das erniedrigende Ritual sollte ihr Selbstbewußtsein zerstören und sie in ohnmächtige, wehrlose Opfer verwandeln. Die anschließende Ausgabe der

---

[273] HÜSER, Wewelsburg, S. 96. Bei den Juden handelte es sich um deutsche, polnische und sowjetische Staatsbürger, bei den Sinti und Roma läßt sich die Stammeszugehörigkeit nicht zuordnen.
[274] ZA Erich N. (Rep. 118-922).

Abb. 28: Der Bahnhof Wewelsburg-Graffeln im Jahr 1934

einheitlichen Lagerkleidung in der Effektenkammer und die Registrierung im Lagerbüro sollte ihnen das letzte Merkmal ihrer Persönlichkeit nehmen. Sie waren nur noch eine Nummer in einer Masse von gleichaussehenden, namenlosen Menschen.[275] Den Neuankömmlingen blieb keine Zeit, sich an den Schock dieser Verwandlung zu gewöhnen. Sie wurden direkt nach der Ankunft den Extrembedingungen des von absoluter Macht beherrschten Lagers ausgesetzt.

In den meist überfüllten Baracken herrschte ein ständiger Kampf um die elementaren räumlichen Bedürfnisse, den Platz am Waschbecken oder am wärmenden Ofen. Die von der SS geforderte Disziplin und Ordnung war in den überbelegten Massenquartieren unmöglich. Durch unvorhergesehene, überraschende Kontrollen und Kollektivstrafen machte der ständige Druck des Lagers vor den Blöcken nicht halt. Die Baracken konnten nur in den wenigsten Fällen Rückzugsorte sein. Privatsphären oder Intimzonen für Einzelne konnten nicht entstehen.[276] In Blöcken mit homogener Belegschaft, deren Insassen durch gemeinsame Vorstellungen oder soziale Ähnlichkeiten verbunden waren, konnte die Enge und die Dichte des Raumes in ein Gemeinschaftsbewußtsein

[275] SOFSKY, Die Ordnung des Terrors, S. 98-102.
[276] SOFSKY, Die Ordnung des Terrors, S. 83-87.

Abb. 29:
Eine ehemalige Häftlingsbaracke
des KZ Niederhagen, ca. 1945 -
1950

umschlagen, bei heterogenen Zusammensetzungen verhärtete sich die Aggressivität und Isolation des einzelnen Häftlings.[277]

Ebenso wie den Entzug des privaten Raumes nutzte die SS die Ordnung des Zeitablaufs, um ihre absolute Macht im Lager zu demonstrieren. Fest verbindliche Zeitpläne täuschten berechenbare Ordnung vor. Doch war es das Prinzip des Terrors, gerade diese Berechenbarkeit durch überraschende Wechsel der Ereignisse zu zerstören. Den Häftlingen wurde damit die Sicherheit eines festen Zeitgefüges genommen. Die SS behielt es sich vor, endlose Arbeits- oder Wartezeiten durch plötzliche Einschnitte zu unterbrechen, die stets Gefahr mit sich bringen konnten. Im Lager herrschte die Allgegenwärtigkeit des Todes. Die Häftlinge selbst lebten in der vollkommenen Ungewißheit über das eigene Schicksal. Um sich mit ihrer Existenz im Lager abzufinden, mußten sie ihre geistigen und seelischen Aktivitäten umbilden. Die Hoffnung auf eine baldige Haftentlassung mußte ebenso aufgegeben werden, wie die Erinnerungen an vergangene Zeiten. Der Terror des Lagers reduzierte das menschliche Bewußtsein auf die Gegenwart. Nur wer seine Gedanken auf den Augenblick und auf das Überleben der unmittelbaren Lagerereignisse lenkte, konnte genügend Kraft zur Selbstbehauptung im Lager entwickeln.[278]

---

[277] Interview Friedrich Klingenberg vom 16.5.1992. Er weist auf den Zusammenhalt in den Bibelforscher-Baracken im Gegensatz zu Baracken mit "asozialen" Häftlingen, die aufgrund ihrer unterschiedlichen vorkonzentrationären Bedingungen kaum ein Gemeinschaftsgefühl entwickelten, hin.
[278] SOFSKY, Die Ordnung des Terrors, S. 88-109.

4.1.5   Die Struktur der Häftlingsgesellschaft

Die SS hatte mit der Einführung der farbigen Winkel für die einzelnen Häftlingskategorien eine soziale Differenzierung der *KZ-Gesellschaft* geschaffen. Das Kategoriensystem diente nicht allein der bürokratischen Verwaltung, sondern vor allem der Diskriminierung und sozialen Trennung. Die SS baute die *Klassentaxonomie*[279] nach den Kriterien ihrer rassistischen Ideologie von "Herrenmensch" und "Untermensch", der unterschiedlichen Nationalitäten, der politischen Feindschaft und der sozialen Abweichung auf. Mit diesem System der gesellschaftlichen Ungleichheit schürte sie Gegensätze zwischen den Häftlingsgruppen, die nicht überwunden werden konnten. Die Häftlinge selbst übernahmen die aufgezwungene Klassifizierung. Die SS knüpfte in ihrer Differenzierung an die Stereotypen der gesellschaftlichen Außenwelt an, die im Lager radikalisiert wurden. Gängige Vorurteile gegenüber "Asozialen", "Kriminellen", Juden oder Polen wurden als Markierungen der Häftlingskategorien genutzt. Die Häftlinge ließen sich in ihrer sozialen Wahrnehmung von den vorgegebenen Differenzierungen lenken. Sie beurteilten die Mithäftlinge nach den vorskizzierten Schemata. So entstanden "typische" Verhaltensweisen für jede Häftlingsgruppe.[280] Der farbige Winkel wurde zu einem "Qualitätsmerkmal" spezieller Verhaltensweisen. Reale, aber von dem Muster abweichende Verhaltensweisen wurden von den Häftlingen als Ausnahmen von dem erwarteten eigentlichen Verhalten verstanden.[281]

Ausgehend von den oben genannten Kriterien entstand ein hierarchisch geordnetes System der sozialen Differenzierungen. An der Spitze der Wertskala standen reichsdeutsche politische und BV-Häftlinge mit rotem oder grünem Winkel, gefolgt von den reichsdeutschen Bibelforschern. Die ausländischen Häftlinge wurden - mit Ausnahme der polnischen und sowjetischen Häftlinge - meist zusammen mit den deutschen politischen Häftlingen erfaßt. Entsprechend ihrer Herkunft wurden sie mit dem Anfangsbuchstaben ihrer Nationalität auf dem roten Winkel versehen. Ihnen folgten die reichsdeutschen Häftlinge mit schwarzem und braunem Winkel, mit Abstufung noch die Häftlinge mit dem rosa Winkel. Aufgrund ihrer Stellung in der nationalsozialistischen Rassenlehre wurden die Kategorien der polnischen und sowjetischen Häftlinge hierarchisch tiefer angeordnet. Nur die Lebensbedingungen der jüdischen Häftlinge waren nochmals deutlich schlechter.[282] Die nationalsozialistische Wertskala war auch für die kategoriale Hierarchie im KZ Niederhagen in den wesentlichen Punkten richtungs-

---

[279] Begriff nach SOFSKY, Die Ordnung des Terrors, S. 137-150.

[280] PINGEL, Häftlinge, S. 76, 109; SOFSKY, Die Ordnung des Terrors, S. 143-145. So wurden der Kategorie der BV-Häftlinge generell brutales, gewalttätiges Verhalten, "asozialen" Häftlingen asoziales, arbeitsscheues, feiges Verhalten, Bifo-Häftlingen ordentliches, arbeitsames Verhalten zugeordnet.

[281] KOGON, Der SS-Staat, S. 73.

[282] PINGEL, Häftlinge, S. 76, 85-92, 168; SOFSKY, Die Ordnung des Terrors, S. 137-142. Die kategoriale Differenzierung schwächte sich seit 1942 durch die Anforderungen der Rüstungswirtschaft hinsichtlich der individuellen Qualifikation der Häftlinge ab. Für das KZ Niederhagen wurde diese Entwicklung nicht relevant. Die Stellung der jüdischen Häftlinge bezieht sich auf die Konzentrationslager, nicht auf die Vernichtungslager, die seit 1942 entstanden.

Abb. 30: Blick von Südosten auf das einstige KZ Niederhagen. Eine der damaligen SS-Baracken ist bereits abgerissen worden, ca. 1946 - 1947

weisend. Die Bifo-Häftlinge, die in der Zeit des Kleinen Lagers die einzige Häftlingsgruppe ausmachten, bildeten auch in der Phase des selbständigen KZ Niederhagen den eigentlichen Kern der Häftlingsgesellschaft. Auf derselben hierarchischen Stufe standen die politischen und die BV-Häftlinge.[283] Die sogenannten "Asozialen" und "Zigeuner" standen in der Bewertungsskala einen Rang tiefer, gefolgt von den wenigen, als "homosexuell" bezeichneten Häftlingen. Darunter standen die polnischen und sowjetischen Häftlinge. Den untersten Rang nahmen die wenigen jüdischen Häftlinge ein. Nationale und kategoriale Zugehörigkeit waren Merkmale, die die Häftlinge nicht selbst beeinflussen konnten. Zusammen mit der individuellen Fähigkeit, sich im Lager durchzusetzen, waren dies die Faktoren, die die Stellung der Häftlinge innerhalb der Konzentrationslagergesellschaft bedingten.

Die SS führte eine Häftlingsselbstverwaltung ein, der sie gewisse Vollmachten zur Lager- und Arbeitsorganisation übertrug. Die Funktionshäftlinge bildeten eine Zwischeninstanz zwischen SS-Wächtern und Häftlingen, da sie die Macht der SS nach

---

[283] Mit Ausnahme der polnischen und russischen Häftlinge; die deutschen politischen Häftlinge waren in Wewelsburg in der Minderheit.

77

unten weitergaben, die Häftlinge kontrollierten und befehligten.[284] Bestimmte Kategorien oder Nationalitäten waren grundsätzlich von den Funktionen der Häftlingsselbstverwaltung ausgeschlossen. In einzelnen Lagern oblag die Selbstverwaltung ausschließlich einer bestimmten Häftlingsgruppe, erst in den späteren Jahren vermischten sich die Kategorien.[285] Bibelforscher-Häftlinge bemühten sich in der Regel nicht um Ämter in der Häftlingsselbstverwaltung, sondern lehnten die Aufgaben aus Glaubensgründen eher ab. In Wewelsburg hingegen wurden sämtliche Funktionen der Häftlingsselbstverwaltung, vom *Lagerältesten* über den *Lagerschreiber* bis hin zu den *Kapos*, Vorarbeitern[286] und *Blockältesten*[287] von Zeugen Jehovas ausgeführt. Die Bereitschaft der Zeugen Jehovas, in Wewelsburg die Aufgaben der Funktionshäftlinge zu übernehmen, ging auf die Anfangszeit des Lagers zurück, in der die Bibelforscher als einzige Häftlingsgruppe im Lager von der SS zur Übernahme der Funktionen gedrängt wurden. Das Wewelsburger Lager nahm mit dem hohen Anteil an Bibelforschern in wichtigen Selbstverwaltungsämtern eine Sonderrolle gegenüber anderen Konzentrationslagern ein.[288] Die Bibelforscher behielten auch nach der Einlieferung von Häftlingen anderer Kategorien im September 1940 die wichtigsten Lagerfunktionen, die des Lagerältesten und des Lagerschreibers oder die des Blockältesten in reinen Bibelforscher-Baracken. Die Funktionshäftlinge waren Teil eines komplexen Machtgefüges. Die Gefangenen, die die höchsten Funktionen der Häftlingsselbstverwaltung ausübten, gehörten zur *Prominenz* des Lagers. Dazu wurden der Lagerälteste, der Lagerschreiber, Blockälteste, Frisöre, Kapos bestimmter Arbeitskommandos und bestimmte *Kalfaktoren*[289] gerechnet. In Wewelsburg wurden diese Funktionen neben den Bibelforschern hauptsächlich von den "asozialen" und BV-Häftlingen ausgeführt. Der Lagerälteste galt als der verantwortliche Vertreter der Häftlinge gegenüber der SS. Ihm oblag die formelle Befehlsgewalt über die Häftlingsgesellschaft. Im Kleinen Lager hatte Otto Martens die Funktion übernommen, sein Nachfolger wurde Willi Wilke.[290] Bei der Auswahl der Blockältesten hatte der Lagerälteste großen Freiraum. Die Blockältesten, die sich in Wewels-

---

[284] SOFSKY, Die Ordnung des Terrors, S. 152-177. Das folgende hierarchisch geordnete Gesellschaftsmodell ist den Ausführungen von BENEDIKT KAUTSKY entnommen; in: Teufel und Verdammte, S. 192f.

[285] So waren die Funktionen in Dachau, Ravensbrück und Sachsenhausen weitgehend von politischen Häftlingen besetzt, die BV-Häftlinge überwogen in Buchenwald, Mauthausen und Neuengamme.

[286] Die Bezeichnungen Kapo und Vorarbeiter sind nicht identisch, einem Kapo konnten mehrere Vorarbeiter unterstehen. Der Kapo (ital. capo = Haupt, Vorstand) wurde vom SS-Arbeitsdienstführer eingesetzt.

[287] Dem Blockältesten (Block = Baracke) waren ein Blockschreiber und ein 2. Stubenältester behilflich (der Blockälteste war gleichzeitig Stubenältester in seinem Barackenflügel).

[288] Wewelsburgs Sonderrolle widerlegt die These Pingels, Zeugen Jehovas hätten generell keinen Zugang zum Funktionärssystem gehabt; PINGEL, Häftlinge, S. 89; s. auch GARBES Untersuchung zu Bibelforschern in Neuengamme, Zwischen Widerstand und Martyrium, S. 642f.

[289] Kalfaktoren übernahmen Dienste und Handreichungen für die SS in und außerhalb des Lagers.

[290] Zeugenaussagen (Rep. 118 Nr. 855-935).

burg aus Bibelforschern, politischen, "asozialen" und BV-Häftlingen zusammensetzten, hatten die direkte Kontrolle über die Gefangenen, sie beriefen die *Stubenältesten*. Deren Aufgabe war die Verteilung des Essens und der Wäsche sowie die Kontrolle der hygienischen Vorschriften. Sie konnten im Rahmen ihrer Möglichkeiten für Begünstigungen oder Benachteiligungen sorgen. Die Arbeit des Lagerschreibers und der Schreibstube bestand darin, die Neuzugänge, Transportlisten und Abgänge zu registrieren und die Häftlingskartei zu führen. Zusammen mit der Arbeitsstatistik, die in größeren Lagern für die Zusammenstellung der Arbeitskommandos und Transportlisten zuständig war, verfügte die Schreibstube über eine enorme, von der SS nicht kontrollierbare Macht. Lagerschreiber wurde in Wewelsburg der Bibelforscher Wettin Müller.[291] Der Prominenz, auch "Aristokratie" genannt, war der *Mittelstand* untergeordnet, der sich aus den übrigen Funktionsträgern zusammensetzte. Kapos befehligten die Arbeitskommandos. Bei größeren Kommandos unterstanden ihnen Vorarbeiter. Sie arbeiteten selbst nicht, sondern kontrollierten nur die Arbeit der Häftlinge. Die Kapos und Vorarbeiter waren meist BV-Häftlinge und "Asoziale", vor allem bei den Arbeitskommandos im Steinbruch und beim Straßen- und Häuserbau. Die Küchentätigkeiten und Handwerksarbeiten wurden von den Bibelforscher-Häftlingen ausgeführt. Während die Prominenz nicht mehr als ein Prozent der Häftlingsgesellschaft ausmachte, war der Mittelstand mit 10 - 30 Prozent größer. Die übrigen Inhaftierten bildeten die große Masse.[292] Im Gegensatz zu der Prominenz und dem Mittelstand konnte die Mehrzahl der Häftlinge nicht mit Vergünstigungen, besseren Arbeitsbedingungen oder Essenszuschlägen rechnen. Sobald ein Häftling eine Funktion im Lager bekam, wurde er aus der breiten Masse herausgehoben. Eine exponierte Stellung hatte meist den Vorteil einer besseren materiellen Versorgung und eines gewissen Schutzes gegenüber den Wachmannschaften. Als Funktionär wurde der Häftling als nützliches Mitglied der KZ-Gesellschaft angesehen und entging eher den Mißhandlungen der SS.[293]

Der Übernahme einer Häftlingsfunktion war bei vielen Häftlingen ein Gewissenskonflikt vorausgegangen, wie man sich gegenüber dieser von der SS eingeführten Institution verhalten sollte. Die Häftlingsselbstverwaltung war geplant worden, um die vollständige Kontrolle über die Häftlingsgesellschaft zu erhalten. Die politischen Häftlinge in den großen Konzentrationslagern bemühten sich jedoch, nicht ein bloßes Ausführungsorgan der SS zu sein. Sie gehorchten, um sich dem Machtsystem der SS anzupassen, doch versuchten sie, sich innerhalb ihrer Freiräume eigene Handlungsbereiche zu sichern und eigene, heimliche Organisationsstrukturen aufzubauen. Viele der BV-Häftlinge nutzten vor allem die materiellen Vorteile der Positionen. Im KZ Niederhagen hoben sich die Funktionäre mit dem grünen Winkel durch besondere Brutalität und Skrupellosigkeit hervor. Sie versuchten, die Handlungsweisen der SS

---

[291] Zeugenaussagen (Rep. 118 Nr. 855-935).
[292] Zahlen nach HANS-GÜNTHER ADLER: Selbstverwaltung und Widerstand in den KZ der SS, in: VfZG 8/1960, S. 221-236.
[293] PINGEL, Häftlinge, S. 158f.; ZA Günther K. (Rep. 118-932).

nachzuahmen und oftmals ihr Auftreten und Ansehen zu imitieren oder sogar zu übertreffen. Friedrich Klingenberg erinnert sich an die Kapos:

> *„Die Kapos bekamen Stiefel, die waren so blank, da haben die SS neidisch auf ihre Stiefel geguckt. Da konnte man sich drin spiegeln, ich weiß nicht, mit was sie das fertig gekriegt haben. [...] Die sahen ja schick aus - die bekamen ja die besseren Sachen. Die Kapos brauchten ja nichts zu tun."*[294]

In Block 2 des Lagers wurden nachts wiederholt schwache Häftlinge, nachdem die Brotration für den nächsten Tag ausgegeben worden war, von dem Blockältesten, einem BV-Häftling, ermordet, indem er sie so lange unter eine Dusche mit kaltem Wasser stellte, bis sie daran starben. Die Brotration des toten Häftlings nahm sich dann der Blockälteste. Nach Zeitzeugenberichten wurden viele Häftlinge im KZ Niederhagen durch die Lagerprominenz getötet. Neugierde habe man nicht zeigen dürfen, sonst sei man selbst Opfer geworden. *„Man war in diesem Block [Block 2] seines Lebens nicht sicher."*[295] Die SS, die den oft rücksichtslosen Selbsterhaltungsdrang der BV-Häftlinge schürte, forderte BV-Kapos auf, ihnen unliebsam gewordene Häftlinge während der Arbeit "fertigzumachen", d. h. sie zu töten. Zur Belohnung wurde ihnen zusätzliches Essen oder Zigaretten versprochen. Die Mehrzahl der BV-Kapos befolgte die Befehle, um die Vergünstigungen zu bekommen, aber auch, um nicht selbst in Ungnade zu fallen. Denn trotz ihrer Bereitschaft zu Willkür und Terror konnte die SS die Kapos oder Blockältesten jederzeit ihrer Funktion entheben.[296] Paul Buder schrieb in seinem Erinnerungsbericht: *„Plau[l] sagte zu den BV-Vorarbeitern: 'Abends wollen wir den nicht mehr sehen!' Er solle also von den Kriminellen und Zuhältern fertiggemacht werden."*[297] Ein anderer ehemaliger Häftling erinnert sich: *„Da der Kapo gewisse Vergünstigungen hatte, wollte er seine Stellung natürlich behalten."*[298] Willi Wilke, ehemaliger Lagerältester des KZ Niederhagen, beschrieb das Verhältnis zwischen der SS und den Funktionshäftlingen so:

> *„Wenn man die Organisation in einem Konzentrationslager kennt, dann weiß man, daß sich die SS oft von der schmutzigen Prügelarbeit ferngehalten und diese anderen Häftlingen überlassen hat, vornehmlich Asozialen und Berufsverbrechern, die als Vorarbeiter eingesetzt waren."*[299]

Besonders wichtig waren die Funktionsämter im Häftlingsrevier, denn gerade hier wurde von den Funktionshäftlingen solidarische Unterstützung gefordert. In Wewelsburg gab es zwei Häftlingssanitäter. Ein Bibelforscher, der im Hauptrevier arbeitete, setzte sich sehr für die Kranken ein, ganz im Gegensatz zu dem Häftlingssanitäter des

---

[294] Interview Friedrich Klingenberg; s. auch SOFSKY, Die Ordnung des Terrors, S. 160. Sofsky nennt dieses Verhalten *„mimetische Servilität"*, die er von dem bloßen vollkommenen Gehorsam differenziert.
[295] ZA Kurt N. (Rep. 118-922), Eugen D. (Rep. 118-920).
[296] PINGEL spricht bei diesem Verhalten von *„individueller Resistenz"*, Häftlinge, S. 19.
[297] Buder-Bericht, S. 72.
[298] ZA Albert R. (Rep. 118-920).
[299] ZA Willi W. (Rep. 118-919).

Zusatzrevierblocks, in dem viele "Muselmänner" untergebracht waren. Dieser soll wiederholt schwache Häftlinge mißhandelt und getötet haben, um so seine materielle Lage als Häftling mit schwarzem Winkel zu verbessern.[300] Funktionslose Häftlinge kamen nur sehr wenig mit der SS oder der Lagerkommandantur in Berührung. Die Kommandanten traten mit ihren Forderungen und Aufgaben an den Lagerältesten heran, der die Blockältesten verständigte. Die Lagerprominenz hatte das Recht, bestimmte Strafen gegenüber den Häftlingen anzuwenden. Dies führte dazu, daß die Blockältesten oder Kapos häufig als Hilfschargen der SS angesehen wurden, besonders dann, wenn sie ihr Privileg für persönliche Interessen nutzten.[301] Waren die Funktionäre jedoch Vertrauensleute der Häftlinge, konnten durch ihren Einfluß die Lebensbedingungen der Häftlinge günstiger gestaltet werden. So versuchten die Bibelforscher-Funktionshäftlinge in der Lagerschreibstube geschwächte Glaubensbrüder aus schweren Arbeitskommandos in leichtere zu versetzen. Auf diese Weise konnten mehrere Häftlinge vor der physischen Entkräftung gerettet werden.[302] Einzelnen Häftlingen konnte in diesem Machtsystem geholfen werden, aber nicht der Gesamtheit der Häftlinge. Die Gewalt wurde nur umverteilt. Die Blockältesten trugen die Verantwortung für die Häftlinge ihres Blocks. Zur Einhaltung der SS-Anordnungen griffen die Blockältesten oft zu rigorosen Methoden. Die Mithäftlinge akzeptierten es, daß ein einzelner Häftling von einem Funktionär bestraft wurde, um selbst einer drohenden Kollektivstrafe durch die SS zu entgehen.[303] Die Häftlinge des KZ Niederhagen hatten von den Funktionshäftlingen mit lila Winkel generell eine positive Meinung.[304] Dagegen hinterließ die Mehrzahl der Kapos und Blockältesten mit schwarzen und grünen Winkeln wegen ihrer Brutalität einen sehr schlechten Eindruck. Vor allem die Blockältesten des Blocks 2 und die Kapos der Kommandos "Waldsiedlung" und "Haus Marx" waren gefürchtet.[305] Die Häftlinge, denen es nicht gelang, die konzentrationären Bedingungen zu bewältigen, gerieten häufig in einen Zustand der Lethargie und Apathie. Sie wurden zu "Muselmännern". Ausgezehrt durch den ständigen Hunger verloren sie jegliches Bewußtsein für ihre Lage, ihre Selbstdisziplin und ihr Erinnerungsvermögen. Schmerzgefühl, Empfindungen und Sprache versiegten. Sie starben völlig verwahrlost. Otto Preuss beschreibt die Entwicklung eines Häftlings zum "Muselmann":

[300] ZA Balthasar H. (Rep. 118-921), Albert H. (Rep. 118-921).
[301] ZA Johann K. (Rep. 118-932); vgl. PINGEL, Häftlinge, S. 106.
[302] ZA Richard H. (Rep. 118-921). Richard H. war stark gehbehindert und kam durch Fürsprache von Georg Klohe, Zuständiger für die Werkzeugausgabe, in ein SS-Küchen-Kommando.
[303] ZA Ludwig R. (Rep. 118-928).
[304] Vgl. HERMANN LANGBEIN, ...nicht wie die Schafe zur Schlachtbank, S. 188-191. Langbein zitiert mehrere Berichte ehemaliger Häftlinge, die die Eigenschaften der Bibelforscher hervorhoben, Hans Marsálek: „eine Gemeinschaft ruhiger, bescheidener, disziplinierter, duldsamer, fleißiger und ihrem Glauben treu ergebener Menschen" (S. 189).
[305] ZA Stefan A. (Rep. 118-920), Josef N. (Rep. 118-922); Interview Joachim Escher vom 23.5.1991.

Abb. 31: Belgische Militärfahrzeuge stehen auf dem früheren Appellplatz des Konzentrationslagers, ca. 1946 - 1947

„Man konnte die Stadien so mitmachen, das Wasser ging in die Füße. Die hatten dann Elefanten-füße, wenn man da reindrückte, dann blieb da ein Loch. Und dann kam die Periode, wenn sie mit glasigen Augen rumirrten. Ja, das war etwas brutal, aber das war die rüde Sprache des Lagers. Wenn sie den Rückwärtsgang einschalteten, konnte man abzählen, wann sie sterben. "[306]

In Wewelsburg gab es in allen Kategorien "Muselmänner", besonders häufig aber unter den "asozialen" und sowjetischen Gefangenen.[307] Als "Muselmänner" hatten die Ge-fangenen jegliche Unterstützung durch andere Häftlinge verloren. Sie bildeten den untersten Rang in der sozialen Hierarchie im Lager, verachtet und ohne Mitleid von den übrigen Häftlingen. Der "Muselmann" hielt ihnen mit seiner Verelendung ihr eigenes mögliches Schicksal, ihr Sterben, vor Augen. Um sich davor zu schützen, wehrten sie ihn ab, brachen den sozialen Kontakt zu ihm ab, verachteten ihn in seiner Hilflosigkeit und in seinem Elend. Mit Gleichgültigkeit sowohl gegenüber dem schlei-chenden Tod der "Muselmänner" als auch gegenüber dem Tod überhaupt verdrängten

---

[306] Interview Otto Preuss vom 13.3.1996.
[307] Zeugenaussagen (Rep. 118 Nr. 855-935); vgl. SOFSKY, Die Ordnung des Terrors, S. 38, 229-236.

82

sie ihre eigene Angst. Der tägliche Tod im Lager wurde hingenommen.[308] Dieses Verhalten wird in folgendem Zitat von Paul Buder deutlich:

> *„Es war Winter, hoher Schnee. Zwei arme dürre Gestalten wanken über den Appellplatz. Rehn und ein zweiter SS-Mann befehlen den zwei Häftlingen, sich zu entkleiden. Dann mußten sie sich in den Schnee setzen, wurden ganz mit Schnee eingepackt. Nach wenigen Minuten jammerten die zwei Opfer, und Rehn meinte, die fangen an zu singen. Nach kurzer Zeit wurden die Gesichter maskenhaft weiß, zuerst die Nase, die Lippen, die Augen starr wie Glas, und man stand da, teilnahmslos, apathisch, unberührt; alles Gefühl erstirbt in dieser dämonischen Mühle des Todes."*[309]

Durch Tausch oder "Organisieren" von Nahrung, Zigaretten oder Kleidungsstücken konnten die Häftlinge ihre materielle Lage verbessern. Kontakte zu höheren Funktionären erleichterten ihre Lebens- und Arbeitsbedingungen. Die Situation im Lager machte illegale Geschäfte und Korruption notwendig, da die normale Versorgung zum Überleben nicht ausreichte. Der größte Teil der Häftlinge lebte nicht in einer Gemeinschaft zusammen, sondern in einer nahezu anonymen Masse, die an den Vergünstigungen der Funktionshäftlinge nicht partizipieren konnte und die Strukturen des Lagerterrors nicht durchschaute.[310]

---

[308] SOFSKY, Die Ordnung des Terrors, S. 229-236.
[309] Buder-Bericht, S. 50.
[310] SOFSKY, Die Ordnung des Terrors, S. 178-190.

4.2 Die Lebensbedingungen im KZ Niederhagen

4.2.1 Der Tagesablauf

Der Tagesablauf im KZ Niederhagen war streng nach einem sich stets wiederholenden Muster geregelt. Morgens um 6.00 Uhr begann das Tagesgeschehen. Die Baracken wurden aufgeschlossen, die Häftlinge geweckt. Binnen einer Stunde mußten die Häftlinge sich waschen, zur Toilette gehen, die Betten "bauen" und frühstücken - aufgrund der Enge der Baracken und der hohen Häftlingszahl eine fast unmögliche Aufgabe, die nur unter Gebrüll, Hetze und Antreiberei zu bewältigen war, wie Friedrich Klingenberg erklärt:

> *„Da war man mit vier Mann in einem Schrank, und dann mit vier Mann ein Handtuch, das für das Gesicht und die Füße war, und das war furchtbar. Und dann ein Gestank, so und soviele Männer in einem Raum, ein jeder riecht anders aus dem Hals, was das ein Gestank war, ein Affenstall ist nichts dagegen. Das war furchtbar, das war eine Luft, die hätte man durchschneiden können."*[311]

Dieser Hektik folgte um 7.00 Uhr der Morgenappell, eine Zeit des endlosen Wartens.[312] Bei dem Morgenappell wurde die Häftlingsbelegschaft durchgezählt. Der Lagerälteste gab die Belegschaftszahl an, die ihm von den Blockältesten mitgeteilt worden war. Häftlinge, die in der Nacht gestorben waren, wurden registriert. Anschließend wurden die Häftlinge den Arbeitskommandos zugeteilt.[313] Die Arbeitskommandos wurden am Lagertor von den SS-Wachposten erwartet und rückten mit ihnen zum Arbeitsplatz aus. Größere Arbeitskommandos, wie das Kommando "Waldsiedlung", das aus mehreren Hundertschaften bestand, wurden direkt am Appellplatz abgeholt.[314] Die Innenkommandos blieben im Lager. Zum Mittagessen rückten die Arbeitskommandos wieder ins Lager ein, nur das Kommando "Steinbruch/Ahden" blieb wegen der großen Entfernung im Steinbruch. Es nahm seine Verpflegung im Kessel mit. Wenn die Arbeitskommandos zu ihren Arbeitsstellen zogen oder abends wieder zum Appell einrückten, mußten sie Lieder singen. Ein Lied, das in enger Anlehnung an das Buchenwald-Lied[315] von einem politischen Häftling, der dafür 20 Mark von dem Lagerkommandanten erhalten hatte, in Wewelsburg verfaßt worden war, wurde zum "Lagerlied" bestimmt.[316]

---

[311] Interview Friedrich Klingenberg.
[312] SOFSKY, Die Ordnung des Terrors, S. 90.
[313] ZA Ludwig R. (Rep. 118-928); Interview Joachim Escher vom 23.5.1991.
[314] ZA Fritz K., SS-Mann (Rep. 118-932).
[315] KOGON, Der SS-Staat, S. 107f.
[316] Buder-Bericht, S. 84-86, hier auch Abschrift des Liedes.

„O Wewelsburg, ich kann dich nicht vergessen!

1. Wenn der Tag erwacht, eh die Sonne lacht,
die Kolonnen ziehn zu des Tages Müh'n,
hinein in den grauenden Morgen,
und die Steine sind hart, aber fest unser Schritt,
und wir tragen die Picken und Spaten mit,
und im Herzen, im Herzen die Sorgen:

O Wewelsburg ich kann dich nicht vergessen,
weil du mein Schicksal bist.
Wer dich verließ, der kann es erst ermessen,
wie wundervoll die Freiheit ist.
Doch Wewelsburg, wir jammern nicht und klagen.
Und was auch unsre Zukunft sei,
wir wollen trotzdem ja zum Leben sagen,
denn einmal kommt der Tag, dann sind wir frei!

2. Und der Wald ist schwarz und der Himmel rot,
und wir tragen im Brotsack ein Stückchen Brot,
und im Herzen, im Herzen die Liebe,
und die Sehnsucht brennt heiß
doch das Mädel ist fern, und der Wind weht leis,
doch ich hab' sie so gern,
wenn treu sie, wenn treu sie nur bliebe:

O Wewelsburg ich kann dich nicht vergessen ...

3. Und die Nacht ist kurz und der Tag so lang,
doch ein Lied erklingt, das die Heimat sang,
wir lassen den Mut uns nicht rauben.
Halte Schritt, Kamerad, und verlier nicht den Mut,
denn wir tragen den Willen zum Leben im Blut,
und im Herzen, im Herzen den Glauben:

O Wewelsburg ich kann dich nicht vergessen ..."

Abends wurden die Gefangenen erneut gezählt. Kranke und Schwache wurden hingetragen und gestützt. Während des Tages gestorbene Häftlinge wurden neben der jeweiligen Blockkolonne niedergelegt und mitgezählt. Der Abendappell diente zwar einerseits der verwaltungstechnischen Bestandskontrolle, vor allem aber war es der Höhepunkt der täglichen Machtinszenierung der SS. Die Toten vor Augen, mußten die Häftlinge stundenlang in Reih und Glied stehend bei Kälte und Regen ausharren, bis die Zahl der Insassen stimmte. Fehlte ein Häftling, wurde die gesamte Lagerbelegschaft solange der Tortur des Stehens und Wartens ausgesetzt, bis die Suche erfolgreich abgeschlossen war. Otto Preuss erinnert sich:

Abb. 32:
Ein SS-Mann hält Wache vor
der äußeren Absperrung des La-
gers. Im Hintergrund ist eine
SS-Baracke zu sehen, ca. 1940 -
1942

„Ja, die nicht mehr konnten, die wurden mitgeschleppt, oder zum Teil hatte man einen Handkarren oder Schubkarre requiriert, und dann wurde der daraufgeworfen. Einige Male ist das schon passiert. Trotzdem wir immer vorsichtig gewesen sind. Und dann wurde der Tote mitgezählt, abends. Die Zahl mußte stimmen, da sind so viele ausgerückt und so viele reingekommen. Und einer, der nicht mehr gehen konnte, der eigentlich liegen mußte, der stand mit da."[317]

Häufig wurden im Anschluß an den Abendappell noch Disziplinarstrafen öffentlich vollzogen.[318] Nach dem Abendbrot war nur noch wenig freie Zeit, die die Gefangenen für sich nutzen konnten, wenn sie nicht zu Strafarbeiten verurteilt oder anderen Aufgaben zugeteilt worden waren. Um 22.00 Uhr wurden die Baracken abgeschlossen, und es herrschte Nachtruhe. Danach durfte kein Häftling mehr die Baracken verlassen, die Wachposten hatten strengen Schießbefehl. Ebenso betrat kein SS-Posten mehr das Häftlingslager.[319] Tagsüber bewachte eine äußere Postenkette das gesamte Lager einschließlich des Industriehofes. Nachts wurde nur eine innere Postenkette gezogen, deren Wachposten von den Wachtürmen das Häftlingslager kontrollierten. Die Arbeitszeit betrug zwischen zehn und zwölf Stunden am Tag, samstags wurde stets gearbeitet, sonntags wurden oft Strafkommandos durchgeführt.

---

[317] Interview Otto Preuss vom 13.3.1996.
[318] ZA Oswin H. (Rep. 118-921); SOFSKY, Die Ordnung des Terrors, S. 94-96.
[319] Es war allerdings nie auszuschließen, daß ein Blockführer nachts überraschend in einem Block erschien und die Häftlinge strafexerzieren ließ.

4.2.2 Die materielle Versorgung

Die Häftlinge in Wewelsburg trugen die üblichen blau-weiß gestreiften, zweiteiligen Häftlingsanzüge. Durch die Ähnlichkeit der gestreiften Anzüge mit Strafhäftlings-kleidung beabsichtigte die SS, der Öffentlichkeit die scheinbare Nähe von Strafhaft und KZ-Haft vorzutäuschen. Für die Häftlinge war die Kleidung ein weiteres Element der Entwürdigung und des Persönlichkeitsverlustes.[320] Im Sommer wurden dünnere Anzü-ge als im Winter ausgeteilt. Während des Krieges wurde diese Aufteilung aufgegeben, die Häftlinge trugen denselben Anzug das ganze Jahr über. Der Stoff war aus schlech-ter Qualität, im Krieg wurden zunehmend preiswerte Ersatzstoffe wie Woll-Zellulose-gemische verwendet.[321] Zu den Anzügen wurden ein Paar Holzpantinen, ein Hemd, Socken und Unterwäsche verteilt, die nur sehr selten gewechselt werden konnten. Im Herbst 1942 wurde den Gefangenen die offizielle Erlaubnis erteilt, sich Zivilkleidung von den Angehörigen schicken zu lassen.[322] Bereits ein Jahr zuvor war es ihnen geneh-migt worden, sich warme Wollsachen ins Lager senden zu lassen. Alois Moser schrieb am 12. Oktober 1941 in einem Brief aus dem KZ Niederhagen an seine Angehörigen:

„Es ist erlaubt, daß Ihr mir an die 'Kommandantur K.L. Niederhagen Wewelsburg über Pader-born' folgende Wollsachen senden könnt: 1 p. Socken, 1 p. Wollstutzen, 1 Wollhalsschal, 1 Woll-hemd, 1 Unterhose, 1 Pullover. Im inneren Paket legt einen Zettel mit meinem Namen, Nummer und die Inhaltsangabe, weiteres nichts."[323]

Friedrich Klingenberg erinnert sich:

„Und dann konnten wir nach Hause schicken, daß sie uns die Strümpfe und auch Unterzeug schicken konnten. Und dann haben die Frauen uns Sachen geschickt, denn sonst vom Lager haben sie uns kein Zeug gegeben, nur das Zeug, was der Häftlingsanzug war, den hatten wir dann."[324]

Für die Häftlinge, die keine Angehörigen hatten, oder sie nicht erreichen konnten - dies traf vor allem für die Häftlinge aus den besetzten Gebieten zu - bedeutete die Abhän-gigkeit von der Versorgung durch Familienangehörige einen folgenschweren Nachteil. Die Häftlingskleidung bot keinen ausreichenden Schutz vor Kälte und Regen, im Winter waren Erfrierungen an Händen und Füßen keine Seltenheit. Gerhard Claus berichtet:

---

[320] BREBECK, HÜSER, Das Konzentrationslager, S. 19.
[321] BREBECK, HÜSER, Das Konzentrationslager, S. 19.
[322] KAIENBURG, Vernichtung durch Arbeit, S. 321f. Bereits im Winter 1941/42 war den Häftlingen von dem WVHA das Tragen von privater Unterwäsche erlaubt worden. Seit Herbst 1942 trafen auch Kleidertransporte getöteter Häftlinge aus Auschwitz in den reichsdeutschen Konzentrationslagern ein.
[323] Brief von Alois Moser an seine Familie vom 12.10.1941 (Original in Privatbesitz), Kopie im Kreismuseum.
[324] Interview Friedrich Klingenberg.

„Und dann kam doch die Zeit, als die Wehrmacht nach Rußland ging, und da brauchten die Winterkleidung, und dann sammelten die [SS-Leute] nur Wintersachen, da mußten wir alles hergeben - und wir hatten doch nichts, das war doch nur hauchdünn, im Winter bei 20 oder 22°C Kälte. Unsere Brüder, wissen Sie, was die gemacht haben? Auf Kommandos als Maurer gearbeitet, die Zementsäcke auseinander genommen, ein Loch hineingeschnitten und dann unten drunter gezogen und die Jacke darüber."[325]

Da die Häftlinge keine Ersatzkleidung hatten, konnten sie durchnäßte Kleidung nicht wechseln. Über Nacht gelang es ihnen kaum, die Wäsche im Tagesraum zu trocknen, da der einzige Ofen nur schlecht heizte. Morgens mußten sie wieder in die noch feuchten Anzüge steigen.[326] Der unzureichende Schutz vor den Witterungseinflüssen und die somit ständig klamme und schmutzige Wäsche förderten Erkältungen, Infektionskrankheiten und Lungenentzündungen. Besonders der Winter 1941/42 wurde in der Gemeindechronik Wewelsburg als *„ein außergewöhnlich strenger und schneereicher Winter - das Thermometer zeigte am 21.1.42 -28° Kälte"* beschrieben.[327] Gerhard Claus berichtet über die Kälte:

„Wir standen manchmal in der Nacht auf dem Appellplatz bei 20°C Kälte, nichts drunter, bloß diese Kleidung, wo der Wind durchpfiff. Das war ungefähr wie eine Schafsherde, jeder wollte bloß in die Mitte hinein - und dann fielen etliche schon um."[328]

Welchen Einfluß die Kleidung auf die Existenzbedingungen der Häftlinge hatte, wurde an dem sprunghaften Anstieg der Todesrate in den Wintermonaten deutlich. Die Versorgung der Häftlinge mit Nahrungsmitteln verschlechterte sich seit 1941 stetig. Während die Häftlinge im Kleinen Lager noch relativ ausreichend versorgt worden waren, reichte die tägliche Nahrungsversorgung im KZ Niederhagen nicht mehr aus. An den ständigen Hunger erinnert sich Joachim Escher:

„Zunächst, wie wir hier ankamen erst 1940, da hatten wir verhältnismäßig, muß man sagen, Essen gekriegt, und einen Schlag, der war richtig steif, da konnte man den Löffel drin stehen lassen. Es gab auch immer noch einen Nachschlag, [...]. Aber dann hinterher wurde es dann schlechter, vor allen Dingen wurde das Mittagessen schlechter, in erster Linie nicht mehr so gehaltvoll, und es war eben nicht mehr die Qualität wie es anfangs war."[329]

Morgens gab es ein Stück Brot und Marmelade, dazu dünnen Ersatzkaffee, mittags eine Suppe, abends Brot mit Margarine und Wurst. Das Frühstücksbrot wurde bereits am Abend für den nächsten Tag verteilt. Insgesamt erhielt ein Häftling ca. 350 gr. Brot am Tag. Wer der Versuchung nicht widerstehen konnte und seine Brotration bereits abends aufaß, kam in die Gefahr, vor Entkräftung den schweren Arbeitseinsatz am nächsten

---

[325] Interview Gerhard Claus.
[326] Interview Joachim Escher vom 23.5.1991.
[327] Gemeindechronik, S. 472.
[328] Interview Gerhard Claus.
[329] Interview Joachim Escher vom 23.5.1991.

Abb. 33:   Die ehemalige Häftlingsküche mit Speisesaal des KZ Niederhagen. Im Vordergrund steht noch das Steinfundament einer bereits abgerissenen Häftlingsbaracke, Dezember 1947

Tag nicht zu überstehen. Die Fett- und Brotrationen wurden oft gekürzt oder gar nicht ausgeteilt. Die Suppe, die anfangs noch gehaltvoll mit Kartoffeln und Fleisch zubereitet worden war, wurde mit der Zeit zu einer dünnen Brühe ohne Einlage und Fett. Bei dem für die Suppe verwendeten Fleisch soll es sich teilweise um minderwertige Freibank-Bestände gehandelt haben. Das wertvolle Fleisch ging an die SS-Küche. Fett, Mehl- und Gemüserationen, die für das Häftlingslager bestimmt waren, wurden ebenfalls von der SS für den privaten Gebrauch abgezweigt. Auf dem Industriehof hielt sich der Lagerkommandant Schweine, die von den Küchenabfällen des Lagers gemästet wurden. Ein Häftling war für die Versorgung der Schweine verantwortlich. Der Schweinestall lag in Sichtnähe der Häftlinge, für die es eine psychische Qual war, selbst hungernd die gemästeten Schweine zu sehen.[330] Die Essensmengen entsprachen nicht den von dem WVHA vorgeschriebenen Rationen. Nach der Aussage des ehemaligen Lagerarztes Dr. Franz Metzger betrug die tägliche Essensration eines Häftlings im KZ Niederhagen nur 600 bis 900 Kalorien.[331] Der Nährwert der Nahrung war so gering, daß er den schwerarbeitenden Häftlingen nicht zum Leben ausreichen konnte. Der Fett-, Vitamin- und

[330] Buder-Bericht, S. 20, 51.
[331] ZA Dr. Franz M. (Rep. 118-933).

Eiweißmangel führte zu Entkräftung und Schwächung der Widerstandsfähigkeit. Die Häftlinge litten unter Magen- und Darmkrankheiten und Hungerödemen. Der ständige Hunger trieb viele Häftlinge in den Hungerwahnsinn und in den Tod. Um ihren Hunger zu stillen, versuchten einige Häftlinge, Regenwürmer oder kleine Mäuse zu fangen und roh zu essen. Schnecken, Blätter und Wurzeln wurden am Wegesrand gesammelt und unter die Suppe gemischt. 1942 gab es eine starke Raupenplage in Wewelsburg, bei der die ganze Weißkohlernte befallen und nahezu vernichtet wurde. Friedrich Klingenberg berichtet davon:

> „Es war im Raupenjahr, die Schmetterlinge hatten das Lager so befallen, daß man nur Raupen sah, die hatten die Blätter gefressen, und für uns blieben nur die Strünke. Wir mußten als Maurer, wie ich, Zement-Bottiche bauen, dort hinein mußten Häftlinge mit den Füßen die Strünke zertrampeln, dann sagte der Kommandant Haas, jetzt könnt ihr eure eigene Scheiße fressen." [332]

Die Lagerleitung setzte zur Verbesserung der unzureichenden Nahrung von Mai bis August 1942 ein Kommando zum Brennesselsuchen ein. Täglich schnitten rund zehn Männer Brennesseln, aus denen eine Brennesselsuppe zubereitet wurde. Friedrich Klingenberg erinnert sich daran:

> „Im Frühjahr, sobald es Brennesseln gab, mußten einige meiner Glaubens-Brüder mit Säcken und Sensen los, um in den Straßengräben die Brennesseln abzumähen. Muselmänner, das waren die körperschwachen Häftlinge, mußten das Aussortieren bewirken, wie das Essen schmeckte, kann sich kaum einer vorstellen, man konnte sich das Spucken nicht ersparen [...]." [333]

Im Herbst 1942 wurden Runkelrübenblätter gesammelt, aus denen fußkranke Häftlinge die faulen Blätter aussortierten. Die Runkelblätter-Suppe war wegen ihres beißenden Geschmacks kaum genießbar. [334] Durch Paketsendungen konnte die Ernährung verbessert werden. Auch wenn die Pakete oft von der SS einbehalten wurden, so konnte durch die zusätzliche Verpflegung der Notstand etwas gemildert werden. Gleichzeitig wird erneut deutlich, daß die Häftlinge, die von ihren Angehörigen keine Pakete geschickt bekamen, schlechtere Überlebenschancen hatten. Häftlinge in speziellen Arbeitskommandos hatten das Recht auf Schwerarbeiterzulage. Sie erhielten teilweise einen Essenszuschlag oder Prämienscheine, für die sie sich in der Kantine Toilettenartikel, billige Zigaretten oder minderwertige Grützwurst kaufen konnten. [335] Die Funktionshäftlinge konnten sich bei der Essensverteilung die besten Portionen sichern. Die Suppenverteilung organisierten sie so, daß der gehaltvolle Rest für sie und diejenigen, die sie unterstützten, übrig blieb. Die einfachen Häftlinge, die in der Reihe vor ihnen standen, bekamen nur die dünne Suppe ohne Einlage, die als Nahrung nicht ausreichte. Wenn sie nicht von anderen unterstützt wurden, verschlechterte sich ihr Ge-

[332] Brief von Friedrich Klingenberg an die Verfasserin vom 28.6.1992.
[333] Brief von Friedrich Klingenberg an die Verfasserin vom 28.6.1992.
[334] Buder-Bericht, S. 16, 20f., 34; ZA Marian S. (Rep. 118-918), Albert O. (Rep. 118-922).
[335] ZA Ludwig R. (Rep. 118-928).

sundheitszustand so, daß sie ihre Widerstandskräfte verloren und an Unterernährung und Entkräftung starben.

Nicht nur aus der Sicht der Häftlinge waren die Lebensbedingungen im KZ Niederhagen katastrophal und unmenschlich. Selbst in SS-Kreisen galt das KZ Niederhagen als ein schlecht verwaltetes Lager. Die unzulängliche Verpflegungssituation 1942 und im Frühjahr 1943 im KZ Niederhagen war nicht allein auf die kriegsbedingt schlechte Rohstoffversorgung zurückzuführen.[336] Hermann Kaienburg weist darauf hin, daß die Rohstoffvorkommen auch Ende 1944/Anfang 1945 noch groß genug gewesen seien, um die Bevölkerung und die Wehrmacht ausreichend zu versorgen. Die schlechte materielle Versorgung der KZ-Häftlinge sei nicht unbedingt notwendig gewesen, sondern das Ergebnis *bewußter Prioritätensetzung"*.[337] Die SS habe aufgrund ihrer ideologischen Doktrin gar nicht die Absicht besessen, ausreichende Hilfe- und Versorgungsmaßnahmen zu bieten. Vielmehr beabsichtigte die SS, die Häftlinge durch die mangelhafte Ernährung physisch zu schwächen. Die Nahrungsversorgung war Teil des bewußten Terrors gegen die KZ-Gefangenen.

4.2.3 Der Paket- und Postempfang

Der Paket- und Postempfang unterlag einer strengen Zensur, die von Lagerführer Plaul durchgeführt wurde. Alle vier bis sechs Wochen durften die Häftlinge einige Zeilen an ihre Angehörigen schreiben. Der Text wurde zeitweilig vorgegeben, ohne daß persönliche Bemerkungen zugefügt werden durften. Mitteilungen über die realen Lebensbedingungen im Lager kamen nicht durch die Zensur und wurden sofort vernichtet. Während das Lager in Wewelsburg als Außenlager dem KZ Sachsenhausen unterstellt war, wurden Briefvordrucke und Stempel aus Sachsenhausen verwendet, auch die Absendung der Briefe erfolgte von dort.[338] Nach der Erhebung des Lagers zum selbständigen KZ Niederhagen am 1. September 1941 wurde die Zensur direkt in Wewelsburg durchgeführt und mit einem eigenen Zensurstempel *„K.-L. Niederhagen"* bestätigt. Die vorgedruckten Briefformulare wurden zunächst weiterverwendet, der Briefkopf wurde handschriftlich oder durch einen Stempeldruck *„Konzentrationslager Wewelsburg Paderborn"* korrigiert.[339] Seit Ende Januar 1942 wurden eigene Briefvordrucke benutzt. Der Absender lautete: *„Konzentrationslager Niederhagen Wewelsburg bei Paderborn".*[340] Für die Zeit nach 1943 sind keine Briefformulare belegt. Die bekannten überlieferten Briefe

---

[336] Vgl. PINGEL, Häftlinge, S. 135f.

[337] KAIENBURG, Vernichtung durch Arbeit, S. 320-323.

[338] Brief von Georg Klohe vom 29.12.1940 (Original in Privatbesitz), Kopie im Kreismuseum. Klohe datierte den Brief auf den 29.12.1940, der Poststempel von Oranienburg trägt das Datum vom 17.1.1941. Als Absender wird *„Konzentrationslager Sachsenhausen. Oranienburg bei Berlin, Block W"* genannt.

[339] Briefe von Georg Klohe vom 6.11.1941; 11.1.1942 (Original in Privatbesitz), Kopie im Kreismuseum.

[340] Brief von Georg Klohe vom 24.1.1942 (Original in Privatbesitz), Kopie im Kreismuseum.

Abb. 34: Blick auf das ehemalige Torhaus und auf Baracken des Konzentrationslagers, 1947

des Außenkommandos Wewelsburg, das organisatorisch dem KZ Buchenwald unterstellt war, weisen nur einen handschriftlichen Briefkopf mit Adressennennung „*Wewelsburg*" auf.[341] Der Briefverkehr war meist die einzige Verbindung zwischen den Häftlingen und ihren Angehörigen und deshalb natürlich von großer Bedeutung. Es wurden nur Briefe weitergeleitet, die in deutscher Sprache abgefaßt waren. Für den Großteil der Häftlinge war dies ein kaum zu überwindendes Hindernis, das sie völlig von ihren Angehörigen abschnitt. Das Warten auf Post von der Familie und die Ungewißheit, ob die eigenen Briefe nicht von der Zensur zurückgehalten wurden, waren eine hohe psychische Belastung für die Häftlinge. Herbert Baron erinnert sich:

> „*Dann haben wir schreiben dürfen, aber nur ganz kurz, sagen wir mal drei bis vier Sätze, und zwar: 'Liebe Frau, ich bin gesund und munter, mach Dir keinen Kummer, Gruß und Kuß, Dein Mann', so ähnlich. Das war zunächst ganz schwierig, denn meine Frau dachte, ich will nichts mehr mit ihr zu tun haben, oder sowas, durch diese kurzen Briefe.*"[342]

Die SS nutzte den Postverkehr für ihre Schikanen, indem sie Postsendungen nicht austeilte oder den Inhalt der Paketsendungen für sich selbst behielt. Einzelnen Häftlingen wurde zeitweise ein Schreibverbot auferlegt. Briefe der Angehörigen stärkten die seelische Verfassung der Insassen und gaben ihnen Kraft, die Leidenszeiten überstehen zu können. So

---

[341] Briefe von Georg Klohe vom 11./20.11.1944 (Original in Privatbesitz), Kopie im Kreismuseum.
[342] Interview Herbert Baron vom 16.5.1992.

schöpften besonders die Bibelforscher, die viel Post und zahlreiche Pakete von ihren Angehörigen bekamen, Mut und Zuversicht aus Mitteilungen über Anhänger ihrer Glaubensgemeinschaft, die standhaft ihren Glauben vertraten. So antwortete Alois Moser seiner Frau in einem Brief: *„Deine lieben Briefe erfreuen außer mein Herz noch viele andere."*[343] Einige Häftlinge versuchten unter Lebensgefahr, Briefe illegal aus dem Lager zu schmuggeln. In einem Fall, der in Wewelsburg bekannt wurde, endete dieser Versuch tödlich. Ein Häftling hatte einem ihm aus seiner Heimatstadt bekannten SS-Posten einen Brief an seine Frau mitgegeben. Der SS-Posten übergab den Brief allerdings dem Lagerführer Plaul, der den Häftling zu 25 Stockhieben verurteilte. Anschließend wurde der Verurteilte so lange unter eine Dusche mit kaltem Wasser gestellt, bis er starb.[344]

Der Paketempfang war in Wewelsburg seit der Gründung des Lagers erlaubt. Auf diese Weise konnten die Häftlinge zusätzliche Lebensmittel, Konserven und warme Kleidung bekommen. Geldsendungen waren nur durch Postanweisungen mit genauer Angabe des Häftlingsnamens, der -nummer und des Geburtsdatums erlaubt. Mit dem Geld konnten sich die Häftlinge in der Kantine die minderwertigen Nahrungsmittel kaufen.[345]

4.2.4   Zur Kommunikation

Die Kontaktaufnahme im Lager lief weniger über die Sprache als über soziale Handlungsweisen. Voraussetzung für die kommunikative Interaktion der Häftlinge war die Sicherung ihrer Existenzgrundlage.[346] Nur derjenige, dessen materielle Versorgung gesichert war, konnte Gespräche führen, die über das übliche Thema der konzentrationären Gespräche, die unmittelbare Versorgung, hinausreichten. Aber selbst dann gab es durch die unterschiedlichen Nationalitäten eine Sprachvielfalt, die kaum Gemeinsamkeiten bot. Die deutschen Häftlinge hatten den lebenserhaltenden Vorteil, die Sprache der SS zu verstehen. Sie waren eher in der Lage, gewisse Strukturen des Lagersystems zu erkennen und sich vor Gefahren zu schützen. Die ausländischen Häftlinge, vor allem polnische Zwangsarbeiter und sowjetische Kriegsgefangene, beherrschten selten die deutsche Sprache. Sie waren meist verloren im KZ-System; sie verstanden weder die Befehle der SS noch waren sie in der Lage, bestimmte Strukturen des Lagerlebens zu durchschauen, um sich zu schützen. Sie wußten oft gar nicht, in welchem Lager sie sich befanden.

Es entwickelte sich eine rudimentäre "Lagersprache", die ein Minimum an Verständigung zuließ. Sie bestand aus abgehackten Kurzsätzen, Imperativen und Slangwörtern. Begriffe für Gefühle fehlten fast völlig.[347] In den Slangbegriffen drückten sich die konzen-

---

[343] Brief von Alois Moser an seine Frau vom 1.11.1942 (Original in Privatbesitz), Kopie im Kreismuseum, s. auch Buder-Bericht, S. 74.

[344] Buder-Bericht, S. 52.

[345] Brief von Alois Moser an seine Familie vom 25.1.1942 (Original in Privatbesitz), Kopie im Kreismuseum.

[346] Zur Kommunikationstheorie: WINFRIED B. LERG: Das Gespräch. Theorie und Praxis der unvermittelten Kommunikation, Düsseldorf 1970.

[347] SOFSKY, Die Ordnung des Terrors, S. 182f.; PINGEL, Häftlinge, S. 176.

trationären Erfahrungen der Häftlinge aus, was besonders an dem Beispiel "ermorden" deutlich wird. Die Häftlinge benutzten nicht die Vokabel "ermorden", sondern Umschreibungen wie "auf Transport gehen", "fertigmachen", "durch den Schornstein gehen" oder "abspritzen".[348] Diese Umschreibungen waren wohl im konzentrationären Prozeß begründet, die alltägliche Todesbedrohung zu verdrängen, um sich so im Lager behaupten zu können. Ebenso wurde das Thema Tod in seiner brutalen Realität aus den Gesprächen verdrängt. Ein Sarg wurde "Fleischkiste" genannt.[349] Gleichermaßen war das Schweigen über Gewalt und Tod aber auch begründet durch die Furcht, der SS oder bestimmten gewalttätigen Kapos aufzufallen und unter Umständen bestraft zu werden. *„Es war sinnvoll, wenig zu hören und zu sehen."* [350] In dieser durch Verdrängung und Schweigen geprägten, von der nicht konzentrationären Welt weitgehend abgeschnittenen Gesellschaft bekamen Informationen einen großen Stellenwert. Gerüchte bildeten sich sehr schnell und wurden sofort weitergetragen. Viele Geschehnisse wurden nur durch Lagergespräche bekannt und haben bis heute quasi eine Legendenbildung durchlaufen.[351] Innerhalb der einzelnen Häftlingskategorien bildeten sich einzelne Häftlinge, meist Funktionshäftlinge, als Meinungsführer heraus. Während es in Buchenwald unter den Bibelforschern eine Autorität gab, die meinungs- und organisationsbildend war, wurde unter den Bibelforschern in Wewelsburg keine herausragende Persönlichkeit bekannt, die allein richtungsweisend agiert hätte.[352] Vielmehr wurden für Wewelsburg mehrere Bibelforscher genannt, aus deren vorbildlicher Haltung die anderen Kraft schöpften oder die aus ihrem Gedächtnis heraus biblische Vorträge hielten.[353]

4.3   Willkür, Strafen und Tod im KZ Niederhagen

4.3.1   Gewalt und Strafen

Die Einstufung des KZ Niederhagen in die Stufe I *„für alle wenig belasteten und unbedingt besserungsfähigen Häftlinge"* zeigte keine Wirkung auf die Behandlungsmethoden der SS. Vielmehr gehörten Gewalt, Schikane und brutale Disziplinarstrafen zu den grundlegenden Elementen der Lagerbedingungen in Wewelsburg. Die offizielle Disziplinar- und Strafordnung im KZ Niederhagen richtete sich nach den Regeln des

---

[348] ZA Otto Pr. (Rep. 118-922), Joachim E. (Rep. 118-920); Buder-Bericht, S. 47, 72.
[349] Buder-Bericht, S. 62; ZA Heinrich K. (Rep. 118-932).
[350] ZA Wettin M. (Rep. 118-919).
[351] So taucht z. B. die Erhängung der "Ostarbeiterin" Jelena Kikachina in fast allen Häftlingsberichten auf; vgl. Buder-Bericht, S. 59f. Zu dem Schicksal von Jelena Kikachina s. Kapitel: Die Exekutionsstätte.
[352] Jahrbuch der WTG, 1974, S. 174f. Wilhelm Töllner soll von 1937 bis 1940 jeden Abend einen Vortrag gehalten haben, der von anderen Bibelforschern festgehalten wurde. Seine Autorität ging so weit, daß seine persönliche Meinung für viele Glaubensanhänger maßgebend wurde und sie sich als eigene Gruppe abspalteten.
[353] Interviews Joachim Escher vom 23.5.1991, Gerhard Claus.

Abb. 35: Luftbild des Lagergeländes mit Blick auf das frühere Arrestgebäude, ca. 1957

Dachauer Modells, doch gab es keine Grenze zwischen geregelter Strafe und Willkür oder Terror. Die von dem Lagerkommandanten angeordneten Disziplinarstrafen wurden von den SS-Unterführern oder von Funktionshäftlingen ausgeführt. Eine der häufigsten Strafen war die Prügelstrafe, die auf dem Prügelbock vollzogen wurde. Der Häftling wurde über einen Holzbock gelegt und an den Beinen und dem Oberkörper festgeschnallt. Die Schläge wurden mit einem Ochsenziemer erteilt. Das Strafmaß bei einem Durchgang sollte 25 Hiebe nicht überschreiten. Danach erfolgte nur in den seltensten Fällen medizinische Versorgung im Revier, so daß die Verletzungen an Rücken und Nieren nur schwer heilten. Häufig mußten die Häftlinge auch zur Strafe den ganzen Tag über regungslos am Lagertor stehen, bei extremen Witterungsverhältnissen eine harte Tortur. Als besondere Schikane galt es, die Häftlinge stundenlang in der Kniebeuge mit vorgehaltenen Armen, dem sogenannten "Sachsengruß", hocken zu lassen. Arreststrafen oder Essensentzug wurden hauptsächlich als Zusatzstrafen angeordnet. In dem Arrestgebäude mußten sowohl Häftlinge als auch SS-Leute ihre Disziplinarstrafen absitzen. Bei Dunkelhaft wurde der Häftling tagelang in einer abgedunkelten Arrestzelle gelassen. Innerhalb des Bunkerbereichs wurde auch das "Pfahlhängen" vollzogen. Bei dieser äußerst schmerzhaften und qualvollen Strafe wurden dem Gefangenen die Hände auf den Rücken gebunden. Dann wurde er mit einem Seil an einem Pfahl so aufgehängt, daß die Füße über den Boden schwebten. Das Körpergewicht lastete dabei auf den nach hinten gebogenen Armen, so daß die Schultergelenke ausgekugelt wurden. Danach konnte der Häftling seine Arme oft wochenlang nicht gebrauchen. Das "Sporttreiben" wurde in Wewelsburg häufiger als in anderen Konzentrationslagern als Strafe angeordnet.[354] Die verurteilten Häftlinge mußten stundenlang auf dem Appellplatz exerzieren, Kniebeugen und Liegestütze machen sowie auf dem Bauch kriechen. Dabei schlugen oder traten SS-Posten auf sie ein. Gefürchtet war die Versetzung in die Strafkompanie. Zusätzlich zu den besonders harten Arbeitsbedingungen und der schlechten materiellen Versorgung kamen in diesem Kommando noch schwere Mißhandlungen hinzu.[355] Häufig wurden die Strafen zur Abschreckung nach dem Abendappell vor der gesamten Lagerbelegschaft vollzogen. Der Terrorakt wurde als öffentliches Schauspiel absoluter Macht inszeniert. Den Häftlingen wurde anhand der Hilflosigkeit des Opfers die eigene Ohnmacht sichtbar.[356] Die Strafen sollten generell jeden Widerstand, Sabotage- oder Fluchtversuche unterbinden. Bei Fluchtversuchen wurden häufig Kollektivstrafen über das gesamte Lager oder wenigstens über die Häftlingskategorie, aus der der Gefangene stammte, verhängt. Durch die Kollektivstrafen wurde der SS-Terror auf die Häftlinge übertragen. Denn zur Vermeidung von Kollektivstrafen erhöhte sich der Kontrolldruck in den eigenen Reihen, um den Übeltäter vor den SS-Wächtern aufzuspüren.[357] Wurde der Fluchtversuch erst beim abendlichen Zählappell bemerkt, mußten die Häftlinge so lange auf dem Appellplatz stehenbleiben, bis der Geflüchtete gefunden war. Die Häftlinge, deren Fluchtversuche mißglückten, mußten mit einer tödlich endenden Strafe rechnen. In Wewelsburg gelang es einem Häftling in einer Nacht, unter dem elektrischen Zaun herzukriechen, indem er sich mit einem Holzbrett vor dem elektrischen Schlag schützte. Er konnte fliehen, doch nach rund fünf Monaten wurde er wieder gefaßt und kam zurück nach Wewelsburg. Er mußte mit einer Pauke um den Hals durch das Lager marschieren und rufen: *„Hurra, ich bin wieder da!"* Anschließend bekam er 25 Stockhiebe. Nach einigen Monaten in der Strafkompanie brach er zusammen und starb.[358] Bei einem anderen mißglückten Fluchtversuch wurde die Leiche des auf der Flucht von Hunden zerrissenen Häftlings auf den Appellplatz gelegt. Zur Abschreckung mußte die gesamte Häftlingsbelegschaft daran vorbeigehen und unter Zwang den Toten anschauen.[359]

Schikanen und Mißhandlungen waren ein fester Bestandteil des KZ-Terrors. Die Häftlinge wurden zu sinnlosen Arbeiten angetrieben, unnötig lange auf dem Appellplatz festgehalten oder bei Nacht aus dem Schlaf gerissen, um halbbekleidet über den Appellplatz laufen zu müssen.[360] Die willkürlichen Behandlungsmethoden der SS waren darauf angelegt, die Häftlinge moralisch und körperlich zu brechen. Die Maß-

---

[354] KAIENBURG, Vernichtung durch Arbeit, S. 384. Im KZ Neuengamme wurde das "Sporttreiben" abgeschafft.
[355] S. auch dazu das Kapitel: Das Strafkommando "Waldsiedlung".
[356] SOFSKY, Die Ordnung des Terrors, S. 251f.
[357] SOFSKY, Die Ordnung des Terrors, S. 251. Diese Struktur förderte den "Sündenbockmechanismus" und die Selbstjustiz.
[358] Buder-Bericht, S. 67; ZA Jacob F. (Rep. 118-921); Interview Joachim Escher vom 23.5.1991.
[359] Zeugenaussagen (Rep. 118 Nr. 855-935).
[360] ZA Otto P. (Rep. 118-922).

nahmen der Entwürdigung, die in der Empfangsphase begannen, wurden während der gesamten Konzentrationslagerzeit fortgesetzt. Die Häftlinge konnten sich zu keiner Zeit im Lager sicher fühlen. Ständig lebten sie in der Furcht, die Aufmerksamkeit der SS-Wachleute oder der Kapos zu erregen und mißhandelt zu werden. Daher waren die Gefangenen immer bemüht, nicht aufzufallen. Sie versuchten, auf dem Appellplatz in der Mitte zu stehen oder in der Marschkolonne innen zu gehen. Bei einem so kleinen Konzentrationslager wie Wewelsburg war es nicht einfach, in der Masse unterzutauchen.[361] Viele Häftlinge ertrugen die täglichen Quälereien und willkürlichen Gewalttaten nicht und begingen Selbstmord, indem sie die Postenkette überschritten oder sich in den elektrischen Zaun warfen. Die hohe Todesrate von nachweislich 1 285 Toten bei einer Gesamtzahl von rund 3 900 Häftlingen in der Zeit von 1939 bis 1943 weist deutlich auf die unmenschlichen und unerträglichen Lebensbedingungen hin. Die in den Todesscheinen angegebenen Todesursachen sind nicht ohne Vorbehalte glaubwürdig. In manchen Fällen ist es offensichtlich, daß die Todesursache bewußt gefälscht wurde, um einen gewaltsamen Tod zu tarnen. So wurde als Todesursache eines Häftlings, der von anderen Häftlingen in Schnee eingegraben werden mußte und dadurch starb, "Lungenentzündung" angegeben.[362]

4.3.2 Das Strafkommando "Waldsiedlung"

Im Oktober 1940 wurden 27 Bibelforscher von einer Wehrmachtskommission für den Wehrdienst gemustert. Die Bibelforscher, die alle aus Buchenwald kamen, hatten bei der dortigen Musterung den Wehrdienst verweigert und den *Revers* nicht unterschrieben. In Wewelsburg weigerten sie sich erneut, die Erklärung zu unterschreiben, daß sie die Bibelforscher-Lehre als Irrlehre erkannt hätten und sie sich von ihr lossagten. Im Januar 1941 erhielten sie ihren Einberufungsbefehl und wurden im Februar zur Wehrmacht überstellt. Die 27 Zeugen Jehovas fuhren in Zivilkleidung mit einem Reisebus nach Paderborn, von dort kamen sie in kleineren Gruppen von je vier oder fünf Personen zu den einzelnen Garnisonen nach Gütersloh, Minden und Iserlohn, eine Gruppe blieb in Paderborn. Vorher hatten sich die Häftlinge verpflichten müssen, bei der Wehrmacht nichts über die Lagerbedingungen zu berichten. Bis auf einen Bibelforscher, der den Revers unterschrieb, weigerten sich alle Zeugen Jehovas, den Wehrdienst anzutreten. Sie kamen in verschiedene Wehrmachtsgefängnisse und blieben dort ca. vier bis fünf Wochen. Nacheinander kamen die Häftlingsgruppen wieder zurück ins Lager. Nachdem sie ihre Zivilkleidung abgegeben hatten, wurden sie von einigen SS-Führern unter wüsten Beschimpfungen empfangen und mißhandelt. Sie mußten auf dem mit frischer Schlacke belegten Appellplatz "Sport treiben" und wurden dabei getreten und geschlagen. Arbeitsdienstführer Rehn und Kommandoführer Friedsam drohten den zurückgekehrten Wehrdienstverweigerern die zukünftige Behandlung an:

[361] Interview Joachim Escher vom 23.5.1991.
[362] Prozeßunterlagen betr. KL Niederhagen/Wewelsburg (Rep. 118-889).

Abb. 36: Wohnhäuser der Waldsiedlung, Juli 1996

„Ihr Himmelskomiker müßt alle verrecken" oder *„Wenn die Wehrmacht zu feige war, dann werden wir Euch umlegen "*[363]. Die Behandlungsmethode der SS war nach einstimmigen Aussagen der Häftlinge auf Vernichtung der Wehrdienstverweigerer abgestimmt.[364] Die 26 Zeugen Jehovas wurden in einem Flügel des Blocks 2 untergebracht, in dem zu der Zeit "Muselmänner" und kranke Häftlinge lagen. Sie erhielten nur eine Decke und mußten auf wenig Stroh, das zudem verdreckt war, auf dem Boden schlafen. Die Enge der Unterkunft wurde durch den fauligen Geruch des Strohs und eine Läuseplage verschlimmert. Ihre Essensrationen wurden gekürzt und teilweise ganz einbehalten. Die Wehrdienstverweigerer kamen in die Strafkompanie "Waldsiedlung", in der auch Häftlinge anderer Kategorien arbeiten mußten. Die Kapos der Strafkompanie, sowohl "asoziale" als auch BV-Häftlinge, führten die Befehle der SS aus und schikanierten die Bibelforscher auf brutale und skrupellose Weise. In der Strafkompanie mußten die Häftlinge schwere Felsbrocken einen steilen Hang (ca. 20 Prozent Gefälle) hinauf- und wieder hinabtragen, dabei wurden sie von den Kapos und SS-Posten mit Stöcken geschlagen. Diese sinnlose Arbeit mußte im ständigen Laufschritt durchgeführt wer-

---

[363] ZA Erich K. (Rep. 118-932), Hermann W. (Rep. 118-919); Interview Heinrich Schürmann vom 16.5.1992.
[364] Zeugenaussagen (Rep. 118 Nr. 855-935); Anklageschrift, S. 222-236 (Rep. 118-859).

den. Heinrich Schürmann, ein Mitglied des Strafkommandos, erinnert sich: *„Wir muß-*
ten Steine bergauf und wieder bergab schleppen, ohne Zweck und Ziel, nur um uns 'fertig-
zumachen'."[365] Einige Häftlinge wurden bis zur Erschöpfung mißhandelt, so daß sie
abends ins Lager getragen werden mußten. Die Häftlingssanitäter durften sie nicht im
Krankenrevier medizinisch versorgen. Zusätzlich wurden die Wehrdienstverweigerer
nach dem abendlichen Zählappell zum "Sporttreiben" gezwungen. Die Strafkompanie
bestand fünf bis sechs Monate, dann wurde sie aufgelöst. Die 26 Wehrdienstverweigerer überlebten diese unmenschliche Behandlung nach eigenen Aussagen nur aufgrund
der Solidarität ihrer Glaubensbrüder. Trotz Verbotes wurden sie heimlich mit zusätzlichen Essensportionen, die die Bibelforscher untereinander gesammelt hatten, und mit
neuer Kleidung versorgt. Die Erschöpften und Verletzten wurden von ihren Glaubensbrüdern abends gepflegt und die Wunden notdürftig behandelt. Durch gemeinsame
Bibellesungen und tröstenden Zuspruch wurde ihre Lebens- und Glaubenskraft ge-
stärkt. Mindestens ein BV-Häftling und ein "Asozialer" waren der extremen Belastung
innerhalb der Strafkompanie nicht gewachsen, sie liefen über die Postenkette und
wurden von SS-Wachposten erschossen.

4.3.3   Die Exekutionsstätte

Das KZ Niederhagen diente in der Zeit von April 1942 bis März 1943 als Exekutionsstätte für die Gestapoleitstellen in Westfalen/Lippe. Es entsprach damit in seiner Funktion den übrigen selbständigen Konzentrationslagern, in denen ebenfalls Exekutionen
auf Gestapobefehl vollzogen wurden. Insgesamt wurden auf diesem Wege nachweislich 56 Menschen ermordet, davon 42 durch Erhängung und 14 durch Erschießen. Bis
Ende 1942 stand in den Sterbeurkunden unter der Todesursache *„Erhängt auf An-*
ordnung des Reichsführers SS". Seit Einführung des neuen Standesamtes 1943 wurden
die auch damals nur scheinbar gesetzmäßigen Hinrichtungen durch die Bezeichnung
"Erstickung" getarnt.[366]
    Die durch Sterbeurkunden nachgewiesenen Todesfälle durch Exekution verteilen
sich folgendermaßen.[367]

---

[365] Interview Heinrich Schürmann.
[366] HÜSER, Wewelsburg, S. 98.
[367] HÜSER, Wewelsburg, S. 369. Zwei Frauen waren unter den erhängten Personen im Dezember
1942, eine Frau wurde im März 1943 exekutiert.

Abb. 37: Der einstige Bunkerbereich des KZ Niederhagen, der 1942 - 1943 als Exekutionsstätte diente. Im Hintergrund ragen die Schornsteine des früheren Krematoriums und des Kesselhauses empor, ca. 1946 - 1947

	Deutsche erhängt	Polen erhängt	Sowjetbürger erhängt	Sowjetbürger erschossen	Gesamt
1942					
April	1	-	1	-	2
Mai	-	3	-	-	3
Juni	-	-	4	-	4
Juli	-	-	1	-	1
August	-	-	6	-	6
September	-	-	3	10	13
Oktober	-	-	1	-	1
November	-	-	9	2	11
Dezember	-	-	3	-	3
1943					
Januar	-	1	2	-	3
Februar	-	-	-	-	-
März	-	1	6	2	9
April	-	-	-	-	-
Gesamt	1	5	36	14	56

Der Erschießungsort war mit größter Wahrscheinlichkeit der im Wald gelegene Schießstand der SS. Bei den Opfern handelte es sich um sowjetische Kriegsgefangene. Die Erhängungen wurden im Mauerbereich des Bunkers vollzogen. Bevor der Bunker und die ihn umgebende Mauer gebaut wurden, fanden die Erhängungen auf dem hinteren Teil des Industriehofes statt. Der Galgen im Bunkerbereich war so konstruiert, daß an der Querstange mehrere Personen gleichzeitig erhängt werden konnten. Als Henker wurden meistens Häftlinge eingesetzt. Ob es sich bei diesen Exekutionen um Lagerhäftlinge oder Gestapo-Häftlinge handelte, läßt sich anhand der vorliegenden Quellen nicht feststellen. Bei der im März 1943 erhängten Person handelte es sich um einen 34jährigen polnischen Zivilarbeiter, der wegen versuchter Vergewaltigung eines jungen Mädchens verhaftet wurde. Zunächst wurde Schutzhaft im KZ Niederhagen angeordnet, am 4. März erfolgte dort die Exekution.[368] Insgesamt befanden sich unter den Opfern 32 "Ostarbeiter" und drei "Ostarbeiterinnen" aus der Sowjetunion, fünf Polen, darunter ein 14jähriger Junge, sowie ein 15jähriger deutscher Jude.

4.3.3.1 Jelena Kikachina

Eine der drei Frauen, die im KZ Niederhagen hingerichtet wurden, war die 22jährige Jelena Polikarpowna Kikachina.

Sie wurde am 6. März 1920 in dem kleinen russischen Dorf Staroredkino, Bezirk Omsk, in Sibirien geboren. Sie hatte eine entbehrungsreiche Jugend. Ihre Mutter Akulina starb, als sie fünf Jahre alt war. Ihr Vater Polikarp heiratete wieder. Jelena hatte acht oder neun Geschwister, sie konnte nur für kurze Zeit in die Dorfschule gehen. Als sie 17 Jahre alt war, starb auch der Vater. 1938, ein Jahr später, verließ sie ihre Heimat. Sie ging zunächst nach Omsk, dann nach Mariupol in der Ukraine. Dies war die Heimat der Vorfahren ihres Vaters, bevor sie nach Sibirien verbannt worden waren.[369] Hier verliert sich ihre Spur für vier Jahre.

Als russische Zwangsarbeiterin muß sie nach Deutschland gelangt sein. Eine Frau erinnert sich, im Jahr 1942 eine junge Russin namens Lena in einem Lager für "Ostarbeiterinnen" in Paderborn kennengelernt zu haben. Nach ihrer Beschreibung kann es sich dabei um Jelena gehandelt haben. Sie soll eine junge, schöne Frau mit *„einem unbotmäßigen und mutigen Wesen und einem freiheitsliebenden Charakter"* gewesen sein, die sich nicht der Lagerordnung unterworfen hätte.[370] Die russische Fremdarbeiterin wurde in einer Fabrik eingesetzt, vermutlich in einem Textilunternehmen.

---

[368] Gestapokartei (StA Os (Rep. 439)).
[369] Brief von Prof. Waleri Berdjajew aus Minsk an das Kreismuseum vom 23.3.1990; Zeitungsbericht in der *Omsker Prawda*, vom 9.5.1990 (Original in Privatbesitz), Kopie im Kreismuseum. Prof. Berdjajew hatte in Wewelsburg von dem Schicksal Jelena Kikachinas erfahren und daraufhin erfolgreich nach den Angehörigen in Omsk geforscht.
[370] Gespräch mit einer Besucherin im Kreismuseum.

Abb. 38:
Jelena Kikachina im Alter von
rund acht Jahren, Ausschnitt
eines Klassenfotos, ca. 1928

Paul Buder schreibt in seinem Erinnerungsbericht, die junge Russin soll dort von ihrem deutschen Vorgesetzten belästigt worden sein, als sie abends Wäsche bügelte. Bei dem Versuch, sich gegen die Annäherungsversuche zu wehren, verletzte sie den Mann tödlich.[371] Jelena Kikachina wurde vermutlich von der Gestapoleitstelle Bielefeld oder Münster in das KZ Niederhagen eingeliefert, um dort am 8. März 1943 um 12.10 Uhr wegen "Gehorsamsverweigerung" hingerichtet zu werden. Ihre Erhängung im Bunkerbereich des Lagers schildert Paul Buder nach dem Bericht seines Freundes Walter Beer, eines BV-Häftlinges:

[371] Buder-Bericht, S. 59f.

„[...] Er war im Krematorium als Elektriker dem Hauptscharführer Stolle unterstellt. Stolle war ein boshafter, unbeliebter SS-Mann. - Walter Beer sagte eines Tages zu mir, daß ich wohl wahrscheinlicher die Freiheit sehen würde als er. 'Was ich dir jetzt sage, behalte es fest im Sinn! Ich bin ein alter abgebrühter Ganove! Aber das war zuviel! Niemand von euch Häftlingen weiß davon, außer mir und nun du, Paul. Sage es niemand im Lager, behalte es für dich. Ein schönes Mädchen wurde eingeliefert. [...] Der deutsche Chef belästigte dieses Mädchen, die einer Partisanengruppe angehört haben soll. Sie wehrte sich gegen die handgreiflichen Annäherungs-Versuche, traf den Mann so unglücklich mit dem Bügeleisen an der Schläfe, daß er starb. Dieses Mädchen wurde hier im Lager in aller Heimlichkeit gehängt. Als Anwesende nur Kommandant Haas und einige SS Offiziere, Stolle, der Henker, und ich. Das Mädchen trug Handschellen. Stolle wolle ihr nun die Schlinge um den Hals legen, doch dann ging alles sehr schnell! Das Mädchen spuckte Stolle voll in's Gesicht und stieß ihn mit den Fäusten kräftig vor die Brust, legte sich selbst die Schlinge um den Hals, streckte dem hohen SS Stab die Zunge heraus, und sprang hinab von der Plattform. Kommandant Haas lachte: 'Donnerwetter! War das eine Katze!' Und Stolle: 'Das soll sie mir büßen!'"[372]

Im Krematorium soll Stolle die Mädchenleiche geschändet haben. Als offizielle Todesursache gab die SS lediglich "Erstickung" an.[373] Ihr Verhalten, sich dem Henker und der SS im Angesicht des Todes zu widersetzen, hinterließ sowohl bei der SS als auch bei den Häftlingen einen tiefen Eindruck. Ihr Verhalten wurde von den Häftlingen als etwas Besonderes bewertet und war lange Lagergespräch.[374] Jelena Kikachinas Familie erfuhr erst 1990 durch einen Bericht in der *Omsker Prawda* von dem Schicksal der jungen "Ostarbeiterin". Nur wenige Familien der 734 nachweislich in Wewelsburg umgekommenen Sowjetbürger erhielten bisher Nachricht von dem Schicksal ihrer Angehörigen.

4.3.3.2 Günther Ransenberg

Günther Ransenberg war erst 15 Jahre alt, als er auf Anordnung des RF SS wegen "Rassenschande" im KZ Niederhagen hingerichtet wurde.

Günther wurde am 24. Dezember 1926 als drittes von sechs Kindern in Wennemen, Kreis Meschede, geboren. Ransenbergs waren die einzige jüdische Familie in dem kleinen westfälischen Ort und weitgehend assimiliert. Der Vater hatte im Ersten Weltkrieg das Eiserne Kreuz erhalten. Aus wirtschaftlichen Gründen hatte er seine eigene Fleischerei schließen müssen, und arbeitete deshalb bei seinem Cousin Albert in dessen Mescheder Wurstfabrik. 1938 wurde die Fabrik wegen des Verbotes für Juden, ein

---

[372] Buder-Bericht, S. 59f.
[373] Sterbeurkunde Jelena Kikachina; dort als *„Kekachina"* registriert (StandesA Bü, Sterberegister 1943).
[374] Gespräch mit Christoph Bitterberg im November 1995. Er stellte bei seinen Forschungen über Lagererfahrungen fest, daß dieses Widerstandsverhalten, die Selbsttötung mit vorherigem Spucken und Zunge-Herausstrecken, ein Phänomen war, das von Häftlingen in verschiedenen Lagern quasi als Stereotyp in Lagergesprächen behandelt wurde.

Abb. 39:
Günther Ransenberg mit elf
Jahren im elterlichen Garten,
1938

eigenes Geschäft zu führen, geschlossen. Ransenbergs verarmten. Während der älteste Sohn Rolf vor dem Krieg nach Amerika auswanderte, wollte Günthers Vater Deutschland nicht verlassen. Zudem hätten der Familie die finanziellen Mittel für die Auswanderung gefehlt. Die Dorfnachbarn unterstützten die Familie Ransenberg in dieser Zeit häufig durch Lebensmittelspenden. Der Vater fand Arbeit bei der Firma Zimmermann in Arnsberg, die Instandsetzungs- und Bauarbeiten für die Reichsbahn durchführte.

Hier konnte auch Günther beginnen, nachdem er 1941 die Schule beendet hatte. Anfang März 1942 arbeitete Günther in einer Arbeitskolonne im Eisenbahnbau in der Nähe von Bestwig im Sauerland. In einer Frühstückspause beteiligte er sich an einer Schneeballschlacht mit gleichaltrigen Arbeitskollegen und bewarf dabei auch vorübergehende Mädchen mit Schneebällen. Eines der Mädchen war die Tochter eines SS-Obersturmführers aus Bestwig.[375] Der gelbe Davidstern, den Günther an der Kleidung

---

[375] Gespräch mit Friedel Ransenberg bei seinem Besuch am 26.3.1994 im Kreismuseum.

Abb. 40: *Familie Ransenberg bei der Bar Mitzwah-Feier von Friedel Ransenberg, Günthers Bruder (i. d. Mitte: Günther Ransenberg, r. oben: Friedel Ransenberg, l. außen: Mathilde Ransenberg, Günthers Mutter, ganz unten: Inge, Günthers Schwester), März 1938*

tragen mußte, kennzeichnete ihn als Juden und hob ihn aus der Gruppe hervor. Günther wurde noch am selben Tag auf der Baustelle von der Gestapo verhaftet und abgeführt. Am 15. April 1942 erfolgte die Erhängung im KZ Niederhagen.[376]

Seine Familie erfuhr erst nach der Hinrichtung von seinem Schicksal. Als Hinrichtungsgrund wurde "Rassenschande" genannt - Günther hatte als Jude einen Schneeball auf ein "arisches" Mädchen geworfen. Seine Mutter starb am 29. April 1942, vierzehn Tage nach dem Tod ihres Sohnes, an Herzversagen. Nur wenige Wochen später wurde der Vater mit den drei jüngeren Geschwistern nach Theresienstadt deportiert. Am 1. August 1942 traf der Transport aus Dortmund im Ghetto Theresienstadt ein. Die siebenjährige Tochter Inge schrieb von hier eine Postkarte an ihre Nachbarin, mit der sie früher gespielt hatte. Im September oder Oktober 1944 wurden sie weiter nach Auschwitz deportiert, wo sie ermordet wurden. Ihre Geburtsurkunden tragen allerdings auf Beschluß des Amtsgerichts Meschede vom 31. Januar 1949 den Vermerk: *„Gestorben in Theresienstadt am 1. August 1942"*, da dies der letzte ermittelbare Aufenthaltsort der Familie war. Günthers älterer Bruder Friedel war 1942 direkt nach

---

[376] Sterbeurkunde Günther Ransenberg (StandesA Bü, Sterberegister 1942).

Auschwitz transportiert worden, allerdings wurde er bei der Selektion an der Rampe von Auschwitz-Birkenau den "arbeitsfähigen" Häftlingen zugeteilt. Er arbeitete zunächst im Aufbaukommando "Bunawerke" der I. G. Farben. Im Januar 1945 wurde er nach Nordhausen in das KZ Dora verlegt, von dort in das KZ Bergen-Belsen. Hier erlebte er, auf 75 Pfund abgemagert, die Befreiung des Lagers. Heute lebt er wie sein Bruder Rolf in Amerika.[377]

4.3.4   Die Behandlung der Kranken

Die Verhältnisse im Krankenrevier des KZ Niederhagen waren katastrophal. Das Krankenrevier in Block 15 war nur unzureichend ausgestattet. Es fehlten Medikamente, Betäubungsmittel und medizinische Geräte. Der Block 11 wurde zusätzlich als Krankenblock eingerichtet. Die Leichen wurden in den Kellerräumen des Blocks 11 gelagert, bevor sie zum Krematorium gebracht wurden.[378]

Ein Häftling, der nicht mehr arbeitsfähig war, galt in den Augen der SS als wertlos und überflüssig. Die SS war nicht an der Gesundung der Kranken und Schwachen interessiert, ebensowenig beugte sie durch Verbesserung der sanitären Bedingungen Krankheiten oder Infektionen vor. Der Lagerarzt kam zu festen Zeiten zur Behandlung der kranken Häftlinge. Bis zum Eintreffen des Lagerarztes mußten die Häftlinge vor dem Revier warten. Während der Wartezeit registrierte der Häftlingssanitäter die Kranken und Verletzten. Bevor die kranken Häftlinge zur Behandlung vorgelassen wurden, mußten sie sich einer zweifachen Auswahl stellen, denn sowohl Häftlingssanitäter als auch SS-Sanitäter konnten vorab entscheiden, wer arbeitstauglich war und wer ins Revier gelassen wurde. Der Lagerarzt ordnete nach der Untersuchung drei Arten der Behandlung an: ambulante Behandlung ohne Arbeitsbefreiung, ambulante Behandlung mit Arbeitsbefreiung oder stationäre Behandlung im Revier. Im Revier waren die Häftlinge der Willkür des SS-Terrors restlos ausgeliefert. Der Lagerkommandant, dem die täglichen Krankenmeldungen mitgeteilt wurden, trieb oftmals Bettlägerige ohne Rücksicht auf ihren körperlichen Zustand aus dem Revier zum Arbeitseinsatz. Schwerkranken Häftlingen drohte die Gefahr, von dem skrupellosen Häftlingssanitäter des Zusatzblocks oder vom Lagerarzt durch Injektion von Leichengift getötet zu werden. Obwohl sich nur die Häftlinge mit wirklich schweren Krankheiten meldeten, waren die Revierblöcke wegen der hohen Krankheitsrate ständig überbelegt. Zeitweise halfen Bibelforscher-Häftlinge im Revierdienst mit. Die nicht aufgenommenen Kranken waren gezwungen, in ihren Wohnblocks zu bleiben. Sie wurden vom Stubendienst zu jedem Appell getragen. Dort wurden sie bevorzugte Opfer der Mißhandlungen durch die SS. In dem neuen SS-Lager wurde eine große Zahnstation eingerichtet, in der ein SS-Zahnarzt sowohl SS-Leute als auch Häftlinge behandelte. Vorher

---

[377] Gespräch mit Friedel Ransenberg am 26.3.1994.
[378] ZA Erich N. (Rep. 118-922), Zeugenheft Josef G. (Rep. 118-866).

wurden Zahnbehandlungen im alten SS-Revier in der Baracke 18 auf dem Industriehof durchgeführt.

Dem Lagerarzt oblag neben der Krankenbehandlung auch die Kontrolle über die Nahrungszuteilung sowie die Ausstellung der Totenscheine der verstorbenen Häftlinge. Die Vordrucke wurden vom SS-Sanitäter ausgefüllt, so daß der Lagerarzt als zuständiger Amtsarzt nur noch die Todesursache einsetzen und die Unterschrift geben mußte.[379] Er hatte die Pflicht, gewaltsame Fremdeinwirkungen bei Todesfällen durch festgelegte Formulierungen wie "Selbstmord durch Erhängen" oder "auf der Flucht erschossen" festzustellen. So konnte die Staatsanwaltschaft, die von dem Standesamt bei Verdacht eines unnatürlichen Todes benachrichtigt werden mußte, ausgeschaltet werden.[380]

4.3.5   Die "Aktion 14 f 13"

Medizinische Experimente fanden im Gegensatz zu vielen anderen Konzentrationslagern im Revier des KZ Niederhagen nicht statt. Allerdings zählte Niederhagen zu den Lagern, von denen Vernichtungstransporte der *Aktion 14 f 13* ausgingen. In einem Schreiben des Inspekteurs der KL vom 10. Dezember 1941 wurde Niederhagen neben den Konzentrationslagern Dachau, Sachsenhausen, Buchenwald, Mauthausen, Auschwitz, Flossenbürg, Groß-Rosen und Neuengamme genannt, für die im folgenden Jahr der Besuch einer Ärzte-Kommission zur Ausmusterung von Häftlingen angekündigt wurde.[381] Die "Aktion 14 f 13" war die Tarnbezeichnung für die "Euthanasie"-Aktionen in den Konzentrationslagern zur "Vernichtung lebensunwerten Lebens". Seit April 1941 wurden angeblich geisteskranke oder körperlich schwerkranke und arbeitsunfähige Häftlinge von einer Ärzte-Kommission selektiert und Kliniken und Anstalten zugeführt. Dort wurden sie durch Giftgas oder Injektionen getötet. Mit pseudomedizinischer Legitimation führte die SS die soziale und rassische Selektion durch.[382] Der Lagerarzt Dr. Metzger bestätigte in seiner Zeugenaussage den in dem Schreiben angekündigten Besuch eines Arztes aus Hadamar Anfang des Jahres 1942, der im Auftrage der "Aktion 14 f 13" arbeitsunfähige Kranke aussuchte, um sie der "Sonderbehandlung" zuzuführen.[383] Leiter der Aktion war der ärztliche Direktor der Landesheilanstalt Eichberg bei

[379] ZA Dr. Franz M. (Rep. 118-933).
[380] BREBECK, HÜSER, Das Konzentrationslager, S. 39.
[381] Runderlaß des Inspekteurs der KL vom 10.12.1941, abgedruckt in: ALEXANDER MITSCHERLICH, FRED MILKE: Das Diktat der Menschenverachtung. Eine Dokumentation, Heidelberg 1947, S. 137f.
[382] SOFSKY, Die Ordnung des Terrors, S. 276-278; zur Euthanasie s. ERNST KLEE: "Euthanasie" im NS-Staat. Die "Vernichtung lebensunwerten Lebens", Frankfurt a. M. 1983. Da die "Ausmusterungen" der Ärzte-Kommissionen bald ausuferten, erließ das WVHA 1942 einen Erlaß zur Beschränkung der Selektionen auf wirklich arbeitsunfähige Häftlinge. 1943 beschränkte Himmler die Aktion auf wirklich "geisteskranke" Häftlinge. Vorher reichten bereits die Kriterien "Wehrunwürdigkeit" oder "Rassenschänder" aus.
[383] ZA Dr. Franz M. (Rep. 118-933).

Wiesbaden, der SS-Hauptsturmführer Dr. Mennecke.[384] Dem Runderlaß vom 10. Dezember 1941 war ein Musterbogen beigefügt, nach dem die Kommandanturen der Konzentrationslager Formblätter mit den Selektionsmerkmalen Gesundheitszustand, Strafdelikte, Inhaftierungsgrund und Rassenzugehörigkeit erstellen sollten. Der Musterbogen wurde mit den Daten eines Wewelsburger Häftlings ausgefüllt.[385] Die Anzahl der Häftlinge aus Wewelsburg, die durch die "Aktion 14 f 13" getötet wurden, ist nicht bekannt. Von den Häftlingen des Lagers in Wewelsburg wurden die Vernichtungstransporte als solche erkannt und registriert. Nicht zuletzt lag es daran, daß die Kleidungsstücke und die wenigen persönlichen Dinge der getöteten Häftlinge nach Niederhagen zurückgeschickt und dort von Freunden der Gestorbenen wiedererkannt wurden.[386] Die Ausweitung der "Aktion 14 f 13" auf Niederhagen erklärt sich aus der Statusänderung zum selbständigen Konzentrationslager, denn als staatlich finanziertes Konzentrationslager fiel es unter die Erlasse der Inspektion der KL.

4.4   Die Arbeitsbedingungen im KZ Niederhagen

4.4.1   Der Arbeitseinsatz der Häftlinge

Der rücksichtslose Arbeitseinsatz der Häftlinge war neben der Anwendung von Gewalt und der mangelnden materiellen Versorgung ein weiterer Bestandteil des KZ-Terrors, um die Häftlinge psychisch und physisch zu schwächen. Im Januar 1942 waren die Baumaßnahmen des SS-Projektes erneut wegen der ökonomischen Umorientierung zugunsten der Kriegswirtschaft gefährdet. Hitler ordnete in einem Erlaß vom 25. Januar 1942 die Einstellung aller von ihm veranlaßten städtebaulichen Maßnahmen an, unter die auch das Wewelsburg-Projekt fiel. Bartels konnte jedoch nach zähen Verhandlungen mit den Baubehörden das Projekt retten. Er erreichte die Aufnahme des SS-Projektes in die Liste der "kriegswichtigen Bauten", wodurch der weitere Ausbau der Burg zunächst garantiert war.

Die Ausweitung der Bauarbeiten im Laufe des Jahres 1942 auf weitere Gebiete des Dorfgeländes zog die Bildung neuer Arbeitskommandos nach sich. Verschiedene Höfe wurden in SS-Wohnungen umgewandelt. Die Hofstelle Marx wurde für die SS-Bauleitung umgebaut und um eine große U-förmige Holzbaracke erweitert. Die Baumaßnahmen am Nordturm schritten voran. Die oberen Geschosse des Turmes wurden bis

---

[384] Vgl. Schreiben von Dr. Mennecke an den Weingutsbesitzer Emil W. vom 4.4.1942, in dem er um Absendung einer Weinkiste unter anderem an den SS-Hauptsturmführer Adolf Haas K.L. Wewelsburg/Paderborn bittet. Das Weinpräsent dürfte als Dank an den Lagerkommandanten im unmittelbaren Zusammenhang mit den Selektionen stehen, da weitere Weinpräsente an andere Kommandanten von Konzentrationslagern, in denen Selektionen stattfanden, gesandt wurden (HStA W, Bestand 46123 442, Bd. 2).
[385] Musterbogen (Panstwowe Museum Na Majdanku).
[386] ZA Ludwig St. (Rep. 118-919), Albert H. (Rep. 118-921), Wenzel D. (Rep. 118-920). So erkannten die Häftlinge die Gehhilfe eines Häftlings wieder.

Abb. 41:
KZ-Häftlinge vor den Baubarakken im Burggraben, ca. 1940 - 1943

zur Decke des Erdgeschosses abgerissen. Nach Bartels' Plänen sollte im Obergeschoß ein "SS-Gruppenführersaal" mit hohem Kuppeldach und Barocklaterne entstehen. Die Bauarbeiten gingen jedoch nie über den Turmstumpf hinaus. Die Häftlinge, die die "Gruft" im Kellergewölbe bauten, mußten den Fußboden um mehr als vier Meter absenken.[387] Als Hilfsmittel hatten sie einen mit einem Kompressor betriebenen Preßlufthammer, der von einem gelernten Bergmann bedient wurde, sowie Hacken und Schaufeln. Die ausgehauenen Steine wurden in Bretterkisten von zwei Häftlingen hinausgetragen. Die Ausschachtungsarbeiten in den Fels hinein bedeuteten schwerste körperliche Arbeit. Auch die äußeren Arbeitsbedingungen in der "Gruft", Kälte, Feuchtigkeit und Dunkelheit, trugen mit zu der körperlichen Belastung der Häftlinge bei. Dennoch galten die Arbeitskommandos am Nordturm unter den Häftlingen als relativ

[387] HÜSER, Wewelsburg, S. 56-60, 100f.

*Abb. 42: Die Arbeit im Steinbruch war für die KZ-Häftlinge besonders schwer und gefährlich, ca. 1940 -
1943*

sichere Arbeitsplätze, da sie dort vor Mißhandlungen und Schikanen durch die SS und
Kapos weitgehend geschützt waren.[388]

Bei den anderen Außenkommandos im Dorf und der Umgebung war die schikanöse
Behandlung durch die SS und durch die Kapos untrennbar mit der schweren Arbeit
verbunden. Vom Jahre 1942 bis zum Frühjahr 1943 wurden die KZ-Häftlinge in folgenden Außenkommandos eingesetzt, die nicht unmittelbar zum Ausbau der Burg gehörten:[389]

"Steinbruch/Burg und Ahden",
"Straßenbau",
"Bahnhof/Verladung",
"Wachhaus/Terrasse und Vorplatz",
"Löschbecken vor dem Wachgebäude",
"Führerhaus I, Villa Bartels",
"Waldsiedlung",

[388] Interview Joachim Escher vom 25.9.1991.
[389] Zeugenaussagen (Rep. 118 Nr. 855-935).

110

"Haus Marx" und weitere kleine Baustellen an Häusern des Dorfes wie "Hof Kallemeier" und "Hof Kloppenburg",
"Gut Böddeken",
Gärtnereien "Nonneneiche" sowie "Bahnhof".

Das Arbeitskommando "Wirtschaftsgebäude" ist nicht als eigentliches Außenarbeitskommando zu bezeichnen, denn es befand sich auf dem Gelände des SS-Lagers. Doch kann es von den dort herrschenden Arbeitsbedingungen durchaus zu den Außenarbeitskommandos gezählt werden. Das Kommando legte im hinteren Teil des SS-Lagers das Fundament für ein SS-Wirtschaftsgebäude. Die dafür benötigten Steine wurden aus dem dahinterliegenden Steinbruch gebrochen. Es war geplant gewesen, den Steinbruch später als Wasserreservoir zu nutzen. Die Kommandos "Waldsiedlung", "Haus Marx", "Steinbruch / Ahden" sowie "Wirtschaftsgebäude" waren unter den Häftlingen wegen der dort arbeitenden brutalen Kapos besonders gefürchtet.[390] Fast täglich gab es dort Tote, die nach dem schweren Arbeitstag von zehn bis zwölf Stunden ins Lager getragen wurden. Über die Arbeit im Steinbruch unterhalb der Burg berichtet Paul Buder:

> „Ungewohnt die Arbeit im Steinbruch, unterhalb der Burg. [...] Wir waren Neulinge, hatten keine Ahnung von Steinbruch-Arbeiten, Hände und Füße bluten. Kipploren entgleisen, stürzen den Abhang hinab und müssen wieder heraufgeholt werden. Die Holzschuhe voller Lehm, werden abends gewaschen und morgens so naß wieder angezogen."[391]

Besonders an der Schienenstrecke vom Steinbruch unterhalb der Burg hinauf auf den Burgvorplatz, auf der in Kipploren die Steine transportiert wurden, geschahen durch mangelnde Absicherung und durch die Unsicherheit der entkräfteten Häftlinge viele tödliche Unfälle. Die Kapos trieben schwache Häftlinge mit Schlägen und Fußtritten, unter denen diese nicht selten zusammenbrachen, zur Arbeit an. Im Steinbruch mußten sie häufig riesige Steinblöcke mit bloßen Händen den Berg hinauftragen, um zu sehen, wie SS-Posten oder Kapos die Steine wieder herunterwarfen. Die sinnlosen Arbeiten zermürbten die Häftlinge. Die Kapos waren eigentlich zuständig für die Ordnung und die Leistung der Arbeitskommandos. Viele von ihnen erzeugten jedoch absichtlich einen gewissen Grad von Unordnung, um ihre Aufgaben zu rechtfertigen. Schwache oder kranke Gefangene waren nicht erwünscht in ihren Arbeitskommandos, daher wurden sie häufig besonders schikaniert. Es gehörte zum Terror der SS, daß sie nie ausreichend technische Hilfsmittel zur Verfügung stellte, um den Häftlingen die Arbeit noch zu erschweren. Die Gefangenen waren an ihrer Arbeitsstelle von einer Postenkette umgeben. Flüchtende Häftlinge wurden sofort von den Posten erschossen. Es kam auch vor, daß unerfahrene Häftlinge aus Versehen hinter die Postenkette gerieten oder von SS-Posten absichtlich dorthin geführt wurden. Sie wurden dann als Flüchtlinge er-

[390] ZA Max Sch. (Rep. 118-928), Otto F. (Rep. 118-921).
[391] Buder-Bericht, S. 15.

111

Abb. 43: Heutiger Zustand der Wäscherei auf dem Gelände des ehemaligen Industriehofs, Juli 1996

schossen.[392] In dem Kommando "Waldsiedlung" durften die Arbeiten zeitweise nur im Laufschritt ausgeführt werden. Häufig wurden die Kommandos von scharfen Wachhunden begleitet. Auf dem Rückweg ins Lager bemühten sich die Häftlinge, nicht am Zugende zu marschieren, um den bissigen Hunden zu entgehen.[393] In diesen Arbeitskommandos mußten die Häftlinge ständig um das Überleben kämpfen. Wer durch Schwäche oder Entkräftung auffiel, hatte kaum noch Überlebenschancen und wurde besonders mißhandelt und schikaniert. Die Kommandos, in denen keine qualifizierten Fachkräfte gebraucht wurden, hatten die schlechtesten Arbeits- und Existenzbedingungen. Der Masseneinsatz von Gefangenen in diesen Arbeitskommandos führte auch zu einer enorm hohen Zahl von Todesfällen. Tote konnten für die SS folgenlos durch neue Gefangene ersetzt werden. Besser erging es den Häftlingen in den Kommandos, in denen qualifizierte Arbeiten ausgeführt wurden. Dazu gehörten die Kommandos, in denen Handwerker eingesetzt wurden. Facharbeiter und Handwerker waren nicht ohne weiteres zu ersetzen, so daß ihre Arbeitsbedingungen weitaus besser waren als die der unqualifizierten Arbeiter. Paul Buder schreibt dazu in seinem Erinnerungsbericht:

[392] Interview Gerhard Claus.
[393] ZA Johann K. (Rep. 118-932).

112

„Das Steinbruch-Kommando am Schafsberg, unterhalb der Burg, bestand aus Häftlingen aller Gattungen; Jehova's Zeugen kaum noch dabei, denn vorwiegend Handwerker, waren diese im Industriehof nützlicher. "[394]

Bauarbeiter mußten zwar auch bei allen Witterungsverhältnissen schwere Arbeiten verrichten, doch wurden sie weniger schikaniert als die Häftlinge im Steinbruch, um die Bauarbeiten an den Gebäuden nicht zu beeinträchtigen. Gelernte Handwerker wie Tischler, Schlosser, Elektriker oder Glaser konnten die meiste Zeit des Tages in überdachten Räumen arbeiten. Dadurch waren sie der Witterung nicht so stark ausgesetzt und konnten ihre Kräfte schonen. Ihre Tätigkeiten waren in der Regel körperlich weniger anstrengend als die der Arbeiter im Steinbruch, bei denen es vor allem auf die Beschäftigung ankam. Bei den handwerklichen Arbeiten zählte eher ein gutes Arbeitsergebnis als ein langwieriger, sinnloser Arbeitsprozeß. Die Handwerker waren in den Außenkommandos auf dem Bauhof und dem Industriehof eingesetzt. Dort befanden sich eigene Werkstatträume, in denen die Häftlinge, meist Bibelforscher oder politische Häftlinge, einer relativ gesicherten Arbeit nachgehen konnten. Auch die anderen Kommandos auf dem Industriehof waren einigermaßen gesichert. Dazu gehörten die Kommandos "Wäscherei", "SS-Garagen", "SS-Küche" und "Schneiderei", in der Lagersprache "Strumpfstopfkommando" genannt. In diesem Kommando waren ebenso wie in dem Kommando "Kartoffelschälküche" die schwachen und fußkranken Häftlinge untergebracht. Weitere Arbeitsstellen im Innenbereich des Lagers waren die "Häftlingsküche", "Kläranlage" und "Lageraufbau". Das Lager wurde bis zu seiner Auflösung im Frühjahr 1943 ständig um neue Baracken erweitert. Die Häftlinge des Arbeitskommandos "Krematorium" wurden im Lager als eine besondere Gruppe gemieden.

Die Prominenz-Häftlinge brauchten tagsüber nicht in anderen Arbeitskommandos zu arbeiten. Die Blockältesten kontrollierten den jeweiligen Stubendienst in ihren Blöcken, der Lagerälteste und der Lagerschreiber blieben in dem Block 7, dem sogenannten "Kommandiertenblock". In ihrer Schreibstube führten sie Verwaltungstätigkeiten durch. Einzelne Häftlinge waren mit der Betreuung des Reviers, des Schweinestalls oder auch des Tordurchgangs zwischen Häftlingslager und Industriehof beschäftigt. Gefangene, die in der Häftlingsküche oder in der Effektenkammer arbeiteten, konnten sich meist zusätzliche Nahrung oder materielle Vergünstigungen verschaffen. Ihr Arbeitsplatz war sehr begehrt. Eine besondere Stellung hatten die Kalfaktoren der SS-Führer und diejenigen, die in der SS-Kantine arbeiteten. Sie konnten sich ebenso wie die Lagerprominenz und die Mehrzahl der Handwerker weitgehend frei im Lager bewegen und waren vor Nachstellungen der SS relativ sicher. Als Kalfaktoren waren in Wewelsburg ausschließlich Bibelforscher eingesetzt. Die SS vertraute auf ihren unbedingten Gehorsam und ihre Gewissenhaftigkeit. Die Kalfaktoren waren für die Sauberkeit der Kommandanturräume und der SS-Unterkünfte zuständig. Häufig bedienten sie die höheren SS-Führer. Da der SS bekannt war, daß die Bibelforscher

---

[394] Buder-Bericht, S. 58f.

keine Fluchtversuche unternahmen, wurden die Kalfaktoren auch zu Diensten außerhalb des Schutzhaftlagers eingesetzt. Auf diese Weise konnten die Kalfaktoren viele Informationen sammeln und an die Häftlinge, die abends aus den Außenkommandos wiederkamen, weitergeben.[395]

Die SS differenzierte die Behandlung der Häftlinge hinsichtlich des Qualifikationsgrades der Tätigkeiten, die die Häftlinge im Arbeitseinsatz ausübten. Je nützlicher der Häftling für die SS war und je höher der Qualifikationsgrad der handwerklichen Tätigkeiten des Häftlings bewertet wurde, desto wertvoller war der Häftling. Da qualifizierte Arbeitskräfte weniger leicht ersetzbar waren, wurde ihre Leistungsfähigkeit durch erträglichere Arbeitsbedingungen und durch Verringerung der unmittelbaren Bedrohung erhalten.[396] Die Mehrzahl der Häftlingsbelegschaft konnte keine Qualifikationen nachweisen. Sie blieb nicht vom KZ-Terror verschont. Ihre Arbeitskraft wurde bis zur totalen Erschöpfung verschwendet, denn der SS stand genügend Ersatz aus dem großen Häftlingskontingent zur Verfügung. Die Häftlinge selbst waren als Personen nicht wichtig. War ihre Arbeitskraft verbraucht, wurden sie überflüssig.[397] Die Bedingungen der Arbeitskommandos können treffend mit dem Prinzip "Vernichtung durch Arbeit"[398] beschrieben werden. Die SS sah in der Gewaltanwendung nicht ein Mittel, die Häftlinge zur Arbeit zu zwingen, vielmehr war die Arbeit bereits ein Element der Gewalt. Das KZ Niederhagen war nicht an der Rüstungsproduktion der SS beteiligt und wurde auch bereits im Frühjahr 1943 aufgelöst, so daß die für diesen Bereich geltende Entwicklung der Häftlingsbehandlung nicht auf das KZ Niederhagen zutreffen konnte. Jedoch entsprachen die Behandlungsmethoden der SS im KZ Niederhagen bis 1943 denen der größeren Konzentrationslager, in denen die zermürbende Bedrohung durch die absolute Macht der SS zum Alltag gehörte.

4.4.2   Die Auftragskunst im Lager

Der Lagerkommandant Haas schätzte die handwerklichen und oftmals künstlerischen Fähigkeiten der Häftlinge und nutzte sie für seine eigenen Zwecke. So ließ er sich von dem Bibelforscher Paul Buder, einem Anstreicher, das Ölgemälde *Sonne im Tannenwald* kopieren und rahmen. Ein weiterer künstlerischer Auftrag war die Herstellung von zwölf Kopien des Ölgemäldes *Lüneburger Heide*. In seinem Erinnerungsbericht schreibt Paul Buder dazu:

> „Haas bringt mir ein Ölgemälde von Professor Lammert in meine Werkstatt, und er sagte: 'Das kannst du nicht. Kannst nur Scheißhäuser und Waschräume kälken! Einrahmen lassen das Bild!' -

---

[395] Zeugenaussagen (Rep. 118 Nr. 855-935).

[396] Vgl. KAIENBURG, Vernichtung durch Arbeit, am Beispiel von Neuengamme, S. 454-457.

[397] SOFSKY, Die Ordnung des Terrors, S. 199; PINGEL, Häftlinge, S. 130-132.

[398] Der Begriff entstammt dem NS-Sprachgebrauch, er wurde zuerst in der Notiz eines Gespräches zwischen Goebbels und Thierak am 14.9.1942 über die Vereinbarung zur Übergabe von Justizstrafgefangenen an die Konzentrationslager verwendet.

Abb. 44: Der politische Häftling Kurt Hüter fertigte diese kleine Kommode mit Intarsienarbeiten im KZ Niederhagen, Aufnahme von 1994

Ich besorg mir sofort aus der Tischlerei eine Platte Hartfaser von derselben Größe! Und kopiere das Gemälde "Sonne im Tannenwald". Eine Spachtelarbeit, die ich mit einem Taschenmesser täuschend ähnlich kopiere. Eine Woche verging, in meine Werkstatt kommen Haas und sein Adjudant. Ich nehme Haltung an, und melde: 'Häftling 1441 bei der Arbeit!' Er aber sieht nun meine Kopie, ohne Rahmen, auf der Staffelei. Verärgert fragt er, ob ich wohl 25 Schläge über den Arsch haben wolle? - Ich frage, warum wohl? - Ich solle doch das Bild einrahmen lassen! - Nun hole ich das echte, schon eingerahmte Bild, stelle mich damit neben die Staffelei, und frage, welches er mir wohl gegeben hätte?! 'Teufel nochmal! Hast du das gemalt? Du bist mir zu schade zum Verrecken! Wirst bei mir der alte Rembrandt!' - Der nächste Auftrag: zwölfmal Lüneburger Heide! Diese Bilder wolle er zu Weihnachten verschenken an höhere Offiziere, dann werde er auch befördert, wie er mir dann sagte."[399]

Dies waren nicht die einzigen Kunstwerke, die Haas für seine Privatzwecke in Auftrag gab. Neben einer Kommode mit Intarsienarbeiten ließ er sich weitere kleinere Kunstobjekte anfertigen. Paul Buder erinnert sich:

[399] Buder-Bericht, S. 70f.

Abb. 45: Unter dem Geheimfach signierte Hüter das feingearbeitete Möbel: „angefertigt im Nov. 1942 Kurt Hüter Tischlermeister", Aufnahme von 1994

„Haas war durch das Malen der Bilder auf die Idee gekommen, daß ich ihn malen könnte. Kurt Hüter aber, Rotfrontkämpfer in Spanien gewesen, von Beruf Kunsttischler, sollte dann nach meiner Zeichnung eine 50 cm hohe Figur aus Lindenholz schnitzen, die ich kunstvoll bemalen sollte. Seine Holzplastik sollte dann auf seinem Schreibtisch stehen."[400]

Im Winter 1942/43 mußte Kurt Hüter zusammen mit Otto Preuss auch einen runden Holztisch anfertigen. Preuss versteckte zwischen den Holzschichten der Tischplatte einen Bericht über die Lagerverhältnisse in Wewelsburg. Haas schickte den Tisch zusammen mit weiteren Möbelstücken in sein Haus nach Hachenwald.[401] Daß Haas als Lagerkommandant nicht der einzige SS-Führer war, der sich von den Häftlingen Kunstwerke oder Einrichtungsgegenstände anfertigen ließ, wird in dem Erinnerungsbericht des Werkstättenleiters Georg Klohe deutlich. Haas verlangte von Klohe, daß er

[400] Buder-Bericht, S. 70f.
[401] ZA Otto P. (Rep. 118-922). Während sich die zwei beschriebenen Ölbilder und die mit Intarsien verzierte Kommode in Privatbesitz befinden, ist über den Verbleib des Tisches nichts bekannt.

ihm verraten solle, welche Privatwünsche Burghauptmann Siegfried Taubert sich in der Häftlingswerkstätte erfüllen ließe. Um dem Konflikt zu entgehen, verwies Klohe darauf, daß er als Häftling nicht überall Zutritt hätte und sich grundsätzlich von den Interessen der SS fernhielte.[402]

4.5 Solidarität und Widerstand im KZ Niederhagen

Die Darstellung und Begrifflichkeit von Widerstandsverhalten[403] im KZ Niederhagen verlangt aufgrund der Extrembedingungen der Lagersituation eine besondere Sichtweise. Einige Handlungsweisen waren im Lager nicht möglich, wie zum Beispiel aktiver politischer Widerstand gegen das NS-Regime. Johannes Tuchel differenziert die möglichen Handlungsweisen im Konzentrationslager in *Selbstbehauptung* und *Solidarität*. Unter Selbstbehauptung versteht Tuchel die Sicherung des biologischen Überlebens als Voraussetzung für die solidarische Unterstützung der Häftlinge. Die solidarische Hilfe teilt er entsprechend ihrer Motivation in drei Gruppen ein. *Persönliche Solidarität* nennt er die ursprüngliche Hilfsform unter Häftlingen, die nicht durch politisches oder interessengebundenes Verhalten motiviert war, sondern aus sozialen, im Lager neu gewonnenen Bindungen erwuchs. *Politische Solidarität* wurde durch die politische Grundüberzeugung der Häftlinge geprägt. Die *nationale Solidarität* entwickelte sich, seitdem ausländische Häftlinge in die Konzentrationslager kamen und dort starke nationale Zusammenhänge bildeten.[404]

---

[402] Lebensbericht Georg Klohe, S. 14 (Original in Privatbesitz), Kopie im Kreismuseum.

[403] Da eine Darstellung der Widerstandshistoriographie an dieser Stelle zu weit führen würde, hier nur einige Stichpunkte und Literaturhinweise: Dem politisch motivierten Widerstandsbegriff (s. DETLEV PEUKERT: Volksgenossen und Gemeinschaftsfreunde, Köln 1982, S. 97) stellte PETER HÜTTENBERGER einen eher handlungsorientierten Ansatz gegenüber (Vorüberlegungen zum "Widerstandsbegriff", in: JÜRGEN KOCKA (Hg.): Theorien in der Praxis des Historikers, Göttingen 1977, S. 117-139). MARTIN BROSZAT vertritt einen wirkungsgeschichtlichen Widerstandsbegriff, der mit dem wertneutralen Begriff *Resistenz* nicht auf die Motivation, sondern allein auf die Wirkung der Widerstandshandlungen zielt (Resistenz und Widerstand. Eine Zwischenbilanz des Forschungsprojektes, in: Bayern in der NS-Zeit, Bd. 4, München, Wien 1981, S. 691-709). Andere Historiker entwickelten neue gradualisierende Widerstandsdefinitionen (u. a. RICHARD LÖWENTHAL: Widerstand im totalen Staat, in: KARL DIETRICH BRACHER, MANFRED FUNKE, HANS-ADOLF JACOBSEN (Hg.): Nationalsozialistische Diktatur 1933-1945. Eine Bilanz, Bonn 1986, S. 618-632). Gegen eine *„Aufweichung des Widerstandsbegriffs"* (s. HANS MOMMSEN: Die Geschichte des deutschen Widerstandes im Lichte der neueren Forschung, in: Aus Politik und Zeitgeschichte B 50/1986, S. 3-18) führte IAN KERSHAW den Begriff *Dissens* in die Forschungsdiskussion ein ("Widerstand ohne Volk"? Dissens und Widerstand im Dritten Reich, in: JÜRGEN SCHMÄDECKE, PETER STEINBACH (Hg.): Der Widerstand gegen Hitler. Die deutsche Gesellschaft und der Widerstand gegen Hitler, München, Zürich, 1986, S. 779-798).

[404] JOHANNES TUCHEL, Selbstbehauptung und Widerstand in nationalsozialistischen Konzentrationslagern, in: JÜRGEN SCHMÄDECKE, PETER STEINBACH (Hg.): Der Widerstand gegen den Nationalsozialismus, S. 938-940; vgl. dazu PINGEL, Häftlinge, S. 19. Pingel bezeichnet die Handlungsmöglichkeiten mit den Begriffen *Widerstand* und *Resistenz*. Resistenz bedeutet für ihn im Gegensatz zu Broszat die

Voraussetzung für Widerstandsleistungen war zunächst die Sicherung der materiellen Versorgung. Wer dann selbst den Willen und die Kraft zum Überleben in der konzentrationären Zeit gewonnen hatte, konnte anderen Häftlingen solidarische Hilfestellungen geben. Die Entwicklungsphasen des KZ-Systems beeinflußten wegen der unterschiedlichen Existenzbedingungen die verschiedenen Ausprägungen der Widerstands- und Solidaritätsleistungen.[405] Aufgrund der speziellen Entwicklung des KZ in Wewelsburg (Außenkommando und -lager von Sachsenhausen - KZ Niederhagen - Außenkommando von Buchenwald), seiner relativ geringen Größe und der besonderen Häftlingsbelegung konnten bestimmte Ausprägungen des Widerstandes in der Frühphase und der Endphase der KZ-Entwicklung nicht auftreten. Vor allem die Formen politischen Widerstandes, die sich durch Bildung illegaler Untergrundorganisationen und Komitees politischer Häftlinge in der späteren KZ-Entwicklung ausdrückten, traten in Wewelsburg nicht zuletzt wegen der geringen Zahl von deutschen politischen Häftlingen kaum in Erscheinung. Über die Solidaritätsleistungen ausländischer politischer Häftlinge, die durch ihre gemeinsame Nationalität motiviert wurden, lassen sich aufgrund fehlender Berichte keine konkreten Angaben machen. Die relativ niedrige Todesrate von Gefangenen aus Frankreich, Belgien und Holland läßt aber vermuten, daß sich die Häftlinge solidarisch unterstützt haben. Über konkrete Sabotagevorfälle oder Langsamarbeit auf den Baustellen in Wewelsburg, die in anderen Lagern besonders von ausländischen Häftlingen praktiziert wurden, liegen keine Informationen vor. Sabotage war eine Form des Widerstandes, die keine unmittelbare Verbesserung der Lagerbedingungen nach sich zog, aber mit einem hohen Risiko behaftet war, da die SS Saboteure sofort erschoß.

Eine Handlungsmaxime, die kategorienübergreifend von vielen Häftlingen vertreten wurde, kommt in folgendem Zitat eines politischen Häftlings zum Ausdruck: Er habe sich im Lager sehr zurückgehalten, *„wenn man überstehen wollte, durfte man sich um nichts kümmern, was einen nicht unmittelbar betraf".*[406] Diese Haltung mag aus der Erfahrung heraus entstanden sein, daß spontaner, offener Widerstand gegen die SS, motiviert aus der ungerechten Behandlung eines Mithäftlings, kaum Erfolg haben konnte, sondern als Reaktion Strafe und Mißhandlungen nach sich zog. Setzte sich ein Häftling öffentlich für einen anderen Häftling ein, war das Risiko sehr hoch, daß er selbst bestraft oder mißhandelt wurde.[407] Diese Verhaltensweise, sich passiv gegenüber der Ungerechtigkeit und dem Leid anderer Häftlinge zu verhalten, mußte als konzen-

---

individuelle Selbstbehauptung in der konzentrationären Situation. Unter Widerstand erfaßt er sowohl den aktiven Widerstand, der eine konkrete Gegnerbestimmung voraussetzt, als auch die Solidaritätshandlungen, weil auch diese einem erhöhten Risikograd unterlagen und die Häftlinge sie selbst als Widerstand betrachteten.

[405] TUCHEL, Selbstbehauptung und Widerstand, S. 941-951 sowie PINGEL, Häftlinge, S. 51-60, 102-117, 187-228.

[406] ZA Ernst K. (Rep. 118-932); s. ähnliche Äußerungen auch im Interview Herbert Baron oder ZA Wettin M. (Rep. 118-933).

[407] PINGEL, Häftlinge, S. 191. Er stellt das Sanktionsschema folgendermaßen dar: Wenn A sich für B einsetzt, weil B mißhandelt wurde, so wird es A ebenso ergehen wie B.

trationäre, überlebenssichernde Verhaltensstrategie erlernt werden. Offenes Widersetzen wurde grundsätzlich von der SS bestraft. Dagegen abgegrenzt sind jedoch die heimlichen solidarischen Hilfeleistungen, die die Häftlinge zur Unterstützung ihres Überlebenskampfes brauchten.[408] Völlige Isolation eines Häftlings bedeutete den sicheren Tod unter den Extrembedingungen des Lagerlebens.

4.6 Das Lager aus der Sicht des Dorfes Wewelsburg

Die Arbeitsplätze der Häftlingskommandos befanden sich teilweise mitten im Dorf, so daß den Einwohnern von Wewelsburg das Elend der Häftlinge nicht verborgen bleiben konnte.[409] Sie sahen die Marschkolonnen durch die Straßen gehen. Der Geruch der verbrannten Leichen aus dem Krematorium war im ganzen Dorf bemerkbar.[410] Die Einwohner fühlten sich diesem Leid gegenüber so verunsichert und machtlos, daß sie es durch Schweigen zu verdrängen suchten. Aus Furcht vor den SS-Wachmannschaften protestierten sie nicht öffentlich gegen das Konzentrationslager. Als die Häftlinge eines abends Tote ihres Arbeitskommandos vom Steinbruch am Schafsberg zurück ins Lager brachten, sollen sich zwei Bauern, die es sahen, bei dem Lagerkommandanten beschwert haben. Die Folgen schildert Paul Buder:

„Aus dem Dorf kommen zwei Bauern und melden, daß die Köpfe der Toten auf dem Pflaster geschleift hätten. Haas fragte die Bauern, ob sie denn Kommunisten seien? Sie sollten sich mehr um ihre Schweine und ihren Mist kümmern! Und damit sie das nie vergäßen, wollen wir mal etwas nachhelfen! - Der Bock wurde geholt! Jeder der Männer bekam 15 Stockschläge! Diese Bauern haben nie wieder etwas gehört oder gesehen, auch nach 1945 nicht."[411]

Schweigen war ein spezifisches Kommunikationselement in der ländlichen Dorfgemeinschaft - Schweigen gegenüber selbst erlittenem oder wahrgenommenem Leid, das traditionell mit Niederlage verbunden war, sowie das Schweigen zur Überdeckung von Konflikten.[412] Ebenso gehörte das Gemeinschaftsbewußtsein gegenüber Fremden zum

---

[408] Dieses Verhalten wurde besonders bei den 26 Wehrdienstverweigerern deutlich, die in der Strafkompanie von ihren Glaubensbrüdern unterstützt wurden; s. Kapitel: Das Strafkommando "Waldsiedlung".

[409] Die Darstellung des Verhältnisses der Dorfbevölkerung zum Lager erschöpft sich längst nicht in den kurzen Ausführungen dieses Kapitels. Da es in dieser Arbeit aber mehr um das Konzentrationslager aus der Innensicht geht, wird auf weitere Erklärungen verzichtet. Für eine ausführliche Darstellung s. BREBECK: Wewelsburg. Zum Umgang der Bevölkerung mit der Erfahrung eines Konzentrationslagers im Dorf; oder auch das Oral-History-Projekt: Befragung von Wewelsburger Zeitzeugen, durchgeführt von WALTRAUD REINSCH, Kreismuseum Wewelsburg 1993.

[410] ZA Johann W. (Rep. 118-919).

[411] Buder-Bericht, S. 58. Der Wahrheitsgehalt dieses Vorfalls läßt sich nicht eindeutig klären.

[412] BREBECK, WULFF E., Gedenkstättenarbeit auf dem Lande - z. B. Wewelsburg, in: NS-Ideologie und Neonazismus - ihre Bedeutung für die Gedenkstättenarbeit. Protokoll des Gedenkstättenseminars vom 16.-19. Mai 1985 im Kreismuseum Wewelsburg, durchgef. von der Friedrich-Ebert-Stiftung und

spezifischen Verhaltenskanon eines Dorfes. Als die SS 1933 in die Dorfgemeinschaft einbrach, verbanden die Dorfbewohner mit dem Wewelsburg-Projekt zunächst die Aussicht auf Prestigegewinn und zusätzliche Arbeitsplätze. Die SS hingegen griff stark in das öffentliche Leben ein. Sie bemühte sich, die Bedeutung des Dorfes und der "Volksgemeinschaft" durch die Einführung von festen Feierzyklen und Ritualen gemäß ihrer NS-Bauernideologie aufzuwerten und zu stärken. Doch die Distanz der Dorfbewohner zu den fremden SS-Leuten blieb bestehen. Gleichzeitig wurde ihnen ihre Abhängigkeit von der SS-Macht bewußt, die durch drohende Enteignungen und Gewalttätigkeiten der SS verstärkt wurde. Die Dorfbewohner fühlten sich als Bedrohte und Abhängige, da ihnen ihre Autonomie von der SS genommen wurde.[413]

Viele der Dorfbewohner versuchten dagegen, den Häftlingen des Konzentrationslagers heimlich zu helfen. Es sind Hilfeleistungen der Dorfbewohner in den Häftlingserinnerungen belegt.[414] Einzelne Wewelsburger Frauen steckten den Häftlingen auf ihren Märschen Brot zu oder versteckten Nahrungsmittel in der Nähe der Arbeitskommandos.

5. Mai 1943 - April 1945: Außenkommando Wewelsburg des KZ Buchenwald

5.1 Der Abbruch des SS-Projektes "Wewelsburg"

Die allgemeine Kriegsentwicklung führte zu einer Veränderung der organisatorischen Stellung des Konzentrationslagers in Wewelsburg. Bedingt durch die deutsche Niederlage bei Stalingrad, die durch die sowjetische Gegenoffensive im Winter 1942/43 eingeleitet wurde, mußte das Bauprojekt Wewelsburg endgültig abgebrochen werden. Ein spezieller Auflösungsbeschluß des SS-Projektes "Wewelsburg" ist nicht überliefert,

der Aktion Sühnezeichen Friedensdienste e. V., S. 2-19, hier S. 3-5. Das Schweigen setzte sich auch nach 1945 fort, wohl auch bedingt durch das Trauma des Kollektivschuldvorwurfs, den sie deutlich bei dem kollektiven Sühnebegräbnis im Rahmen des *Reeducation*-Programms der amerikanischen Militärverwaltung erfahren mußten. Bis in die 1960er Jahre hinein verschwieg ein großer Teil der Dorfbevölkerung die Existenz eines Konzentrationslagers in Wewelsburg oder verleugnete es sogar vor ehemaligen Häftlingen. Erst in den 1970er Jahren wurden die dörflichen Verhaltens- und Kommunikationsstrukturen des Schweigens durch eine Debatte um ein Mahnmal im Innenhof der Wewelsburg, die von der SPD-Kreistagsfraktion/Paderborn begonnen worden war und von der regionalen Presse aufgenommen wurde, durchbrochen. Mit der Eröffnung der Dokumentation am 20. März 1982 begann die Phase der Auseinandersetzung und dauerhaften Kommunikation über die Erfahrungen mit dem Konzentrationslager, die ihren Ausdruck in zahlreichen Gesprächen und aufgezeichneten Interviews fand.
[413] Hüser, Wewelsburg, S. 41f. So führte die an sich unpolitische Auseinandersetzung zwischen SS-Leuten und Wewelsburgern auf dem Schützenfest 1937 zu fünf Inschutzhaftnahmen durch die SS.
[414] Erinnerungen von Otto Preuss, abgedr. in: Brebeck, Wewelsburg. Zum Umgang der Bevölkerung mit der Erfahrung eines Konzentrationslagers im Dorf, S. 201f.

doch läßt sich der Abbruch der Bauarbeiten anhand einiger Akten nachvollziehen. Aufgrund des Führererlasses *„über den umfassenden Einsatz von Männern und Frauen für Aufgaben der Reichsverteidigung"* vom 13. Januar 1943 gelang es den Behörden, die "kriegsunwichtigen Bauarbeiten" bis zum Ende des Krieges einzustellen. Für die Wewelsburg bedeutete dies den Abbruch der Bauarbeiten, doch erreichte der bauleitende Architekt Bartels die Erhaltung seiner gesamten Bauleitung mit der Absicht, sofort nach dem "Endsieg" seine gigantischen Pläne bezüglich der Wewelsburg zu verwirklichen. Mitte März erschienen im Auftrag Oswald Pohls einige Experten in Wewelsburg zur Überprüfung des Schutzhaftlagers und des Industriehofs hinsichtlich des Aufbaus eines Rüstungsbetriebes.[415] Im WVHA hatte man wohl in Betracht gezogen, die Häftlingsarbeitskräfte, die durch die Einstellung des Bauprojektes frei wurden, in der Rüstungsproduktion einzusetzen. Diese Überlegung entsprach der allgemeinen Tendenz, fehlende Arbeitskräfte in der ansteigenden Rüstungswirtschaft durch KZ-Häftlinge auszugleichen. Doch das KZ Niederhagen wurde nicht in den Planungen der Rüstungsindustrie berücksichtigt. Noch bevor die Bestandsaufnahme beendet war, erhielt die Expertengruppe Befehl, die Arbeit abzubrechen und Wewelsburg zu verlassen. Der Beschluß zur Lagerauflösung stand fest, die KZ-Häftlinge waren in Wewelsburg überflüssig geworden.

5.2 Die Auflösung des KZ Niederhagen

In einem Runderlaß des Chefs der Sipo und des SD vom 23. März 1943, die verstärkte Einweisung in die Konzentrationslager betreffend, wurde zuerst auf den Einweisungsstopp für das KZ Niederhagen hingewiesen.[416] In einem Schnellbrief forderte die Kommandantur des KZ Niederhagen die Stapoleitstelle Düsseldorf auf, keine Häftlingseinweisungen nach Niederhagen mehr vorzunehmen und die bereits angeordneten Einweisungen nicht durchzuführen. Allein ein am 7. Mai 1943 aus Paderborn kommender Häftlingstransport sollte noch angenommen werden.[417] Der größte Teil der in Wewelsburg befindlichen Häftlinge wurde in den Monaten April und Mai nach Bergen-Belsen, Ravensbrück, Dachau und Buchenwald verlegt. Ein großer Häftlingstransport erfolgte im April 1943 in das KZ Ravensbrück/Männerlager mit rund 400 Häftlingen. Ein Transport am 12. April 1943 nach Buchenwald bestand aus 184 russischen Zwangsarbeitern, von denen 13 jugendliche Arbeitserziehungshäftlinge waren, 53 Bibelforschern, neun "Arbeitsscheuen", sieben BV-Häftlingen und 86 politischen Häftlingen, die sich aus 45 Russen, 16 Polen, neun Holländern/Belgiern, acht Franzosen, drei Tschechen, zwei Serben und drei Deutschen zusammensetzten. In Buchenwald wurden sie in einem Block zusammengefaßt. Zwölf Häftlinge des Transportes verstarben in den

---

[415] HÜSER, Wewelsburg, S. 101f.
[416] Runderlaß des Chefs der Sipo und des SD vom 23.3.1943 (ISD HM Niederhagen-Wewelsburg KL Bu).
[417] Schnellbrief vom 5.4.1943 (ISD HM Niederhagen-Wewelsburg, KL Bu).

ersten zehn Tagen nach ihrer Überweisung nach Buchenwald.[418] Nachdem am 26. Februar 1943 bereits 69 Franzosen und Belgier in das KZ Dachau transportiert worden waren, wurden im April 1943 weitere 200 Häftlinge nach Dachau verlegt.[419] Ausgehend von den bisher bekannten Verlegungstransporten aus Anlaß der Lagerauflösung, läßt sich die Größe der Häftlingsbelegschaft im Frühjahr auf mindestens 1 150 Häftlinge schätzen. Der offizielle Auflösungstermin des KZ Niederhagen war der 30. April 1943.[420] Zu dem Zeitpunkt befanden sich noch etwa 150 - 200 Häftlinge im Lager, hauptsächlich Bibelforscher. Am 7. Mai begleitete der Lagerkommandant Haas einen Transport nach Bergen-Belsen; ein Restkommando von 49 Häftlingen in Wewelsburg blieb bestehen.[421] Die Pfarrchronik vermerkte zu der Auflösung des Konzentrationslagers:

> „Im März 1943 wurde das Konzentrationslager Niederhagen abtransportiert. Es blieben im Lager 49 Häftlinge, Bibelforscher und 1 politischer. Kurz darauf wurde das frühere Konzentrationslager mit sog. Umsiedlern belegt. Die Leute kamen aus Polen, Ukraine, Jugoslawien und aus allen möglichen Ostgegenden."[422]

5.3   Das Restkommando in Wewelsburg

Das Restkommando wurde als Außenkommando Wewelsburg dem KZ Buchenwald unterstellt, es bestand zunächst aus 47 Bibelforschern und zwei politischen Gefangenen.[423] Ende Mai wurden zwei Bibelforscher, am 2. Juni 1943 drei Bibelforscher nach Bergen-Belsen überwiesen.[424] Am 5. Dezember 1943 sowie am 13. August 1944 verließ

---

[418] Zeugenaussagen (Rep. 118 Nr. 855-935); Häftlingstagebuch KZ Buchenwald vom 12.4.1943: Ankunft von 339 Häftlingen aus dem KZ Niederhagen sowie Liste der Neuzugänge vom 12.4.1943 von K.L. Wewelsburg-Niederhagen; Nachtrag zur Veränderungsmeldung vom 12.4.1943, Buchenwald 24.4.1943 (ISD-Dokumente), Kopien in Prozeßunterlagen, betr. KL Niederhagen/Wewelsburg (Rep. 118-926).
[419] Dokument (in Privatbesitz), Kopie im Kreismuseum. Für Anfang August 1942 ist bereits ein Transport von 126 Polen, Sowjetbürgern und Deutschen verschiedener Häftlingskategorien nachzuweisen.
[420] Schreiben von Haas an Landrat vom 4.5.1943 (ISD HM Niederhagen-Wewelsburg KL Bu).
[421] HÜSER, Wewelsburg, S. 102. Haas wurde Lagerkommandant in dem neu aufzubauenden "Aufenthaltslager" Bergen-Belsen. Die Häftlinge aus Wewelsburg, darunter viele Bibelforscher, wurden zum Lageraufbau eingesetzt. In einem Rundschreiben vom 27.4.1943 des WVHA Amt D I, die "Aktion 14 f 13" betreffend, an alle Konzentrationslager fehlt bereits der Name des KZ Niederhagen; Rundschreiben zit. in: MITSCHERLICH, MIELKE, Das Diktat der Menschenverachtung, S. 140f.
[422] Pfarrchronik, S. 78.
[423] INTERNATIONALES BUCHENWALD-KOMITEE DER ANTIFASCHISTISCHEN WIDERSTANDSKÄMPFER IN DER DDR (Hg.): Buchenwald. Mahnung und Verpflichtung, Dokumente und Berichte, Berlin, 3. erw. Aufl. 1961, S. 308; Interview Heinrich Schürmann, Buder-Bericht, S. 85, 88.
[424] Funksprüche des Kommandoführers an den Arbeitseinsatzführer in Buchenwald, davon Häftlingsrapportmeldung des Kommandoführers Wewelsburg vom 1.6.1943 (BA NS 4 Bu, Vorl. 6), zit. in: HÜSER, Wewelsburg, S. 356.

Abb. 46: Die Bewohner des Umsiedlungslagers vor dem Barackenlager, ca. 1943 - 1945

nochmals je ein Bibelforscher das Lager; die Gründe für diese Einzelüberweisungen sind nicht bekannt. Seitdem belief sich die Häftlingsstärke auf 42 Häftlinge.[425] Das lagereigene Standesamt wurde aufgelöst und die zuständigen SS-Standesbeamten versetzt. Die Kompetenzen für die Ausstellung von Todesurkunden gingen an das Standesamt Wewelsburg zurück. Während der Zeit des Außenkommandos Buchenwald sind keine Todesfälle im Häftlingslager verzeichnet worden. Die letzte Eintragung von Häftlingstodesfällen ins Sterbebuch des Standesamtes Niederhagen fand am 12. April 1943 statt.[426] Die Häftlinge erhielten als Zeichen ihrer geänderten Lagerzugehörigkeit neue Häftlingsnummern des KZ Buchenwald. Das Restkommando wurde zunächst in Block 1, der ehemaligen Häftlingsküche, untergebracht. Im Sommer 1943 siedelten sie in die Werkstattbaracke, Block 4a, auf dem Industriehof über. Die ehemalige Kartoffelschälküche diente ihnen als Häftlingsküche. Die SS-Wachmannschaft erhielt ihre Verpflegung aus der Burg.[427]

Das leerstehende Schutzhaftlager wurde im Herbst 1943 als Umsiedlungslager des SS-Stabshauptamtes Volksdeutsche Mittelstelle (VOMI) von "Volksdeutschen", die nach Ansicht der SS im Altreich rassisch "einbürgerungsfähig" waren, aus den von der Wehrmacht besetzten Ostgebieten belegt. Der elektrische Schutzzaun war nicht mehr

---

[425] Übersichtstabellen über die Stärkemeldungen (ISD Historischer Ordner 158-160), sowie Monatsberichte des Lagerarztes Dr. Hagel nach Buchenwald (BA NS 4 Bu, Vorl. 6).
[426] HÜSER, Wewelsburg, S. 101.
[427] Zeugenaussagen (Rep. 118 Nr. 855-935).

Abb. 47:
Ausschnitt der Häftlingsperso-
nalkarte von Georg Klohe. Unter
der Häftlingsjacke trägt er be-
reits zivile Kleidung, 11.4.1945

in Betrieb, doch wurden die Einrichtungen regelmäßig überprüft. Ende des Jahres 1944 wurde eine Baracke des Lagers von einer in Gelsenkirchen ausgebombten Gestapo-Dienststelle bezogen. In dem ehemaligen SS-Lager wurde im Herbst 1943 ein "Wehrertüchtigungslager" eingerichtet, in dem die SS Jugendliche für den Kriegseinsatz trainierte. Die Jugendlichen sollen noch 1945 gegen die Amerikaner eingesetzt worden sein.[428] Das SS-Wachkommando des Außenkommandos, das ebenfalls in einer Baracke auf dem Industriehof untergebracht war, wurde erheblich reduziert. Bis Anfang 1944 bestand es aus zwölf Wachleuten, dann wurde es auf neun reduziert, im November 1944 wurden nochmals fünf Posten abgezogen. Erst Mitte Februar 1945 wurde die Wachtruppe kurzzeitig wieder aufgestockt.[429] Die Kommandoführung unterstand direkt dem KZ Buchenwald. Bis Ende 1943 wurde der SS-Unterscharführer Otto Jacob[430] als Kommandoführer eingesetzt, ihm folgte bis Oktober 1944 der SS-Sturmmann Schiering. Letzter Kommandoführer wurde der SS-Rottenführer Skuppi[431].

Die SS sah keine Notwendigkeit zur Aufrechterhaltung der totalen Kontrolle. Die Lage des Restkommandos verbesserte sich gegenüber der Phase des selbständigen KZ Niederhagen enorm. *„Die Hetze, das Brüllen, der Druck sind verschwunden. Wir arbeiten*

---

[428] Gemeindechronik, S. 487-490.

[429] Monatsbericht des Lagerarztes Dr. Hagel an Buchenwald vom 21.2.1945 (BA NS 4 Bu, Vorl. 6), zit. in: HÜSER, Wewelsburg, S. 358.

[430] O. Jacob, geb. 1907, 1935 Eintritt in die SS, 1937 in die NSDAP, seit 1939 in Wewelsburg, zunächst als Sachbearbeiter im Arbeitsdienst, nach Auflösung des Lagers als Kommandoführer im Restkommando bis Ende 1943, dann nach Buchenwald.

[431] Buder-Bericht, S. 53f., 83-87. Schiering und Skuppi konnten nicht ermittelt werden, von Buder werden beide als freundliche und verständnisvolle Menschen beschrieben.

Abb. 48: Das von Georg Klohe in Wewelsburg gebaute Cello wird in einer Ausstellung der Wachturm-Gesellschaft Zentrale in Selters/Taunus gezeigt, Januar 1996

fleißig und gewissenhaft, unser Lagerführer kann beruhigt schlafen."[432] Wie dieses Zitat zeigt, war die Behandlung durch die SS nicht mehr vorrangig durch Schikane oder Mißhandlungen gekennzeichnet. Ein nicht unerheblicher Grund war wohl auch die Abhängigkeit des SS-Wachkommandos von Buchenwald. Die Wewelsburger SS durfte nicht selbständig Bestrafungen durchführen, sondern mußte erst Meldung nach Buchenwald machen. Nach Mitteilung eines ehemaligen Häftlings sei es einigen Häftlingen, die auf der Schreibstube arbeiteten, möglich gewesen, Einblick und Einfluß auf die schriftlichen Meldungen zu nehmen, die nach Buchenwald gingen. Auf diese Weise seien einige Meldungen zugunsten der Häftlinge geändert und Bestrafungen verhindert worden. Eine Angestellte der SS habe den Zeugen Jehovas bei der Unterschlagung von Belastungsbriefen geholfen.[433] Aus der Zeit des Restkommandos sind auch Briefe überliefert, die nicht auf den vorgedruckten Formularen geschrieben wurden. Ihr offener und direkter Inhalt läßt vermuten, daß die Zensur durch die SS nicht mehr konsequent durchgeführt wurde.[434] Wie sehr sich die Verhältnisse gelockert hatten, wird auch daran deutlich, daß sich der Leiter der Häftlingsbetriebswerkstätte, Georg Klohe, über die SS-Bauleitung Holz und andere Materialien für den Bau eines Cellos bestellen durfte.[435] Die Häftlinge konnten sich relativ frei auf dem Industriehof und zeitweilig auch außerhalb des Lagergeländes bewegen.[436] Einige Häftlinge suchten ihre Arbeitsstellen ohne Wachposten auf. Das Restkommando arbeitete vor allem in den beiden Gärtnereien, in der Gärtnerei "Nonneneiche" sowie in der Gärtnerei am Bahnhof, und an der Burg. Neben kleineren Bauarbeiten am Nordturm waren einige Häftlinge 1944 wochenlang damit beschäftigt, die Fassade der Burg mit grün-brauner Tarnfarbe anzustreichen.[437] Auf dem Bauhof und dem Industriehof führten die Häftlinge handwerkliche Aufgaben in den Werkstätten durch. Einige Häftlinge wurden weiterhin als Kalfaktoren eingesetzt. Sie waren auch dafür zuständig, die Verpflegung für die SS-Mannschaft aus der Burgküche zu holen sowie die SS-Leute zu verpflegen, die Arreststrafen in dem Zellenbau des ehemaligen Lagers verbüßten.[438] Ein besonderes Arbeitskommando wurde Ende 1944 damit beauftragt, die Wertgegenstände, die Himmler aus den besetzten Gebieten auf der Wewelsburg gesammelt hatte, zu sichern. Ein Teil der Kunstgegenstände, Gemälde, Antiquitäten, Teppiche und Stoffe wurde auf das Gut Böddeken ausgelagert, der andere Teil wurde in den Kellerräumen des Wach-

---

[432] Buder-Bericht, S. 83f.
[433] Interviews Joachim Escher vom 23.5.1991, Max Hollweg vom 16.5.1992.
[434] Briefe von Georg Klohe an seinen Sohn Addi vom 11./20.11.1944 (Original in Privatbesitz), Kopie im Kreismuseum.
[435] 1942 war er von der SS für einen ähnlichen Wunsch bestraft worden; Rechnungen 106/312 der Betriebswerkstätten Wewelsburg vom 31.3.1944/13.6.1944 (Original in Privatbesitz), Kopie im Kreismuseum.
[436] Es soll ihnen sogar gelungen sein, die Frau eines Häftlings mit in die Baracke zu nehmen und dort über zehn Tage lang versteckt gehalten zu haben; s. Interview Heinrich Schürmann.
[437] Buder-Bericht, S. 31.
[438] Zeugenaussagen (Rep. 118 Nr. 855-935).

Abb. 49: Die Mitglieder des Restkommandos nach der Befreiung des Lagers. Für das Foto haben sie ihre
          Häftlingskleidung übergezogen, ca. April/Mai 1945

gebäudes eingemauert.[439] Die Verpflegung war im Gegensatz zu der Phase des KZ
Niederhagen zwar nicht reichhaltiger, genügte aber zum Überleben. Kommandoführer
Skuppi soll zeitweilig von benachbarten Bauernhöfen zusätzliche Weizenrationen
besorgt haben, um die Ernährung der Häftlinge zu ergänzen. Da sich die Häftlinge
weiterhin Pakete von Angehörigen schicken lassen konnten, war ihre materielle Versorgung weitgehend gesichert. Als Lagerarzt war erneut Dr. Hagel eingesetzt, der in
monatlichen Berichten nach Buchenwald die Krankheits- und Unglücksfälle mitteilte.
Die medizinische Versorgung war durch ihn einigermaßen gesichert. Ein Bibelforscher,
der bereits im KZ Niederhagen im Revier ausgeholfen hatte, half als Häftlingssanitäter.
Max Hollweg erinnert sich:

[439] Zu dem Gut Böddeken s. HÜSER, Wewelsburg, S. 281-285; Buder-Bericht, S. 84f. Die Häftlinge
sahen in der Auslagerung ein Zeichen, daß die deutsche Niederlage nahte.

„Wir waren ein Kommando in Wewelsburg, welches ein Musterkommando war. Persönlich hatte ich viele Möglichkeiten, nicht zuletzt wegen meiner Einsatzfreudigkeit, wenn ich irgendwo gebraucht wurde."[440]

Allerdings wurden die Lagereinrichtungen weiterhin für Inhaftierungen und Erschießungen von lagerfremden Personen von der Gestapo genutzt. Auf dem Gelände des ehemaligen Schutzhaftlagers wurde ein Pole von einem SS-Offizier angeblich auf der Flucht erschossen.[441] Anfang März 1945 wurden auf dem Schießstand im Oberhagen 15 Gestapo-Gefangene, Russen und mindestens ein Pole, erschossen. Ihre Leichen wurden direkt hinter dem Schießstand verscharrt.[442]

Da die Bibelforscher im Restkommando eine nahezu homogene Häftlingsgruppe bildeten, traten ihre Verhaltensweisen in dieser Phase besonders signifikant hervor. Die meisten Bibelforscher waren seit mehr als sechs oder sieben Jahren in Schutzhaftlagern und hatten dem gewaltigen Druck der SS widerstanden, ihren Glauben aufzugeben. Vielmehr hatten sie eine gewisse Wertschätzung der SS errungen. In der Erwartung eines nahenden Königreiches Gottes hatten die Bibelforscher keine Absichten, sich gegen die SS-Wachmannschaften aufzulehnen oder sie zu bekämpfen. Stattdessen stärkten sie ihren religiösen Zusammenhalt durch intensive Bibelstunden. *„Als wir jetzt alleine waren mit 40 Brüdern, da war das Band noch enger."*[443] Zur Ausübung ihres Glaubens waren die Bibelforscher-Häftlinge bereit, die Lagerordnung, die sie sonst genau befolgten, zu umgehen und zu brechen. Sie nutzten die Lücken in der Bewachung sorgfältig aus, um ihren religiösen Zusammenhalt zu festigen und ihre Glaubensschriften zu verbreiten. Sie organisierten ein *Wachtturm*-Versammlungsstudium; drei Bibelforscher, darunter Georg Klohe, bildeten das Komitee.[444] Wie weit die konspirative Untergrundarbeit der Bibelforscher im Restkommando die geltenden Lagergesetze überschritt, wird an der folgenden Aktion einiger Bibelforscher deutlich. Bereits seit 1942 wurden die Bibelforscher des Restkommandos durch Bibelforscherinnen aus der Umgebung mit "geistiger Speise", Bibelforscher-Literatur, versorgt. Zusammen mit heimlichen Briefen wurden die *Wachtturm*-Ausgaben von den Frauen unter Grabplatten auf dem Wewelsburger Friedhof oder in anderen "toten" Briefkästen in der Nähe der Arbeitskommandos versteckt. Den Häftlingen gelang es, die Botschaften und Schriften von dort ohne Aufsehen ins Lager zu schmuggeln. Für die Nachrichten vom Friedhof war der Häftlingsgärtner Struthof zuständig. Nachdem im Winter 1942/43 der

---

[440] Interview Max Hollweg .

[441] Buder-Bericht, S. 78f.; ZA Paul B. (Rep. 118-920), sowie die zwei beteiligten SS-Männer (Rep. 118-920), (Rep. 118-232).

[442] Zeugenaussagen (Rep. 118 Nr. 855-935); Pfarrchronik, S. 55. Die von Pfarrer Tusch vertretene Version, daß russische und polnische Zivilisten des Umsiedlungslagers, die nach dem Bombenangriff auf Paderborn dort geplündert haben sollen, die Opfer der SS waren, läßt sich nicht bestätigen. Die Leichen mußten im Mai 1945 von Wewelsburgern exhumiert und im Rahmen eines Sühnebegräbnisses beerdigt werden.

[443] Interview Heinrich Schürmann.

[444] Lebensbericht Georg Klohe, S. 15.

Abb. 50: Heutiger Zustand der Baracke, in dem die Häftlinge des Restkommandos untergebracht waren, Juli 1996

illegale Druckbetrieb in Oberhausen, durch den die norddeutsche IBV mit den Schriften versorgt worden war, aufgedeckt und der Leiter der Druckerei Julius Engelhard verhaftet worden war, bauten die Häftlinge des Restkommandos in Wewelsburg einen provisorischen Druckbetrieb auf. Diese Aktion läßt sich nicht im Detail rekonstruieren, da nur wenige Zeugen Jehovas selbst daran beteiligt waren. Die Häftlinge waren sich des Risikos, das sie auf sich nahmen, bewußt, so daß die Informationen darüber nur sehr spärlich verbreitet wurden. Aus den Trümmern eines durch einen Brand zerstörten Gebäudes bargen die Zeugen Jehovas eine Schreibmaschine, auf der die Matrizen für den *Wachtturm* geschrieben wurden. Ein einfacher Abzieh- bzw. Vervielfältigungsapparat wurde hergestellt. Die Bibelforscherinnen, über die bereits der illegale Kurierdienst lief, besorgten das notwendige Material und Papier. Die mit dem primitiven Vervielfältigungsapparat gedruckten *Wachtturm*-Ausgaben gelangten auf dem gleichen Weg aus dem Lager. Die Glaubensschwestern übernahmen auch die weitere Verbreitung der Schriften. Ein großer Teil Westfalens und Norddeutschlands konnte auf diese Weise mit den *Wachtturm*-Ausgaben versorgt werden. Der an der illegalen Vervielfältigung beteiligte Zeuge Jehovas Georg Klohe erinnert sich:

Abb. 51: Blick von Südosten auf die zerstörte Wewelsburg nach der Sprengung, ca. 1945 - 1950

> *„Wir haben die Schwestern nicht zu Gesicht bekommen, aber wir gedachten ihrer innig und dankbar, da sie unter vielen Gefahren in den Nächten harrten, um uns Dienstgelegenheiten zu ermöglichen. Es war nach den qualvollen Jahren eine aufregende, aber herrliche Zeit."*[445]

Dieser Kurierdienst unter den Augen der SS wurde bis zur Befreiung des Lagers 1945 aufrechtgehalten.[446] Der neugewonnene Handlungsfreiraum, der den Bifo-Häftlingen durch die reduzierte Kontrolle der SS zuteil wurde, reichte ihnen zur Ausübung und Behauptung ihres Glaubens. Sie waren nicht an realpolitischen Motiven interessiert. Im Gegensatz dazu verhielten sich nach der Schilderung Paul Buders die beiden deutschen politischen Häftlinge des Restkommandos, der SS-Frisör und ein "Spanien-Kämpfer":

---

[445] Lebensbericht Georg Klohe, S. 15.
[446] Lebensbericht Georg Klohe, S. 15, s. auch Jahrbuch der WTG, 1974, S. 201.

130

Kurz vor der Befreiung des Restkommandos durch amerikanische Truppen sollen sie sich Waffen und Handgranaten "organisiert" haben. Sie seien bereit gewesen, ihr Leben und das der Bibelforscher-Häftlinge gegenüber der SS zu verteidigen.[447] Auch wenn sich keine weiteren Belege für diese Aktionen finden lassen, zeigt die Schilderung Buders doch eine Alternative zu der Haltung der Zeugen Jehovas, denen es nicht darum ging, der konzentrationären Situation zu entfliehen oder konkret gegen sie anzugehen.[448]

5.4   Die Befreiung des Restkommandos

Ostern 1945 wurde das Lager in Wewelsburg von amerikanischen Truppen befreit. In den letzten Wochen und Tagen zuvor entstanden unter den Häftlingen Gerüchte, daß sie noch vor dem Einmarsch der Amerikaner in Wewelsburg hingerichtet werden sollten. Einen Grund sahen sie darin, daß sie Himmler wegen ihres Mitwissens um die eingemauerten Kunstschätze zu gefährlich sein könnten.[449] Die Gerüchte haben sich in der Überlieferung bis heute standhaft gehalten, ohne daß sie tatsächlich zu beweisen wären.[450] So soll zunächst der Burghauptmann Siegfried Taubert am Karfreitag, dem 30. März 1945, vor seiner Flucht von der Wewelsburg angeordnet haben, das 20 Personen starke Arbeitskommando, das die Kunstschätze eingemauert hatte, zu erschießen.[451] Gegen die Wahrscheinlichkeit einer solchen Anordnung spricht allerdings, daß der Burghauptmann Taubert keine Befehlsbefugnisse bezüglich des Konzentrationslagers hatte. Nach einer zweiten Schilderung soll der Kommandoführer Skuppi einen Erschießungsbefehl von der Inspektion der KL in Oranienburg oder von dem Kommandanten des KZ Buchenwald verweigert haben. Nach Berichten des ehemaligen Fuhrunternehmers Johann Wieseler sei das Leben der Häftlinge am 1. April 1945 durch einen SS-Mann des Sprengkommandos der Burg bedroht gewesen.[452] Eine vierte Gefahr ging nach Schilderung des ehemaligen Häftlings Paul Buder von einem zwölfköpfigen SS-Kommando aus Dortmund aus, das sich seit dem 1. April 1945 in dem ehemaligen SS-Lager aufgehalten haben soll.[453] Auch dieser Bericht über eine Erschießung läßt sich in seinem Wahrheitsgehalt nicht durch weitere Belege stärken. Fest steht dagegen, daß

[447] Buder-Bericht, S. 87f.
[448] Interview Joachim Escher vom 23.5.1991. Auf das Verhalten der Bibelforscher im Restkommando trifft Detlef Garbes Widerstandsbegriff der *Resistenz* genau zu; s. GARBE, Zwischen Widerstand und Martyrium, S. 529. Die Zeugen Jehovas richteten ihr Leben und Handeln ganz auf die Sicherung des eigenen religiösen Handlungsspielraumes ein.
[449] Buder-Bericht, S. 87.
[450] Im Gespräch mit Max Hollweg am 15.5.1992 wurde erneut erwähnt, daß das Leben der Häftlinge des Restkommandos viermal in Gefahr gewesen sei. Nähere Erläuterungen gab er nicht.
[451] Anklageschrift, S. 81 (Rep. 118-859).
[452] Buder-Bericht, S. 87f.; HÜSER, Wewelsburg, S. 105-108; Nachforschungen führten zu keinen Belegen dieser Berichte.
[453] Buder-Bericht, S. 88-90.

Abb. 52: *Die Wewelsburger Ortsgruppe der Zeugen Jehovas mit Überlebenden des KZ Niederhagen unternimmt einen Ausflug, darunter: Ernst Specht mit seiner Frau Anni und seiner Heilpraxisgehilfin Martha Niemann, Erich Nikoleizig mit seiner Frau Elfriede und seiner Schwiegermutter Katharina Sutter, Karl Kellermann mit seiner Frau Elfriede, außerdem Gertrud Schmidt mit Sohn Reiner, Wilhelm Töllner, Überlebender des KZ Buchenwald, Fine Montag und Franz Ruffing, 1951*

am Ostermontag, dem 2. April 1945, gegen 7.00 Uhr amerikanische Truppen auf dem Industriehof eintrafen und die Häftlinge befreiten, nachdem sie zuvor das Dorf Wewelsburg besetzt hatten.[454] Zwei Tage zuvor war die Wewelsburg auf Befehl Himmlers von einem SS-Sprengkommando unter der Führung des SS-Hauptsturmführers Heinz Macher gesprengt worden. Die Burg war daraufhin von der Bevölkerung ausgeplündert worden. Anschließend brannte sie aus ungeklärten Ursachen vollständig aus. Der Nordturm und die Außenmauern blieben erhalten.[455]

Die amerikanischen Offiziere waren überrascht, in Wewelsburg ein Konzentrationslager vorzufinden. Himmlers Strategie, das SS-Projekt "Wewelsburg" zu tarnen, war erfolgreich durchgeführt worden. Die befreiten Häftlinge blieben die ersten Wochen

---

[454] FRIEDRICH G. HOHMANN: Das Ende des Zweiten Weltkrieges im Raum Paderborn, in: WZ 130/1980, S. 339-397. Die Amerikaner zogen von Süden her über den Hellweg nach Paderborn, ließen Wewelsburg jedoch unbeachtet, erst als der "Ruhrkessel" bei Lippstadt geschlossen worden war, besetzten die Amerikaner die umliegenden Dörfer.

[455] HÜSER, Wewelsburg, S. 106-109; Pfarrchronik, S. 53; Gemeindechronik, S. 487-900.

Abb. 53: Eine Baracke der früheren Gärtnerei "Nonneneiche" existiert noch heute und wird als Scheune genutzt, Juli 1996

nach ihrer Befreiung in Wewelsburg. Die Bibelforscher Max Hollweg, Erich Nikoleizig und Ernst Specht wurden im Dorf seßhaft, Karl Kellermann und Wilhelm Krause bezogen mit ihren Familien die Gärtnerei "Nonneneiche".[456] Unmittelbar nach ihrer Befreiung begannen sie mit der Verkündigung ihres Glaubens. Sie fanden vor allem unter den Flüchtlingen, die im ehemaligen Umsiedlungslager unterkamen, zahlreiche Anhänger, so daß schließlich in Wewelsburg ein eigener *Königreichssaal* gebaut wurde. Die Gemeindechronik bemerkte zu ihrer Missionstätigkeit:

> *„Erstmalig fühlten sich die Insassen des KZ, etwa 50 Bibelforscher, wieder frei. Sie nutzten die Stunden und Tage der Angst und Furcht vor dem kommenden Schicksal aus, um ihre religiösen Ideen ins Volk zu tragen. Religiöse Vorträge im kleinsten Kreise auf der Straße oder in den Familien, wie nachträglich im größeren Maße im Dorfgemeinschaftshaus regelmäßig, sahen sie als ihren von Gott, d. h. Jehova, gegebenen Auftrag an. Franzosen, Polen, Russen u. a. sahen sich jetzt nicht mehr als Kriegsgefangene, sie waren frei, waren 'Sieger' geworden."*[457]

[456] Gespräch mit Karlheinz Kellermann, dem Sohn von Karl Kellermann, am 8.6.1996 im Kreismuseum.
[457] Gemeindechronik, S. 491.

Nachdem die Insassen des Umsiedlungslagers von amerikanischen Militärstellen auf die umliegenden Dörfer verteilt worden oder in ihre Heimat zurückgekehrt waren, wurden von Mai 1945 bis Sommer 1946 "Displaced Persons" (DP's), ehemalige osteuropäische Zwangsarbeiter, in dem ehemaligen Schutzhaftlager untergebracht. In dieser Zeit kam es im Dorf zu kriminellen Überfällen durch einzelne DP's, die die Haltung der Dorfbevölkerung gegenüber den Insassen des Lagers nachhaltig beeinträchtigte.[458]

---

[458] BREBECK, Wewelsburg. Zum Umgang der Bevölkerung mit der Erfahrung eines Konzentrationslagers im Dorf, S. 195f.; BREBECK, Wie Wewelsburg zu einer Gedenkstätte kam, S. 162f. Am 1.4.1956 gingen die Baracken des Lagers an die Gemeinde Wewelsburg über. Zur weiteren Nutzung des Barackengeländes s. ANDREAS LÜTTIG: Fremde im Dorf. Flüchtlingsintegration im westfälischen Wewelsburg 1945-1958, Essen 1993.

IV. Häftlingsgruppen und Häftlinge des Konzentrationslagers in Wewelsburg

1. Zu den Verhaltensweisen der einzelnen Häftlingsgruppen

Auf der Grundlage ihrer in der vorkonzentrationären Zeit erworbenen Eigenschaften und Erfahrungen entwickelten die Häftlinge unterschiedliche Verhaltensweisen, um die im vorherigen Kapitel beschriebenen Existenzbedingungen im Konzentrationslager in Wewelsburg zu überstehen. Grundsätzlich konnten diejenigen Häftlinge die Lagerbedingungen besser bewältigen, die bereits vor der Schutzhaft dem ständigen Druck sozialer Unterordnung und physischer Arbeit ausgesetzt waren. Diese Erfahrungen hatten vor allem die Angehörigen der städtischen Arbeiterschicht gemacht. Ihnen fiel es leichter, das Lagerleben zu akzeptieren und ihrem bisher gewonnenen Erfahrungshorizont anzupassen. Angehörigen der Mittelschicht oder der bäuerlichen Bevölkerung gelang diese Anpassung schlechter. Der Bewältigungsprozeß wurde somit durch bestimmte soziale und materielle vorkonzentrationäre Erfahrungen vorstrukturiert.[459]

Erleichternd konnte sich dabei die Orientierung an kollektiven Zukunftsfiktionen auswirken. Sie konnten helfen, der erdrückenden Gegenwart auszuweichen und dem Ausharren und Sichbehaupten einen Sinn zu geben. Der übermächtigen, erdrückenden Lagerzeit wurde ein lohnenswertes fiktives Ziel in der Zukunft entgegengestellt. Sowohl Formen religiöser als auch politischer Weltanschauung boten dabei Interpretationshilfen an, die die konzentrationären Ereignisse und Verhältnisse erklärten. Die sich an diesen Weltanschauungsmodellen orientierenden Häftlinge hatten den anderen Häftlingen gegenüber einen lebensnotwendigen Vorteil: In dem Glauben an eine fiktive Zukunft gewannen sie Abstand zur Gegenwart des Terrors.[460] Diese Orientierungshilfen reichten jedoch nicht zur Behauptung im Lagerleben aus. Dafür waren zusätzliche, vor der Haft erworbene praktische Fertigkeiten notwendig. Besonders deutlich zeigt sich dies an den Intellektuellen im Lager. Ihre bisher gewonnenen Erfahrungen und intellektuellen Fähigkeiten nützten ihnen nicht, sondern schadeten ihnen eher, denn der Status des Intellektuellen galt im Lager als minderwertig. Beim Bettenbau oder beim "Essenorganisieren" bestätigten sich oft die Vorurteile der SS gegenüber den Intellektuellen, daß sie untätige und unpraktische Menschen seien. Häufig konnten sie den Mangel an praktischen Fertigkeiten nicht kompensieren und litten besonders unter der Härte der Existenzbedingungen.[461]

---

[459] PINGEL, Häftlinge, S. 171.
[460] SOFSKY, Die Ordnung des Terrors, S. 110.
[461] PINGEL, Häftlinge, S. 173-178.

Im folgenden werden spezifische Verhaltensweisen der verschiedenen Häftlingsgruppen im KZ Niederhagen dargestellt, die sie - geprägt durch ihre vorkonzentrationären Eigenschaften und Erfahrungen sowie beeinflußt durch die unterschiedlichen
Behandlungsweisen durch die SS - herausbildeten, um dem extremen Druck im Lager
zu begegnen. Die Darstellung der Biographien einzelner in Wewelsburg inhaftierter
Häftlinge verdeutlicht gewisse Verhaltensweisen der jeweiligen Häftlingskategorien
im Lager. Sie weist aber auch auf die Erfahrungen der Häftlinge und Geschehnisse vor
der Lagerhaft hin, auf die oft kaum nachzuvollziehenden Gründe und Erlebnisse, die
im NS-Staat zur Schutzhaft führten. Wenn möglich, wurden auch die Jahre nach der
Haft und dem Krieg berücksichtigt. Die ungleiche Gewichtung der Häftlingsgruppen
bei der Darstellung ist auf die Quellenlage zurückzuführen. Während die Häftlingskategorien der Zeugen Jehovas und der politischen Gefangenen durch vorliegende
Erinnerungsberichte überlebender Zeitzeugen noch relativ ausführlich darzustellen
sind, gibt es zu den anderen Häftlingskategorien nur wenige, häufig gar keine Erinnerungsberichte oder Hinweise. Oft gibt es nicht mehr als den Totenschein eines im
Lager verstorbenen Häftlings; von der Mehrzahl der russischen, polnischen aber auch
der jüdischen, "asozialen" und "homosexuellen" Häftlinge gibt es gar keine Belege.
Daher fallen die biographischen Skizzen von Angehörigen dieser Häftlingsgruppen
wesentlich kürzer aus oder fehlen ganz. Bei den Zeugen Jehovas hingegen mußte eine
Auswahl aus den vorhandenen Lebensgeschichten getroffen werden.

2.   Die Ernsten Bibelforscher

In Wewelsburg waren während der Jahre 1940 bis 1945 über 300 Ernste Bibelforscher
inhaftiert. Sie waren zwar nicht die größte Häftlingsgruppe, aber für das Lager von
zentraler Bedeutung, weil ihre Verhaltensweisen die Verhältnisse in Wewelsburg
entscheidend prägten. Die Zeugen Jehovas bildeten im Konzentrationslager eine enge
Gemeinschaft mit festen Strukturen und ausgeprägtem Zusammengehörigkeits-
gefühl.[462] Vor ihrer Haft hatten sie bereits in engen festen Glaubensgemeinschaften
gelebt und ein durchstrukturiertes Organisationsnetz zur gegenseitigen Hilfe und
Glaubensverbreitung gebildet.[463] Diese Strukturen wurden auf die Lagersituation
übertragen und auf die extreme Lagerverhältnisse zugeschnitten. Die meisten Häftlinge hatten vor dem KZ-Aufenthalt in Wewelsburg bereits Erfahrungen mit den Verfolgungsinstanzen der SS und der Gestapo gemacht, die es ihnen ermöglichten, gerade die
entscheidende Phase der Einlieferung zu bewältigen. Auf der gemeinsamen Basis ihrer
vorkonzentrationären Erfahrungen konnten die Bibelforscher kollektive Verhaltensweisen entwickeln, die ihnen die extremen Anforderungen der konzentrationären

---

[462] Vgl. auch DETLEF GARBE: Der lila Winkel: Die "Bibelforscher" (Zeugen Jehovas) in den Konzentrationslagern, in: Dachauer Hefte, Täter und Opfer, Heft 10, November 1994, S. 3-31.
[463] Zur Unterstützung verfolgter mittelloser Glaubensanhänger oder ihrer Familienangehörigen
wurden aus Spenden finanzierte "Gute-Hoffnung-Kassen" eingerichtet.

Situation erleichterten. Sie bildeten solidarische Gruppen, die sich untereinander halfen. Paket- und Geldsendungen wurden durch Gemeinschaftskassen und ein Vorratssystem stets gleichberechtigt verteilt, so daß auch Schwächere oder Häftlinge ohne Angehörige unterstützt werden konnten. Bei Krankheiten und Verletzungen pflegten sie sich untereinander. Wurde ein Glaubensbruder mit Essensentzug bestraft, teilten sie ihre Rationen mit ihm. Heinrich Schürmann berichtete: „*Wir haben uns so ausgehalten. Wenn ich ein Sück Brot über hatte, habe ich es dem Nächsten gegeben.*"[464] Max Hollweg erinnert sich: „*Wir haben alles getan, um Brüdern, die in Gefahr waren, zu helfen. Alles was in unserer Kraft stand.*"[465] Die praktischen Fertigkeiten, die die meisten Bibelforscher mitbrachten, erleichterten ihre Bemühungen. Sie konnten die meisten Arbeitsanforderungen erfüllen, so daß sie den SS-Wachposten kaum unangenehm auffielen. Vielmehr schätzte die SS sie wegen ihrer Disziplin und Sauberkeit.[466]

Den Bibelforschern gelang es, durch disziplinierte Arbeitsteilung und durch die Einhaltung hygienischer Regeln den Bettenbau und die Stubenreinigung so zu organisieren, daß ihre Blöcke stets sauber waren. So zogen sie vor dem Schlafengehen ihre Häftlingskleidung aus, falteten sie und legten sie auf die gesäuberten Schuhe im Tagesraum, bevor sie nur in Unterwäsche den Schlafraum betraten.[467] Sowohl Infektionen als auch kollektive Ordnungsstrafen konnten auf diese Weise reduziert werden. Ihre Disziplin und ihr Gehorsam gegenüber der SS wurde durch ihre religiöse Orientierung bedingt. Ihr Glaube gab ihnen die Kraft, die Lagerzeit zu überstehen, denn er bot einen Interpretationsrahmen, der die konzentrationären Ereignisse und Verhältnisse umfaßte und Zukunftsperspektiven bieten konnte. Als Anhänger des *Chiliasmus* glaubten die Zeugen Jehovas, daß es vor Anbruch des Königreiches Gottes auf Erden zu einer Entscheidungsschlacht (*Harmagedon*) kommen werde, in der Gott die bösen Mächte des Teufels besiegen und vernichten werde. Gott habe Satan die Chance gegeben, die Menschen auf der Erde in Versuchung zu führen. Der Nationalsozialismus wurde als Teil des Bösen und die Konzentrationslagerhaft als Leidenszeit, als Prüfung am Ende der irdischen Zeit vor dem Harmagedon betrachtet, bevor das *Goldene Zeitalter* auf Erden anbrechen werde.[468] Da die Auseinandersetzung zweier außerirdischer Mächte von den Menschen nicht beeinflußt werden konnte, war auch ein Aufbegehren gegen die konzentrationären Verhältnisse zwecklos.[469] Aus diesem Denken heraus erklärte

---

[464] Interview Heinrich Schürmann.

[465] Interview Max Hollweg; s. auch Zeugenaussagen (Rep. 118 Nr. 855-935).

[466] Interview Heinrich Schürmann.

[467] Interview Friedrich Klingenberg. Diese Ordnung und Sauberkeit erlebte auch Margarete Buber-Neumann im Frauenlager Ravensbrück, die zwei Jahre als Blockälteste in einem Bibelforscherinnen-Block lebte. Der Block wurde wegen seines ordentlichen Aussehens als Musterblock Besuchern vorgeführt; s. MARGARETE BUBER-NEUMANN: Als Gefangene bei Stalin und Hitler. Eine Welt im Dunkel, Stuttgart 1958, S. 239-254.

[468] Vgl. zur ausführlichen Interpretation der Lehre die Schriften Rutherfords, bes.: Die Befreiung, Brooklyn, Magdeburg 1926; Regierung, Magdeburg, 1928; s. auch HUTTEN, Seher, Grübler, Enthusiasten, S. 80-135.

[469] S. auch PINGEL, Häftlinge, S. 172f.

sich die neutrale Haltung der Bibelforscher-Häftlinge, die sie auch im KZ Niederhagen beibehielten. Sie befolgten die Befehle der SS, solange sie nicht ihrem Glauben widersprachen und sie keine Gewalt gegen andere Häftlinge ausüben mußten.[470]

Doch die durch ihren Glauben bestimmten Verhaltensweisen konnten den Zeugen Jehovas auch schaden, wenn die Verhaltensnormen der SS überschritten wurden. Die unbeugsame Haltung der Bibelforscher provozierte einen Teil der SS so sehr, daß sie zum Objekt ihrer Schikanen und Mißhandlungen wurden. Nur selten gelang es der SS, den Willen der Bifo-Häftlinge zu brechen, denn die Bibelforscher im Lager, die den Revers nicht unterschrieben, waren ihrem Glauben so stark verbunden, daß sie eher märtyrerhaft in den Tod gingen als ihren Glauben aufzugeben. Der Revers bildete ein wichtiges Element in der Verfolgung der Bibelforscher durch die Nationalsozialisten. Bereits seit 1935 wurde den Zeugen Jehovas während ihrer Haftzeit die Möglichkeit gegeben, sich von ihrem Glauben loszusagen. Ihnen wurde eine Erklärung vorgelegt, mit der sie sich verpflichteten, sich von der IBV zu lösen, nicht mehr politisch aktiv zu sein und den Glauben als "Irrlehre" anzuerkennen. Seit 1938 wurde ein einheitliches Formular dafür verwendet. Damit waren die Ernsten Bibelforscher die einzige Häftlingsgruppe, die ihre Haftzeit selbst beenden konnte. In den meisten Fällen wurden die Bibelforscher nach der Unterschrift des Revers´ aus der Schutzhaft entlassen.[471] Nur wenige Zeugen Jehovas unterschrieben in Wewelsburg den Revers.[472] Sie zogen die Solidarität der Gemeinschaft in Haft der Isolation in Freiheit vor. Ein Bibelforscher, der sowohl bei seinen Glaubensbrüdern als auch bei den Häftlingen anderer Kategorien aufgrund seiner Willensstärke einen tiefen Eindruck hinterließ, war Johann Ludwig Rachuba. Er kam im März 1940 nach Wewelsburg, nachdem er in Sachsenhausen wegen seiner unbeugsamen Haltung von der SS so mißhandelt worden war, daß er schließlich am 3. September 1942 in Wewelsburg starb. Rachubas Verhalten war für die Bibelforscher ein eindrucksvolles Vorbild, daß die SS ihn zwar körperlich mißhandeln, aber nicht seine Glaubens- und Willenskraft erschüttern konnte. Aus seiner Haltung schöpften sie die Kraft, ihre eigenen Lebensbedingungen zu bewältigen.

Durch gemeinsame Bibellesungen und geistigen Zuspruch richteten die Bibelforscher ihre verzweifelten und geschwächten Glaubensbrüder wieder auf. Selbstmordversuche waren ihnen von ihrem Glauben her verboten, nur wenige überschritten dieses Verbot. Im KZ Niederhagen beging nachweislich nur ein Bibelforscher Selbstmord, indem er durch die Postenkette lief und erschossen wurde.[473] Während der Arbeitszeit und in den wenigen freien Stunden vor der Nachtruhe führten sie religiöse Gespräche. Sie "organisierten" sich illegal Bibeln, um ihrem Bibelstudium nachgehen

[470] Interviews Friedrich Klingenberg, Herbert Baron.

[471] KATER, Die Ernsten Bibelforscher, S. 216. In einigen Fällen mußten die Bibelforscher trotz Unterschrift im Lager bleiben.

[472] Bekannt sind einige Fälle durch die Zeugenaussagen, unter anderem der des ehemaligen Lagerältesten Otto Martens, der den Wehrdienst antrat. Ein junger Häftling unterschrieb den Revers mit allgemeiner Zustimmung der Bibelforscher, da er noch nicht getauft war und somit seinen Treuebund zu Jehova-Gott nicht verraten konnte; vgl. Jahrbuch der WTG, 1974, S. 163-175.

[473] Zeugenaussagen (Rep. 118 Nr. 855-935).

zu können. So gelang es einem Bibelforscher, der als Kalfaktor für seine Arbeit häufig von SS-Leuten Zigaretten zugesteckt bekam, eine Bibel gegen 200 Zigaretten zu tauschen. Außerdem bemühten sie sich, Bibeltexte und Traktate aus dem Gedächtnis heraus zu zitieren oder auf "organisierten" Papierstücken niederzuschreiben, die sie dann während der Arbeit oder abends in der Baracke austauschten. Der Bibelforscher Friedrich Klingenberg berichtet:

„Wir hatten unsere Versammlungen; [...] es ging ja alles heimlich zu, daß wir uns gegenseitig erbaut hatten in unserer Sache, in der Wahrheit. Dann waren die [die SS-Wachleute] dahintergekommen, daß wir auch Schriften hatten, irgendwie haben wir uns was 'organisiert', ich hatte z. B. eine Bibel, das war ja schwierig, das war ja verboten."[474]

Sogar Bibelforschertaufen sollen in Wewelsburg stattgefunden haben. Dabei sollen Häftlinge mit der Vorgabe, sie zu bestrafen, von einem Bibelforscher-Funktionär in eine Regentonne getaucht worden sein. Der Häftling murmelte dann ein kleines Gebet, so daß die Taufe vor den Augen der unwissenden SS vollzogen war.[475]

Die Wewelsburger Bibelforscher wurden bereits seit Anfang Dezember 1942 von außen durch einen heimlichen Kurierdienst mit *Wachtturm*-Ausgaben versorgt. Es waren heimliche "Briefkästen" und Treffpunkte an den Außenarbeitskommandos eingerichtet worden, wo Zeitschriften, Bibeln oder Briefe versteckt wurden. So berichtete ein ehemaliger Häftling, daß er dank eines freundlichen SS-Postens wiederholt Kontakt mit einer Glaubensschwester aufnehmen konnte, die ihm Glaubensschriften mitbrachte.[476] Erst nachdem die SS ihre heimlichen Bibelforschertätigkeiten entdeckt hatte, wurde die Homogenität ihrer Gruppe teilweise aufgelöst und ein Teil der Bibelforscher auf andere Blöcke verteilt. Dort versuchten sie bald, neue Glaubensanhänger zu gewinnen. Gerhard Claus erinnert sich:

„Und als dann der Wohnraum knapp wurde, wurden wir ja ziemlich zusammengepfercht. Und dann entstanden natürlich Schwierigkeiten und Reibereien. Sie prügelten sich, sie [die SS-Leute] kriegten einfach keine Ordnung rein, da waren dann so lange Eßtische und das stimmte nicht mehr mit der Essensausgabe. Das wußten sie aber, das wußten sie ganz genau, jetzt nehmen wir die Bibelforscher als Tischälteste."[477]

---

[474] Interview Friedrich Klingenberg; s. auch Interviews Gerhard Claus, Heinrich Schürmann.
[475] Interviews Gerhard Claus, Heinrich Schürmann. Ob dieses Ereignis wirklich in Wewelsburg stattgefunden hat oder die Konzentrationslager verwechselt wurden, läßt sich in diesem Fall nicht klären. Es ist jedenfalls mehrfach durch Berichte belegt, daß Bibelforscher auf diese oder ähnliche Weise Taufen von neu hinzugewonnenen Häftlingen in Konzentrationslagern durchgeführt haben.
[476] Interview Heinrich Schürmann.
[477] Interview Gerhard Claus.

Heinrich Schürmann umschreibt es so: „*Wir haben uns niemandem aufgedrängt, aber sobald wir Gelegenheit hatten, haben wir über das Königreich Gottes gesprochen.*"[478] In ihrem Missionseifer machten sie auch vor der SS nicht halt. In Wewelsburg gelang es ihnen, einigen Häftlingen und SS-Leuten ihren Glauben näherzubringen, die nach dem Krieg Zeugen Jehovas wurden. Bibelforscher-Häftlinge wurden häufig als Stuben- oder Tischälteste in anderen Blöcken eingesetzt.[479] Aufgrund ihrer Gewissenhaftigkeit und Zuverlässigkeit im Arbeitseinsatz wurden die Bibelforscher für besonders vertrauensvolle Posten sowie für Botengänge und Kalfaktorendienste außerhalb des Lagers ausgesucht. Da seit 1942 verstärkt ausländische Häftlinge nach Wewelsburg kamen, verbesserte sich die Lage der deutschen Häftlinge. Ihnen wurden eher die leichteren Arbeitsplätze und Positionen anvertraut.[480] Himmler, der erkannte, daß der starke religiöse Glaube der Bibelforscher nicht zu brechen war, stellte die Haltung der Bibelforscher den SS-Führern als Vorbild hin:

> „*Ferner sind sie unerhört nüchtern, trinken und rauchen nicht, sind von emsigem Fleiß und von großer Ehrlichkeit; sie halten das gegebene Wort. Weiter sind sie ausgezeichnete Viehzüchter und Landarbeiter. Sie sind nicht auf Reichtum und Wohlhabenheit aus, weil ihnen das für das ewige Leben schadet. Das sind insgesamt alles ideale Eigenschaften.*"[481]

In einem Brief an Oswald Pohl hob Himmler den Fanatismus der Zeugen Jehovas hervor:

> „*Es sind unerhört fanatische, opferbereite und willige Menschen. Könnte man ihren Fanatismus für Deutschland einspannen oder insgesamt für die Nation im Kriege einen derartigen Fanatismus beim Volk erzeugen, so wären wir noch stärker als wir heute sind.*"[482]

Himmler ging in seinen Vorstellungen soweit, die Bibelforscher in seine Nachkriegspläne einzubeziehen. Die Zeugen Jehovas sollten im zukünftigen "germanischen Großreich" die Ostgrenze des Reiches durch ihre Friedfertigkeit und ihren Missionseifer vor den "Ostvölkern" absichern.[483]

---

[478] Interview Heinrich Schürmann.
[479] Interview Friedrich Klingenberg.
[480] Interview Heinrich Schürmann.
[481] Brief von Himmler an den Chef des RSHA, Kaltenbrunner, vom 21.7.1944, Nr. 330, in: HELMUT HEIBER (Hg.): Reichsführer! ... Briefe an und von Himmler, Stuttgart 1968, S. 272-274.
[482] Brief von Himmler an Pohl, teilw. abgedr. in: Jahrbuch der WTG, 1974, S. 196.
[483] PINGEL, Häftlinge, S. 173; GARBE, Zwischen Widerstand und Martyrium, S. 457. Auch Rudolf Höß, Kommandant des KZ Auschwitz, lobte die Gewissenhaftigkeit, mit der die Bibelforscher ihre Arbeiten erledigten: „*Ein erfreulicher Gegensatz waren die Bibelforscherinnen, Bibelbienen oder Bibelwürmer genannt. Leider waren es zu wenig. Trotz ihrer mehr oder weniger fanatischen Einstellung waren sie sehr begehrt. [...] Man brauchte für sie keine Aufsicht, keine Posten. Sie verrichteten fleißig und willig ihre Arbeit, denn dies war ja Jehovahs Gebot. [...] Ich habe die Bibelforscher immer für arme Irre gehalten, die aber doch in ihrer Art glücklich waren*", in: RUDOLF HÖß: Kommandant in Auschwitz. Autobiographische Aufzeichnungen, (eingel. v.) Martin Broszat, Stuttgart 1958, S. 113.

Die Verfolgungszeit war für viele Bibelforscher-Häftlinge selbst nach dem Krieg noch nicht vorbei. In der sowjetischen Besatzungszone und der späteren DDR blieb die Wachtturm-Gesellschaft verboten, und die Betätigungen für die Glaubensgemeinschaft der Zeugen Jehovas wurden bestraft.[484]

2.1 Johann Ludwig Rachuba

1942 verstarb der Ernste Bibelforscher Johann Ludwig Rachuba an Körperschwäche im KZ Niederhagen nach einer siebenjährigen Konzentrationslagerzeit, während der er zwölf offizielle Lagerstrafen und ungezählte Mißhandlungen erlitten hatte. Die SS hatte seinen Körper gebrochen, aber nicht seinen Willen und seinen unerschütterlichen Glauben.

Johann Ludwig Rachuba wurde am 23. Mai 1896 in Ryschienen-Neidenburg geboren. Er erlernte den Beruf des Bergmanns und heiratete Emma Karrasch. Am 28. Juni 1935 wurde der dreifache Familienvater, der bisher ohne Vorstrafen gelebt hatte, wegen seiner Religionszugehörigkeit zu den Ernsten Bibelforschern von der Gestapo inhaftiert und in das KZ Esterwegen überwiesen. Nach der Schließung des Lagers wurde er mit den übrigen Gefangenen nach Sachsenhausen überstellt.[485] Seine unerschütterliche Haltung und Willensstärke müssen eine Provokation für die SS-Wachleute gewesen sein, denn die bereits in Esterwegen begonnenen Mißhandlungen wurden in Sachsenhausen fortgeführt. Der evangelische Pfarrer Dr. Werner Koch erinnerte sich an seine KZ-Zeit in Sachsenhausen:

> *„Einer von ihnen - er heißt Rachuba - weigert sich, seine Mütze herunterzureißen und stramme Haltung anzunehmen, wenn die Hakenkreuzfahne gehißt wird. 'Das ist Götzendienst' sagt er, womit er ja recht hat! Immer wieder wird er über den Bock gespannt und in Dunkelarrest gesperrt. Aber er beugt sich nicht. Seine körperliche Widerstandsfähigkeit ist ein Phänomen, das von uns ebenso bestaunt wird wie von der SS. "*[486]

Die SS setzte Rachuba unablässig Strafen und Mißhandlungen aus, um ihn von seinem Glauben loszubringen. Die von Paul Buder wiedergegebene "Strafkarte" weist folgende Strafen auf, die er durch erläuternde Kommentare ergänzt:

---

[484] So erging es dem Zeugen Jehovas Otto Hamann. Er wurde im Februar 1940 von Sachsenhausen nach Wewelsburg transportiert, nach der Auflösung des Lagers kam er nach Ravensbrück. Nach der Befreiung des Lagers blieb er im sowjetisch besetzten Teil Deutschlands. 1952 wurde er als Zeuge Jehovas von der DDR-Rechtsprechung erneut zu 15 Jahren Haft verurteilt. Otto Hamann starb 1973. Das Kreismuseum wurde 1988 durch einen Fachartikel auf einen Philatelisten in der damaligen DDR aufmerksam, der KZ-Post sammelte. In seiner Sammlung befand sich ein Brief von Otto Hamann an seine Frau Friedel aus dem KZ Niederhagen.
[485] GARBE, Zwischen Widerstand und Martyrium, S. 406-408.
[486] WERNER KOCH: "Sollen wir K. weiter beobachten?" Ein Leben im Widerstand, Stuttgart 1982, S. 218.

„13.8.35: Krummschließen in der Nacht vom 13.-14.8.35, weil er keinem Befehl nachkam. (Man hatte ihn zuvor bis zur Ermattung geschlagen und gefoltert.)

1.7.36: 10 Tage strengen Arrest und 25 Stockhiebe, weil er die Arbeit verweigerte. (Er wurde zuvor so gequält, daß er das geforderte Tempo nicht einhalten konnte.)

5.11.36: 10 Tage Arrest, und 25 Stockhiebe, weil er Reklame für Jehova im Lager machte. [...]

11.1.37: 21 Tage strengen Arrest, weil er wiederholt die Arbeit verweigerte. [...]

1.5.37: 18 Tage strengen Arrest, weil er die Arbeit verweigerte und sich disziplinlos benahm. [...]

3.5.37: 21 Tage strengen Arrest, 3 Monate Strafkompanie, weil er während eines Gemeinschaftsempfangs die anderen Häftlinge aufhetzte, und gegen die Regierung schimpfte. (Anläßlich einer Rede 'des Führers', zu der wir alle antreten mußten, gab er anderen anhand biblischer Profezeiungen Aufklärung über den Führer.) [...]

7.3.38: 30 Tage verschärften Arrest und 25 Stockhiebe, weil er den ersten Schutzhaft-Lagerführer bei einer Belehrung auslachte. [...]

6.4.38: 5 Tage strengen Arrest und 15 Stockhiebe, weil er sich weigerte, die verschärfte Haft zu unterschreiben. [...]

12.8.38: 8 Tage strengen Arrest und 15 Stockhiebe, weil er während dem Singen des Deutschlandliedes sitzen blieb und die Mütze nicht abnahm. [...]

10.10.38: 2 x 2 Stunden Pfahl, wegen Faulheit. (Die Faulheit bestand darin, daß er vor Erschöpfung und durch Schläge und Quälereien zu schwach zum Arbeiten war.)

18.10.38: 8 Tage Torstehen ohne Abendbrot. (Man stand dann jeden Abend, von 18-22 Uhr am Tor, darüber befanden sich SS Posten mit MG. - Das Brot, welches des Abends verteilt wurde, war für den anderen Tag, insgesamt 500 gr., so daß der Häftling also nur Mittags die dünne Suppe, Kohlrübensuppe, Kohlsuppe oder Fischsuppe hatte.)

13.9.40: 4 Stunden strafexerzieren, weil er sich während der Arbeit längere Zeit mit anderen Häftlingen unterhalten und nicht gearbeitet hat. [...]

3.9.42: Verstorben - an Körperschwäche. - Ein Märtyrer hatte ausgelitten. [...]."[487]

Zusätzlich zu den offiziellen Lagerstrafen setzten die SS-Leute ihn willkürlichen Mißhandlungen aus. Sein unerschütterlicher Glaube hinterließ auch bei Häftlingen anderer Kategorien einen starken Eindruck: *„Rachuba, nachdem er 25 Stockhiebe ohne Stöhnen*

---

[487] Buder-Bericht, S. 91-93.

hingenommen hatte, stand auf und ging in seinen Block, was nur selten geschah."[488] Der ehemalige Häftling in Sachsenhausen, Otto Gede, erinnert sich:

> „*Im Herbst 1938 arbeitete ich als Maurer beim Bau eines Sägewerkes. Dort waren auch Sträflinge, die Sektierer waren, eingesetzt. Eines Tages kamen Sorge und der Blockführer Bugdalle zur Arbeitsstelle und befahlen einer Gruppe von Häftlingen, eine Grube von Menschenhöhe zu graben. Als die Grube fertig war, stellten Sorge und Bugdalle einen Bibelforscher namens Rachuba hinein und schütteten ihn bis zum Hals mit Erde zu. Dann, als über der Erde nur noch der Kopf von Rachuba zu sehen war, spotteten Sorge und Bugdalla über ihn und begannen lachend, ihm auf den Kopf und ins Gesicht ihre Notdurft zu verrichten. Danach blieb Rachuba noch etwa eine Stunde in der Grube begraben. Als er ausgegraben und an die Oberfläche geholt wurde, war er noch am Leben, aber er konnte sich nicht mehr auf den Beinen halten.*"[489]

Die Absicht der SS, an Johann Rachuba ein Exempel zu statuieren, indem sie ihn zur Lossagung seines Glaubens brächten, mißlang. Vielmehr wurde er als die "Seele des Widerstandes" und als Märtyrer verehrt. 1940 wurde Rachuba nach Wewelsburg überwiesen. Er starb dort am 3. September 1942 an Körperschwäche. Paul Buder erinnert sich in einem Nachruf:

> „*Mit Tränen denke ich zurück an diesen stillen Dulder, meinen lieben Bruder Johann Ludwig Rachuba. [...] Sein Körper voller Narben; normal gehen konnte er nicht mehr. Beide Beine zog er steif nach; denn die Muskeln waren zerschlagen. Aber immer war er glücklich, freundlich, friedlich lächelnd, stets zu einem biblischen Gespräch bereit. Selbst Kommunisten sagten: 'Was sind das für Menschen?' Ja, sie tranken den bitteren Kelch des Leidens bis in den Tod.*"[490]

2.2   Georg Klohe

Georg Klohe wurde 1936 wegen seiner Zugehörigkeit zu den Ernsten Bibelforschern von der Gestapo festgenommen. Er gehörte zu den wenigen Häftlingen, die nahezu die gesamte Zeit des Bestehens des Konzentrationslagers in Wewelsburg verbrachten; er kam mit dem ersten Bibelforscher-Transport im Februar 1940 in das Kleine Lager und blieb bis zur Befreiung im April 1945 durch die amerikanischen Soldaten.

Georg Gustav Klohe wurde am 8. September 1894 in Berlin als Sohn des Steinmetzes Georges Israel und seiner Frau Ludewika, geb. Lehmann, geboren. Da sich seine Eltern trennten, wuchs er zunächst im Waisenhaus in Berlin auf. Mit fünf Jahren kam er zu seinem Pflegevater Otto Klohe nach Berlin und besuchte dort die Gemeindeschule. Er wurde Sänger im Königlichen Hof- und Domchor und nahm an Konzerten im kaiserli-

---

[488] Aussage Karl Block vor dem Landgericht Bonn, 1958, zit. in: GARBE, Zwischen Widerstand und Martyrium, S. 407.
[489] Aussage Otto Gede vor dem sowjetischen Militärtribunal, 1947, zit. in: GARBE, Zwischen Widerstand und Martyrium, S. 408.
[490] Buder-Bericht, S. 94.

Abb. 54:
Als Junge nahm Georg Klohe an Konzerten des Königlichen Hof- und Domchors in Berlin teil, ca. 1905

chen Schloß in Berlin und in anderen Städten in Deutschland teil. In einem Wollwaren-Engros-Geschäft in Berlin begann er 1909 eine Kaufmannslehre, die er 1912 abschloß. Nach kurzer Berufstätigkeit meldete er sich bei Ausbruch des Ersten Weltkrieges 1914 zum Militär. Er nahm an den Kämpfen in Frankreich und Rußland teil, bevor er in der Gewerbe-Inspektion Teltow-West als militärischer Hilfsarbeiter beschäftigt wurde. Nach dem Krieg arbeitete er ein Jahr lang als Prüfer in der Postüberwachungsstelle des Reichsschatzamtes, danach für anderthalb Jahre als Wirtschaftseleve und Inspektor auf ostpreußischen Gütern. 1920 begann er bei der Allgemeinen Elektrizitätsgesellschaft (AEG) in Berlin.

1921 ließ er sich, überzeugt von den Lehren der Internationalen Bibelforscher-Vereinigung, in einer Badewanne taufen. Er wurde *Gruppendiener* sowie *Verkünder* und wirkte an den öffentlichen Vorträgen mit.[491] Nach der nationalsozialistischen Macht-ergreifung begannen die Schwierigkeiten an seinem Arbeitsplatz bei der Berliner AEG, denn Klohe weigerte sich, an den gemeinsamen Maifeiern und Fahnenaufmärschen teilzunehmen. Nach mehrmaligen Verweisen wegen der "Hitler-Gruß"-Verweigerung und Nichtteilnahme an den gemeinsamen Betriebsaufmärschen konnte ihn die Be-triebsdirektion nicht länger vor den Obmännern der politischen Betriebsorganisation in Schutz nehmen. Als er sich am 28. März 1936 weigerte, beim Absingen der Na-tionalhymne vor einer Radioansprache Hitlers aufzustehen, wurde er fristlos entlassen. Eine Arbeitslosenunterstützung wurde ihm nicht gewährt, da die Zahlstelle auf den "Hitler-Gruß" beim Betreten des Raumes bestand und Klohe ihn auch hier verweiger-te.[492] Um seine Frau Martha und seinen 12jährigen Sohn Addi weiter finanziell un-terhalten zu können, begann er als Vertreter einer Seifenvertriebsgesellschaft. Die neue Beschäftigung ermöglichte es ihm gleichzeitig, als *Vollzeitdiener* für die IBV zu arbeiten. Ohne Verdacht zu erregen, gelangte er als Vertreter von Haus zu Haus und konnte auf diese Weise Literatur der Ernsten Bibelforscher, die er unter den Seifenproben versteckt hatte, verteilen. 1935 hatte er bereits mit der heimlichen Herstellung von Sprechplatten begonnen. Über einen der Glaubensgemeinschaft freundlich gesinnten Radiogroßhänd-ler kaufte er Schneidgeräte, Wachsplatten und anderes Material. In seiner Wohnung in Berlin-Henningsdorf besprach er mit Hilfe seines Sohnes die ungehärteten Platten mit Themen aus dem *Wachtturm*. Drei weitere Schneid- und Sprechaufnahmegeräte konnte er über den Großhändler aus der beschlagnahmten IBV-Zentrale in Magdeburg kaufen. Somit konnte er gleichzeitig fünf Platten besprechen, die anschließend in einem extra dafür hergerichteten Backofen einer Landbäckerei gehärtet wurden. Bis zu seiner Verhaftung stellte Klohe rund 1000 Sprechplatten in Henningsdorf her. Die zum Ab-spielen notwendigen Koffergeräte mit Federwerk wurden von einem weiteren Mitglied der Glaubensgemeinschaft in Thüringen angefertigt. Über verschiedene Postämter Berlins verschickte Klohe Koffer und Platten an die Bezirksdiener in ganz Deutsch-land.[493] Als *Dienstleiter* der Versammlung in Henningsdorf war er auch für die Ver-teilung von Druckschriften zuständig. Er erinnert sich:

[491] Lebensbericht Georg Klohe, S. 1. Ein Verkünder war für die Verbreitung der Lehren verant-wortlich. Genutzt wurden neben Druckschriften moderne Medien wie Radiosender, Grammophone und Filme. Die Schriftenproduktion lag 1928 allein bei 2 950 233 selbständigen Schriften und 8 595 219 Broschüren; für den insgesamt achtstündigen, vierteiligen Film *Photo-Drama der Schöp-fung"* wurde mit Kinoreklame geworben; s. KONRAD ALGERMISSEN: Konfessionskunde. Ein Hand-buch der christlichen Kirchen- und Sektenkunde der Gegenwart, zugl. 4. und vollst. neu gearb. Aufl. von Christliche Sekten und Kirche Christi, Hannover 1930, S. 756-791.
[492] Aufzeichnungen Georg Klohe von 1969 (Original in Privatbesitz), Kopie im Kreismuseum.
[493] Lebensbericht Georg Klohe, S. 1-4; vgl. GARBE, Zwischen Widerstand und Martyrium, S. 228, 240.

Abb. 55:
Im Ersten Weltkrieg meldete
sich Georg Klohe zur Armee,
ca. 1914

„Gleichzeitig wurden die Zeitschriftensendungen, die ich aus Bruderhand heimlich entgegennahm, immer größer. Noch nie war ich beim Studium des Wachtturms glücklicher als damals, da heißere Kämpfe angekündigt, aber überströmende Kraft zugesichert wurden."[494]

Am 16. Juli 1936 wurde Georg Klohe auf dem Weg nach Leipzig zum sächsischen *Bezirksdienstleiter* Erich Frost von der Gestapo verhaftet. Er geriet damit in die erste reichsweite Verhaftungswelle, die die Gestapo gegen die Angehörigen der Bibelforscher-Vereinigung führte. Vor und direkt nach dem Anfang September stattfindenden Luzerner Kongreß, für den sich Klohe bereits ein Visum besorgt hatte, nahm die Gestapo führende IBV-Funktionäre fest und führte damit einen folgenschweren Schlag

---

[494] Lebensbericht Georg Klohe, S. 2.

gegen die illegale IBV-Organisation durch. Klohe wurde von Leipzig nach Berlin gebracht und von der dortigen Gestapo im Columbia-Haus verhört und mißhandelt. Um weitere Funktionäre der IBV ausfindig zu machen, ließen sie Klohe in Privatkleidung zu einem bekannten Bibelforscher-Treffpunkt in den Berliner Tiergarten gehen. Bei dem dortigen, von einem Angehörigen der Glaubensgemeinschaft geführten Stuhlverleih am Goldfischteich traf sich der *Reichsdiener* Fritz Winkler regelmäßig mit IBV-Funktionären. Klohe gelang es, die eintreffenden Glaubensbrüder zu warnen, so daß die wartende Gestapo keinen Zeugen Jehovas festnehmen konnte.[495]

Klohe wurde am 29. Juli 1937 durch das Berliner Sondergericht wegen illegaler Betätigung für die verbotene IBV zu zweieinhalb Jahren Gefängnis verurteilt. Nach Verbüßung der Haftstrafe wurde er in das KZ Sachsenhausen überwiesen. Dort erhielt er willkürlich zwei Strafen: drei Tage Arrest sowie Pfahlhängen[496]; nur durch schnelles Anspannen der Armmuskeln und das nahezu verständnisvolle Verhalten eines SS-Mannes konnte Klohe das Pfahlhängen ohne schwerere Schäden überstehen. In Sachsenhausen arbeitete er u. a. in einem Kommando, das die Leichen auf Plattenwagen in das Krematorium fahren mußte.

Klohe wurde im Februar 1940 dem Bibelforscher-Transport als Schreiber zugeteilt, der das BV-Kommando aus Wewelsburg ersetzte. Da im Wewelsburger Lager ein Lagerältester und Vorarbeiter fehlte, wurde Klohe mit der Aufgabe des Lagerältesten beauftragt. Nach Rücksprache mit den Glaubensbrüdern übernahm er die für einen Ernsten Bibelforscher ungewohnte Aufgabe. Bald wurde er jedoch wieder abgesetzt und einem Arbeitskommando im Steinbruch zugeteilt. Er litt unter Hunger, Kälte und Krankheiten. Durch Fürsprache eines SS-Führers wurde er Magazinverwalter der Lagerwerkstätten, später übernahm er Schreibarbeiten für die Lagerwerkstätten sowie für die SS-Bauleitung. Als Schreiber der Lagerwerkstätten war er mit der Beschaffung des Materials und der Verrechnung der Arbeiten betraut.

Da Klohe dem SS-Führer, der ihm einen sicheren Posten besorgt hatte, ein Musikinstrument gestimmt hatte, fragte dieser ihn, ob er ihm auch ein Musikinstrument und Noten beschaffen solle. Klohe wurde jedoch an die SS verraten und erhielt zur Strafe 25 Stockhiebe, da er Kontakt zu einem SS-Mann aufgenommen hatte. Klohes Musikalität war im Lager bekannt, deshalb mußte er häufig die Häftlinge beim gemeinsamen Gesang auf dem Appellplatz dirigieren. Seinen Wunsch nach einem Musikinstrument konnte er sich 1944 erfüllen. Durch die gelockerten Bedingungen in der Zeit des Restkommandos gelang es ihm, als Häftlingsbetriebswerkstättenleiter über die SS-Bauleitung der Wewelsburg Birken- und Nußbaumholz für den Bau eines Cellos zu bestellen. Das im Konzentrationslager hergestellte Cello behielt er über die Lagerzeit hinaus.[497]

---

[495] Lebensbericht Georg Klohe, S. 4; s. auch Jahrbuch der Zeugen Jehovas, 1974, S. 151-153.

[496] *„Strafen im Lager: 3 Tage strengen Arrest - schlecht gearbeitet; 1/2 Std. Pfahl - nicht gearbeitet",* auf: Häftlings-Personalkarte von Georg Klohe (Original in Privatbesitz), Kopie im Kreismuseum.

[497] Rechnungen 106/213 der Betriebswerkstätten Wewelsburg vom 31.3.1944/13.6.1944 (Original in Privatbesitz), Kopie im Kreismuseum. Gegenwärtig befindet sich das Cello in der Zentrale der Zeugen Jehovas, Wiesbaden/Taunus.

Zahlreiche Briefe aus der Lagerhaft, die Klohe an seine Frau und seinen Sohn Addi schrieb, sind erhalten. Teilweise durfte er nur einige Zeilen schreiben, da er als "hartnäckiger Bibelforscher" immer wieder besonders strenge Zensurbedingungen auferlegt bekam. *„Lieber Junge, liebe Frau! Mir geht es gut und mit herzlichen Grüßen bleibe ich Euer Vati. Bei Euren Postsendungen ist der Absender zu setzen."* Ein Stempel der K. L. Postzensurstelle weist auf die Zensurbeschränkungen hin: *„Der Schutzhäftling ist nach wie vor hartnäckiger Bibelforscher und weigert sich, von der Irrlehre der Bibelforscher abzulassen. Aus diesem Grunde ist ihm lediglich die Erleichterung, den sonst zulässigen Briefwechsel zu pflegen, genommen worden."*[498] Seine Frau Martha, die keine Zeugin Jehovas war, litt sehr unter der Verhaftung ihres Mannes. Sie reichte die Scheidung ein, die am 28. April 1941 vollzogen wurde.[499] Georg Klohe, der sich aus dem Lager nicht zu der Sache äußern konnte, richtete seine Briefe seitdem ausschließlich an seinen Sohn Addi.

> *„Lieber Sohn, dank für Deine Zeilen, die leider immer noch spärlich eingehen. Bitte mein Junge nicht beleidigt sein, sondern sei ein Jüngling, der eine gute Erkenntnis nicht umsonst empfangen hat. Mit deiner Entscheidung bin ich zufrieden. Deiner Mutter wünsche ich einen schnellen günstigen Ausgang ihrer gerichtlichen Sache [Scheidung]. Dir alles Gute und herzl. Grüße Dein Vater."*[500]

Zusätzlichen seelischen Halt erhielt er durch den Briefkontakt zu der Glaubensschwester Sophie Horstmeier aus Eickhorst/Westfalen, der teilweise auch illegal geführt wurde. Sie gehörte zu den Frauen, die die Bibelforscher in Wewelsburg bei ihrem illegalen Verkündigungswerk unterstützten.[501] Klohe bat Sophie Horstmeier, Kontakt zu seinem Sohn Addi aufzunehmen und sich um ihn zu kümmern.

> *„Mein lieber Junge, mit Freuden hörte ich, daß du nach meinen Zeilen verlangtest. In einigen Formationen wird es nicht gern gesehen, wenn Briefe aus meinen Verhältnissen kommen, deshalb mein Sohn wählte ich die Verschickung über meine Verwandte. [...] In meinen Briefen bin ich auf ein paar Zeilen beschränkt, aber du und Sophie können mehr schreiben. Sei also unbesorgt, ich bin gesund und nur bitte ich dich mich über deine Erfahrungen zu unterrichten oder unterrichten zu lassen. Mit den herzlichsten Grüßen bleibe ich dein dich liebender Vater. Grüße auch Sophie und deine Mutter. Vati."*[502]

Im Gegensatz zu Klohe fügte sich sein Sohn Addi in die nationalsozialistischen Organisationen ein. Mit 19 Jahren trat er dem Reichsarbeitsdienst bei. Nach einem Jahr Einsatz

---

[498] Brief von Georg Klohe aus dem KZ Sachsenhausen an seine Familie vom 9.7.1939 (Original in Privatbesitz), Kopie im Kreismuseum.
[499] Lebenslauf Georg Klohe, K. L. Niederhagen (Original in Privatbesitz), Kopie im Kreismuseum.
[500] Brief von Georg Klohe an seinen Sohn Addi vom 30.3.1941 (Original in Privatbesitz), Kopie im Kreismuseum.
[501] Lebensbericht Georg Klohe, S. 15. Als Sophie Horstmeier verhaftet wurde, fand die Gestapo bei ihr Briefe von Klohe.
[502] Brief von Georg Klohe aus dem KZ Niederhagen an seinen Sohn Addi vom 6.11.1941 (Original in Privatbesitz), Kopie im Kreismuseum.

Abb. 56:
Georg Klohe nach dem Zweiten
Weltkrieg, ca. 1945 - 1946

im Wartheland wurde er zum Kriegsdienst eingezogen und in einer Sondereinheit in Osteuropa eingesetzt. Georg Klohe akzeptierte die Entscheidung seines Sohnes, äußerte aber vorsichtig Zweifel an der Richtigkeit seines Entschlusses. In einem weiteren Schreiben sprach er auch über die Erfahrungen seiner eigenen Wehrdienstzeit im Ersten Weltkrieg, um seinem Sohn Mut zuzusprechen.

„Mein lieber guter Junge! Herzliche Glückwünsche sende ich Dir zu Deinem 19. Geburtstag. Hoffentlich erlebst Du ihn in geistiger und körperlicher Frische. Den Umständen nach bin auch ich wohlauf. Nicht immer ist das, was wir uns nach unserer Weise wünschen gut, aber alles was für Dich zum Besten mitwirkt mein Junge ist meine Bitte. Herzliche Grüße Dein Vati."[503]

„Mein lieber Sohn, große Freude ist mir durch deinen Brief v. 26.12. d. J. geworden. Ich habe sehnsüchtig gewartet und [bin] nun getröstet. Bleibe auf Draht, Junge! Über einen Teil deiner

---

[503] Brief von Georg Klohe an seinen Sohn Addi vom 11.1.1942 (Original in Privatbesitz), Kopie im Kreismuseum.

Abb. 57:
Georg Klohe im Alter von 90
Jahren, 1984

*Erfahrungen kann ich mir aus eigenem Erleben in jungen Jahren ein Bild machen. du darfst sicher
sein, daß ich deiner innig gedenke. [...] Mit herzlichen Grüßen bleibe ich Dein Vati."[504]*

In den letzten Briefen aus Wewelsburg werden Klohes Besorgnis um seinen Sohn, aber
auch seine Zuversicht auf ein baldiges Ende der Lagerzeit deutlich. Ohne Angst vor
Zensurbeschränkungen teilt er seinem Sohn seine Gedanken und Empfindungen mit.

*„Mein lieber Junge! Es sind 7 Wochen her und ich ersehne Deine Zeilen. Es wird von Totalität des
Kampfes gesprochen und ich bin besorgt um Dich. Es sind Jahre der Trennung verflossen und ich
möchte Dich wiedersehen. Ich habe in Erinnerung das Knabenantlitz und bin neugierig ein gereif-
tes Gesicht zu sehen. [...] Noch immer liegt hiesiger Ort unberührt von direktem Beschuß. Keiner*

---

[504] Brief von Georg Klohe an seinen Sohn Addi vom 7.2.1943 (Original in Privatbesitz), Kopie im
Kreismuseum.

weiß, was morgen sein wird. Aber unverzagt und furchtlos sehen wir der Zukunft entgehen. Glaubensvoll wird die neue Zeit nach Klarstellung der Zwistigkeiten erwartet. [...]"[505]

„Mein lieber Junge! [...], so daß wir alle die Auswirkungen des Krieges zu spüren bekommen. Aber nur guten Mut behalten, es muß alles so kommen, als Auswirkung geistigen Drucks einer ungerechten Welt. [...] Mein Junge, wir werden den Gang der Dinge nicht aufhalten können, wo wir aber Pflichten übernommen haben, wird Erfüllung und Treue gefordert werden. Du dort, ich hier, und wir empfangen wunschgemäß den Lohn, du dort, ich hier. Du siehst, wer sich hoffte vom Einsatz fernhalten zu können, wird doch Farbe bekennen müssen. Die Verhältnisse fordern es. Wie geht es deiner Mutter? Ist sie noch in der AEG tätig? Es ist sicher nicht leicht für sie, sie wird nun auch älter, und auf die erhoffte Stütze in diesen Tagen muß sie nun auch verzichten. Die absolute Regelmäßigkeit der Anforderungen an Liebe und Seele ist wie ein Training und so grüße ich dich bewußt herzlich in Wohlbefinden. Dein Vati. "[506]

Das erhoffte Wiedersehen zwischen Vater und Sohn konnte erst ein Jahr nach Kriegsende stattfinden, nachdem der Sohn aus sowjetischer Kriegsgefangenschaft entlassen worden war. Georg Klohe blieb nach der Befreiung des Restkommandos durch die amerikanischen Soldaten zunächst in Westfalen und bemühte sich hier um die Reorganisation und Neugründung von IBV-Versammlungen, bevor er als *Sonderpionier* von der WTG mit Sonderaufträgen eingesetzt wurde. Am 16. April 1946 erhielt er den Auftrag, in das Wiesbadener Büro zu gehen, um dort das Bethel, die neue Zentrale der deutschen Zeugen Jehovas, aufzubauen. Hier heiratete er ein zweites Mal. Zusammen mit seinen Glaubensbrüdern, von denen viele wie er die jahrelange Konzentrationslagerhaft überlebt hatten, engagierte er sich für den Aufbau der deutschen Wachtturm-Gesellschaft. Bis ins hohe Alter hinein verkündete er die Lehren seines Glaubens. Am 20. Oktober 1985 starb Georg Klohe im Alter von 91 Jahren.

2.3 Max Hollweg

Wegen illegaler Betätigung für die Internationale Bibelforscher-Vereinigung wurde Max Hollweg ins Konzentrationslager überwiesen. Er litt dort unter brutalen Mißhandlungen und schweren Krankheiten. Seinem Glauben blieb er treu.

Max Eugen Hollweg wurde am 7. Dezember 1910 als 16. Kind einer kinderreichen Bibelforscher-Familie in Remscheid geboren. Nach Ende des Ersten Weltkrieges zog die Familie auf das Land, da sie sich dort bessere Lebensumstände erhoffte. Mit neun Jahren mußte sich Max Hollweg sein Essen bei einem Bauern verdienen. Bereits als Schuljunge war er aktiv für die IBV tätig. Nach der Schulzeit arbeitete er zunächst als Knecht, da er als zu schwach für einen Lehrberuf galt. Erst mit 17 Jahren begann er eine

---

[505] Brief von Georg Klohe an seinen Sohn Addi vom 11.11.1944 (Original in Privatbesitz), Kopie im Kreismuseum.
[506] Brief von Georg Klohe an seinen Sohn Addi vom 20.11.1944 (Original in Privatbesitz), Kopie im Kreismuseum.

Abb. 58:
Max Hollweg während seiner
Ausbildung zum Maurer, ca.
1927 - 1928

Ausbildung als Maurer. Nach Beendigung seiner Lehre arbeitete er in der Tschechoslowakei. 1931 ließ er sich von den Zeugen Jehovas taufen und war anschließend zwei
Jahre als Missionar in Prag tätig. Nach der Machtergreifung der Nationalsozialisten
1933 ging er zurück nach Deutschland; seine Familie wohnte in Marienfels, einem Dorf
bei Niederlahnstein. Da er sich weigerte, sich einer nationalsozialistischen Organisation
anzuschließen, verlor er immer wieder seine Arbeitsstellen. Er arbeitete als Polier, als

Pflasterer oder als Hilfsarbeiter, bis er schließlich 1937 als Tagelöhner in einer Gärtnerei Arbeit fand. Durch seine zahlreichen Arbeitsplatzwechsel stand er unter ständiger polizeilicher Kontrolle. Trotzdem beteiligte sich Hollweg weiterhin an den illegalen Aktivitäten der mittlerweile verbotenen Bibelforscher-Vereinigung.[507] Am 20. Juni 1937 verteilten die Zeugen Jehovas in einer großangelegten Briefsendungs- und Flugblatt-aktion eine Schrift mit dem Titel *Offener Brief - an das bibelgläubige und Christus liebende Volk Deutschlands* in vielen Orten Deutschlands. In dem Brief wurden die Verbrechen des NS-Regimes angeprangert, um die Menschen davon zu überzeugen, sich vom *„barbarischen Hitler-Staat"* zu trennen und sich auf die Seite Gottes und seines König-reichs zu stellen.[508] Hollweg war für die Verbreitung der Briefe an die Kommunalbehör-den des Regierungsbezirks Koblenz verantwortlich.

„Wir bekamen diese Briefe und haben dann Korrektpapier und Freimarken gekauft und die Versen-dung geschah in der Wildnis in Übachtal unter Sträuchern mit Gummihandschuhen, daß man keine Abdrücke machen konnte. Und die Post wurde dann an verschiedenen Stellen, wo keine Zeugen Jehovas wohnten, in die Kästen geworfen."[509]

Die Nationalsozialisten reagierten mit einer erneuten Verhaftungswelle gegen die Bibelforscher, der auch Max Hollweg zum Opfer fiel. Er wurde in St. Goarshausen festgenommen, doch nach acht Tagen zunächst wieder entlassen. Eine erneute Verhaf-tung erfolgte im Jahre 1938. Da es die Gestapo aufgrund seiner Beliebtheit nicht wagte, ihn in seinem Heimatdorf zu verhaften, wurde er auf der Fahrt zum Krankenhaus in Bad Elmste, als er dort seine kranke Schwester besuchten wollte, inhaftiert. Er kam für ein Vierteljahr in Untersuchungshaft in das Polizeigefängnis nach Frankfurt. Die stän-digen Verhöre, die Mißhandlungen und die Einzelhaft belasteten ihn stark, so daß er magenkrank wurde und in diesem Zustand - ohne unter Anklage vor Gericht gestellt worden zu sein - in das KZ Buchenwald eingewiesen wurde.[510] Dort kam er sofort in die Strafkompanie und mußte unter brutalen Mißhandlungen seines Blockführers leiden, der ihn wiederholt blutig prügelte. Allein durch die Fürsorge eines Glaubens-bruders konnte er die Anfangszeit im Lager überleben. Zweimal mußte er in Buchen-wald ins gefürchtete Revier. Beim ersten Mal erkrankte er an einer Lungenentzündung und wurde mit 41 • C Fieber ins Revier gebracht. Der dortige Sanitäter, ein politischer Häftling, konnte ihn retten. Einige Wochen später litt Hollweg an einem Leistenbruch. Er wurde von jungen, unerfahrenen SS-Ärzten operiert und bereits nach neun Tagen wieder für arbeitsfähig erklärt. Bei der schweren Arbeit auf dem Holzhof brach die längst noch nicht verheilte Wunde jedoch sofort wieder auf. Aus Furcht vor weiteren Mißhandlungen versuchte er, trotz klaffender Wunde weiterzuarbeiten und einen Appell zu überstehen. Nach vier Stunden quälenden Wartens konnte er wegen Wund-

[507] Interview Max Hollweg.
[508] Jahrbuch der WTG, 1974, S. 156.
[509] Interview Max Hollweg.
[510] ZA Max H. (Rep. 118-921).

Abb. 59:
Max Hollweg im Alter von 20
Jahren, 1930

starrkrampfs nicht mehr gehen und wurde von seinen Glaubensbrüdern erneut ins
Revier gebracht. Nach einigen Wochen, die er teilweise als Hilfssanitäter im Revierbad
verbrachte, konnte er den Krankenbau wieder verlassen. Als Folge der brutalen Mißhandlungen und Krankheiten litt er seitdem an Schwächeanfällen, die auch nach 1945
anhielten.

Am 25. Mai 1940 kam er mit einem Transport von 100 Bibelforscher-Häftlingen nach
Wewelsburg und wurde im Kleinen Lager untergebracht. Hollweg wurde in verschie-
denen Arbeitskommandos eingesetzt, u. a. im Steinbruch, an der Burg und bei der
Tieferlegung des Platzes vor dem Wachgebäude mit Anlage eines Löschwasserbeckens.
An dem Berghang des ehemaligen Kleinen Lagers wurde die Waldsiedlung für SS-

154

Familien errichtet, Hollweg wurde in diesem Kommando als Polier eingesetzt. Er trug die Kapo-Binde und übernahm auch die Aufgaben eines Kapos, zu denen auch die Bestrafung der Häftlinge gehörte.

> „Wenn einer seinen Pflichten nicht nachkam, habe ich ihn in die Baubude gerufen und erst einmal lautstark zusammengestaucht. Wenn das nicht half, habe ich mit einer Latte auf die Zementsäcke geschlagen und gebrüllt: 'Du fauler Hund, zähl, wenn du nicht mitzählst, kriegst du die Schläge doppelt!' Nach den Schlägen klappte es meist besser."[511]

Nach einigen Wochen wurde er von einem brutalen BV-Häftling abgelöst, der die Häftlinge des Kommandos prügelnd zur Arbeit antrieb. Sein Versuch, Hollweg an die SS zu denunzieren, blieb erfolglos, da er wegen seiner handwerklichen Fähigkeiten bei der Bauleitung geschätzt war. Hollwegs Verhältnis zu den "kriminellen" und "asozialen" Häftlingsgruppen blieb gespannt. Er begründet das schlechte Verhältnis mit der unterschiedlichen Arbeitsmoral der Häftlingsgruppen:

> „Jetzt hatten die Berufsverbrecher und Asozialen auf mich einen großen Zorn, weil ich als Bibelforscher auch bei der Arbeit korrekt war. Ich habe mich nie beeinflussen lassen, und so herrschte fast immer ein gespanntes Verhältnis."[512]

Da ihn die SS als pflichtbewußten und gehorsamen Bibelforscher schätzte, wurde Hollweg für rund sechs Wochen als SS-Friseur eingesetzt, um die SS-Offiziere zu rasieren. Da er viel Geschick zeigte, wurde er Assistent des SS-Arztes und half bei kleineren Operationen. Ein SS-Führer ließ auch seine Familienangehörigen von Hollweg verarzten. Später wurde er als Sanitäter in der Revierbaracke eingesetzt, da der dortige Sanitäter Schleicher Hilfe benötigte. Über die dortigen Verhältnisse berichtet Hollweg:

> „Wir haben alte Hemden zerrissen und damit verbunden. Wir haben welche gehabt, die hatten Phlegmone. Das ist eine Eiterung unter der Haut, die das ganze Gewebe vernichtet, bis es dann an die Substanz geht. Wir konnten das Übel nicht beseitigen, weil wir keine operativen Möglichkeiten hatten. [...] Ja, es waren schreckliche Zustände."[513]

Zur Stärkung ihres Glaubens bemühten sich die Bibelforscher-Häftlinge, auch unter den Bedingungen des KZ Niederhagen ihr alljährliches Gedächtnismahl durchzuführen. Die Feierlichkeit fand in den Schlaf- oder Tagesräumen einiger Baracken statt, wenn die SS-Blockführer das Lager verlassen hatten. Da sie im KZ Niederhagen nicht in homogenen Bibelforscher-Baracken lebten, sondern mit anderen Häftlingsgruppen vermischt untergebracht waren, war ein unauffälliges Treffen besonders schwierig. Um

---

[511] Interview Max Hollweg.
[512] Interview Max Hollweg.
[513] Interview Max Hollweg.

Abb. 60:
Beim Treffen der Überlebenden
des KZ Niederhagen erzählt
Max Hollweg am ehemaligen
Schießstand von seinen Lager-
erfahrungen (vorne l. Alois
Moser, vorne r. Herbert
Schmidt), 15.5.1992

nicht von anderen Häftlingen verraten zu werden, mußten die Bibelforscher selbst zu Drohungen greifen.

> *„Das wurde mit den einzelnen, die ihre Gruppe ein bißchen beeinflussen konnten, gemacht. Es wurde von oben organisiert und gesagt: 'Wenn ihr etwas aus- bzw. weitersagt, dann geht's euch dreckig, denn wir wissen von euch genausoviel, achtet also auf die Verschwiegenheit.' Da war schon einiges nötig, um bei diesen Subjekten etwas Illegales zu machen."[514]*

[514] Interview Max Hollweg.

Nach der Auflösung des KZ Niederhagen im Frühjahr 1943, als Hollweg mit 41 weiteren Häftlingen im Restkommando in Wewelsburg blieb, wurden die Lebensbedingungen erträglicher. *„Bis '43, da hatten wir nur mit dem Überleben zu tun, da mußte die Gelegenheit wahrgenommen werden."*[515] Hollweg kannte die Wirtschaftsleiterin der Burg, Elfriede Wippermann, aus seinem Heimatort. Ihre Tochter Ruth hatte Hollweg bei den Bauarbeiten des Löschwasserbeckens vor dem Wachgebäude entdeckt und dies ihrer Mutter mitgeteilt. Frau Wippermann nahm Kontakt zu Hollwegs Mutter auf und übermittelte ihm heimlich ihre Briefe.[516] Während des Restkommandos setzte sich die Wirtschaftsleiterin besonders für die Häftlinge ein. Sie vernichtete die Meldungen der SS über kleine Vergehen der Häftlinge, so daß diese keine Bestrafungen durch die Leitung in Buchenwald, der das Kommando in Wewelsburg unterstellt war, erhielten.[517]

Hollweg selbst wurde mit der Kontrolle der Brandstätten im ehemaligen Konzentrationslager, das jetzt als Umsiedlungslager diente, beauftragt und konnte sich frei auf dem Gelände bewegen. Im Umsiedlungslager lernte er seine spätere Frau Mathilde Uhrig aus Doboy/Kroatien kennen. Sie befand sich seit dem 27. November 1944 in Wewelsburg. Nach der Befreiung des Restkommandos heirateten sie im Mai 1945 in Wewelsburg. Die für die Heirat notwendige Befreiung von der Vorlage des ausländischen Ehefähigkeitszeugnisses - Mathilde Uhrig hatte noch nicht die deutsche Staatsbürgerschaft erworben - mußte zuvor vom Landrat des Kreises Büren eingeholt werden.[518] Max Hollweg und seine Frau blieben in Wewelsburg wohnen und bezogen eine Wohnung in der Waldsiedlung, die von den SS-Familien auf der Flucht vor den heranrückenden amerikanischen Soldaten verlassen worden war. Sie zogen in das Haus des früheren SS-Führers Wilhelm Jordan, der als Archäologe auf der Wewelsburg gearbeitet hatte. Als Frau Jordan einige Wochen später Hollwegs aufsuchte und für ihre Kinder um einige Möbel bat, die sie auf der Flucht zurückgelassen hatte, gab Max Hollweg ihr Betten und Hausrat mit. Er bekam daraufhin Vorwürfe von der Militärpolizei zu hören, da keine Möbel aus dem Dorf entfernt werden sollten.[519] Hollweg kümmerte sich direkt nach der Befreiung des Lagers um die ärztliche Versorgung der örtlichen Bevölkerung.

„Ich war vollauf beschäftigt, erste Hilfe zu leisten. Es war in den ganzen Dörfern kein Arzt und deswegen hat man mich geholt, auch in der Nacht. [...] Wir sind mit dem Zug nach Büren und

---

[515] Interview Max Hollweg.
[516] Interview Max Hollweg.
[517] Bescheinigung von Max Hollweg für Frau Wippermann vom 23.9.1965, in: ZA Max H. (Rep. 118-921).
[518] Dokumente von Max Hollweg vom 30.5.1945 (StandesA Bü). Kurt Hüter, politischer Häftling des Restkommandos, heiratete ebenfalls im Mai 1945 eine Frau mit jugoslawischer Staatsbürgerschaft, die er im Umsiedlungslager kennengelernt hatte.
[519] Interview Max Hollweg. Bei der Anklage gegen den SS-Wissenschaftler Jordan setzte sich Hollweg mit entlastenden Aussagen für ihn ein. Jordan wurde daraufhin aus der Untersuchungshaft entlassen.

Siddinghausen gefahren, die Leute waren in Not. Wie ich schon sagte, waren es allein in Ahden fünf Wöchnerinnen. "[520]

1950 verließ er Wewelsburg und zog nach Schlangen. Dort eröffnete er eine eigene Heilpraktikerpraxis, die er noch heute betreibt. Für die sieben Jahre Konzentrationslagerhaft wurden ihm 12 000 DM Haftentschädigung zugesprochen. Die Jahre der Verfolgung von 1933 bis 1938, in denen er durch seine Weigerung, sich nationalsozialistischen Organisationen anzuschließen, ständig den Arbeitsplatz verloren hatte bzw. sich in Haft befand, wurden ihm bei seiner Rente allerdings nicht angerechnet. *„Sie sagten mir, daß ich in die Arbeitsfront hätte gehen sollen. Daß ich unter ständiger Polizeiaufsicht war, wurde nicht erwähnt. "*[521] Für die Verkündigung ihres Glaubens sind Max Hollweg und seine Frau Mathilde noch heute sehr aktiv. Über die Anfänge in Schlangen berichtet Hollweg:

---

[520] Interview Max Hollweg.
[521] Interview Max Hollweg.

„Wir haben beizeiten angefangen, und die Flüchtlinge sind die ersten gewesen, die den Grundstock legten. [...] In Bad Lippspringe bekamen wir kein Lokal, und dann habe ich in Schlangen einen Königreichssaal gebaut. Das waren so die ersten Anfänge, da waren wir 23 Verkünder. Nach drei Jahren hatten wir 86, und unser Wohnzimmer wurde zu klein. Nach dem Saalbau waren wir 160. Wir wurden dann geteilt, 40 kamen nach Hövelhof, so daß wir noch 120 waren. Wir waren immer aktiv, den Menschen zu helfen und Hoffnung für die Zukunft zu schöpfen."[522]

Max Hollweg ist interessiert an der Arbeit der Gedenkstätte in Wewelsburg und unterstützt durch zahlreiche Hinweise die Forschungen. Er nimmt an offiziellen Veranstaltungen der Gedenkstätte teil, so auch an dem Treffen der ehemaligen Häftlinge in Wewelsburg von 1992 und der Gedenkveranstaltung aus Anlaß des 50. Jahrestages der Befreiung des Restkommandos 1995, auf der er eine Rede hielt. Aber auch die Arbeit mit Schulklassen und Gruppen ist ihm wichtig, um den Jüngeren von seinen Erfahrungen berichten zu können.

„Ich schätze sie [die Arbeit des Kreismuseums] insofern, daß man wenigstens den Überlebenden nochmal die Chance gibt, sich als Menschen vorzustellen und nicht als Verbrecher. Ich habe in Detmold eine bittere Erfahrung gemacht. Dort mußte ich meine Formulare vorlegen, Rezeptpapiere, Kuranweisungen, usw. Als ich dort im Gesundheitsamt stand, sagte der Medizinalrat zu mir: 'Wenn ich zu sagen gehabt hätte, dann wären sie aus dem Zuchthaus nicht mehr herausgekommen.' "[523]

2.4   Joachim Escher

Als überzeugter Bibelforscher verweigerte Joachim Escher konsequent den Wehrdienst und wurde daraufhin von der Gestapo in KZ-Haft genommen. In Wewelsburg arbeitete er als SS-Kalfaktor.

Joachim Escher wurde am 9. November 1915 in Schalksmühle geboren. Sein Vater, ein Oberwalzmeister eines Walzwerks, und seine Mutter waren Zeugen Jehovas, so daß Escher und seine beiden jüngeren Brüder bereits seit ihrer frühen Kindheit mit den Bibelforscher-Schriften vertraut gemacht wurden. Seine persönliche religiöse Überzeugung gewann er vor allem aus dem Studium der Bibel. Nachdem er im Frühjahr 1933 seine Schulzeit auf dem Reform-Realgymnasium in Hagen-Haspe mit der Mittleren Reife abgeschlossen hatte, entschloß er sich zu einer landwirtschaftlichen Ausbildung zum Gutsverwalter in einem Lehrbetrieb in Xanten. Auf dem Lande hoffte er, weniger in Berührung mit der NSDAP zu kommen. Nach seiner Ausbildung wurde er 1935 für ein Jahr zum Reichsarbeitsdienst nach Darmstadt eingezogen. Diesem Dienst wollte er sich nicht verweigern, da er ihn als Dienst an der Gesellschaft empfand.[524] Anschlie-

---

[522] Interview Max Hollweg.
[523] Interview Max Hollweg.
[524] Interview Joachim Escher vom 25.9.1991.

Abb. 62:
Joachim Escher im Alter von 20
Jahren, 1935

ßend arbeitete er in verschiedenen landwirtschaftlichen Betrieben, bevor er 1937 zum Wehrdienst nach Ulm eingezogen wurde. Joachim Escher sah sich aber aufgrund seiner religiösen Überzeugung nicht in der Lage, die Pflichten eines Soldaten zu übernehmen. Als er sich weigerte, an der Vereidigung auf den Führer teilzunehmen, wurde er in Untersuchungshaft genommen. Sowohl die Wehrmachtskommandanten als auch katholische und evangelische Geistliche versuchten, ihn zur Leistung des Eides zu überreden, jedoch erfolglos. Bei der folgenden Gerichtsverhandlung wurde er zu neun Monaten Haft verurteilt.

> *„Ich habe gesagt: 'das ist unmöglich', denn ich habe gesagt: 'Das größte Gebot, liebe deinen Näch-*
> *sten wie dich selbst, Gott über alles, also und, du sollst nicht töten, auch ein ganz klares Gebot. Also*
> *für einen Christ kommt ein Waffendienst überhaupt nicht in Frage in dieser Form."*[525]

---

[525] Interview Joachim Escher vom 23.5.1991.

Zur Verbüßung der Haftstrafe wurde er ins Militärgefängnis in Germersheim gebracht. Da er dort weiterhin den "Hitler-Gruß" und militärische Ehrenbezeugungen verweigerte, wurde er in einem Standortlazarett auf seinen Geisteszustand hin untersucht. Vor dem Oberkriegsgericht in Wiesbaden wurde er anschließend wegen Gehorsamsverweigerung und Anstiftung zur Meuterei zu zwei Jahren Gefängnis und Dienstentlassung verurteilt. Escher legte Berufung ein, seine Strafe wurde daraufhin auf anderthalb Jahre reduziert. Einen großen Teil seiner Haftzeit verbrachte er in Einzelhaft, wurde aber auch zu Strafarbeiten eingesetzt. Bei Kriegsbeginn 1939 befand er sich im Straßenbaukommando Amberg des Zivilgefängnisses von Zweibrücken. Durch die kriegsbedingte Wehrmachtsamnestie wurde ihm das letzte halbe Jahr seiner Haftstrafe erlassen. Bei seiner Entlassung wurde er allerdings direkt von der Gestapo in Empfang genommen und verhört. Nach einigen Tagen wurde er ins KZ Sachsenhausen transportiert. Von dort gelangte er mit dem ersten Bibelforscher-Transport am 16. Februar 1940 nach Wewelsburg in das Kleine Lager. Zunächst arbeitete er im Steinbruch an der Burg.

> „Die [Arbeit] war sehr hart, die war schwer. Vor allen Dingen, weil es war Frühjahr 1940, es waren viele Regentage, nasse Tage, und dann war die Arbeit schwer, und wir waren oft naß. Und man mußte dann morgens wieder in die nasse Kleidung rein, und das war sehr, sehr unangenehm, man fror dann gleich. Es gab ja auch nicht viel zu essen, daß man sich innerlich da aufwärmen konnte. Das war schon eine harte Arbeit damals."[526]

Danach half er bei dem Aufbau des neuen Lagers im Niederhagen. Auch bei den Ausbauarbeiten im Nordturm der Wewelsburg wurde er eingesetzt. Anschließend wurde er Kalfaktor für die SS-Wachmannschaften.

> „Ich meine, die Lagerleitung; für alle Vertrauensposten wurden fast nur ausschließlich Zeugen Jehovas gebraucht, weil man genau wußte, man konnte sich auf die verlassen. Die machen keine Fluchtversuche und machen auch so keine Schwierigkeiten. Deswegen kamen wir alle in die Vertrauensposten rein. Ob das Kalfaktoren waren, in die Küche oder in die Kleiderkammer, bei der SS usw., überall hat man die in die Vertrauensstellungen [gebracht]."[527]

Als Kalfaktor konnte er sich auch außerhalb des Schutzhaftlagers frei bewegen. Tagsüber arbeitete er im SS-Küchen- und Kantinenbereich. Zu seinen Aufgaben gehörte es auch, den Wachposten auf den Wachtürmen das Essen zu bringen und die Wachtürme zu reinigen. Da er erst spät abends wieder in das Lager zurückkam, hatte er in dieser Zeit eher Kontakt zu SS-Leuten als zu anderen Häftlingen. Er traf dabei auf völlig unterschiedliche Verhaltensweisen der SS ihm gegenüber.

> „Bei der SS gab es auch Sadisten, ja, das stimmt. Da, einige, die [...] waren in ihrer Gesinnung auch richtige Sadisten. Die schlugen auch mal einen Kalfaktor zusammen wegen nichts und wieder nichts, wegen der geringsten Kleinigkeit. Ein anderer, Müller, das war auch mal ein Blockführer,

---

[526] Interview Joachim Escher vom 23.5.1991.
[527] Interview Joachim Escher vom 23.5.1991.

der war auch ein ganz ekelhafter Bursche, der konnte auch einige Häftlinge treten, das war nicht zum Ansehen. Während die Wachmannschaften, die so außen die Kommandos hatten, die haben sich in der Regel an nichts gestört, nicht? Die haben ihren Dienst gemacht und damit war es für die erledigt. Scharf waren nur so verschiedene Blockführer und so was, nicht? Das war schon schlimm. [528]

Er erinnert sich, daß er zu einem SS-Wachmann aus dem Ruhrgebiet ein besonders gutes Verhältnis hatte:

„Wenn ich da auf die Wache kam und wollte den Turm fegen und saubermachen, da sagte er: 'Kalfaktor, stell den Besen dahin, iß dich erstmal satt, und dann erzählen wir uns was.' [...] Normalerweise durften die sich ja nicht mit uns unterhalten. Das taten die aber trotzdem. Es waren da auch ganz vernünftige Leute, die keinen Haß auf uns hatten. [529]

Nach der Auflösung des KZ Niederhagen im Frühjahr 1943 wurde Escher nach Buchenwald verlegt. Der Wewelsburg-Transport erregte Aufsehen in Buchenwald, weil ein Großteil der Häftlinge schwach und unterernährt dort ankam. Escher wurde auch in Buchenwald als Kalfaktor eingesetzt. Er bekam einen weißen Drillichanzug und wurde in den sogenannten "Falkenhof" gebracht, in dem prominente Häftlinge inhaftiert waren. Dieses Gebäude befand sich außerhalb des Schutzhaftlagers und war von einem Palisadenzaun umgeben, innerhalb dessen sich die Häftlinge frei bewegen konnten. Escher mußte das Haus reinigen, Essen auftragen und das Geschirr spülen. Bei den Häftlingen, die er bedienen mußte, handelte es sich um zwei französische Politiker, den französischen Ministerpräsidenten Léon Blum und den ehemaligen Innenminister Georg Mandel. Bei der Hochzeit von Léon Blum mit Madame Reichenbach, die 1943 im Falkenhof von einem Standesbeamten von Weimar vollzogen wurde, waren Mandel und Escher Trauzeuge. Der einzige Kontakt, den Escher zum eigentlichen Lager halten konnte, lief über einen Häftling, der die Falken und die anderen Tiere der SS auf dem Falkenhof versorgte. Über ihn konnte er Neuigkeiten austauschen. Escher hatte die Möglichkeit, nachts mit Hilfe eines alten Radios der SS ausländische Sender abzuhören, so daß er über die Kriegslage informiert war. Außerdem erhielt er die normale SS-Verpflegung, und konnte so oftmals Lebensmittel abzweigen und den Mithäftlingen zukommen lassen.

Als die amerikanischen Soldaten im Frühjahr 1945 vorrückten, wurde das gefangene Ehepaar Blum nach Süddeutschland gebracht, Mandel war bereits vorher abtransportiert worden. Escher hatte kurze Zeit danach über das Radio erfahren, daß Mandel von der Vichy-Regierung hingerichtet worden war. Escher blieb zunächst im Falkenhof. Erst kurz vor der Befreiung des Lagers am 10. April 1945 wurde er in die Arrestzellen am Lagertor gebracht, dort erlebte er die letzten Stunden vor der Befreiung in Todesangst:

[528] Interview Joachim Escher vom 23.5.1991.
[529] Interview Joachim Escher vom 25.9.1991.

Abb. 63:
Nach dem Zweiten Weltkrieg
wurde Joachim Escher Ver-
waltungsinspektor, 1953

„Und dann nach einiger Zeit auf einmal hörte ich die Rufe draußen: 'Wir sind frei!' Und erst das Kommando: 'Postenkette einziehen.' Das war ein unbegreifliches Kommando. Wenn die Postenkette eingezogen wurde, war das Lager ja völlig ohne Bewachung. Und dann kurz darauf, da hörte ich die Rufe: 'Wir sind frei!' Da war inzwischen die Front so nahe gerückt, daß die SS geflüchtet ist. Ja, und dann gab es ein großes Gepoltere da auf dem Gang und dann, na ja, ich hatte mir schon gedacht, jetzt sind es die letzten Minuten hier, jetzt ist die allergrößte Gefahr, ob sie vielleicht noch alles, die Zellen eben öffnen und legen alles um, was sie in den Zellen noch haben. Aber das war nicht so. Da war da ein BVer, Hans Bär, den kannte ich von Wewelsburg her, der war mit auf Transport nach Buchenwald gegangen und der öffnete dann die Klappe an der Tür und dann sah *er mich da drin und dann sagte ich: 'Nun tu mal eine Spitzhacke her', und dann hab ich die Tür von innen aufgeschlagen und dann bin ich ins Lager gegangen. [...]"*[530]

Nach der Befreiung blieb er zunächst noch sechs Wochen im Lager, bis er seine Entlassungspapiere bekommen hatte. Dann besorgte er sich zusammen mit anderen ehemaligen Häftlingen einen Wagen und kehrte nach Schalksmühle zurück. Da seine Mutter während des Krieges nach Meinerzhagen umgezogen war, übernachtete er zunächst bei seiner späteren Frau. Sie heirateten 1946. Ihr Vater hatte am Grab seines Vaters die Begräbnisrede gehalten, kurz danach war er als Zeuge Jehovas in Schutzhaft genommen worden. Escher hatte ihn in Buchenwald wiedergetroffen. Joachim Escher ging mit seiner Frau nach Meinerzhagen und fand Arbeit in der dortigen Stadtverwaltung. Er machte seine Prüfung als Inspektor, besuchte die Verwaltungsakademie und wurde schließlich Stadtrentmeister. Sie bekamen vier Kinder.[531]

Joachim Escher hat die Konzentrationslagerzeit nicht vollständig verschwiegen oder verdrängt. In seiner Umgebung wurde er häufig auf seine Erfahrungen angesprochen.

> *„Da hat man uns gefragt und man hat auch Auskunft gegeben, wie das gewesen ist, die Leute wollten auch wissen, was im Lager geschehen war. Zum Beispiel an der Verwaltung, wo ich dann hinkam, die haben sich dafür interessiert. Und man hat darüber gesprochen, aber, na ja, jeder war überrascht, was sich da alles zugetragen hat, in der Zeit. Was man so nicht gewußt hatte, in diesen Details. Es ist ja auch so, wenn jemand aus dem Lager vorzeitig entlassen wurde, der hat auch wirklich nicht geredet, der hatte keine Lust, da noch mal hinzugehen, bloß weil er was sagen würde."*[532]

Andererseits äußerte er sich auch nicht gerne über die Zeit: *„Ich habe allgemein nicht groß über das Lager erzählt, weil das sind ja auch so negative Eindrücke im Grunde genommen, und die Leute möchten auch nicht so viel Negatives hören, nicht?"*[533] 1991 sprach er mit Mitarbeitern des Kreismuseums über seine Erfahrung im Konzentrationslager und die Zeit danach und resümierte:

> *„Ich habe jetzt soviel Abstand davon genommen, daß man da ohne weiteres darüber reden kann. Früher hat mich das vielleicht etwas mehr belastet, d. h. die ersten Jahre, da waren die Eindrücke doch noch sehr tief und - um mal so zu sagen - die dauernde Belastung, die Verfolgung, das saß einem doch immer noch so irgendwie im Unterbewußtsein im Nacken, so daß man nachts auch Alpträume hatte. Und das war sehr unangenehm, das hat ein paar Jahre gedauert, bis das so allmählich mal so abgeflaut ist. Das war schon schlecht."*[534]

Mit 62 Jahren ging Joachim Escher in den Ruhestand und eröffnete eine Praxis als Heilpraktiker, die er noch heute betreibt. 1992 beteiligte er sich mit seiner Tochter an

[530] Interview Joachim Escher vom 23.5.1991.
[531] Interview Joachim Escher vom 23.5.1991.
[532] Interview Joachim Escher vom 23.5.1991.
[533] Interview Joachim Escher vom 23.5.1991.
[534] Interview Joachim Escher vom 23.5.1991.

Abb. 64: Joachim Escher (l.) legt zusammen mit Friedrich Klingenberg (r.) und dem damaligen ASF-Freiwilligen Jona Königes während der Gedenkveranstaltung zum 50. Jahrestag der Befreiung des Konzentrationslagers Blumen auf dem Appellplatz nieder, 2.4.1995

dem Treffen der Überlebenden des KZ Niederhagen in Wewelsburg. Seitdem nimmt er immer wieder an Veranstaltungen und Gesprächen mit Schülern innerhalb der Gedenkstätte teil, um als Zeitzeuge seine Erfahrungen weiterzugeben; so auch an der Gedenkveranstaltung aus Anlaß des 50. Jahrestages der Befreiung des Konzentrationslagers in Wewelsburg im April 1995.

3.   Die politischen Häftlinge

3.1   Deutsche politische Häftlinge

Die deutschen politischen Häftlinge bildeten im KZ Niederhagen nur eine Gruppe von rund 100 Häftlingen. In größeren Lagern bauten sie häufig mit Hilfe der Funktionsämter eigene illegale Organisationssysteme auf, die nach den in der vorkonzentrationären Zeit entstandenen Parteistrukturen gebildet wurden und die Häftlingsselbstverwaltung durchdrangen. In Wewelsburg konnten sie nicht diesen Einfluß gewinnen, da sie zu wenig Funktionsämter besetzten. Aber sie bildeten eine enge solidarische Gruppe, die sich gegenseitig half und unterstützte.[535] Der politische Häftling Otto Preuss erinnert sich:

> *„Die Moral im Lager spielte eine ebenso große Rolle wie auch das Essen, ja. Die Tatsache, daß man wußte, man ist mit Freunden hier, wir sind zusammen, wir halten zusammen, der eine stützt dich, du kannst dich auf den verlassen, das spielte eine sehr, sehr große Rolle im Lager. Wenn man ein kleines Stückchen Brot schon bekam, das der andere sich vom Mund absparte, irgendwie ... Man kann das gar nicht beschreiben. Das war nicht das Stückchen Brot, die paar Kalorien."[536]*

Die Häftlinge mit dem roten Winkel orientierten sich an einer politischen Weltanschauung, vor allem an der kommunistischen oder sozialistischen. Diese politischen Ideologien boten ihnen ein Interpretationsmodell, in das die konzentrationäre Zeit eingeordnet werden konnte. Im Gegensatz zu den Anhängern der religiösen Glaubensrichtungen war die politische Überzeugung diesseitsbezogen und realitätsnäher. Die politisch Verfolgten sahen den Ausweg aus ihrer Situation in der Auseinandersetzung mit den realen, weltlichen Mächten. Ihre Zukunftsvorstellungen gingen mit der Bekämpfung des Nationalsozialismus einher. Sie hatten ein klares Feindbild vor Augen, das bekämpft werden mußte, damit die Gerechtigkeit siegen konnte.

Verbunden durch ihre gemeinsamen politischen Ziele und ihre Parteizugehörigkeit entwickelten sie kollektive, solidarische Verhaltensweisen zur Bewältigung der Extremsituation im Lager.[537] Die Zahl der im KZ Niederhagen gestorbenen politischen Häftlinge läßt sich nicht genau feststellen. Aufgrund der entwickelten Überlebensstrategien kann auf eine relativ niedrige Todesrate geschlossen werden.

3.1.1 Otto Preuss

Otto Preuss leistete politischen Widerstand gegen das nationalsozialistische Regime. Im belgischen Exil wurde er 1941 von der Gestapo verhaftet und in Schutzhaft genommen.

Preuss wurde am 29. März 1914 in Hamborn geboren. Da seine Mutter früh starb und sich sein Vater Otto durch seine Aktivität in der sozialistischen Bewegung häufig im Untergrund oder auf der Flucht befand, wuchs Otto Preuss die ersten Jahre seiner Kindheit im Waisenhaus auf. Erst als sein Vater erneut heiratete, zogen er und seine Schwester zu den Eltern.[538] Sein Vater prägte seine politische Haltung. Bereits vor Beginn seiner Lehre als Maurer, die er 1928 nach Beendigung seiner Schulzeit im Alter von 14 Jahren begann, wurde er Mitglied des Allgemeinen Deutschen Gewerkschaftsbundes. Gleichzeitig trat Preuss dem kommunistischen Jugendverband bei und wurde in der sozialistischen Arbeiterjugend tätig. Nach Beendigung seiner Lehrzeit wurde er

---

[535] ZA Otto P. (Rep. 118-922).
[536] Interview Otto Preuss vom 11.5.1984.
[537] PINGEL, Häftlinge, S. 173f.; SOFSKY, Die Ordnung des Terrors, S. 110f.
[538] Interview Otto Preuss vom 13.3.1996.

entlassen. Preuss beschloss, als Maurergeselle auf die Wanderschaft zu gehen, und kam so durch Österreich, die Tschechoslowakei, Italien und Ungarn. Nach der Machtergreifung der Nationalsozialisten wurde er am 19. März 1933 in Herford verhaftet.[539] Er wurde als führende Persönlichkeit der KPD verdächtigt. Bei einer Durchsuchung waren in seinem Zimmer Flugblätter, Druckschriften und anderes Werbematerial der KPD gefunden worden. Briefe aus dem Ausland ließen den Verdacht aufkommen, daß er seine *„kommunistischen Funktionen auch über die Grenzen Deutschlands"*[540] hinaus ausübe. Otto Preuss bestätigte die Arbeit in der sozialistischen Arbeiterjugend, stritt aber die Tätigkeit als kommunistischer Funktionär ab.[541] Nach seiner Entlassung im Mai 1933 ging er nach Minden und übernachtete illegal im Arbeitersportheim. Im Juli 1933 geriet er erneut in Haft. Durch die Unterstützung von Parteigenossen gelang ihm nach zwei Monaten zusammen mit drei Kameraden die Flucht über Holland nach Belgien. In Antwerpen wurden die Emigranten als politische Flüchtlinge anerkannt und durch den Sozialistischen Matteottifonds betreut. Otto Preuss beteiligte sich an der Arbeit der sozialistischen Antikriegsliga.[542] 1934 gründete er zusammen mit acht weiteren deutschen politischen Flüchtlingen eine *Agitprop*-Gruppe (Agitation-Propaganda-Gruppe). Als "Roode Rebellen" fuhren sie ab Ostern 1934 mit einem Automobil durch Flandern, um die belgische Bevölkerung vor den Kriegsvorbereitungen der Nationalsozialisten zu warnen. Nach acht Monaten wurde Preuss zusammen mit vier Kameraden von der belgischen Polizei festgenommen und nach Frankreich ausgewiesen. Er kehrte jedoch nach Belgien zurück und arbeitete weiter in politischen Gruppen. Nachdem er sich zwei Jahre illegal in Belgien aufgehalten hatte, erhielt er 1936 eine Aufenthaltsgenehmigung.[543]

Als im Mai 1940 die deutsche Wehrmacht in Belgien einmarschierte, mußte sich Otto Preuss zunächst bei der unter deutscher Aufsicht stehenden belgischen Polizei melden. Zusammen mit anderen deutschen politischen Flüchtlingen wurde er mit dem Zug nach Südfrankreich gebracht und dort interniert, bald konnte er aber wieder nach Belgien zurückkehren. Er beabsichtigte, in der Illegalität weiter gegen das Hitler-Regime zu kämpfen. Am 30. Oktober 1940 wurde er in Belgien vom deutschen Sicherheitsdienst verhaftet und zehn Tage später ins Polizeigefängnis nach Bielefeld überführt. Erst jetzt erfuhr er, daß ihm bereits vor zwei Jahren durch einen Erlaß des deutschen Innenministeriums vom 3. Dezember 1938 die deutsche Staatsbürgerschaft entzogen worden war. Er galt als "Staatenloser".[544] Im März 1941 kam er in das Gestapo-Gefängnis Berlin-Alexanderplatz. Am 25. März 1941 wurde Otto Preuss als staatenloser politischer Häftling mit rotem Winkel in das KZ Sachsenhausen überwiesen.[545] Er arbeitete

---

[539] Inhaftierungsakte von Otto Preuss vom 20.3.1933 (StA Dt Akte M 1lP Nr. 641).
[540] Abschrift des Durchsuchungsberichts vom 18.3.1933 (StA Dt Akte M 1lP Nr. 641).
[541] Haftbeschwerde von Otto Preuss vom 20.3.1933 (StA Dt Akte M 1lP Nr. 641).
[542] ZA Otto P. (Rep. 118-922).
[543] Gespräch mit Otto Preuss am 20.3.1996 im Kreismuseum.
[544] Erlaß des Innenministeriums vom 3.12.1938, in: Deutscher Reichsanzeiger und Preußischer Staatsanzeiger, Nr. 284, 6.12.1938.
[545] Interview Otto Preuss vom 11.5.1984.

dort in der Lagerproviantabteilung und versuchte, Kameraden mit zusätzlichen Lebensmittelrationen zu versorgen. Als die SS seine Hilfeleistungen entdeckte, sollte er in die Strafkompanie eingewiesen werden. Um ihn vor der drohenden Gefahr zu bewahren, setzten politische Kameraden, die in der Lagerschreibstube arbeiteten, seinen Namen auf die Liste eines anstehenden Transportes nach Wewelsburg.

„Ich habe da eine Aufgabe im Proviantraum gehabt. Wir haben da mehr Brot ausgeteilt für das Revier, also die Krankenbaracke, und auch für die Strafkompanie, weil die es am nötigsten hatten. Und dabei wurde ich erwischt, irgendwie, kam in die Strafkompanie. Und durch die Solidarität der Mitgefangenen war es mir möglich, auf einen Transport nach Wewelsburg, der schon feststand, auch mit Namen und Zahl, dort jemanden zu streichen von der Liste und mich auf diesen Transport zu setzen, weil ich ja 25 Stockhiebe zu erwarten hatte, die dann auch gewiß Krankheit oder Tod bedeutet hätten. Sie wissen ja, was Stockschläge auf's Gesäß bedeuten, auf dem Bock."[546]

Am 24. Oktober 1941 traf er mit rund 150 politischen und BV-Häftlingen im KZ Niederhagen ein. In Wewelsburg wurde er zunächst zur Erweiterung des Schutzhaftlagers und zu Ausschachtungsarbeiten für die Fundamente im Industriehof eingesetzt, später auch beim Aufbau des SS-Lagers. Als gelernter Maurer hatte er den Vorteil, im Arbeitskommando "Führerhaus I" zu arbeiten und Glaserarbeiten durchzuführen.

„Ich bin meistens immer im Lager gewesen - und im Haus Bartels. Ich habe erst mit an dem Feuerlöschteich gearbeitet, auf dem Appellplatz. Ich habe mit die Baracken gebaut und dann bin ich Lagerglaser gewesen. Für mich eine Rettung. Ich mußte den Kitt verarbeiten, den Ersatzkitt. Das war so eine braune Masse, in der Kälte war die steinhart, ja, die kam im kalten Winter in den Ofen."[547]

Untergebracht war Preuss in Block 3 und 1, wo er auch zeitweise Stubenältester war.

„Ich kam an und wurde im Block 1 eingewiesen. Und in dem schrecklichen Winter 41 auf 42 amüsierte sich die Nachtwache damit, vor den Eingangstüren zu Block A und zu Block B sich davorzustellen und dann mitten in der Nacht zu rufen 'Raus! Raus!', und dann in dem Schnee und Eis auf dem Appellplatz `Sport´ zu machen, im Hemd, ja, und dann war es ein besonderes Vergnügen, wenn sie auf dem Rücken der Häftlinge herumtrampeln konnte."[548]

Otto Preuss erinnert sich, daß die Beziehungen unter den politischen Häftlingen in Wewelsburg eng und intensiv waren. Die Solidarität untereinander half ihm, die Zeit im Lager besser zu überstehen.

[546] Interview Otto Preuss vom 11.5.1984.
[547] Gespräch mit Otto Preuss und Wewelsburger Bürgerinnen und Bürgern, 1984, Videoband im Kreismuseum.
[548] Interview Otto Preuss vom 11.5.1984.

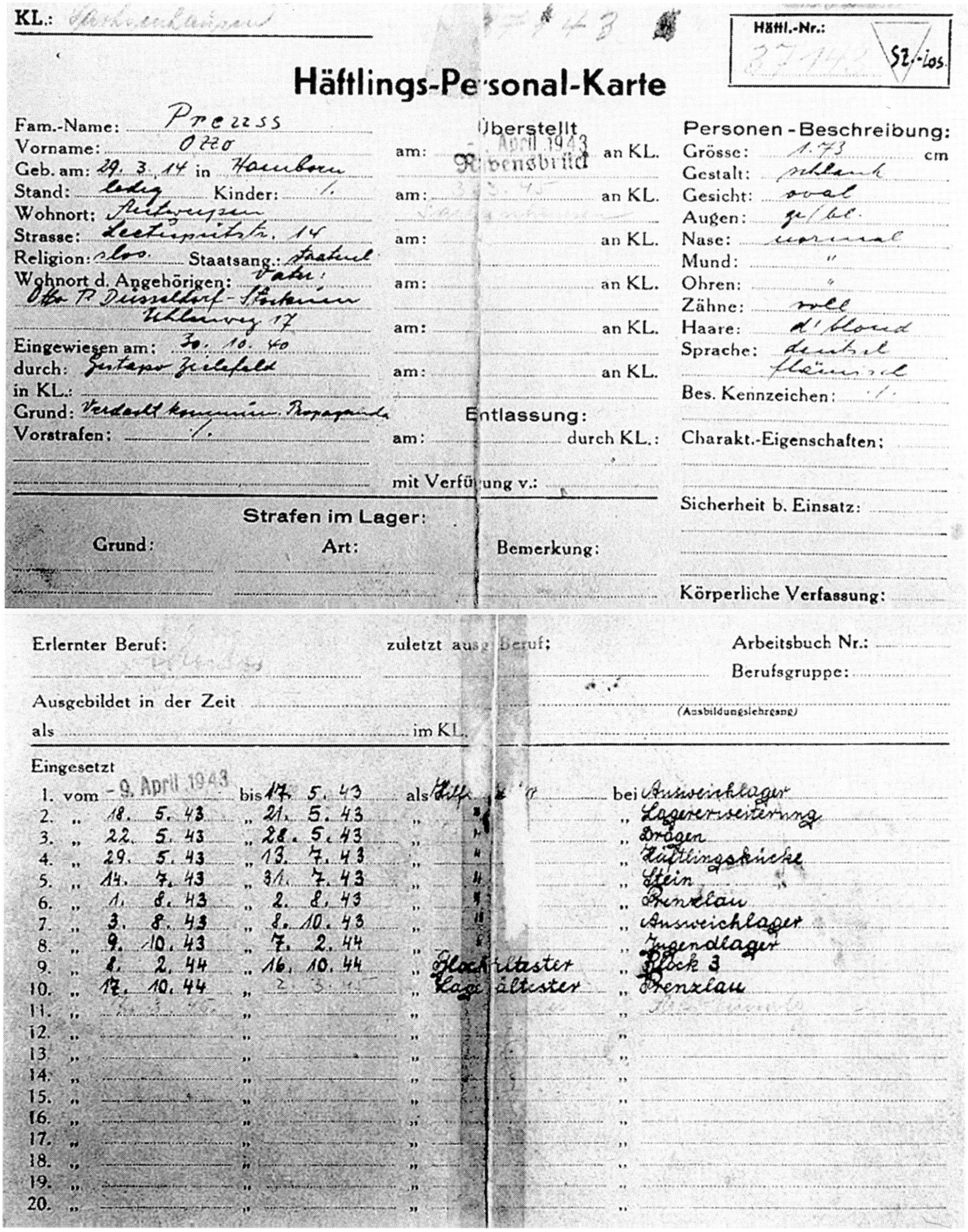

KL.: *[handwritten]*   H&Hl.-Nr.:

Häftlings-Personal-Karte

Fam.-Name: *Preuss*
Vorname: *Otto*
Geb. am: *29.3.14* in *Hamborn*
Stand: *ledig*   Kinder: *1*
Wohnort: *[handwritten]*
Strasse: *[handwritten] 14*
Religion: *[handwritten]*   Staatsang.: *[handwritten]*
Wohnort d. Angehörigen: *[handwritten]*
[handwritten] 17
Eingewiesen am: *30.10.40*
durch: *Gestapo [handwritten]*
in KL.:
Grund: *[handwritten] Propaganda*
Vorstrafen: */.*

Überstellt
am: *[April 1943]*   *Ravensbrück*   an KL.
am: _____ an KL.
am: _____ an KL.
am: _____ an KL.
am: _____ an KL.

Entlassung:
am: _____ durch KL.:

mit Verfügung v.:

Strafen im Lager:
Grund: Art: Bemerkung:

Personen-Beschreibung:
Grösse: *1.73* cm
Gestalt: *[handwritten]*
Gesicht: *oval*
Augen: *[handwritten]*
Nase: *normal*
Mund: *"*
Ohren: *"*
Zähne: *voll*
Haare: *d'blond*
Sprache: *deutsch*
flämisch
Bes. Kennzeichen: */.*

Charakt.-Eigenschaften:

Sicherheit b. Einsatz:

Körperliche Verfassung:

Erlernter Beruf: *[handwritten]*   zuletzt ausg. Beruf: Arbeitsbuch Nr.:
Berufsgruppe:

Ausgebildet in der Zeit _____   (Ausbildungslehrgang)
als _____ im KL.

Eingesetzt

Nr.	vom	bis	als	bei
1.	vom *9. April 1943*	bis *17.5.43*	als *Hilf*	*Ausweichlager*
2.	*18.5.43*	*21.5.43*	"	*Lagerverwertung*
3.	*22.5.43*	*28.5.43*	"	*Drögen*
4.	*29.5.43*	*13.7.43*	"	*Häftlingsküche*
5.	*14.7.43*	*31.7.43*	"	*Stein*
6.	*1.8.43*	*2.8.43*	"	*Prenzlau*
7.	*3.8.43*	*8.10.43*	"	*Ausweichlager*
8.	*9.10.43*	*7.2.44*	"	*Jugendlager*
9.	*1.2.44*	*16.10.44*	*Blockältester*	*Block 3*
10.	*17.10.44*	*[handwritten]*	*Lagerältester*	*Prenzlau*
11.			"	
12.			"	
13.			"	
14.			"	
15.			"	
16.			"	
17.			"	
18.			"	
19.			"	
20.			"	

Abb. 65: *Häftlingspersonalkarte des KZ Ravensbrück von Otto Preuss, ca. 1940 - 1945*

„Wir hatten Kontakte mit den russischen Gefangenen. Mit den Bibelforschern hatten wir weniger Kontakt, man konnte mit ihnen schlecht diskutieren eigentlich, wissen Sie. Mit den anderen, mit den ausländischen politischen Gefangenen hatten wir enge Kontakte. Ich kam ja auch z. B. aus Belgien, hatte also Kontakte mit deutschen Gefangenen ebenso wie mit unseren belgischen, ja, unseren belgischen und französischen Freunden, ja. Wir haben ja heute die Kontakte noch in den Freundeskreisen. [...]"[549]

Nach der Auflösung des KZ Niederhagen wurde er am 7. April 1943 in das KZ Ravensbrück verlegt. 1944 schrieb er hier zusammen mit zwei Kameraden das Lied:

„Die endlose Straße

1. Wir haben so manches Lager gebaut
und oft dem Tod ins Auge geschaut.
Uns kann nichts erschüttern,
uns macht keiner weich,
bei uns gilt der Kerl, die Farbe ist gleich.

Morgens und abends, Monat um Jahr,
müssen wir marschieren, doch eins ist uns klar:
scheint endlos die Straße, wir reißen Euch mit,
Die Hoffung auf Freiheit geht mit in uns'rem Schritt.

2. Wir haben im Emsland das Moor riolt,
da hat so manchen die Kugel geholt.
Stein in Buchenwalde, Sand in Ravensbrück.
Das Schicksal war hart, doch wir zwangen das Glück.

Morgens und abends, ...

3. Wir haben die endlose Straße erlebt
vor Hitze halb irr, vor Kälte gebebt.
Mal lacht uns der Bunker, mal winkt uns der Bock,
ein Lachen und Sang ist dennoch im Block.

Morgens und abends, ..."

Am 3. März 1945 wurde Preuss nach Sachsenhausen verlegt. Bei der Evakuierung des Lagers wurde er einem der Todesmärsche durch den Belower Wald zugeteilt. Er befand sich in einer gesonderten Arbeitseinsatz-Gruppe von 30 Häftlingen, die am Schluß der

---

[549] Interview Otto Preuss vom 11.5.1984.

Abb. 66: Zusammen mit seiner Agitprop-Gruppe zieht Otto Preuss (3. v. l.) durch Flandern und führt politische Theaterstücke auf, ca. 1936

rund 500 Häftlinge umfassenden Kolonne marschierte. Nach drei Tagen gelang ihm die Flucht.

> *„Ich mußte mit dem Arbeitseinsatz [marschieren]. Und am dritten Tage - die SS, die uns begleitete, mußte ebenso schlafen wie wir, das war unser Vorteil - haben wir einen Plan gefaßt: 'Wir machen das nicht mehr mit!' Wir sahen die Leichen links und rechts und haben die eine Zeitlang eingraben müssen, weil wir ungefähr die letzten waren. Da haben wir gesagt: 'Wir hauen ab'. Da sind viele abgehauen. Wir kamen durch eine Gegend, da war Morast und viel Wasser und wir haben gedacht: 'Diese Nacht geht's los'. Und dann haben wir uns zwei Handgranaten mitgenommen und die Pistole von einem SSler - und die schnarchten ja auch - und wir sind abgehauen. Da haben wir auch schon Pakete gehabt vom schwedischen Roten Kreuz und so weiter. Und wir haben uns auf einer Insel [einen Unterstand] ausgehöhlt, in der Nacht noch. Und dann haben wir uns ein Dach darübergemacht von gebrochenen Zweigen und dann haben wir uns getarnt, daß niemand sah - und das sah auch niemand - denn der Hügel war da und der Eingang von diesem Unterstand, da hatten wir einen Tannenbaum reingesetzt und so haben wir abgewartet."[550]*

---

[550] Interview Otto Preuss vom 20.3.1996.

Abb. 67:
Nach der Rückkehr nach Bel-
gien läßt sich Otto Preuss in
seiner Häftlingskleidung foto-
grafieren, Sommer 1945

Nach Kriegsende blieb Preuss eine Zeitlang im Repatriierungslager Bernau bei Berlin, bevor er am 25. Mai 1945 nach Belgien zurückkehrte. Als Folge der brutalen und entbehrungsreichen KZ-Haft litt er an einer lebensgefährlichen Lungenkrankheit, so daß er die ersten Nachkriegsjahre in Krankenhäusern und Sanatorien verbringen mußte.[551]

Später machte er sich beruflich selbständig und gründete ein Geschäft. Seine politische Arbeit setzte er fort und engagierte sich in verschiedenen Vereinigungen ehemaliger Häftlinge sowie in der Friedensbewegung. 1960 erhielt er die belgische Staatsangehörigkeit. Bei seinem ersten Besuch in Wewelsburg nach dem Krieg in den 1970er Jahren stieß Otto Preuss auf Schweigen und Distanz bei der Wewelsburger Bevölkerung.

[551] Gespräch mit Otto Preuss am 20.3.1996.

Abb. 68: Die Teilnehmer des Treffens der Überlebenden des Konzentrationslagers in Wewelsburg im Mai 1992: (vordere Reihe v. l. n. r.) Alois Moser, Leopold Engleitner, Gerhard Claus, Max Hollweg, Friedrich Klingenberg, Josef Rehwald, (hintere Reihe v. l. n. r.) Otto Preuss, Herbert Baron, Joachim Escher, Herbert Schmidt, Zbigniew Jaworski

„Ja, vor zehn Jahren war ich schon einmal hier, das war die Zeit, als man überhaupt nichts wußte vom Konzentrationslager. Ich kam in die Burg und frug nach dem Lager, nach dem ehemaligen Lager, weil ich ja Häftling war. Und da hat man mir gesagt, das hätte es hier nie gegeben. Natürlich habe ich dann auf den Busch geklopft. Und dann versuchte man, mir zu erklären, ja das war da, aber das war nicht so groß und das war nicht so schlimm, und die Baracken sind ja alle weg, wir haben das alles vergessen, usw."[552]

Erst nach seinem dritten Besuch in Wewelsburg „brach das Eis", wie er es ausdrückte.[553] In das Besucherbuch der Gedenkstätte schrieb er seine Empfindungen und Hoffnungen nieder:

„Den jugendlichen Besuchern dieser Mahn-Ausstellung. Als langjähriger Politischer Häftling verschiedener Konzentrationslager u. a. auch in Wewelsburg bin ich erschüttert beim Wiedersehen mit diesem schrecklichen miterlebten Geschehen. Den Ausstellungsverantwortlichen dankbar für eine solch sorgfältig genaue Aufarbeitung dieser dunklen Vergangenheit wünsche ich ihnen vollen

---

[552] Interview Otto Preuss vom 11.5.1984.
[553] Gespräch mit Otto Preuss im Mai 1984 im Kreismuseum.

Erfolg. Der Jugend wünsche ich, sich umfassend zu informieren über das Un-Wesen des Faschismus. Nur so kann sich solch unselige Periode nicht wiederholen. 11.5.1984 Otto Preuss, Antwerpen - Belgien. "[554]

Noch heute liegt ihm viel daran, vor allem mit jungen Besuchern der Gedenkstätte ins Gespräch zu kommen und sie durch seine Berichte und Erfahrungen zum Nachdenken anzuregen.

„Als wir im Lager waren, haben wir uns öfters gesagt: 'Ja, wenn wir jetzt rauskommen - wir wußten ja jetzt, die Freiheit winkt - was werden wir den Leuten erzählen? Die glauben das ja gar nicht.' Und da sind viele, die überhaupt nicht haben sprechen können darüber. "[555]

3.1.2   Hans Drach

Der ins sowjetische Exil emigrierte kommunistische Schriftsteller und Schauspieler Hans Drach wurde ein Opfer der stalinistischen Terrormaßnahmen und wurde im Zuge des Hitler-Stalin-Paktes an die Gestapo ausgeliefert. Er verfaßte u. a. die Lieder *Mein Vater wird gesucht, Lied des asturischen Bergarbeiterjungen, Kinderlied aus dem Dritten Reich, Solowki-Lied* und das Sing- und Tanzspiel *Wo ist Emilie?* Am 10. Dezember 1941 starb er im KZ Niederhagen.

Hans Drach wurde am 31. Mai 1914 in Genf/Schweiz als Sohn des Schriftstellers Fritz Drach und Anna Drach, geb. Goldmann, geboren. Er besuchte die Oberrealschule und schloß seine Schulbildung mit dem Abitur ab. Er sprach Englisch und Französisch. Als Schriftsteller und Schauspieler schloß er sich in Berlin der sozialistischen Bewegung an. Drach wurde Mitglied der Agitprop-Gruppe "Kolonne Links", die 1928 in Berlin-Steglitz von Arbeitersportlern der Wandersparte des Sportvereins "Fichte" gegründet worden war, um für die Idee des Sozialismus zu werben. Es wurden Texte geschrieben, Lieder und Theaterstücke einstudiert. Die Theateraufführungen wurden bei Veranstaltungen der Arbeiter in ganz Berlin gezeigt. 1929 spielte die "Kolonne Links" für die Internationale Arbeiterhilfe (IAH) überall in Deutschland. Die Werbeerfolge für die Rote Hilfe und die KPD wurden mit einer Gastspielreise in die Sowjetunion prämiert. Dort spielte die Gruppe vor den Kollektiven der ausländischen Spezialisten, die auf Einladung der Sowjetregierung beim Aufbau der Industrie halfen. Während ihrer Abwesenheit wurden neue Gesetze verkündet, die den Aktionsradius der Agitprop-Gruppen in Deutschland weiter einschränkten. In Berlin wurden sie ganz verboten. Daher beschloß die deutsche Sektion der Kommunistischen Internationalen, daß die Gruppe in der Sowjetunion bleiben sollte, um die *„kulturelle Betreuung der ausländischen Arbeiter in der Sowjetunion"* zu übernehmen. Die Nachricht erreichte die Gruppe jedoch nicht mehr rechtzeitig. Zurückgekehrt nach Deutschland, reiste ein Teil der Gruppe

---

[554] Eintragung vom 11.5.1984 ins Besucherbuch der Gedenkstätte, Original im Kreismuseum.
[555] Interview Otto Preuss vom 20.3.1996.

daraufhin direkt wieder mit dem Schiff von Bremerhaven über Wladiwostok nach Moskau. Dort gründeten sie das "Deutsche Theater der Arbeiterjugend Kolonne Links" und setzten ihre Agitationsarbeit fort.[556]

Man wird davon ausgehen können, daß Hans Drach ebenso wie die meisten deutschen kommunistischen Schriftsteller auf Weisung der kommunistischen Partei vor der Gestapo floh und in die Sowjetunion emigrierte. Die Kommunistische Internationale half in vielen Fällen bei der Beschaffung einer Einreisegenehmigung. Anschließend mußten sich die Emigranten um eine Aufenthaltsgenehmigung bemühen.[557] Auf einem *Fragebogen für die Aufnahme in den Club der ausländischen Arbeiter*[558] wird sein Einreisedatum mit Mai 1934 angegeben. Er ließ sich nicht in die Sowjetunion einbürgern, sondern behielt die deutsche Staatsbürgerschaft. Drach arbeitete zunächst am Deutschen Staatstheater in Engels in der Wolga-Republik. 1935 wurde er von Erwin Piscator, der auf Vorschlag von Gustav Fischer gebeten worden war, die künstlerische Betreuung eines dortigen Deutschen Theaters zu übernehmen, nach Dnjepropetrowsk geholt. Zusammen mit Mitgliedern der "Kolonne Links", der "Truppe 1931" und des "Roten Sprachrohres" gründeten sie das "Deutsche Kolchostheater Dnjepropetrowsk". Die künstlerische Leitung hatte Maxim Vallentin, der aus dem Prager Exil kam, übernommen.[559] Zahlreiche deutsche emigrierte Schauspieler schlossen sich dem Theater an. Das Lied *Mein Vater wird gesucht*[560] entstand innerhalb des Kolchostheaters in Dnjepropetrowsk. Gerda Kohlmey, die sich in der Prager Emigration befand, vertonte es. Es wurde von den Mitgliedern des Kolchostheaters in der Sowjetunion gesungen, fand aber auch in anderen Ländern der deutschen politischen Emigration Anklang.

Das "Deutsche Kolchostheater" wurde jedoch bereits nach einigen Tourneen im Spätsommer 1936 als Folge der mit Schauprozessen beginnenden Terror-Maßnahmen Stalins aufgelöst. In den folgenden Wochen wurden zahlreiche Exilanten wegen angeblicher Spitzeltätigkeiten denunziert, ausgewiesen oder verhaftet. Auch Hans Drach fiel dieser Verhaftungswelle zum Opfer.[561] Am 26. Dezember 1936 wurde er verhaftet. Es folgte eine Reihe von Gefängnis- und Lageraufenthalten. Hier verfaßte er das *Solowki-Lied*, eine Art "GULag-Pendant" zu dem KZ-Lied *Wir sind die Moorsoldaten*. Anfang 1940 wurde er ins "Butyrka"-Gefängnis in Moskau überstellt.[562]

---

[556] HELMUT DAMERIUS: Über zehn Meere zum Mittelpunkt der Welt. Erinnerungen an die "Kolonne Links", Berlin 1977, S. 239-242.

[557] DAVID PIKE: Deutsche Schriftsteller im sowjetischen Exil 1933-1945, Frankfurt 1981, S. 82-110.

[558] Fragebogen (RZM, Fond 495/op. 205).

[559] PIKE, Deutsche Schriftsteller im sowjetischen Exil, S. 196-200.

[560] *Mein Vater wird gesucht*, in: Lieder der Agitprop-Gruppen vor 1945. Das Lied - im Kampf geboren! Heft 2, (veröfftl. v.) Deutsche Akademie der Künste zu Berlin. Sektion Musik, Abteilung Arbeiterlied, Leipzig 1959, S. 152f.

[561] PIKE, Deutsche Schriftsteller im sowjetischen Exil, S. 417-458.

[562] Korrespondenz des Kreismuseums mit Reinhard Müller, Hamburg, 1992. Das "Butyrka" befand sich in dem Moskauer Vorort Butyrki.

Allgemeine Kartothek Nr: - - - - - .

F r a g e b o g e n
für die Aufnahme in den Klub der .... Arbeiter   X

Name: *Hans Drach*   Vorname: *Hans*

Geburtsdatum: *31. 5. 14.*   Staatsangehörigkeit: *Deutschl.*

Geburtsort: *gen).*   Nationalität:

verheiratet ? ~~ja nein~~   Kinder: ~~ja nein~~

Beruf: *Kino-Büro.*   Besondere Fachkenntnisse: *Theater.*

Betrieb und genaue Adresse desselben:
MORT Petrowka 10/ 69   Sache: *Kino Büro*

Partei: *KJVD*   seit *1932*   Gewerkschaft: *ja*
         Billet-Nr.   Billet-Nr.

Schulbildung: *Abitur Oberrealschule*   Spezialkenntnisse: *Engl. Franz. Theater.*

Berufsjahre: Stellung: *Techn. Sekretär.*

Hausadresse: *Boschaja Bronnaja. Dom. 8 KB. 38*   Haustelefon: ——
                                                    Betr. Tel. *3 70 80*

Für welches Arbeitsgebiet Sie sich interessieren und möchten Sie sich beteiligen
(Rückseite zur Beantwortung verwenden!)

Was können Sie auf Grund Ihrer Fachkenntnisse *Arbeit in Agitbrigade*
dem Klub bieten ?

Seit wann in der UdSSR ? *Mai 1934*

Hiermit ersuche ich um Aufnahme in den Klub.
Moskau, den   (Unterschrift)

Hiermit bestätigen wir, daß   Vom Betriebsrat zu bestätigen
Gen. *Drach*
bei uns beschäftigt ist   Unterschrift und Stempel

*Abb. 69: Neu gesetzte Abschrift des Fragebogens für die Aufnahme in den Club der ausländischen
Arbeiter von Hans Drach, ca. 1934 - 1935*

176

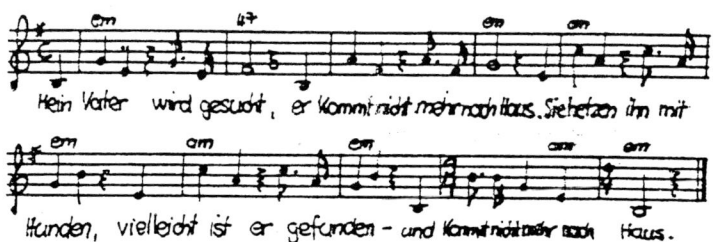

Mein Vater wird gesucht

Mein Vater wird gesucht, er kommt nicht mehr nach Haus. Sie hetzen ihn mit Hunden, vielleicht ist er gefunden – und kommt nicht mehr nach Haus.

1 Mein Vater wird gesucht,
   er kommt nicht mehr nach Haus.
   Sie hetzen ihn mit Hunden,
   vielleicht ist er gefunden –
   und kommt nicht mehr nach Haus.

2 Oft kam zu uns SA
   und fragte, wo er sei.
   Wir konnten es nicht sagen,
   sie haben uns geschlagen,
   wir schrien nicht dabei.

3 Die Mutter aber weint,
   wir lasen im Bericht,
   der Vater sei gefangen
   und hätt' sich aufgehangen –
   das glaub ich aber nicht.

4 Er hat uns doch gesagt,
   so etwas tät' er nicht.
   Es sagten die Genossen,
   SA hätt' ihn erschossen –
   ganz ohne ein Gericht.

5 Heut' weiß ich ganz genau,
   warum sie das getan.
   Wir werden doch vollenden,
   was er nicht konnt' beenden –
   und Vater geht voran!

Abb. 70: Das Lied Mein Vater wird gesucht *schrieb Hans Drach im Jahr 1935*

Von dort erfolgte seine Überstellung an die Gestapo. Nach dem Hitler-Stalin-Pakt von 1939 wurde eine große Anzahl von deutschen Emigranten an die Gestapo ausgeliefert. Hans Drach gehörte zu einem rund 30 Personen starken Transport, in dem sich auch Margarete Buber-Neumann, Hans Bloch und Klara Vater befanden, der nach Brest-Litowsk gebracht und dort der Gestapo ausgeliefert wurde. Margarete Buber-Neumann erinnert sich:

„Der Gefängniswaggon wurde rangiert. Unsere Abteile hatten keine Fenster. Durch das Gitter über dem Gang konnte man etwas von der Außenwelt sehen. [...] In den Männerabteilen begannen sie zu singen, mit besonderer Begeisterung das ´Solowki-Lied´, mit Text von einem jungen deutschen Schauspieler namens Drach, der mit im Transport war. [...] Es war wohl am dritten Tag früh, am 7. oder 8. Februar 1940, als uns die Männer zuriefen: 'Wir haben Minsk schon passiert und fahren in der Richtung nach Polen weiter!' Da sangen sie nicht mehr, und die munteren Zurufe verstummten. [...] Die Angst saß uns in der Kehle. Erst jetzt merkte ich, wie sehr ich mich, wider alle Vernunft, an die Hoffnung geklammert hatte, über die litauische Grenze in das Ausland abgeschoben zu werden. [...] Noch einmal erscholl der Ruf: 'Fertigmachen mit Sachen!' Die Gitter wurden aufgeschlossen, und wir schoben uns hinaus, kletterten die hohen Stufen auf Eisenbahngleise hinunter und standen fröstelnd in der eisigen Winterluft. Von weitem konnte man

einen Bahnhof sehen, und wir entzifferten das Schild: Brest-Litowsk."[563]

Hier verliert sich die Spur von Hans Drach. Es ist nicht geklärt, wohin ihn die Gestapo brachte. Erst am 22. Oktober 1941 erscheint sein Name auf der Liste eines Häftlingstransportes aus dem KZ Sachsenhausen in das KZ Niederhagen. Er wurde als politischer Häftling mit der Häftlingsnummer 39 400 geführt. Der Transport umfaßte 100 Häftlinge, darunter Deutsche, Polen, Franzosen und Tschechen.[564] Bereits sieben Wochen später wurde die Todesanzeige von Hans Drach geschrieben. Am 10. Dezember 1941 starb der junge Schriftsteller in Wewelsburg. Die offizielle Todesursache lautet "Selbstmord infolge Erhängen".[565] Die Wahrheit über Drachs Todesumstände läßt sich nicht mehr aufklären. Die SS nutzte die Todesursache "Selbstmord" häufig, um tödliche Folgen von Gewaltanwendungen und Folterung zu verdecken. Die Parallelen von Drachs ungeklärtem Tod zu seinem Lied *Mein Vater wird gesucht* drängen sich auf.

3.1.3 Paul Ulbricht

Aufgrund einer "staatsfeindlichen Äußerung" wurde der Verwaltungsinspektor Paul Ulbricht aus seiner bürgerlichen Existenz herausgerissen und in Strafhaft genommen. Seit 1941 befand er sich im Konzentrationslager. Die Bemühungen seiner Tochter ihn zu rehabilitieren, scheiterten. Am 8. Februar 1943 starb er im KZ Niederhagen an "Herzschwäche und Darmkatarrh".
Paul Ulbricht wurde am 13. März 1887 in Freiberg/Sachsen geboren. Nach seiner Schulausbildung wurde er Beamter und absolvierte eine Inspektorenprüfung. Im Ersten Weltkrieg wurde er mit mehreren Auszeichnungen bedacht. Er wurde Inspektor bei der Stadtverwaltung Limbach in Sachsen. Nach der nationalsozialistischen Machtergreifung geriet er als aktiver Sozialdemokrat im Frühjahr 1933 in die erste Verhaftungswelle der Nationalsozialisten, die sich vor allem gegen ihre politischen Gegner, die Sozialdemokraten und Kommunisten, richtete. Er wurde zwar nach kurzer Zeit entlassen, aber seitdem bespitzelt. Als Verwaltungsinspektor war Ulbricht seit Kriegsbeginn für die Brennstoffverteilung in Limbach verantwortlich. Durch die Verknappung der Kohlevorräte im Winter 1940 mußte er sich gegen aggressive Anfeindungen zur Wehr setzen. Dabei soll er verärgert einem Bürger, der mehr Kohlen forderte, geantwortet haben: *„Dann holt sie euch doch bei Göring!"*[566] Ulbricht wurde Opfer einer Denunziation. Am 6. März 1940 wurde er wegen dieser "staatsfeindlichen Äußerung"

---

[563] BUBER-NEUMANN: Als Gefangene bei Stalin und Hitler, S. 150-153.
[564] Transportliste (SH R 214 M 55, S. 13; Sonderarchiv).
[565] Todesanzeige vom 10.12.1941 (StandesA Bü, Sterberegister 1941).
[566] Gespräch mit Herrn Prof. Schumann, dem Enkel von Paul Ulbricht, am 25.6.1996.

178

Abb. 71:
Paul Ulbricht bei einem Spa-
ziergang im Wald, ca. 1928 -
1930

verhaftet. Das Sondergericht Dresden verurteilte ihn am 25. Juli 1940 nach den Bestimmungen des *Heimtücke-Gesetzes* zu einem Jahr Strafhaft. Dieses Gesetz war 1934
erlassen worden, um jede öffentliche Kritik gegen das nationalsozialistische Regime
unter Strafe stellen zu können.[566] Als Folge der Verurteilung wurde Paul Ulbricht aus
dem Beamtenverhältnis entlassen und verlor sämtliche Pensionsansprüche.[567] Sofort
nach der Urteilsverkündung bemühte er sich zusammen mit seiner Tochter Hildegart
und deren Ehemann Albert Schumann um Rehabilitierung.

---

[566] BERNWARD DÖRNER: Gestapo und "Heimtücke". Zur Praxis der Geheimen Staatspolizei bei der
Verfolgung von Verstößen gegen das "Heimtücke-Gesetz", in: GERHARD PAUL, KLAUS-MICHAEL
MALLMANN (Hg.): Die Gestapo - Mythos und Realität, Darmstadt 1995, S. 325-342.
[567] Schreiben des Bürgermeister von Limbach an Paul Ulbricht vom 23.9.1940 (Original in Privatbesitz), Kopie im Kreismuseum.

Die Briefe, die Paul Ulbricht aus der Zuchthaushaft an seine Tochter Hildegart schrieb, sind erhalten. Sie geben trotz ihrer eingeschränkten Ausdrucksweise aufgrund der Zensurbestimmungen einen Einblick in seine Gedanken und Hoffnungen auf eine baldige Freilassung.

> „Mein liebes, gutes Kind! Vor 23 Jahren um die gleiche Zeit, da gab es auch ein Weihnacht ohne Vater! Vater war damals im Schützengraben, ein einziger, kleiner Tannenzweig der Träger der Empfindungen und Hoffnungen! Hätte ich damals ahnen können, daß es 1940 noch trauriger würde? Kein Heeresdienst ists, der mich fernhält! Keine Missetat, die Ursache meines und damit Euren Leids! Und dennoch: Ich muß fernbleiben, noch viel ärmer, da ich ja auch dazu noch die Existenz verlor! Je mehr ich darüber grüble, umso öfter stelle ich mir die Frage, ob ich wirklich noch im 'Lande der Väter' bin. Um Deinetwillen und um der Enkel willen will ich aber nicht verzagen und Dich, mein herzgeliebtes einziges Kind, sogar ermuntern, auf 'bessere Zeiten in Bälde' mit zu hoffen. [...]"[568]

In seinem letzten Brief aus der Strafhaft wird seine Freude über die bevorstehende Entlassung deutlich. In Gedanken hat er bereits Pläne für einen beruflichen Neubeginn geschmiedet, ebenso drückt er Hoffnungen auf die Wiedererlangung seiner Pensionsansprüche aus.

> „Meine Lieben! Herzlichen Dank für die Zeilen vom 14. II., vom 8. III., f. die Karte aus Bitterfeld sowie für die telegraphischen Geburtstagswünsche. Auch der Sommerüberzieher ging - mustergültig gepackt - am 28.II. ein. Vergelts Gott! [...] Parole: 9. In reichlich 8 Tagen werde ich in Marsch gesetzt. <u>Die</u> Zeit ist also nun auch zu Ende gegangen. Ich hoffe, daß ich mich nach einigen Tagen Erholung fleißig auf kaufmännische Arbeiten stürzen kann, vormittags bei Schumanns und nachmittags - wegen des Taschengeldes und der Miete - in irgendeinem Betriebe, der in der Nähe liegt. Inzwischen lasse ich das Gesuch um Gewährung von Pension laufen. Vielleicht läßt sich sogar Wiedereinstellung erreichen, da ich annehme, daß Berliner Auffassungen weitherziger sind, als die sächsischen. So gesehen dürfte es nicht falsch sein, wenn ich inbezug auf Privatstellung zzt. auf große Rosinen verzichte. Die Hauptsache jedenfalls ist: Wir haben uns wieder, damit wir besser durchhalten können. Und Albert, mein künftiger Tabakfabrikant bzw. -Lieferant, kann ruhiger seinen militärischen Pflichten nachkommen. Zum Umzug Eures Betriebes übermittle ich mit der Bitte um Verzeihung nachträglich herzliche Wohlergehenswünsche. Möge der neue Ausgangspunkt alle Euere Wünsche erfüllen, am Ausgange dieses neuen Weges ein: 'Kommerzienrat Schumann' stehen, der nie in seinem Leben 'Heftpflaster' nötig gehabt hat. -- Liebe Hildemaus! Wenn Du am 26. dss. zur Gestapo gehst, dann darfst Du deine Bitte um meine sofortige Freilassung mit dem Hinweis aufs Urteil begründen. Im Urteil, zu dem sich unter Nachsichtigen sehr viel sagen ließe, ist ausdrücklich festgestellt worden, daß die 'Strafe' <u>hart</u> hätte ausfallen müssen. Noch <u>härter</u> ist ja inzwischen eine Nebenstrafe ausgefallen, nämlich die des Amtsverlustes, die mich um den Erfolg von 33 Dienstjahren und - kapitalisiert - um den Verlust von 90 000 RM bringt. Auf die 3. Form der Deklination, nämlich am <u>härtesten</u> zu sein, könnte angesichts meines Dramas die Gestapo wohl verzichten. Du wirst, liebste Hilde, schon erreichen, was uns erlöst. Alles Weitere kommt dann von selbst. Auf die avisierten Maccaroni freue ich mich schon heute. Gesund bin ich

[568] Brief von Paul Ulbricht aus der Gefangenenanstalt Dresden an seine Tochter vom 22.12.1940 (Original in Privatbesitz), Kopie im Kreismuseum.

Abb. 72:
Paul Ulbricht unternimmt
einen Ausflug mit seiner Toch-
ter Hilde, ca. 1928 - 1930

Gott sei dank immer noch. Dem Kieferschwund - Paradontose - werde ich sofort nach meiner
Rückkehr mit homöopathischen Mitteln zu Leibe gehen. In Erwartung eines baldigen, gesunden
Wiedersehens grüßt und küßt Euch alle im Geiste herzlichst Euer abgeklärter Vater und Opa"[569]

Paul Ulbrichts Befürchtungen, die er am Ende des letzten Briefes andeutet, bewahr-
heiteten sich allerdings. Statt der Freilassung nach Verbüßung der einjährigen Haftstrafe wurde er von der Gestapo in Schutzhaft genommen und nach Sachsenhausen
überwiesen. Hildegart, die nicht über die erneute Haft informiert wurde, stellte beunruhigt Nachforschungen über den Verbleib ihres Vaters an. Erst am 4. Juli 1941 erhielt sie
Nachricht vom Lagerkommandanten von Sachsenhausen.

---

[569] Brief von Paul Ulbricht aus der Gefangenenanstalt Dresden an seine Tochter vom 16.3.1941
(Original in Privatbesitz), Kopie im Kreismuseum.

„Auf Ihr Schreiben vom 23.v.M. teilt die Kmdtr. des K.L. Sachsenhausen mit, daß Ihr Vater Paul Ulbricht gesund im hiesigen Lager einsitzt. Inzwischen werden Sie auch den Brief Ihres Vaters, vom 29.6.41 erhalten haben. Ihr Vater ist angehalten worden, regelmäßig zu schreiben."[570]

Der angekündigte Brief ihres Vaters blieb jedoch aus. Durch erneutes Nachforschen erfuhr sie, daß die Briefe von der Zensur zurückgehalten worden waren.[571] Anfang des Jahres 1942 wurde Paul Ulbricht nach Wewelsburg verlegt; die Tochter erhielt nun die Briefe aus dem KZ Niederhagen. Der erste Brief war auf den 22. Februar 1942 datiert.

„Mein liebes, gutes Kind! Wohlauf sende ich Euch nach längerer Unterbrechung des Briefwechsels recht herzl. Grüße. Dein Weihnachtspaket erhielt ich rechtzeitig; auch dafür herzl. Dank. - Gleichzeitig bestätige ich Dir, liebe Hilde, seit dem Weggang von Chemnitz den Empfang von 3x 20 RM. - Was macht Euer Geschäftsbetrieb, was die Gesundheit, vor allem von Albert? [...] Der Kommandantur schreibe nicht nochmal, da sie auf solche Anfragen mangels Zeit nicht eingehen kann. [...]"[572]

Der Postempfang war auf zwei Briefe im Monat beschränkt, er durfte nur einen Brief im Monat zurücksenden. Trotz der strengen Zensurbestimmungen und der vorgedruckten Formulare, die nur wenig Text zuließen, bemühte sich Paul Ulbricht, weiter am Familienleben teilzuhaben. Eindringlich dankte er seiner Tochter, daß sie sich weiterhin für seine Freilassung einsetzte.

„Meine liebste, gute Tochter! Herzlichen Dank für Deinen Brief v. 29.IV.42 und die inzw. gelandeten RM 20,-. Im vorherein: Du darfst - siehe oben- nun nicht mehr als 4 Seiten à 15 Zeilen schreiben. Unserem Heinz zu seinem Wiegenfeste nachträgl. herzl. Glückwünsche für gutes Fortkommen in schwerer Zeit. - Gar herzl. Dank Dir, mein liebes Kind für Deine umfangreichen Bemühungen. In den Briefen v. 3.III. und 29.4.42 stellst Du je eine Frage, die ich beide bejahen möchte. Mir geht es nach wie vor gut; sorge Dich in keiner Weise und bleibt vor allem recht gesund, nicht zuletzt in wirtschaftlicher Hinsicht. Grüße Bleiwitz und seid selbst alle innigst gegrüßt vom außerordentlich dankbaren Vater."[573]

Da ihr Mann Albert bei der Wehrmacht war, mußte sich Hilde allein um die Gesuche und Behördengänge kümmern. Ihre Bemühungen blieben erfolglos. Das Schreiben des Chefs der Sicherheitspolizei und des SD vom 28. November 1942 zerstörte ihre Hoffnung auf eine baldige Entlassung ihres Vaters.

---

[570] Schreiben des Lagerkommandanten des KZ Sachsenhausen an Hilde Schumann vom 4.7.1941 (Original in Privatbesitz), Kopie im Kreismuseum.

[571] Schreiben von der Kommandantur des KZ Sachsenhausen an Hilde Schumann vom 5./12.8.1941 (Original in Privatbesitz), Kopie im Kreismuseum.

[572] Brief von Paul Ulbricht aus dem KZ Niederhagen an seine Tochter vom 22.2.1942 (Original in Privatbesitz), Kopie im Kreismuseum.

[573] Brief von Paul Ulbricht an seine Tochter vom 17. Mai 1942 (Original in Privatbesitz), Kopie im Kreismuseum.

Abb. 73:   Paul Ulbricht mit seinem Schwiegersohn Albert Schumann und seinem Enkel Klaus, ca. 1936

„[...] Nach eingehender Prüfung und unter Würdigung aller Begleitumstände bin ich zu der Überzeugung gelangt, dass die Gründe für die Schutzhaft zurzeit unverändert fortbestehen. Ich bedaure deshalb, Ihnen mitteilen zu müssen, dass eine Entlassung Ihres Schwiegervaters im Hinblick auf die Schwere der ihm zur Last gelegten Vorwürfe und die Gefährdung der öffentlichen Sicherheit zurzeit noch nicht erfolgen kann. Ich werde jedoch nach Wegfall aller entgegenstehenden Umstände die von Ihnen beantragte Entlassung unverzüglich verfügen."[574]

Paul Ulbricht erwartete unruhig und besorgt den kommenden Winter, wie es im Brief vom 1. November 1942 deutlich wird. Noch immer klammerte er sich an ein baldiges Wiedersehen in Freiheit.

„Meine herzensgute Hilde! Diesmal dürften sich unsere Briefe kreuzen. Ich bin noch immer wohlauf. Das Wetter ist erträglich lau, meinetwegen kann aber der zu erwartende Winter ruhig auf seine Herrschaft verzichten. Ich gebe dessen ungeachtet die Hoffnung nicht auf, daß wir uns in Bälde wiedersehen. Euch wünsche ich bis dahin gute Gesundheit und auch wirtschaftl. Wohlergehen. War die Lotterie einem Durchfall gleich? Hast Du Kartoffeln von Müller, Bräunsdorf

---

[574] Brief des Chefs der Sipo und des SD an den Gefreiten Albert Schumann z. Hd. der Ehefrau Hildegart Schumann vom 28. November 1942 (Original in Privatbesitz), Kopie im Kreismuseum.

erhalten? Was macht man in Limbach? Frage doch mal v. Blochwitz, den ich zu grüßen bitte. Nun seid alle, Ihr Lieben, herzlich gegrüßt und geküßt von Vater."[575]

Doch diesen Winter überlebte Paul Ulbricht nicht mehr. Sein letzter Brief ist sehr kurz, seine Schrift ist unregelmäßig und schlecht lesbar geworden.

„Herzensgute Kinder! Alle Eure Herzlichkeiten sind wohlbehalten eingetroffen, auch die Fischkons. war diesmal einwandfrei. Für alle Sorge und Mühe allerherzl. Dank. Mir geht es gut; alles Gute wünsche ich auf Euch herab und - wie gesagt - bald einen glücklichen, völlig befreienden Frieden. In diesem Sinne herzl. Grüße und Küsse vom Vater. Im nächsten Brief mehr."[576]

Zwei Wochen später erhielt Hilde die Mitteilung vom Kommandanten des KZ Niederhagen, daß ihr Vater *„am 8.2.1943 an den Folgen einer Herzschwäche und Darmkatarrhs verstorben"* sei.[577] In einem zweiten Brief betont der Lagerkommandant Haas auf geradezu zynische Weise die angeblichen ärztlichen Bemühungen, Paul Ulbricht zu retten.

„[...] Ihr Vater meldete sich am 31. Januar 1943 krank und wurde daraufhin unter Aufnahme im Krankenbau in ärztliche Behandlung genommen. Es wurde ihm die bestmögliche medikamentöse und pflegerische Behandlung zuteil. Trotz aller ärztlichen Bemühungen gelang es nicht, der Krankheit Herr zu werden. Ich sprechen Ihnen zu diesem Verlust mein Beileid aus. Ihr Vater hat keine letzten Wünsche geäußert. Ich habe die Effekten-Kammer meines Lagers angewiesen, den Nachlaß an Ihre Anschrift zu senden."[578]

3.2   Polnische politische Häftlinge

Die polnischen Häftlinge waren die ersten nichtdeutschen politischen Häftlinge in den nationalsozialistischen Konzentrationslagern. Zur Unterscheidung wurde der rote Winkel, den sie trugen, mit einem "P" zur Kennzeichnung ihres Heimatlandes versehen. Die polnischen Häftlinge bildeten im KZ Niederhagen eine große Häftlingsgruppe. Am 31. März 1942 traf ein großer Transport mit Polen, Juden und Deutschen verschiedener Häftlingskategorien aus Sachsenhausen ein. Bereits vorher kamen einzelne polnische Häftlinge nach Wewelsburg.[579]

---

[575] Brief von Paul Ulbricht an seine Tochter vom 1.11.1942 (Original in Privatbesitz), Kopie im Kreismuseum.

[576] Brief von Paul Ulbricht an seine Tochter vom 24.1.1943 (Original in Privatbesitz), Kopie im Kreismuseum.

[577] Schreiben der Lagerkommandantur des KZ Niederhagen an Hilde Schumann vom 8.2.1943 (Original in Privatbesitz), Kopie im Kreismuseum.

[578] Schreiben des Lagerkommandanten Haas an Hilde Schumann vom 9.2.1943 (Original in Privatbesitz), Kopie im Kreismuseum.

[579] ZA Wettin M. (Rep. 118-933); PINGEL, Häftlinge, S. 96. Die polnischen Häftlinge bildeten in den meisten Lagern von 1940 - 1942 die größte ausländische Häftlingsgruppe, dann kamen verstärkt sowjetische Gefangene in die Lager.

Nur kurze Zeit nach Kriegsbeginn waren die ersten polnischen Gefangenen durch Verfolgungsaktionen gegen mutmaßliche Widerstandskämpfer inhaftiert und als "Heckenschützen" in die Konzentrationslager transportiert worden. Neben den polnischen Kriegsgefangenen und den Häftlingen, die wegen tatsächlicher oder vermeintlicher Widerstandtätigkeiten in Schutzhaft genommen worden waren, wurden auch viele polnische Zivilarbeiter in die Konzentrationslager eingewiesen. Dabei handelte es sich hauptsächlich um polnische Landarbeiter, die zum Teil bereits vor Kriegsbeginn zum Arbeitseinsatz angeworben worden waren oder die durch die seit dem Sieg über Polen durchgeführten Zwangsdeportationen ins Deutsche Reich gebracht wurden. Die *Polenerlasse* vom 8. März 1940 regelten die Arbeits- und Lebensbedingungen der polnischen Zivilarbeiter auf der Basis der nationalsozialistischen Ideologie. Als Disziplinarstrafe für besonders "hartnäckige arbeitsunlustige" Zivilarbeiter wurde die Einweisung in Arbeitserziehungslager oder Konzentrationslager eingeführt.[580] Das RSHA schloß die Justiz bei der Bestrafung der Zivilarbeiter aus. So sind allein fünf der nachgewiesenen sechs von der Gestapoleitstelle Osnabrück in das KZ Niederhagen eingewiesenen polnischen Zivilarbeiter wegen "Arbeitsvertragsbruchs" oder "Aufhetzung von polnischen Zivilarbeitern" in Schutzhaft genommen worden.[581] Ein weiterer Schritt zur Kompetenzerweiterung des RSHA im Strafvollzug war die Vereinbarung zwischen dem Reichsführer SS und dem Reichsjustizminister Thierack am 18. September 1942, daß alle im Strafvollzug einsitzenden *„Sicherungsverwahrten, Zigeuner, Russen und Ukrainer, Polen über drei Jahre, Tschechen oder Deutschen über acht Jahre Strafe"* dem RSHA zur *„Vernichtung durch Arbeit"* zu überweisen seien.[582] Im Oktober 1942 ging die Zuständigkeit zur Strafverfolgung von Polen und "Ostarbeitern" ganz auf die Gestapo über.[583] Seitdem wurden polnische und sowjetische Fremdarbeiter von der Gestapo direkt in die Konzentrationslager eingewiesen. Für das KZ Niederhagen sind Einweisungen von 105 osteuropäischen Zwangsarbeitern aus dem Arbeitserziehungslager Essen-Mühlheim nachzuweisen.[584]

Im Konzentrationslager erfuhren die polnischen Häftlinge aufgrund ihrer Rolle in der nationalsozialistischen Rassenideologie als "slawische Untermenschen" eine stark diskriminierende Behandlung durch die SS. Die Polen blieben von der Verteilung der Funktionsaufgaben ausgeschlossen, da kein Pole in der Hierarchie über einem deutschen Häftling stehen sollte. Die polnische Häftlingsgruppe setzte sich aus Angehöri-

[580] ULRICH HERBERT: Fremdarbeiter. Politik und Praxis des "Ausländer-Einsatzes" in der Kriegswirtschaft des Dritten Reiches, Bonn 1985, S. 74-83. Zur Geschichte der polnischen Zivilarbeiter aus polnischer Sicht s. CZESLAW LUCZAK: Polnische Arbeiter im nationalsozialistischen Deutschland während des Zweiten Weltkrieges. Entwicklung und Aufgaben der polnischen Forschung, in: ULRICH HERBERT (Hg.): Europa und der "Reichseinsatz", S. 90-105.
[581] Gestapokartei (StA Os (Rep. 439)).
[582] Vermerk Thieraks über Besprechung mit Himmler am 18.9.1942 (Dok. 654-PS, IMT Bd. 26, S. 200f.), zit. in: HERBERT, Arbeit und Vernichtung, S. 409.
[583] HERBERT, Arbeit und Vernichtung, S. 409f.
[584] Schreiben der Stapostelle Düsseldorf an die Stapostelle Dortmund vom 12./18.1.1943 (IfZ Nürnb. Dok. PS 1063).

gen unterschiedlicher sozialer Bereiche zusammen, denn bei den Verfolgungsaktionen gegen angebliche Widerstandskämpfer waren viele Angehörige der städtischen Mittelschicht, Geistliche und Intellektuelle festgenommen worden. Durch die Einlieferung von "straffälligen" Zivilarbeitern und durch willkürliche Verhaftungsaktionen waren außerdem verstärkt Angehörige der ländlichen Bevölkerung in die Lager eingeliefert worden. Auch die politische Orientierung bot zunächst keine Möglichkeit zum gemeinsamen Handeln. Das politische Spektrum der polnischen Häftlinge war sehr breit gestreut, so daß untereinander kaum eine gemeinsame Basis gefunden wurde. Ihr schwacher Einfluß auf die eigenen Handlungsmöglichkeiten, die schlechten Lebensbedingungen und der Mangel an kollektiven Verhaltensweisen trugen zur hohen Sterblichkeitsrate bei. Im KZ Niederhagen starben nachweislich 122 Polen.[585] Den Häftlingen anderer Kategorien war es deutlich, daß die Behandlung der Polen, Russen und Ukrainer durch die SS besonders brutal und rücksichtslos war und daß sie unter den schlechtesten Bedingungen zu leben hatten.[586]

3.2.1   Zbigniew Jaworski

Als polnischer Kriegsgefangener geriet Zbigniew Jaworski 1941 in Schutzhaft und wurde nach Wewelsburg überstellt. Er litt stark unter den extremen Lebensbedingungen im Konzentrationslager, die ihn körperlich völlig schwächten und sein Erinnerungsvermögen an die Leidenszeit nahezu auslöschten.

Zbigniew Jaworski wurde am 1. Februar 1921 in Kaski bei Warschau geboren. Nach seiner Schulausbildung wurde er Maler. Als Angehöriger der polnischen Armee geriet er nach der Niederlage Polens bei der Besetzung durch die Wehrmacht 1939 in Schmallenheim in deutsche Kriegsgefangenschaft. Er wurde zunächst in ein Lager bei Königsberg deportiert. Dann wurde er zum Dienst in der Landwirtschaft eingesetzt. Bei einem Fluchtversuch über die Grenze nach Litauen wurde er von der Polizei verhaftet. Am 9. November 1940 überstellte ihn die Gestapo als politischen, polnischen Schutzhäftling in das KZ Sachsenhausen. Von dort wurde er 1941 in einem Transport, den der Wewelsburger Lagerkommandant Adolf Haas selbst aussuchte und begleitete, nach Wewelsburg gebracht. Bei der Ankunft in Wewelsburg wunderten sich die Häftlinge über ihre reichhaltige Mahlzeit, die sie vorgesetzt bekamen.

„Als wir nach Wewelsburg kamen und Essen erhielten, haben wir uns sehr gefreut. Denn wir haben ein Brot für drei Personen und Erbsensuppe bekommen. [...] Ein ganzes Brot auf drei Personen, also jeder hat ein Drittel Brot bekommen. Wir haben uns gefreut, daß wir endlich in ein solches Lager kamen, wo z. B. wir keinen Hunger haben würden. Und nachdem wir unser Essen beendet hatten, kamen plötzlich die Häftlinge von dort zum Lager zurück. Und da sahen wir: die

---

[585] Die Anzahl der polnischen Häftlinge läßt sich aus den Angaben der Transportlisten auf über 300 Personen schätzen.
[586] ZA Oswin H. (Rep. 118-921).

Abb. 74:
Zbigniew Jaworski im Alter
von 17 Jahren, 1938

kamen, und die haben uns gar nicht gesehen, die haben immer nur so gesucht nach Essen, und sie warfen sich auf das Essen. Das war etwas, das konnten wir nicht verstehen."[587]

Die bevorzugte Behandlung wurde nicht wiederholt. Vielmehr verstand Jaworski bald das Verhalten der nach Nahrung suchenden Häftlinge, denn er litt selbst in der folgenden Zeit unter den unmenschlichen Lebensverhältnissen des Lagers.

"Und zum Abendbrot, da haben wir ein Brot für zehn Häftlinge bekommen. Aber auch nicht an allen Tagen in der Woche, z. B. gab es drei oder zwei Tage ohne Brot. Da haben wir nur Pellkartoffeln und ein Viertel Liter sogenannter •Sauermilch' bekommen. Das war alles. Also in diesen

---

[587] Interviews Zbigniew Jaworski 26.6.1987; 1.7.1987. Da der Mitarbeiter des Kreismuseums aufgrund mangelnder polnischer Sprachkenntnisse ihn nicht in seiner Muttersprache befragen konnte, erklärte sich Herr Jaworski bereit, das Gespräch in deutscher Sprache zu führen, obwohl er befürchtete, sich in der fremden Sprache nicht präzise genug ausdrücken zu können. Diese Befürchtung traf nicht zu. Im Transkript wurden die beiden Interviews zusammengefaßt.

Abb. 75:
Zbigniew Jaworski nach seiner
Kriegsgefangenschaft, 1939

Zeiten hatten die Häftlinge keine Kräfte. Und etwas war merkwürdig: damals war Rauchen-Sperre. Aber in diesen Zeiten haben wir extra Zigaretten bekommen, und das waren solche langen, die wir rauchen konnten. Das hatte einen Zweck: Wenn der Mensch keine Kraft hatte usw., hat er sich Nikotin eingesogen, dann hat er sich hingesetzt, ist eingeschlafen und war fertig. Also, das Nikotin hat ihn getötet."[588]

Zbigniew Jaworski ist bisher der einzige Zeuge aus Wewelsburg, der die ansonsten nur von anderen Häftlingen geschilderten Folgen des Hungers am eigenen Leib erfuhr und überlebte; normalerweise gelang es den Menschen nicht, die Folgen der Unterernährung zu überstehen.

„Also, ich habe gemerkt, wenn die Leute nicht genügend ernährt wurden, also das Gehirn nicht so viel Glukose erhielt, wie es brauchte, daß der Mensch halb Tier, halb Mensch wurde. [...] Ich erinnere mich z. B., daß einmal ein SS-Mann seinen Kartoffelsalat rausgeworfen hatte, weil er sauer war, da er zu lange gestanden hatte. Die Leute haben sich wie Wölfe in den Sand geworfen und haben das sofort gefressen. Können Sie sich das vorstellen? Das war Hungerwahnsinn. Den Leuten war das egal, ob sie Sand essen. Die Hauptsache war, daß da etwas war, das sie essen konnten."[589]

---

[588] Interview Zbigniew Jaworski.
[589] Interview Zbigniew Jaworski.

Durch dieses Phänomen der Unterernährung, das Jaworski treffend mit "Hungerwahn-sinn" umschreibt, waren seine Erinnerungen an die KZ-Haft getrübt: *„Ich sehe alles wie im Nebel. Wenn ich lange überlege, bewegen sich Gestalten in diesem Nebel. Weiter komme ich nicht."* Die Trübung der Erinnerungen und des Bewußtseins durch "Hungerwahnsinn" gehört wohl zu den typischen, aber selten beschriebenen Erfahrungen des Lageralltags. Zbigniew Jaworski war so entkräftet, daß er zum "Muselmann" wurde. Wegen eitern-der Phlegmone wurde er ins Revier gebracht. Dort erfuhr er, daß ein Häftlingssanitäter besonders schwache und kranke Häftlinge so lange in ein Wasserbassin hielt, bis sie starben. Vor diesem Häftlingssanitäter fürchteten sich alle Kranken.

Jaworski arbeitete u. a. im Steinbruch, im Nordturm und im Kommando "Villa Bartels", wo er zentnerschwere Zementsäcke mit der Schubkarre schieben mußte. Er war zu schwach, um die Schubkarre anzuheben, woraufhin ein Kapo anfing, ihn zu schlagen. Auch ein neuer Versuch scheiterte. Glücklicherweise kam eine Wewels-burgerin vorbei, die den Kapo anschrie, er solle damit aufhören, was dieser auch tat.[590] Von der schweren Arbeit im Kommando "SS-Lager", wo für die SS ein neues Lager aufgebaut werden mußte, berichtet Jaworski:

„Wasser, immer war Wasser in der Baustelle. Wenn wir zurückkamen, mußten wir zuerst unsere Mäntel, Hosen usw. waschen. Wir haben in so einer Grube gearbeitet, da war Lehm, gemischt mit Stein, und wenn wir einen Graben gegraben haben, war der voll Wasser, wenn Regen war. Tags-über mußten wir immer im Wasser und im Lehm stehen und arbeiten. Deshalb waren wir schmut-zig, wenn wir nach der Arbeit nach Hause kamen, und mit solchen Anzügen konnten wir natür-lich nicht in die Baracke gehen. Die mußten wir waschen, und was das heißt, das wissen Sie schon. Wenn wir in die Baracke kamen, haben wir alles aufgehängt, aber leider wurde es nicht trocken; es war immer alles naß."[591]

Als polnischer Häftling, der kaum der deutschen Sprache mächtig war, hatte er im Gegensatz zu vielen deutschen Häftlingen nur eine eingeschränkte Wahrnehmungs-möglichkeit bezüglich der Organisationsstrukturen oder auch der Arbeitskommandos. Er arbeitete zwar im Kommando "Villa Bartels", war aber nicht im geringsten über Hermann Bartels oder das Ausmaß des SS-Projektes informiert. *„Mich interessierte es nicht, welche Rolle ein Zivilist [Hermann Bartels!] spielte. Nur eins war wichtig: Sich zu verstecken oder was zu essen zu bekommen. Nur auf diese Weise konnte man überleben."*[592] Jaworski betont, daß er ohne die Hilfe anderer Häftlinge besonders in den Arbeits-kommandos im Lager nicht überlebt hätte.

„Im Laufschritt! Natürlich nicht immer; wenn der Vorarbeiter weg war, konnten wir etwas ver-schnaufen. Es gab auch solche Zeiten, da konnte man sich solange verstecken; zuerst einer, dann

[590] Zbigniew Jaworski in der Gesprächsrunde beim Treffen der Überlebenden des KZ Niederhagen in Wewelsburg am 16.5.1992.
[591] Interview Zbigniew Jaworski.
[592] Interview Zbigniew Jaworski.

Abb. 76: *Zbigniew Jaworski im Gespräch mit dem Leiter des Kreismuseums Wulff E. Brebeck beim Treffen der Überlebenden des KZ Niederhagen in der Waldsiedlung. Otto Preuss und seine Frau Yvonne (l.) sowie Alois Moser (2. v. r.) hören zu*

der andere, usw. Es gab solche Selbsthilfe unter den Häftlingen. Ohne Hilfe der Kameraden konnte man nicht überleben. "[593]

Anfang August 1942 wurde er völlig entkräftet nach Dachau überstellt. Gemäß der offiziellen Lagereinstufung des RSHA sollten in den sogenannten "Heilkräutergarten" des KZ Dachau vor allem schonungsbedürftige kranke und ältere Häftlinge eingeliefert werden.[594] Am 30. November 1942 kam er bereits ins KZ Sachsenhausen. Wenige Tage vor Kriegsende räumten die SS-Wachmannschaften das Lager und schickten die Gefangenen auf Todesmärsche. Am 5. Mai 1945 wurde Zbigniew Jaworski in der Nähe von Schwerin von amerikanischen Truppen befreit. Er ging zurück nach Polen und begann, sich in Szczecin ein neues Leben aufzubauen. Über seine Erlebnisse und Erfahrungen im Konzentrationslager sprach er mit niemandem.

Im Sommer 1987 besuchte er mit einer Gruppe ehemaliger polnischer Häftlinge, die mit der Caritas in Deutschland weilten, auch Wewelsburg. Erst hier, unter dem Eindruck des Ortes seiner Leiden, versuchte er sich zu erinnern und von seinen Erfah-

---

[593] Interview Zbigniew Jaworski.
[594] BROSZAT, Konzentrationslager, S. 107; s. Kapitel: Zur Lagerorganisation.

rungen zu berichten. Ein Grund für sein langes Schweigen lag auch darin, daß er Angst davor hatte, kein "normales" Leben führen zu können:

> *„40 Jahre, über 40 Jahre sind viel Zeit. Und noch etwas: Der Mensch denkt an die guten Zeiten. Schlechte Zeiten möchte er schnell vergessen. Es ist ja psychologisch auch sehr interessant, warum ich in Polen nie gesagt habe, daß ich ein KZ-Häftling war. Nach der Befreiung sprachen wir mit amerikanischen Offizieren. Einer der Offiziere hat uns gesagt, daß alle Leute, die so lange im KZ waren, verrückt werden. Warum? Er sagte, wenn jemand so lange durchhält, kann er nicht normal sein. Und das konnte ich nie vergessen. Als ich nachher nach Polen kam, wollte ich ein gewöhnlicher Mensch sein. Ich wollte das Schreckliche vergessen. Deshalb habe ich keine Notizen gemacht, gar nichts. "*[595]

Heute zweifelt er daran, ob es damals richtig gewesen sei, sich darum zu bemühen, alle Erinnerungen an die Konzentrationslagerzeit zu verdrängen und zu vergessen.[596] Erneut besuchte Zbigniew Jaworski mit seiner Frau Wewelsburg aus Anlaß des Treffens der Überlebenden des KZ Niederhagen 1992 und nahm an einer Gesprächsrunde mit Jugendlichen und Wewelsburgern teil. Auf die Frage, wie er sich fühle, wenn er an diesen Ort zurückkäme, antwortete er mit Bezug auf das Erlebnis im Arbeitskommando "Villa Bartels", bei dem ihn die Schreie der Frau das Leben retteten, so etwas könne man nie vergessen.[597]

3.2.2   Jan Rokicki

Der polnische Häftling Jan Rokicki verstarb am 17. Juni 1942 im KZ Niederhagen an "Lungenentzündung". So hieß es offiziell in der Sterbeurkunde der Kommandantur des KZ Niederhagen, die seine Familie in Polen per Telegramm erhielt. Wenige Tage später folgte ein Brief mit dem Hinweis, daß die Leichenverbrennung bereits am 24. Juni 1942 stattgefunden habe. Dies waren die letzten Nachrichten, die Wladislawa Rokicki von ihrem Mann, der seit zwei Jahren in deutschen Konzentrationslagern inhaftiert war, erhielt.

Geboren wurde Jan Rokicki am 10. Januar 1900 als Sohn von Wawrzyniec Rokicki und Maria, geb. Kordas, in Swaryszów, Gemeinde Mstyczów, Kreis Jedrzejów. Er besuchte eine russische Grundschule, denn dieser Teil Polens gehörte bis 1918 zu Rußland. Er erlernte zunächst den Beruf eines Straßenbautechnikers. 1918 trat er als Freiwilliger der Armee des enstehenden polnischen Staates bei und kämpfte in der Kavallerie unter Josef Pilsudski gegen die Bolschewiken. 1922 verließ er mit verschiedenen Auszeichnungen die Armee und ließ sich in Tarnów, Gemeinde Mstyczów, nieder. Zwei Jahre nach seiner Heirat im Jahre 1923 zog er mit seiner Frau Wladislawa für drei Jahre nach Senneburg, Kreis Magdeburg. Ihre erste Tochter Irena kam hier zur Welt.

---

[595] Interview Zbigniew Jaworski.
[596] Brief von Zbigniew Jaworski an das Kreismuseum vom 3.2.1990.
[597] Zbigniew Jaworski, Gesprächsrunde am 16.5.1992.

Abb. 77:
Jan Rokicki mit seiner Frau
Wladislawa und seinen Töch-
tern Irena und Zofia, 1938

1928 kehrte die Familie nach Tarnawa zurück. Jan Rokicki fand als Techniker im Kreis-bauamt von Jedrzejów eine Anstellung. 1930 bekamen sie ihre zweite Tochter Zofia. Bis zum Beginn des Zweiten Weltkrieges war Rokicki Kommandant der örtlichen Bürger-wehr.

Nach dem Einmarsch der Wehrmacht im September 1939 in Polen wurde Jan Rokicki für sechs Wochen in einem Kriegsgefangenenlager in Czestochowa inhaf-tiert. Im Juni 1940 wurde er von der deutschen Polizei erneut verhaftet[598] - zusammen mit 52 anderen Männern und Frauen aus dem Kreis Jedrzejów, darunter Kreisbeamte, Lehrer und Priester. Angeblich standen die 53 Namen auf einer Liste eines durch die Gestapo verhörten Partisanen. Über seine Zugehörigkeit zu Partisanengruppen ist nichts bekannt.[599] Sein Bruder Stanislaw, ein Lehrer, wurde ebenfalls verhaftet. Er

---

[598] Brief von Irena Tatara, der Tochter von Jan Rokicki, an das Kreismuseum vom 26.1.1993.
[599] Gespräch mit Irena Tatara am 16.6.1993 im Kreismuseum.

wurde in das KZ Dachau deportiert, in dem er starb. Rokicki wurde nach sechs Wochen Gefängnis-
haft in Kielce in das KZ Sachsenhausen überführt und bekam die
Häftlingsnummer 27 692. Zweimal
im Monat konnte er Briefe an seine
Familie senden. Diese Briefe, die
wegen der Zensurbestimmungen
unbedingt in deutscher Sprache
abgefaßt werden mußten, waren
seitdem der einzige Kontakt zwischen ihm und seiner in Polen lebenden Familie.[600] Der erste Brief,
den seine Frau Wladislawa aus
dem KZ Niederhagen erhielt,
stammte vom 19. April 1942. Drei
Wochen zuvor, am 28. März 1942,
kam ein großer Häftlingstransport
mit 300 deutschen und polnischen,
darunter jüdischen Häftlingen
vom KZ Sachsenhausen in das KZ
Niederhagen.[601] Vermutlich gehör-

Abb. 78: Jan Rokicki im Alter von 38 Jahren, 1938

te Jan Rokicki diesem Transport an. Auch aus Wewelsburg schrieb er Briefe nach
Hause. Im Brief vom 19. April 1942 schrieb er in deutscher Sprache, die weder er noch
seine Familie sprach:

> *„Meine Geliebten Frau und Töchter! Bin gesund was auch Euch dasselbe wünsche. Euren lieben-
> den Brief v. 24.3. habe erhalten sowie Briefmarken für welche herzlich danke. Eurer Brief freut mich
> immer, und ist es für mich leid, dass Onkel aus Jendrzejow helft Euch nicht in Wirtschaft und Du
> muss sich selbst helfen oder andere Verwandten bitten. Bin sehr neugierig wie leben unsere lieben-
> de Töchtern und was hört neues. Mach mit Anzug so was willst. Sende Euch meine liebende Frau
> und Töchtern Drücke und Küsse vielmal Eurer Mann und Vater Janek."*[602]

Der Brief vom 31. Mai 1942 lautete:

> *„Liebe Frau und Töchter! Bin gesund, und sehr neugierig was bei euch neues gibt, denn ich habe
> schon sehr lange keine Nachricht von euch erhalten. Hilft der Onkel von Jendrzejow euch in der
> Wirtschaft? wenn nicht da bitte ihn oder jemand anderen um die Wirtschaft zu bearbeiten. Herz-*

---

[600] Brief von Irena Tatara an das Kreismuseum vom 14.3.1996.
[601] Transportliste (SH R 232 M 158, S. 80; GARF P 7021-104-4).
[602] Brief von Jan Rokicki an seine Familie vom 19.4.1942 (Original in Privatbesitz), Kopie im Kreismuseum.

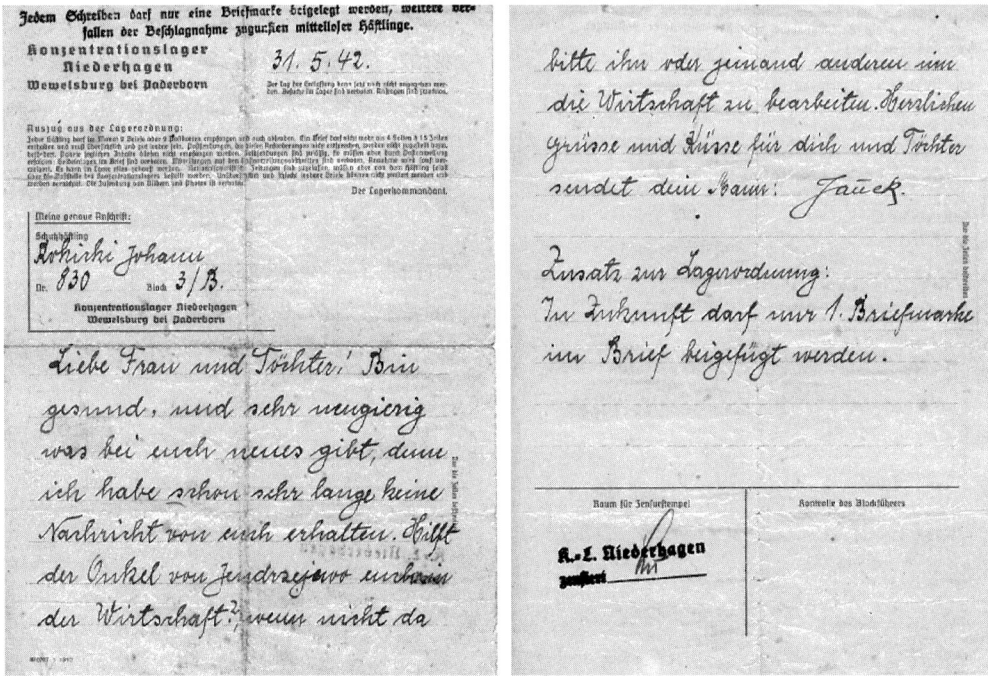

Abb. 79: *Obwohl Jan Rokicki die deutsche Sprache nicht beherrschte, mußte er seine Briefe aus dem KZ Niederhagen in deutscher Sprache abfassen, 31.5.1942*

liche Grüsse und Küsse für dich und Töchter sendet dein Mann: Janek. Zusatz zur Lagerordnung: In Zukunft darf nur 1 Briefmarke im Brief beigefügt werden. "[603]

Ein überlebender Mithäftling aus Sachsenhausen berichtete der Tochter Irena, daß ihr Vater anfangs in sehr guter körperlicher Verfassung gewesen, allerdings bereits vor seiner Verlegung nach Wewelsburg schwächer geworden sei.[604] Woran Jan Rokicki am 17. Juni 1942 wirklich gestorben ist, ob an Lungenentzündung oder ob die Todesursache ein Gewaltverbrechen im Lager verdecken sollte, läßt sich nicht klären.

3.2.3 Mark Weidmann

Ein besonderes Schicksal durchlitt der jüdische Pole Mark Weidmann im KZ Niederhagen. Um sich vor der drohenden Vernichtung zu retten, gab er sich als Katholik aus. Er lebte in der ständigen Angst vor der Entdeckung seiner wahren Identität.

---

[603] Brief von Jan Rokicki an seine Familie vom 31.5.1942 (Original aus Privatbesitz, Kreismuseum, Sig.: 18/4/5/3).
[604] Gespräch mit Irena Tatara am 16.6.1993.

Mark Weidmann wurde am 29. Mai 1923 als Sohn jüdischer Eltern in Polen, im Kreis Lemberg, heute Ukraine, geboren. Er verbrachte eine sorglose Kindheit und besuchte das Gymnasium sowie das Lyzeum. Er lernte mehrere Sprachen, u. a. Deutsch. Der Kriegsausbruch 1939 und die beginnende Verfolgung der Juden durch die Nationalsozialisten ließen das geplante Studium für Weidmann unmöglich werden. Er wurde von der Gestapo zwangsweise zur Arbeit herangezogen, wobei er das Maurerhandwerk erlernte. 1941 wurden die ersten Familienangehörigen deportiert. Er erfuhr später, daß sie nach Belzec gebracht und ermordet worden waren. Im Herbst 1942 beschloß Weidmann, sich nicht widerstandslos der Gestapo auszuliefern. Er lieh sich die Urlaubskarte von einem katholischen Polen, der in Deutschland Urlaub gemacht hatte, um die Grenze zu überqueren. Auf diese Weise überschritt er als katholischer Pole Stefan Galuszka, geb. 29. Mai 1920, die Grenze zwischen dem Generalgouvernement Polen und dem Deutschen Reich. Nach einer langen Irrfahrt gelangte er ins Ruhrgebiet. Dort fand er Arbeit in einer Kohlengrube in Wattenscheid. Bei einer Überprüfung seiner Papiere durch das Arbeitsamt wurde festgestellt, daß er keine Arbeitserlaubnis hatte. Das Bochumer Polizeipräsidium nahm ihn daraufhin für fünf Wochen in Untersuchungshaft. Da er sich als polnischer Bauer ohne deutsche Sprachkenntnisse ausgab, war stets ein Übersetzer bei den Verhören dabei. Bei einem Verhör erfuhr Weidmann, daß sich die Gestapo in seinem Heimatort nach seinen bisherigen politischen Aktivitäten erkundigen wollte. Dies hätte zur Aufdeckung seiner wahren Identität führen können, denn er hatte ja einen falschen Namen und Heimatort angegeben. Stattdessen wurde er jedoch ohne weitere Begründung als politischer Schutzhäftling Anfang 1943 mit weiteren Häftlingen in das KZ Niederhagen gebracht.[605]

„[...] ich habe den Schornstein des Krematoriums und den Rauch verbrannter menschlicher Haare usw. gleich gemerkt. Du kannst Dir meine Gefühle und den ersten Eindruck vorstellen. Gleich hat man uns 'entlaust' und die zivilen Anzüge und persönliches 'Hab und Gut' konfisziert und uns mit Streifenuniformen und Holzschuhen bekleidet. Mein erster Eindruck war, daß Wewelsburg die letzte Lebensstation war. Ich war niedergeschlagen, aber ich habe beschlossen, meinen Lebensmut nicht zu verlieren und mit meiner ganzen Kraft zu kämpfen."[606]

Mark Weidmann alias Stefan Galuszka bekam den roten Winkel des politischen Häftlings, versehen mit einem "P", das auf seine polnische Nationalität verwies. Er wurde in Block 1 untergebracht. Dort traf er den politischen Häftling Otto Preuss, zu dem er Vertrauen gewann. Von dem "asozialen" Häftling Willi Brosowski, der im Pferdestall arbeitete, erfuhr Mark, daß sein Häftlingstransport weiter an die Ostfront geschickt werden sollte. Um diesem Transport zu entgehen, meldete er sich nach dem Morgenappell bei dem Lagerkommandanten. Er berichtete ihm, er sei Maurer und wolle in Wewelsburg bleiben. Haas zeigte sich erstaunt über die ungewohnte Initiative eines Häftlings, wies ihn aber dem Küchenbau-Kommando zu. An seine Zeit in Wewelsburg

---

[605] Lebensbericht von Mark Weidmann vom 15.8.1995 (Tonbandaufnahme), Kopie im Kreismuseum.
[606] Brief von Mark Weidmann an Otto Preuss, März 1996 (Original in Privatbesitz), Kopie im Kreismuseum.

Abb. 80:
Mark Weidmann nach der KZ-
Haft, ca. 1945 - 1947

erinnert sich Weidmann: *„Es war kein Erholungssanatorium, aber mein Schicksal war besser als das der Russen, die massenweise täglich meistens an Durchfall und Hunger gestorben sind."*[607] Ständig lebte er in der Angst, daß seine wahre jüdische Identität entdeckt werden könnte. Sich nicht zu verraten, verlangte unter den extremen und beengten Lagerverhältnissen höchste Aufmerksamkeit und Stillschweigen. Selbst seinen befreundeten Mithäftlingen, wie Otto Preuss, mochte er sich nicht anvertrauen. Sein Verhältnis zu den übrigen polnischen Häftlingen war gut.[608]

> *„Meine polnischen Landsleute im Lager waren sehr antisemitisch gestimmt und haben sich offen so ausgedrückt. Natürlich hatte ich die Rolle eines Antisemiten mitzuspielen, um mein Leben zu retten. Wie ich Dir schon früher geschrieben habe, habe ich eine doppelte Last tragen müssen, das hat meine Tragödie vergrößert. Die Hauptsache* [war]*, daß ich überlebt habe und das war mein Nazi-Widerstand. [...] Ich kann mich erinnern, daß sogar meine tschechischen Mithäftlinge, die hauptsächlich auf dem Block 3 wohnten, in dieser Hinsicht nicht weniger antisemitisch waren und das in der Konversation mit mir ausgedrückt haben."*[609]

Nach der Auflösung des KZ Niederhagen wurde Mark Weidmann zusammen mit Otto Preuss in das KZ Ravensbrück überstellt. Auch hier arbeitete er als Maurer. Am 27. April 1945 mußte er einen Evakuierungsmarsch in Richtung Westen antreten. Ihm gelang es, nach zwei Tagen zu fliehen und sich im Wald zu verstecken, bis die Russen ihn befreiten. Sein erster Weg führte nach Polen, um zu sehen, ob Familienangehörige die Deportationen überlebt hatten und der Vernichtung entgangen waren. Mit drei weiteren polnischen Häftlingen beschlagnahmte er von einem deutschen Bauern einen Wagen mit zwei Pferden, mit dem sie nach Krakau gelangten. Dort erzählten ihm Freunde, sein Vater und seine Schwester hätten als Partisanen im Wald überlebt. Nach

---

[607] Brief von Mark Weidmann an Otto Preuss, März 1996.
[608] Brief von Mark Weidmann an das Kreismuseum vom 15.5.1996.
[609] Brief von Mark Weidmann an Otto Preuss, März 1996.

196

zwei Wochen konnten sie ein Wiedersehen feiern. Da in der Nachkriegszeit der Antisemitismus in Polen nicht nachließ, wagte er es nicht, seine katholische Existenz aufzugeben und lebte weiter unter seinem falschen Namen.

1946 ging er nach Wien und begann ein Studium an der Technischen Hochschule. Ein Jahr später wechselte er nach Paris, um an der Sorbonne zu studieren. Von dort kam er 1948 nach Deutschland, wo er seine spätere Ehefrau traf. Er beantragte ein Visum für Amerika. Sein Vater und seine Schwester waren bereits 1948 nach Amerika emigriert, da auch sie nicht im Polen der Nachkriegszeit leben wollten. Drei Monate nach seiner Ankunft in Amerika erlitt sein Vater einen Blutsturz. Um ihm zu helfen und um Geld zu verdienen, mußte Weidmann sein Studium zurückstellen. 1952 heiratete er. Seine Frau war ein Jahr zuvor mit ihren Eltern nach Amerika eingewandert. Nachdem sein Vater 1959 gestorben war, holte er seinen Studienabschluß nach und gründete ein eigenes Bauunternehmen. Weidmann wurde Vater von drei Kindern und führt nach eigenen Aussagen mittlerweile ein *„gutes Leben"*.[610] Er ist Mitglied in einem Verband der "Holocaust Survivors", in dem sich ehemalige Verfolgte jüdischer Abstammung organisieren. Unter ihnen ist er einer der wenigen, die - als "Arier" getarnt - die KZ-Haft überlebten.[611]

3.3 Tschechische politische Häftlinge

Auch die tschechischen Häftlinge wurden zu den politischen Häftlingen gerechnet. Sie erhielten den roten Winkel, auf dem ein "T" als Zeichen ihrer nationalen Herkunft gedruckt war. Den Sterbeurkunden zufolge starben zehn Tschechen im KZ Niederhagen. Wieviel tschechische Gefangene in das Konzentrationslager transportiert wurden, läßt sich nicht belegen. Ebensowenig sind aus den Zeugenaussagen und Häftlingsberichten die konkreten Lebensbedingungen der tschechischen Häftlinge zu erfahren. Tendenziell wurden tschechische Häftlinge von der SS eher besser behandelt als polnische Häftlinge, da sie eine andere Stellung innerhalb der SS-Ideologie einnahmen.[612] Die tschechischen Häftlinge untereinander bildeten eine solidarische Gruppe, die sich durch kollektive Verhaltensweisen gegenseitigen Halt gab und unterstützte. Viele wurden regelmäßig aus der Heimat mit Lebensmittelpaketen versorgt. Da viele Tschechen politisch aktiv gewesen waren, konnten ihnen ihre vor der Lagerhaft gewonnenen Erfahrungen beim Überstehen des Lagerlebens helfen.[613]

---

[610] Lebensbericht von Mark Weidmann.
[611] Brief von Mark Weidmann an Otto Preuss, März 1996.
[612] PINGEL, Häftlinge, S. 100f. Diese positivere Einschätzung zeigte sich auch an der ebenfalls vorsichtigeren und rücksichtsvolleren Besatzungspolitik der Nationalsozialisten im Reichsprotektorat. Pingel weist darauf hin, daß zahlreiche tschechische Häftlinge von außen her durch die "Nationale Gemeinschaft", der politischen Einheitsorganisation der tschechischen Protektoratsregierung, unterstützt wurden.
[613] SOFSKY, Die Ordnung des Terrors, S. 139.

Abb. 81:
Rudolf Sorm vor seiner Verhaf-
tung durch die Gestapo, ca.
1935 - 1940

3.3.1   Rudolf Sorm

Rudolf Sorm wurde wegen angeblicher politischer Untergrundarbeit für die tschechische Exilregierung verhaftet und ins Konzentrationslager eingewiesen. Er starb am 20. März 1942 in Wewelsburg.

Am 12. Oktober 1899 wurde Rudolf Sorm als Sohn von Wenzel Sorm und Marie, geb. Hlavin, in Prag geboren. Seine Eltern ließen sich scheiden. Während sein Vater mit seiner zweiten Frau 1903 nach Amerika auswanderte, blieb Rudolf mit seiner Mutter in Prag.[614] Er besuchte das Gymnasium. Von dort wurde er während des Ersten Weltkrieges zur österreichischen Armee gezogen. Nach der Gründung der Tschechoslowakei 1918 wurde er Berufsoffizier in der neuen Armee, nach seinem Austritt aus der Armee erhielt er eine Pension. Als die Wehrmacht 1939 Böhmen und Mähren besetzte, arbeitete er als Grundstücksmakler. Seine Stiefschwester glaubt nicht, daß er jemals

---

[614] Brief von Georgina Sorm Beachell, USA, an das Kreismuseum vom 10.9.1988. Rudolfs Vater kehrte 1921 mit seiner Frau und sechs Kindern in die Tschechoslowakische Republik zurück, doch seiner Frau gefiel es in Amerika besser. Deshalb gingen sie 1923 erneut dorthin. Georgina war die jüngste Tochter.

daran dachte, seine Heimat zu verlassen.[615] Am 9. April 1940 wurde er verhaftet, da er verdächtigt wurde, für die tschechische Exilregierung illegal tätig gewesen zu sein. Nach Verhören und Gefängnisaufenthalten nahm ihn die Prager Stapo-Leitstelle am 5. Juli 1940 in Schutzhaft. Am 5. November 1940 wurde er in das KZ Buchenwald deportiert, von dort kam er am 7. März 1941 nach Sachsenhausen. Im Sommer 1941 wurde er nach Wewelsburg transportiert. Er bekam den roten Winkel des politischen Schutzhäftlings und wurde unter der Häftlingsnummer 289 geführt. Am 2. Dezember 1941 brachte ihn die Gestapo zu erneuten Verhören nach Prag. Von dort kam er am 20. März 1942 zurück nach Wewelsburg. Nur sechs Wochen später starb er. Die Todesanzeige vom 1. Mai 1942 gibt als offizielle Todesursache "Lungenentzündung" an.[616]

Rudolfs Vater und seine Familie erfuhren nie etwas von der Haft und dem Tod des Sohnes. Nachforschungen seiner Stiefschwester Georgina ergaben, daß seine Mutter vermutlich 1924 in Prag gestorben war. Erst 1985 erhielt sie durch den Internationalen Suchdienst des Roten Kreuzes Nachricht vom Schicksal ihres Bruders.[617]

3.4 Belgische, französische und niederländische politische Häftlinge

Seit 1942 wurden verstärkt politische Häftlinge aus westeuropäischen Ländern nach Wewelsburg transportiert. Viele der über 100 Angehörigen belgischer, französischer und niederländischer Nationalität[618] wurden im Zuge des im September 1941 von Hitler beschlossenen *Nacht- und Nebel-Erlasses*[619] inhaftiert. Die Betroffenen waren als Widerstandsverdächtige in den besetzten westeuropäischen Gebieten festgenommen und "bei Nacht und Nebel" über die Grenzen gebracht worden, um sie auf deutschem Boden festzusetzen. Die Angehörigen erhielten keine Nachricht über ihren Verbleib, um so die Bevölkerung der besetzten Gebiete einzuschüchtern. Die politischen Häftlinge der besetzten westeuropäischen Länder lebten unter ähnlichen Bedingungen im KZ Niederhagen wie die deutschen politischen Gefangenen. Sie blieben zwar von der Häftlingsselbstverwaltung ausgeschlossen, doch bauten sie aufgrund gleicher Nationalität und gleicher Weltanschauung eine gemeinsame Handlungsbasis zur Bewältigung der Extrembedingungen auf. Es galt, den gemeinsamen Gegner, den Nationalsozialismus, zu bekämpfen und zu überwinden. Sie eigneten sich ebenso wie die deutschen politischen Häftlinge solidarische Verhaltensweisen an und entwickelten kollektive Hilfsmaßnahmen. In der Bewertungsskala der Häftlingskategorien rangierten sie nach Ansicht der SS relativ weit oben und durchlitten weniger Mißhandlungen als etwa polnische Häftlinge. Es starben nachweislich vier Belgier, drei Niederländer und 18 Franzosen. Außer einzelnen Namen von Transportlisten und den Todesanzeigen ist

---

[615] Brief von Georgina Sorm Beachell vom 10.9.1988.
[616] Todesanzeige vom 1.5.1942 (StandesA Bü, Sterberegister 1942).
[617] Schreiben des ISD von 1985 (Original in Privatbesitz), Kopie im Kreismuseum.
[618] Häftlingslisten (Original in Privatbesitz), Kopie im Kreismuseum.
[619] BROSZAT, Konzentrationslager, S. 95.

beinahe nichts über diese Häftlingsgruppe in Wewelsburg bekannt. Der einzige holländische Häftling, über den biographische Hinweise vorliegen, ist Gerrit Visser.

3.4.1   Gerrit Visser

Einer der drei im KZ Niederhagen gestorbenen Niederländer war der Sozialdemokrat Gerrit Visser. Nach der Übernahme der Niederlande durch die Nationalsozialisten weigerte er sich, weiterhin für die Gewerkschaft tätig zu sein. Er wurde inhaftiert und ins Konzentrationslager eingewiesen. Am 29. Juni 1942 starb er an "Körperschwäche", wie es offiziell hieß.

Am 14. Februar 1894 wurde Gerrit Visser in Oud-Beijerland in den Niederlanden geboren. Nach der Schule arbeitete er zunächst als Tagelöhner, bevor er mit 16 Jahren Metallarbeiter im Maschinenbau wurde. Er trat der sozialdemokratischen Arbeiterpartei der Niederlande (SDAP) und dem "Algemenen Nederlandse Metallbewerkersbond" (ANMB), der Metallgewerkschaft, bei. Arbeitslos geworden, wurde er 1922 Gewerkschaftsfunktionär. Nach 1933 half er deutschen Gewerkschaftlern bei der Flucht über die Grenze in die Niederlande. 1939 wurde er Gewerkschaftsleiter für den Distrikt Hengelo. Als 1940 die "National Sociaalistische Beweging" (NSB), die holländische nationalsozialistische Partei, die Kontrolle über den Niederländischen Gewerkschaftsbund übernahm, weigerte sich Visser, für die Nationalsozialisten zu arbeiten. In einem Brief vom 27. März 1941 teilte er dem Gewerkschaftsbund mit, daß er sich nicht weiter mit der Gewerkschaftsarbeit belasten könne, da die politischen Vorstellungen der Nationalsozialisten konträr zu den von ihm vertretenen demokratischen Ideen stünden.[620] Daraufhin wurde er aller Funktionen des ANMB enthoben.[621]

Am 7. Mai 1941 wurde er in das Polizeibüro in Hengelo gebracht und wegen angeblicher Anstiftung von Metallarbeitern zur Arbeitsverweigerung und Sabotage verhört. Anfang Juli 1941 wurde er in das Deutsche Polizeigefängnis Scheveningen, dem "Oranje Hotel", überwiesen, von dort in ein Internierungslager nach Schoorl. Am 11. September kam er erneut nach Scheveningen. Ende Oktober 1941 wurde er nach Deutschland transportiert und wegen seiner Betätigungen für die sozialistische Bewegung als politischer Schutzhäftling in das KZ Sachsenhausen eingewiesen. Sowohl aus der Polizeihaft als auch aus dem Konzentrationslager durfte er Briefe an seine Frau Maria, mit der er zwei Kinder hatte, schreiben. Aus Sachsenhausen sind mehrere Briefe erhalten, der letzte ist vom 22. Februar 1942. Der nächste Brief stammt vom 5. April 1942 und wurde bereits im KZ Niederhagen geschrieben. In diesem Zeitraum muß also sein Transport nach Wewelsburg fallen. Der genaue Zeitpunkt seines Transportes nach

---

[620] Schreiben von Gerrit Visser an den Nederlandsch Verbond van Vakvereenigingen (NVV), Niederländischer Gewerkschaftsbund, vom 27. März 1941 (Original in Privatbesitz), Kopie im Kreismuseum.

[621] Schreiben des NVV an Gerrit Visser vom 31. März 1941 (Original in Privatbesitz), Kopie im Kreismuseum.

Abb. 82:
Gerrit Visser im Alter von 47
Jahren, ca. 1941

Wewelsburg läßt sich nicht bestimmen, da sein Name nicht auf einer der bekannten Transportlisten steht. Seinen letzten Brief aus Wewelsburg schrieb er am 14. Juni 1942, zwei Wochen vor seinem Tod.[622] Der ehemalige Bibelforscher-Häftling Jacob Frey, der mit der Familie Visser nach dem Krieg in Briefkontakt stand, berichtete von den letzten Tagen Gerrit Vissers in Wewelsburg: Jacob Frey arbeitete als Lagerfrisör im Häftlings-revier[623] und lernte dort Visser kennen, der sich bei einem Unfall eine schwere Bein-verletzung zugezogen hatte. Frey schätzte ihn als intelligenten und interessierten Mann. Bei den regelmäßigen Besuchen, bei denen er Visser rasierte, unterhielten sie sich gerne über ihre Heimat und Familien. *„[...] man unterhielt sich in den meisten Fällen nur vom Essen, dies war Ihrem Vater und auch mir verhaßt und so haben wir uns beide mei-*

[622] Gespräch mit Johannes Visser, dem Sohn von Gerrit Visser, am 29.8.1996 im Kreismuseum.
[623] ZA Jacob F. (Rep. 118-921).

stens nur von der Heimat und unseren Lieben daheim unterhalten ".[624] Eines Morgens, an das genaue Datum konnte er sich nicht erinnern, fand ihn der Bibelforscher tot im Waschraum des Häftlingsreviers vor. In einem Brief vom 6. Oktober 1948 an Vissers Sohn Johannes bezweifelt Jacob Frey eine natürliche Todesursache. Zwar räumt er ein, daß die Verletzung schwer gewesen sei und auch Medikamente zur Behandlung gefehlt hätten, doch vermutet er vielmehr, daß Gerrit Visser im Revier getötet wurde:

> *„Es wurde den Verwandten alles mögliche vorgeschwindelt, nur die Wahrheit wurde niemand gesagt. [...] Ihr Vater ist wie so viele andere auch ermordet worden. Die Beinwunde war ja schlimm, aber nach meiner Ansicht nicht tödlich, aber es wäre eine langwierige Sache geworden und so mußte er eben den kürzeren Weg gehen und das war bei denen [der SS] einfach sterben. "[625]*

In einem Schreiben vom 3. Juli 1942 teilte die Lagerkommandantur des KZ Niederhagen Maria Visser in Hengelo jedoch mit, daß Gerrit Visser eines "natürlichen" Todes gestorben sei: *„Ihr Ehemann [...] ist am 29. Juni 1942 - 18.00 Uhr an den Folgen allgemeiner Körper-, Herz- und Kreislaufschwäche im hiesigen Krankenbau verstorben. Die Leiche wurde am 3. Juli 1942 im städtischen Krematorium eingeäschert. [...]"[626]*

Die fassungslose Familie wollte den plötzlichen Tod von Gerrit Visser nicht einfach hinnehmen und wandte sich nach dem Krieg an verschiedene niederländische Behörden, um mehr über die Lagerverhältnisse im KZ Niederhagen zu erfahren. Über das Niederländische Rote Kreuz wurde ihnen der Kontakt zu dem im Saarland lebenden Jakob Frey ermöglicht, der Visser in Wewelsburg kennengelernt hatte. Weitere Informationen zum KZ Niederhagen erhielt die Familie in den Niederlanden nicht. Erst im Sommer 1996, nach mehr als fünfzig Jahren, erfuhr Johannes Visser zufällig von der Dokumentation und Gedenkstätte in Wewelsburg und stattete ihr einen Besuch ab.[627]

4. Die BV- und SV-Häftlinge

Abgesehen von den rund 160 Häftlingen, die insgesamt als Außenkommando von Sachsenhausen im Mai und erneut im September 1939 nach Wewelsburg kamen, wurden später rund 250 BV-Häftlinge nach Wewelsburg eingeliefert. Die Häftlingsgruppe bestand aus Befristete-Vorbeuge-Häftlingen, die meist mehrfach straffällig geworden waren, ihre Strafe verbüßt hatten und zur "Verhinderung von neuen Strafta-

---

[624] Brief von Jacob Frey an die Tochter von Gerrit Visser vom 30.7.1948 (Original in Privatbesitz), Kopie im Kreismuseum.

[625] Brief von Jacob Frey an Johannes Visser, Gerrit Vissers Sohn, vom 6. Oktober 1948 (Original in Privatbesitz), Kopie im Kreismuseum.

[626] Schreiben der Lagerkommandantur des KZ Niederhagen an Maria Visser vom 3.7.1942 (Original in Privatbesitz), Kopie im Kreismuseum.

[627] In einem Artikel einer holländischen Zeitung über den Papstbesuch in Paderborn im Juni 1996 wurde auf das *„SS-kamp Wewelsburg"*, hingewiesen, in dem soviele russische Kriegsgefangene umgekommen seien, in: *Trauw*, 21.6.1996.

ten" in Konzentrationslager eingewiesen wurden. Seit 1942 gehörten *Sicherungsverwahrte* dazu, die aus der Polizeihaft zur Strafverbüßung in Konzentrationslager gebracht wurden.[628] Der erste große BV-Häftlingstransport kam im Oktober 1941 nach Wewelsburg, bereits vorher waren einzelne Häftlinge mit grünem Winkel angekommen.

Die SS bevorzugte die BV-Häftlinge bei der Funktionsstellenvergabe, da sie davon ausgehen konnte, daß diese als Kapos ihren Anweisungen folgen würden. Die BV-Häftlinge ohne Funktionen konnten in der Regel von den Funktionshäftlingen ihrer Kategorie keine solidarische Hilfe erwarten, denn die meisten BV-Funktionäre gaben zur Wahrung der eigenen Position den Druck der SS nach unten weiter. Solidarische Hilfeleistungen untereinander fanden kaum statt. Ihre Handlungsweisen waren Ausdruck ihrer individuellen Lebensform, nach der die BV-Häftlinge bereits in der vorkonzentrationären Zeit gelebt hatten.[629] Aus diesem Grunde erklären sich auch die Fluchtversuche des ersten BV-Kommandos 1939/40 sowie andere bekanntgewordene Fluchtaktionen. Die Auswirkungen ihrer Handlungsweisen waren für die Gesamtheit der Häftlinge selten positiv, sondern eher negativ, denn die Fluchtversuche wurden mit Kollektivstrafen beantwortet. Die Verbesserung der persönlichen Versorgungsbedingungen führte bei anderen Häftlingen zu einem Defizit, da ja die Menge der Lebensmittel nicht ausgeweitet werden konnte, sondern nur verschoben wurde.[630]

Die SS legte es darauf an, die Befristeten-Vorbeuge-Häftlinge als "Kriminelle" oder als "Berufsverbrecher" zu bezeichnen und sie somit innerhalb der Häftlingsgesellschaft zu isolieren. Der Erfolg dieser Maßnahme wird in den Häftlingsberichten deutlich. In den Augen der anderen Häftlingsgruppen galten die BV-Häftlinge allgemein als "Kriminelle". Sie übernahmen damit die von der SS intendierte Bezeichnung für die BV-Häftlingskategorie, ohne auf Verhaltensweisen derjenigen BVer zu achten, die diesem Vorurteil nicht entsprachen. So sollen sich Berichten der Zeugen Jehovas zufolge die BV-Häftlinge im Arbeitseinsatz als unkooperativ erwiesen haben. Sie sollen ihre Arbeitsaufträge ineffektiv und planlos durchgeführt haben, so daß ihre Arbeitskommandos häufig von der SS wegen ihrer schlechten Arbeitsleistung bestraft wurden.[631] Viele Kapos und Blockälteste mit grünem Winkel waren unter den Wewelsburger Gefangenen wegen ihrer Brutalität und Bereitschaft, die Befehle der SS ohne Skrupel auszuführen, gefürchtet. Um materieller Vorteile willen, waren viele sogar bereit, Mithäftlinge zu töten. Einige Todesfälle im KZ Niederhagen sind auf Ermordung durch BV-Häftlinge zurückzuführen.[632] Verschiedene Gruppen von BV-Häftlingen führten untereinander Machtkämpfe aus, die auch auf politische Häftlingsgruppen ausgeweitet wurden. Deutlich sichtbar wurde diese Konkurrenz an den verschiedenen Interpretationen des Todes eines BV-Kapos, der im Waschraum des Blockes 2 erhängt aufgefunden wurde. Über die Gründe seines Todes liegen verschiedene Versionen vor. Aus der Sicht

---

[628] PINGEL, Häftlinge, S. 203. Nach Wewelsburg wurden hauptsächlich BV-Häftlinge überwiesen.
[629] PINGEL, Häftlinge, S. 105.
[630] Interview Friedrich Klingenberg.
[631] Buder-Bericht, S. 39f.; Interview Heinrich Schürmann.
[632] Zeugenaussagen (Rep. 118 Nr. 855-935); Anklageschrift (Rep. 118-859).

der Bibelforscher-Häftlinge wurde der BV-Kapo von Häftlingen umgebracht, da er eine Gefahr für das Lager, insbesondere für die Bibelforscher-Gruppe bedeutete. Er soll der SS nämlich vorgeschlagen haben, die Bibelforscher in sein Arbeitskommando zu versetzen, da er sie binnen zwei Wochen zur Unterschreibung des Revers' bringen wollte. Einige Tage später sei er von Häftlingen, die seine Absichten vereiteln wollten, umgebracht worden. Seine "Vertrauten", BV-Häftlinge der Lagerprominenz, hätten ihre Schutzhaltung ihm gegenüber aufgegeben, so daß er sich nicht allein im Lager habe behaupten können.[633] Dem Bericht eines ehemaligen politischen Häftlings zufolge soll der BV-Kapo jedoch zuvor mehrere Häftlinge wegen "Organisierens" von Nahrungsmitteln an die SS verraten haben, so daß das Mordmotiv als Racheakt interpretiert werden kann.[634] Die verschiedenen Schilderungen des Mordfalles verdeutlichen einerseits die Konfliktverhältnisse zwischen den unterschiedlichen Häftlingsgruppen, andererseits aber auch deren unterschiedlichen Interpretations- und Sichtweisen.

4.1   Paul Bugla

Ein Angehöriger der BV-Häftlingskategorie war der Stellmacher Paul Bugla. Nach Vollzug seiner Haftstrafe wurde er nicht entlassen, sondern von der Gestapo in Schutzhaft genommen und in ein Konzentrationslager überführt.

Paul Bugla wurde am 6. März 1910 in Herten geboren. Aus nicht bekannten Gründen wurde er 1933 in das Zuchthaus in Münster eingeliefert, zwei Jahre später als "Gewohnheitsverbrecher" in das KZ Oranienburg eingewiesen. 1939 gehörte er zu dem ersten Transport von Befristete-Vorbeuge-Häftlingen, die vom KZ Sachsenhausen nach Wewelsburg verlegt wurden. Sie kamen in einem großen Zelt im Finneckestal unterhalb der Wewelsburg unter. Am 25. Mai 1939 unternahmen Paul Bugla und sein Mithäftling Walter Henningsen einen Fluchtversuch aus dem Lager. Sie knebelten und fesselten einen SS-Wachposten und flohen. Der Stabsführer der Allgemeinen-SS auf der Burg, der SS-Sturmbannführer Elstermann von Elster, startete eine große Suchaktion, an der sich neben der SS auch die Wehrmacht und die Schutzpolizei beteiligten. Die ebenfalls aufgeforderte örtliche freiwillige Feuerwehr weigerte sich, an der Suchaktion teilzunehmen. Walter Henningsen wurde noch am selben Tag gestellt und durch einen Bauchschuß tödlich verletzt. Bugla konnte zunächst entkommen und versteckte sich bei einem Bauern. Von ihm erhielt er auch Zivilkleidung. Am nächsten Tag wurde er jedoch von zwei Polizisten in der Nähe von Geseke gefaßt.

„Wewelsburg, 16. Mai. Entsprungene Gefangene gestellt. Im Laufe des gestrigen nachmittags wurden zwei Gefangene des hiesigen Gefangenenlagers, nachdem sie den Wachtmann überwältigt und sich dessen Waffen angeeignet hatten, flüchtig. Bei der sofort eingeleiteten Suchaktion gelang

[633] Zeugenaussagen von ehemaligen Bifo-Häftlingen (Rep. 118 Nr. 855-935). Die Berichte geben als mögliche Täter sowohl politische als auch BV-Häftlinge an.
[634] ZA Otto P. (Rep. 118-922).

es, einen der Ausreißer in der Nähe von Oberntudorf zu stellen. Hierbei erhielt dieser eine Schuß-
verletzung in den Unterleib; er wurde darauf in das Krankenhaus zu Büren eingeliefert. Der zweite
Flüchtling konnte heute in der Nähe von Geseke gestellt und dingfest gemacht werden. [635]

Anfang Juni 1939 wurde er vor das Sondergericht Dortmund gestellt. *„Folgende Häftlin-*
ge sind am 9.6.39 zu überführen: Bugla, Paul, 6.3.1910 (D-Einzeltransport nach Dortmund)
Abfahrt ab Lager 6.30 Uhr." [636] Von Dortmund wurde er am 24. Juni nach Salzkotten
gebracht, wo er in einem Schauprozeß wegen *„versuchter Tötung eines SS-Angehörigen"*
als Schwerverbrecher dargestellt und erneut zu 10 Jahren Zuchthaus verurteilt wurde.
In der Bürener Zeitung vom 27. Juni 1939 wurde darüber berichtet:

> *„Salzkotten, 27. Juni. Zu zehn Jahren Zuchthaus verurteilt. Das Sondergericht Dortmund ver-*
> *urteilte am 24. Juni 1939 in Salzkotten den 29jährigen Stellmacher Paul Bugla aus Herten als*
> *gefährlichen Gewohnheitsverbrecher wegen gemeinschaftlicher schwerer Meuterei in Tateinheit mit*
> *gemeinschaftlichem Raub sowie wegen des gemeinschaftlichen Unternehmens der Tötung eines*
> *SS-Angehörigen zu einer Gesamtstrafe von 10 Jahren Zuchthaus unter Aberkennung der Bürgerli-*
> *chen Ehrenrechte auf die Dauer von 10 Jahren. Neben der erkannten Strafe wurde Polizeiaufsicht*
> *für zulässig erklärt und die Sicherungsverwahrung angeordnet. Bugla war am 15. Mai 1939*
> *zusammen mit dem Häftling Henningsen aus der gegen ihn als Gewohnheitsverbrecher verhäng-*
> *ten polizeilichen Vorbeugungshaft nach Überwältigung und Knebelung eines Wachtpostens*
> *entwichen. Als er auf der Flucht von dem SS-Scharführer Listl an einem Waldrand gestellt wurde,*
> *sprang er in ein Kornfeld und wies dem gemeinschaftlich mit ihm handelnden Henningsen, der*
> *den dem Wachtposten abgenommenen Karabiner führte, die Schußrichtung. Henningsen legte in*
> *seinem Einverständnis den Karabiner auf den Verfolger an, wurde aber von diesem durch einen*
> *wohlgezielten Pistolenschuß rechtzeitig am Schießen gehindert. Er ist seinen Verletzungen erlegen,*
> *während Bugla am Tag nach seiner Entweichung ergriffen werden konnte."* [637]

Sein weiteres Schicksal liegt im Dunkeln. Auch der Grund für seine Hinrichtung am
23. September 1940 in seinem Heimatort Herten ist nicht bekannt. [638]

4.2 Max Schlott

Nach Verbüßung einer Haftstrafe wegen "Urkundenfälschung" kam der Schlosser Max
Schlott zur *Sicherungsverwahrung* ins Konzentrationslager nach Sachsenhausen. Am 16.
Januar 1942 starb er im KZ Niederhagen laut Sterbeurkunde an "Herzwassersucht".
Geboren wurde Max Anton Schlott am 20. November 1893 in Sachsenberg/Sachsen.
Er wurde Schlosser und heiratete Frieda Memel. Sie lebten in Klingenthal und bekamen
drei Kinder, Gerhard, Siegfried und Annerose. Als Frieda Schlott 1938 starb, wurden

[635] Bürener Zeitung, Nr. 114, vom 16.5.1939.
[636] Dokument vom 9.6.1939 (SH R 202 M 13, S. 9; Sonderarchiv).
[637] Bürener Zeitung, Nr. 148, vom 28.6.1939.
[638] Akte Paul Bugla (StdA He).

Abb. 83:
Max Schlott vor seiner Ein-
lieferung ins Konzentrationsla-
ger, ca. 1930 - 1938

die Kinder von einer Schwester ihres Vaters aufgenommen. Max Schlott wurde wegen einer Straftat, bei der es sich nach den Erinnerungen der Tochter Annerose um "Urkundenfälschung" gehandelt haben soll, in Haft genommen. Nach Verbüßung seiner Haftstrafe ging Max Schlott zu seiner Schwester Ella und seinen Kindern nach Rostock. Kurze Zeit danach wurde er erneut verhaftet und in Untersuchungshaft genommen. Seine Schwester besuchte ihn jeden Sonntag. Die Verwandten bereuten es, daß Schlott nicht nach Klingenthal zurückgegangen sei, wo man ihn gekannt hätte. *„In Rostock sei er nun zum Verbrecher abgestempelt"* worden.[639] Ein Versuch seiner Schwester, in Berlin seine Freilassung zu erwirken, mißlang. Sie erfuhr vielmehr, daß Max Schlott zur

[639] Brief von Annerose Schmeichel, Tochter von Max Schlott, an das Kreismuseum vom 8.1.1988.

Sicherungsverwahrung in das KZ Sachsenhausen eingewiesen worden war. Über einen Prozeß ist nichts bekannt.

Ein Brief von Schlott, den er am 10. September 1941 aus dem KZ Sachsenhausen an seine Mutter Lina Schlott und seine Schwester Hedda Sattler nach Sachsenberg schrieb, ist erhalten geblieben. Er drückt die Hilflosigkeit Schlotts aus, sich nach dem Tod seiner Schwester nicht um seine Kinder kümmern zu können. Inständig bittet er um mehr Informationen und Nachrichten. Er setzte seine ganze Hoffnung darin, daß der Krieg bald enden möge, um wieder nach Hause zu kommen.

„Liebe Mutter und Schwester! Es wird euch sicher vorige Woche genau so schwer getroffen haben wie mich als Ihr die Nachricht von dem Tod unserer lieben Ella bekommen habt. Ich kann es heute noch nicht fassen, auch habe ich bisher weiter noch keine briefliche Nachricht erhalten. Schreibt mir doch bitte darüber, denn Heddel war doch sicher dort. Ich weiß nun gar nicht was mit Annerose und Siegfried werden soll, es wäre vielleicht das beste, wenn sie zu ihren Großeltern ging. Und Siegfried könnte, wenn er noch keine Lehrstelle hat, vielleicht bei Alfred im Geschäft tätig sein. Schreibt doch bitte sofort mal Gerhard, daß er mich wissen läßt wie er darüber denkt. Fügt ihm diesen Brief bei. Ich will wegen seiner Dienststellung nicht direkt an ihn schreiben, aber er kann mir doch schreiben. [...] Auf mein letztes Schreiben habt ihr mir noch gar nicht geantwortet und vermisse ich diese insbesondere aber auch die erfreulich tröstenden Worte von Büttner u. Riegles, nun greift bitte sofort mal zur Feder, es ist immer eine Enttäuschung, wenn alle Post bekommen und für sich selbst ist nichts dabei. Hoffentlich ist der Krieg bald aus, dann können wir wieder heim gehen. [...] In der Hoffnung, recht bald Nachricht zu erhalten, ich warte mit Sehnsucht darauf, grüßt euch euer Max. Grüßt bitte Vater."[640]

Ein entfernter Verwandter übernahm die Vormundschaft für die beiden jüngeren Kinder Schlotts. Er erhielt auch die Nachricht, daß Max Schlott am 16. Januar 1942 gestorben sei. Schlott wurde vermutlich im Herbst oder Winter 1941 ins KZ Niederhagen überwiesen. Genaue Hinweise über seinen Verbleib hatte seine Familie nicht. Erst 1987 konnte seine Tochter Annerose in Erfahrung bringen, wo und woran ihr Vater gestorben war. Über die Mahn- und Gedenkstätte Sachsenhausen gelangte sie nach Wewelsburg. Hier erfuhr sie, daß ihr Vater am 16. Januar 1942 gestorben war, die offizielle Todesursache lautete "Herzwassersucht".[641]

5.   Die "asozialen" Häftlinge und "Zigeuner"

Der erste große Transport mit "asozialen" Häftlingen kam im September 1940 nach Wewelsburg, wo sich bis dahin nur Bibelforscher befunden hatten. Mit ihm ging der unmittelbare Einfluß der Bibelforscher zurück, denn die SS setzte, im Gegensatz zu anderen Konzentrationslagern, in Wewelsburg "asoziale" Häftlinge als Funktionäre

---

[640] Brief von Max Schlott an seine Mutter und seine Schwester vom 10.8.1941 (Original in Privatbesitz), Kopie im Kreismuseum.
[641] Todesanzeige vom 16.1.1942 (StandesA Bü, Sterberegister 1942).

ein.[642] Sie wurden Blockälteste und Kapos, dabei standen sie den BV-Funktionären laut Zeugenaussagen an Brutalität und Skrupellosigkeit nicht nach. Viele der "asozialen" Funktionäre unternahmen nur wenig, um ihre Positionen für solidarische Hilfeleistungen zugunsten der ihnen zugeteilten Häftlinge oder ihrer Häftlingskategorie zu nutzen. Sie waren vor allem an ihrem individuellen Überleben interessiert. Ihre vorkonzentrationären Erfahrungen konnten ihnen zur Bewältigung der extremen Lagererfahrungen und zur Bildung von gemeinsamen Überlebensstrategien kaum helfen. Da die Angehörigen der "asozialen" Kategorie aus verschiedenen Lebensbereichen stammten, bot ihnen die vorkonzentrationäre Zeit keine gemeinsame Handlungsbasis.[643] "Asoziale" Gefangene in Wewelsburg waren vielfach wegen Arbeitsverweigerung inhaftiert worden. So konnten seit 1939 Personen, die eine ihnen über das Arbeitsamt vermittelte Arbeitsstelle zweimal abgelehnt hatten, von der Gestapo als "Arbeitsscheue" in Schutzhaft genommen werden. Ihnen fehlte nicht zuletzt eine gemeinsame geistige oder weltanschauliche Orientierung, um gemeinsame Organisationsstrukturen aufzubauen. Ohne eine Gruppenidentität zu besitzen, gelang es ihnen kaum, kollektive Hilfeleistungen oder Verhaltensweisen auszubilden.

Vielmehr wurden die "asozialen" Häftlinge, bis auf die wegen ihrer Brutalität gefürchteten Funktionäre, von den Häftlingen anderer Kategorien nicht beachtet und oft bewußt gemieden.[644] Aufgrund ihrer häufig mangelnden Disziplin und ihres unsolidarischen Verhaltens gegenüber anderen Häftlingen hinterließen sie einen eher negativen Eindruck. Ihr Verhalten galt als wenig vertrauensvoll und unzuverlässig. Die Häftlinge übernahmen damit die pauschale Bewertung einer als "asozial" bezeichneten Gesellschaftsgruppe in der vorkonzentrationären Zeit und übertrugen sie als "typische" Verhaltensnormen auf diese Häftlingskategorie. In der Realität blieb das Handlungsspektrum der "asozialen" Häftlinge natürlich längst nicht auf negative Verhaltensweisen beschränkt, doch wurden positive Eigenschaften von den übrigen Häftlingen kaum wahrgenommen. Sie registrierten gemäß ihrer vorgefaßten Meinung vor allem die negativen Verhaltensweisen, durch die sie direkt betroffen waren. In Häftlingsberichten wird geschildert, daß es in den Blöcken der "asozialen" Häftlinge an Ordnung und hygienischer Pflege gemangelt habe, so daß sich Infektionen leichter ausbreiteten. Es habe Probleme beim täglichen Bettenbau, der Stubenreinigung oder den Essensausgaben gegeben.[645] Das folgende Zitat aus dem Interview mit Gerhard Claus verdeutlicht die Meinung, die der Bibelforscher von den "asozialen" Häftlingen hatte:

„Dann wurden wir zu Tischältesten bestimmt. In Block 2, da waren Asoziale, Zigeuner, Politische so durcheinander, da war ja kaum Ordnung 'reinzukriegen. Wie wir dann die Tischältesten machten, da war Ruhe, warum? [...] Wenn der Essenskübel kam, dann wurde ausgeteilt. Wo der letzte stehen geblieben war, wurde wieder angefangen und dann, wenn es herum ging und dann

[642] PINGEL, Häftlinge, S. 87. Demnach fanden die "Asozialen" nur Eingang in die untersten Funktionen (Stubenälteste) und waren ansonsten politischen oder BV-Häftlingen unterstellt.
[643] BROSZAT, Konzentrationslager, S. 71.
[644] Zeugenaussagen (Rep. 118 Nr. 855-935).
[645] Interview Friedrich Klingenberg.

der Nachschlag kam, haben wir uns zurückgestellt und uns keinen Nachschlag genommen. Damit sie sehen, wir stellen uns zurück, um des Friedens willen und der Ruhe willen. Bei uns herrscht Ordnung und Ruhe. Und das hat so wunderbar geklappt. Dann haben die gesagt: 'Nein, jetzt, Kleiner, jetzt bist Du dran.' Sehen Sie, die ungerechten Menschen, die sich sonst geschlagen haben, keiner dem anderen die Luft gegönnt hat, die haben gesagt: 'Jetzt bist du dran'. Ist das nicht schön."[646]

Die SS unterstützte diese Entwicklung. Da sie die Häftlinge mit dem schwarzen Winkel in ihrer nationalsozialistischen Bewertungsskala weit unten ansiedelten, behandelten sie sie schlecht. Mit Ausnahme der in die Funktionsstellen gehobenen Häftlinge litten die "asozialen" Gefangenen unter schlechter materieller Versorgung, überfüllten Blökken und verstärkten Mißhandlungen durch die SS. Unmenschliche Existenzbedingungen sowie fehlende kollektive Überlebensstrategien waren die Hauptursachen für die hohe Sterblichkeit der "asozialen" Kategorie. Die individuellen Handlungsstrategien reichten nicht zum Überleben aus. Viele "Asoziale" endeten als "Muselmänner" und starben.[647] Die genaue Zahl der Todesfälle innerhalb der Kategorie mit dem schwarzen Winkel ist anhand der Sterbeurkunden nicht feststellbar. Es ist von einer hohen Rate auszugehen, denn bereits nach Ankunft des ersten Transportes mit "Asozialen" im September 1940 stieg die Zahl der Todesfälle rapide an.[648]

Aus der Kategorie der "Asozialen" wurden viele Häftlinge entlassen und zur Wehrmacht eingezogen. Im KZ Niederhagen fanden alle nachprüfbaren Entlassungen von "asozialen" Häftlingen im September 1942 statt. Da ein Grund ihrer Inhaftierung der beabsichtigte Zwangsarbeitereinsatz für SS-Unternehmen gewesen war, konnten die Häftlinge mit dem schwarzen Winkel relativ problemlos zur Wehrmacht eingezogen werden, wenn ein Mangel an Soldaten herrschte.

Unter die Kategorie der "asozialen" Gefangenen fielen auch die Sinti und Roma.[649] Meist trugen sie nicht den schwarzen Winkel, sondern einen braunen. Seit Mai 1940 war mit dem Abtransport von Sinti- und Roma-Familien aus dem Reichsgebiet in das Generalgouvernement begonnen worden.[650] Die "Zigeuner" wurden wie die Juden von der SS als "minderwertige Rasse" eingestuft und zur Vernichtung bestimmt.[651] Die Zahl der nach Wewelsburg eingelieferten Sinti und Roma ist nicht bekannt, festzustellen ist nur die Zahl der im Lager gestorbenen Häftlinge. 15 Todesurkunden, alle aus dem Jahr

---

[646] Interview Gerhard Claus; PINGEL, Häftlinge, S. 86.

[647] ZA Werner St. (Rep. 118-919), Ernst Sch. (Rep. 118-918).

[648] PINGEL, Häftlinge, S. 87. In anderen Konzentrationslagern war die Todesrate der "asozialen" Häftlinge unter ähnlichen Existenzbedingungen ebenfalls höher als bei politischen und BV-Häftlingen.

[649] Zur Verfolgung der "Zigeuner" s. JOACHIM S. HOHMANN: Geschichte der Zigeunerverfolgung in Deutschland, Frankfurt a. M., New York 1988.

[650] Anordnung Himmlers zur "Zigeuner-Umsiedlung" vom 27.4.1940, in: BROSZAT, Konzentrationslager, S. 93f.

[651] HELMUT KRAUSNICK: Judenverfolgung, in: Anatomie des SS-Staates, Bd. 2, München ⁵1989, S. 235-266, hier: S. 289, 300; ROMANI ROSE, WALTER WEISS: Sinti und Roma im "Dritten Reich". Das Programm der Vernichtung durch Arbeit, Göttingen ²1993, S. 172-176.

1942, weisen den Tod von "Zigeunern" nach. Ihre Stammeszugehörigkeit ist ebensowenig zu klären wie die Zahl derjenigen Toten, die mit der Bezeichnung "Zigeuner" versehen wurden, aber keine waren.[652] Ihre Lebensbedingungen waren eher noch schlechter als die der "asozialen" Häftlinge. Die Sinti und Roma, die vor der Lagerhaft zumeist in festen Stammes- oder Familienverbänden gelebt hatten, wurden im KZ Niederhagen aus diesen Verbänden herausgerissen und verloren ihren familiären Halt und ihre soziale Gruppenzugehörigkeit. Sinti und Roma gehörten neben den Juden zu den Häftlingen, die aufgrund ihrer Rassenzugehörigkeit für die Vernichtungstransporte der "Aktion 14 f 13" im KZ Niederhagen ausgesucht wurden.[653] Über die Häftlinge mit dem schwarzen und braunen Winkel gibt es nur wenige biographische Hinweise. Das im folgenden beschriebene Schicksal des deutschen Bauern Heinrich Auf der Heide bildet eher eine Ausnahme innerhalb der Kategorie der "asozialen" Häftlinge. Es zeigt aber deutlich, wie auch ein gemäß der nationalsozialistischen Weltanschauung akzeptiertes Mitglied der "deutschen Volksgemeinschaft" ein Opfer des Unrechtsstaates der Nationalsozialisten werden konnte.

5.1   Heinrich Auf der Heide

Wegen einer Liebesbeziehung zu einer polnischen Landarbeiterin, die von der nationalsozialistischen Rechtsprechung als "Rassenschande" bewertet wurde, wurde der Erbhofbauer Heinrich Auf der Heide in Schutzhaft genommen und in das KZ Niederhagen eingeliefert. Hier starb er am 12. Juli 1942 an "Herzmuskelschwäche".

Heinrich Auf der Heide wurde am 1. April 1907 als Sohn des evangelischen Markkötters Johann Heinrich Auf der Heide und seiner Frau Marie Engel Luise, geb. Nordmann, geboren. Als ältester Sohn übernahm Heinrich nach dem Tod des Vaters im Jahre 1928 den Erbhof in Kalkriese und bestellte den Bauernhof auch nach Kriegsbeginn. Sein Bruder Wilhelm wurde von der Wehrmacht eingezogen und kam an die Ostfront.[654] Im Mai 1940 wurde dem Bauernhof eine 18jährige polnische Landarbeiterin aus Siestawice zugewiesen. Der unverheiratete Erbhofbauer verliebte sich in die junge Anna Podstawek. Ein gemeinsames Kind, das am 22. Februar 1941 zur Welt kam, jedoch sofort verstarb, war Anlaß für eine sechsmonatige Verhaftung, die Auf der Heide im KZ Sachsenhausen verbrachte. Nach seiner Entlassung am 13. Oktober 1941 machte er in mehreren Amtseingaben seine Absicht deutlich, Anna zu heiraten. Dieser Heiratswunsch verfehlte seine wohl beabsichtigte Wirkung, Auf der Heide zu entlasten. Stattdessen brachte er die offiziellen Stellen und vor allem den Landesbauern-

---

[652] ZA Stefan A. (Rep. 118-920). Stefan A. wurde fälschlich als "Zigeuner" eingeliefert.
[653] ZA Wenzel D. (Rep. 118-920).
[654] Heinrich Auf der Heides Lebensdaten, der im folgenden beschriebene Vorgang und die Zitate sind seiner Gerichtsakte entnommen (StA Ol, Best. 350/Landesbauernschaft Weser-Ems), zusammengefaßt von Beatrix Herlemann, Historische Kommission für Niedersachsen und Bremen, Korrespondenz mit dem Kreismuseum vom 31.8.1988.

führer gegen sich auf. In einem Kommentar zu dem Vorgang äußerte sich dieser folgendermaßen:

> „Für jeden Deutschen, ob Mann oder Frau, ist die Reinhaltung des Blutes oberstes Gesetz. So, wie es als größte Schande gilt, sich mit einem Juden einzulassen, versündigt sich auch derjenige Deutsche, der mit einer Polin intime Beziehungen unterhält. Er hat sich daher durch sein Verhalten außerhalb der Volksgemeinschaft gestellt, das Ansehen des deutschen Bauern in schwerster Weise geschädigt und die Achtung seiner Standesgenossen verloren."[655]

Um die Aberkennung der Bauernfähigkeit von Heinrich Auf der Heide zu betreiben, beobachtete ihn der Landesbauernführer und stellte fest, daß „er mit der bei ihm beschäftigt gewesenen Polin P. in briefliche Verbindung getreten [ist] und [...] von ihr Geschenke angenommen [hat]."[656] Auf der Heide wurde daraufhin erneut verhaftet und in ein Konzentrationslager überwiesen. Der Landesbauernführer betrieb in seiner Abwesenheit die Entziehung der Verwaltung und Nutznießung des Bauernhofes sowie die Übertragung des Hofes auf seinen Bruder Wilhelm bei dem Anerbengericht in Bramsche.

Der entsprechende Beschluß vom 19. März 1942 wurde Heinrich Auf der Heide im KZ Niederhagen zugestellt. Spätestens seit diesem Zeitpunkt befand er sich demnach in Wewelsburg. Ob er nach seiner erneuten Verhaftung direkt nach Wewelsburg gekommen ist, oder von einem anderen Lager überstellt wurde, ist nicht mehr nachzuvollziehen. Vermutlich wurde ihm der schwarze Winkel als sogenanntem "Schädling der Volksgemeinschaft" angeheftet. Vier Monate später, am 12. Juli 1942 um 3 Uhr, verstarb Heinrich Auf der Heide im KZ Niederhagen, die offizielle Todesursache wird mit "Herzmuskelschwäche" angegeben.[657] Die Todesnachricht, die ihm durch die Kreisbauernschaft Bersenbrück übermittelt wurde, überraschte den Landesbauernführer, der einen Termin zur "Abmeierung" (Aberkennung des Erbhofes) für den 1. August 1942 festgesetzt hatte. Er zog seinen Antrag zurück.

Das weitere Schicksal der jungen Polin Anna bleibt im Dunkeln. Bekannt ist nur, daß sie nicht weiter auf dem Hof in Kalkriese arbeitete. Unklar bleibt, ob sie, wie es in solchen Fällen meist üblich war, ebenfalls mit Sanktionen belegt wurde, oder ob sie unbehelligt blieb. Es sind auch Fälle bekannt, in denen betroffene Polinnen erhängt wurden. Auch wurden üblicherweise deutsche Frauen für ein Liebesverhältnis zu Polen bestraft. Selten kam es hingegen vor, daß deutsche Bauern wegen einer Liebesbeziehung zu einer "Ostarbeiterin" in Schutzhaft genommen wurden.

---

[655] Kommentar des Landesbauernführers, Gerichtsakte (StA Ol, Best. 350/Landesbauernschaft Weser-Ems).
[656] Schreiben des Landesbauernführers, Gerichtsakte (StA Oldenburg, Best. 350/Landesbauernschaft Weser-Ems).
[657] Sterbeurkunde Heinrich Auf der Heide (StandesA Bü, Sterberegister 1942).

6.   Die sowjetischen Häftlinge

Die größte Häftlingsgruppe im KZ Niederhagen bildeten die sowjetischen Gefangenen, die sich aus Kriegsgefangenen und zwangsdeportierten "Ostarbeitern" zusammensetzten. Die sowjetischen Kriegsgefangenen der deutschen Wehrmacht unterlagen einer rücksichtslosen Behandlung, die Ausdruck einer neuen Phase der nationalsozialistischen Vernichtungspolitik war.[658] Der Krieg gegen die Sowjetunion sollte neben der Vernichtung des Bolschewismus neuen "Lebensraum im Osten" bringen, vor allem also die Möglichkeit zur Ausbeutung der Rohstoff- und Nahrungsressourcen des Ostens.[659] Bereits vor Beginn des Feldzuges wurde den deutschen Soldaten glaubhaft gemacht, daß ein sowjetischer Soldat nicht nur wertlos, sondern vielmehr hinterhältig, gefährlich und daher zum eigenen Schutz unbedingt zu ermorden sei.[660] Der *Kriegsgerichtserlaß* vom 13. Mai 1941 legte die Behandlung von sowjetischen Zivilpersonen fest, er bestimmte, daß *„Angriffe feindlicher Zivilpersonen gegen die Wehrmacht [...] bis zur Vernichtung des Angreifers niederzumachen"* seien.[661] Der "Kommissarbefehl" vom 6. Juni 1941 gab die *Richtlinien für die Behandlung politischer Kommissare* vor.[662] Mit der Durchführung des Befehls beteiligten sich Einsatzkommandos der Wehrmacht an der Ermordung politischer Gegner, denn politische Kommissare der Roten Armee wurden direkt bei ihrer Gefangennahme erschossen.[663] Ein weiterer Erlaß, der Einsatzbefehl Heydrichs Nr. 8 vom 17. Juli 1941, der in Zusammenarbeit mit dem Allgemeinen Wehrmachtsamt entstand, regelte die Massenexekutionen, umschrieben als *„Säuberung der Gefangenenlager, in denen Sowjetrussen untergebracht"* waren, durch eigens dafür eingerichtete Einsatzgruppen der Sipo und des SD.[664] Seit September 1941 wurden auch deutsche Konzentrationslager vom RSHA als Exekutionsstätten genehmigt. Kriegsgefangene, die in Kriegsgefangenenlagern auf dem Reichsgebiet ausgesondert wurden, sollten im nächstgelegenen Konzentrationslager exekutiert werden.[665]

Im KZ Niederhagen sind insgesamt 14 Erschießungen von sowjetischen Kriegsgefangenen bekannt. Die ersten zehn sowjetischen Kriegsgefangenen wurden im September 1942 erschossen, zwei im November 1942 und zwei im März 1943.[666] Sie

---

[658] PINGEL, Häftlinge, S. 119.

[659] HANS-ADOLF JACOBSEN: Kommissarbefehl und Massenexekution sowjetischer Kriegsgefangener, in: Anatomie des SS-Staates, Bd. 2, S. 137-142.

[660] CHRISTIAN STREIT: Sowjetische Kriegsgefangene - Massendeportationen - Zwangsarbeiter, in: WOLFGANG MICHALKA (Hg.): Der Zweite Weltkrieg, S. 747-760, hier: S. 750f.

[661] JACOBSEN, Kommissarbefehl, S. 181-183.

[662] JACOBSEN, Kommissarbefehl, S. 188-190.

[663] STREIT, Sowjetische Kriegsgefangene, S. 750f.

[664] JACOBSEN, Kommissarbefehl, S. 200-204; STREIT, Sowjetische Kriegsgefangene, S. 751. In diesem Erlaß wurde zum ersten Mal die Vernichtung *"aller Juden"* aktenkundig.

[665] PINGEL, Häftlinge, S. 130.

[666] Sterberegister 1942/43 (StandesA Bü Niederhagen).

waren durch verschiedene Gestapostellen in Westfalen-Lippe eingewiesen worden. Auf der Grundlage der oben genannten Erlasse wurden Tausende von sowjetischen Kriegsgefangenen ermordet.[667]

Durch Unterernährung und Erschöpfung hatte bereits ein Massensterben in den Kriegsgefangenenlagern begonnen. Die deutsche Führung sah keine Notwendigkeit, das Leben der sowjetischen Gefangenen zu erhalten,[668] so daß sie ihnen ausreichende Verpflegung und Unterkünfte verweigerte. Aufgrund des Wintereinbruchs stieg die Zahl der Toten gegen Ende des Jahres 1941 enorm an. Der erste Transport mit sowjetischen Gefangenen kam am 10. Juni 1942 in das KZ Niederhagen. Die Häftlinge waren bereits durch den Transport so entkräftet, daß sie schon nach kurzer Zeit im Lager starben. Den schweren Lebens- und Arbeitsbedingungen im Steinbruch waren sie nicht gewachsen.

Erst die notwendige Umstellung der Kriegswirtschaft auf einen langandauernden Stellungskrieg löste ein Umdenken in der Politik zur Vernichtung der sowjetischen Gefangenen aus. Der drohende Arbeitskräftemangel sollte durch den Arbeitseinsatz von KZ-Häftlingen und sowjetischen Gefangenen ausgeglichen werden. War der Einsatz von sowjetischen Gefangenen bisher aus rassepolitischen Gründen verboten gewesen, wurde er nun von Göring am 7. November 1941 genehmigt. Der Arbeitseinsatz sowjetischer Kriegsgefangener sollte bei maximaler Ausbeutung ihrer Arbeitskraft durchgeführt werden. Aufgrund der hohen Sterblichkeit der sowjetischen Kriegsgefangenen reichte ihr Einsatz nicht zur Behebung des Arbeitskräftemangels aus. Daraufhin wurde ein System zur Zwangsaushebung von zivilen Arbeitskräften in der Sowjetunion entwickelt, die bisher nur am Rande erfaßt worden waren.[669] Die "Ostarbeiter"-Erlasse vom 20. Februar 1942 regelten den Arbeitseinsatz von "Ostarbeitern" in der deutschen Industrie. In jeder Gestapoleitstelle wurden "Russen-Referate" eingerichtet, die den ordnungsgemäßen Arbeitseinsatz überwachten.[670] Straffällige Zwangsarbeiter wurden sofort in Konzentrationslager eingewiesen oder exekutiert.

---

[667] ALFRED STREIM: Die Behandlung sowjetischer Kriegsgefangener im "Fall Barbarossa". Eine Dokumentation, Heidelberg 1981, S. 224.

[668] STREIT, Sowjetische Kriegsgefangene, S. 748f. Da die Sowjetunion weder die Den Haager Landkriegsordnung von 1907 anerkannte, noch die Genfer Kriegsgefangenenkonvention von 1929 ratifiziert hatte, waren die kriegsvölkerrechtlichen Bindungen zwischen der UdSSR und dem Deutschen Reich nicht eindeutig geregelt. Das allgemeine Kriegsvölkerrecht wurde von Hitler ignoriert.

[669] ROLF-DIETER MÜLLER: Die Zwangsrekrutierung von "Ostarbeitern" 1941-1944, in: WOLFGANG MICHALKA (Hg.): Der Zweite Weltkrieg, S. 772-783; HERBERT, Arbeit und Vernichtung, S. 399.

[670] HERBERT, Fremdarbeiter, S. 15-161. Die ersten Massentransporte mit sowjetischen "Fremdarbeitern" kamen im Frühjahr 1942 nach Deutschland, bis Ende November 1942 befanden sich 1 125 000 "Ostarbeiter" im "Reichseinsatz".

Nach Wewelsburg kamen straffällige Fremdarbeiter über die Stapoleitstellen Bielefeld, Düsseldorf, Dortmund und Osnabrück.[671] Zwischen April 1942 und März 1943 wurden nachweislich 33 "Ostarbeiter" und drei "Ostarbeiterinnen", die von der Gestapo eingeliefert worden waren, im Bunkerbereich erhängt.[672] Wieviele Fremdarbeiter in das KZ Niederhagen eingewiesen wurden, läßt sich nicht genau ermitteln. Unter den 420 sowjetischen Häftlingen, die vom 22. Dezember 1942 bis zum 8. Januar 1943 nach Wewelsburg kamen, waren 41 sowjetische Kriegsgefangene und 60 Jugendliche im Alter von zwölf bis 18 Jahren, die wohl bei Verfolgungsaktionen in der Sowjetunion festgenommen worden waren. Die übrigen 319 Häftlinge waren "Ostarbeiter". Insgesamt befanden sich ca. 1 100 sowjetische Häftlinge im KZ Niederhagen. Die weiteren Transporte nach dem 10. Juni 1942 waren Durchgangstransporte, deren Überlebende einige Tage später in andere Lager weitertransportiert wurden.[673]

Nachweislich starben 734 sowjetische Häftlinge in Wewelsburg. Sie waren damit die Häftlingsgruppe mit der höchsten Todesrate. Die Ursache für ihre hohe Sterblichkeit lag vor allem in dem Zustand absoluter körperlicher Entkräftung, in dem sie nach dem langen und zermürbenden Transport in Wewelsburg ankamen. Eventuelle vorkonzentrationäre Erfahrungen oder Eigenschaften konnten bei den katastrophalen Grundbedingungen, die sie im Lager erwarteten, nicht helfen. Sie waren auf die solidarische Unterstützung anderer Häftlinge angewiesen, die ihnen vor allem von Bifo- und politischen Häftlingen gewährt wurde. Der Bibelforscher Gerhard Claus erinnert sich:

„Da waren ja auch Russen zwischen, die fielen natürlich auf, daß sie den Spind nicht so sauber halten konnten. Das lag nicht alles so akurat drin, da haben wir denen schon ein wenig geholfen, daß das alles so schön paßte."[674]

Die mageren Nahrungsrationen reichten den wenigsten Sowjetbürgern zum Überleben. Durch die schweren körperlichen Arbeiten im Steinbruch wurden ihnen die letzten Kräfte genommen. Sprachliche Barrieren erschwerten ihnen den Kontakt zu anderen Häftlingsgruppen. Die Russen und Ukrainer waren nicht isoliert untergebracht, sie belegten die hinteren Blöcke 7 - 9. In diesen Blöcken waren hauptsächlich Bibelforscher als Tisch- und Stubenälteste eingesetzt, um als Ansprechpartner für die SS zu dienen und die Ausgabe der viel zu geringen Essensrationen zu regeln. Die schlechte Behandlung durch die SS war den übrigen Häftlingen somit deutlich vor Augen. So berichtet Gerhard Claus weiter:

[671] BREBECK, HÜSER, Das Konzentrationslager, S. 25; Prozeßunterlagen, betr. KL Niederhagen/Wewelsburg, Vermerk des KHM Hoffmann, Gefangenenbücher der Polizei in Dortmund ab 1941 bis 12.4.1945 (Rep. 118-900); Gestapokartei (StA Os (Rep. 439)).
[672] HÜSER, Wewelsburg, S. 369.
[673] BREBECK, HÜSER, Das Konzentrationslager, S. 25.
[674] Interview Gerhard Claus; s. auch Buder-Bericht, S. 45-48; ZA Otto Pr. (Rep. 118-922); Interview Friedrich Klingenberg.

„Die Russen, die nahmen nicht alles so genau, und fielen dadurch in den Arbeitskommandos und in den Baracken auf, dann waren sie immer dran. [...] Wenn sie aufgefallen waren, dann passierte es, daß sie geschlagen wurden. Und so war das dann öfters der Fall. Wogegen die anderen, die wußten ja schon, worum es ging und haben dann aufgepaßt, daß so etwas nicht mehr vorkommt."[675]

Friedrich Klingenberg erinnert sich an einen jungen russischen Häftling: *„Die Menschen waren auch so gedemütigt, ich meine, da war mal ein Russe, der hat sich sogar vor mir hin gekniet. Da habe ich gesagt, er soll das lassen, aber der, die hatten solche Angst."*[676]

6.1   Stanislaw Korsinkin

Als sowjetischer "Ostarbeiter" gelangte Stanislaw Korsinkin nach Deutschland. Aus ungeklärten Gründen wurde er im September 1942 in das KZ Niederhagen eingewiesen und wenige Zeit später hingerichtet.

Stanislaw Korsinkin wurde am 19. Februar 1922 als Sohn von Nikita Korsinkin und Natalia, geb. Magilinkowa, in Rutschenkovo, Ukraine geboren. Er entstammte einer siebenköpfigen Akademikerfamilie und lernte u. a. Ukrainisch und Deutsch. 1940 schloß er die Schule ab und begann ein Medizinstudium. Er war sehr begabt und schrieb Gedichte. Ob er sich 1941 durch das Arbeitsamt in Rutschenkovo anwerben ließ und nach Westfalen vermittelt wurde, wie seine Familienangehörigen mutmaßen, oder ob er nicht vielmehr zwangsrekrutiert wurde, läßt sich nicht einwandfrei klären. Zunächst arbeitete er als Hilfsarbeiter in der Stahlfabrik "Annener Gußstahl, Ruhrstahl AG" in Witten-Annen. Seit Juni 1942 arbeitete Korsinkin wahrscheinlich als Übersetzer in einem Lager für Russen, ebenfalls in Witten-Annen.

Seine Schwester Lydia kam auch als "Ostarbeiterin" nach Deutschland und arbeitete erst in einer Munitionsfabrik in Werl, dann auf einem Bauernhof. Kontakt hielten die Geschwister über ihre Schwester Valentina, die auch in Deutschland lebte. Valentina hatte 1926 den Deutschen Joseph Schuster geheiratet, der mithalf, in der Ukraine eine Kokerei aufzubauen. Das junge Ehepaar zog zunächst nach Albaxen bei Höxter, bald darauf aber wieder in die Ukraine. Während des Krieges wurden sie von den Sowjets gezwungen, das Land zu verlassen. Seitdem lebte Valentina mit ihrem Mann und drei Kindern in Bergkamen. Briefe von Korsinkin an sie und ihre Familie sind die einzigen Hinweise, wo er sich in diesen Jahren aufhielt.

„Guten Tag, liebe Schwester Walja, Josef und meine Nichten Margarita, Ilga, Henrietta und Elfrieda. Nun, jetzt bin ich schon mehrere Monate in Deutschland, in der Stadt Annen Nord, nicht weit von Dortmund. Ich kam in diese Stadt zur Arbeit durch die Werbung des Arbeitsamtes in Rutschenkovo. Mit mir kam auch Lida, aber sie ist in einer anderen Stadt. Walja und Josef, ich habe eine Bitte an Euch, falls Ihr könnt, so kommt zu mir, ich möchte Euch sehr gern sehen. Ich arbeite

---

[675] Interview Gerhard Claus.
[676] Interview Friedrich Klingenberg; s. auch ZA Julius M. (Rep. 118-933).

Abb. 84:
Stanislaw Korsinkin als Schul-
junge, ca. 1928 - 1930

in einer Fabrik; es gibt hier nur eine Fabrik, nicht weit vom Bahnhof, und man wird mich leicht finden können. Meine Arbeiternummer ist 143. Nun, damit höre ich jetzt auf. Kommt, und dann reden wir. Fest und nochmals fest küsse ich Euch alle und erwarte Euch bei mir. Euer Bruder und Onkel Stanislaw Korsinkin"[677]

Auch ein Brief von seiner Schwester Lydia aus Werl an Joseph und Valentina Schuster vom 19. September 1942 ist erhalten.

„Hallo Josef und alle. Ich schicke Euch einen Gruß und wünsche Euch Gesundheit. Liebe Walja, schon mehr als Monate, ja ein Jahr habe ich Dich nicht gesehen und auch keine Briefe von Dir

[677] Brief von Stanislaw Korsinkin an seine Schwester Valentina Schuster vom 8.4.1942 (Original in Privatbesitz), Kopie im Kreismuseum, Übersetzung aus dem Russischen von Daniel Becker.

Abb. 85: Stanislaws Korsinkins Eltern Nikita und Natalia in ihrem Garten in Rutschenkovo in der Ukraine, ca. 1935 - 1940

bekommen. Mich beunruhigt jetzt Deine Gesundheit. Wenn Du meinen Brief bekommst, zögere nicht zu antworten. Ich habe eine Bitte an Josef und Dich, daß Ihr Euch bemüht, am 1. Oktober zu mir zu kommen, weil ich dann Namenstag habe. Dieses Jahr wird für mich sehr schwer, weil ich denke, daß Ihr nicht kommen könnt, um mir zu gratulieren. Josef! Schicke mir die Adresse von Stanislaw, ich werde ihm einen Brief schreiben, ich habe ihn nämlich schon 6 Monate nicht mehr gesehen. Wenn es einen Brief von Mama gibt, schickt ihn mir oder bringt ihn mit. [...] Eure Lydia."[678]

Es ist zwar kein Brief der Mutter aus der Ukraine erhalten, doch gibt es zwei Briefe einer Nichte von Valentina Schuster, die ihrer Tante aus der Heimat berichtet. Einige Auszüge aus diesen Briefen sollen einen Einblick in die Verhältnisse der in der Ukraine gebliebenen Familie geben:

„Meine teure Tante Walja und alle meine lieben Schwesterchen [hier: Cousinen] und Onkel Josef! Ich schreibe Euch von der Arbeitsstelle aus, weil man mich nicht nach Hause gelassen hat wegen allzuviel Arbeit. Ich arbeite auf dem deutschen Stützpunkt als Dolmetscherin. [...] Hier auf dem

---

[678] Brief von Lydia Korsinkina an Valentina Schuster vom 9.9.1942 (Original in Privatbesitz), Kopie im Kreismuseum, Übersetzung aus dem Russischen von Tamara Viethen.

Stützpunkt habe ich einen Offizier kennengelernt, er hat mir seine Dienste angeboten, den Brief mitzunehmen, weil er nach Hause, nach Deutschland fährt. [...] Meine Teuren, wir sehnen uns sehr nach Euch, [...]. Wir leben gut, ich arbeite zusammen mit Papa; Mama und Walik [ihr Bruder] wirtschaften im Hause, [...] unsere familiäre Ruhe wird nur durch die Großmutter gestört. [...] Ich küsse Euch alle, einen herzlichen Gruß an Onkel Josef von Papa und von uns allen. Schreib, vergiß uns nicht, Jalina"[679]

„[...] Warum habt Ihr nicht geschrieben? Wir sind sehr beunruhigt, was da wohl ist und was das alles bedeutet [...] ? Wir leben jetzt in Nikolojew, bereits einen Monat seit wir aus Rutschenkovo weggezogen sind. Die Großmutter ist zuhause geblieben, [...] auch Tante Sine ist zusammen mit Peter und den Kindern weggezogen, aber wir wissen überhaupt nichts, wir sind alle durcheinandergewürfelt, [...]. Tante Lida [Lydia Korsinkina], wir haben so lange von Euch keine Nachricht bekommen, daß sich bei mir im Kopf alle möglichen Gedanken einnisten, schon ganz schreckliche. [...] Wo lebst Du jetzt, bei Tante Walja oder an einer anderen Stelle? [...] Wir sind sowieso in alle Richtungen auseinandergerissen, wenn ich daran denke, befällt mich Angst. [...] Bei uns ist alles so langweilig und traurig, meine Musik habe ich ganz vernachlässigt, [...] nach dem Tod unseres kleinen Wolkas [Walik], und nichts kann uns freuen. [...] Ich wünsche mir so, daß Ihr meinen Brief bekommen und lesen würdet und wäret wenigstens in Gedanken unter uns. [...] Schreibt einige Zeilen, damit wir wenigstens wissen, wie Ihr Euch fühlt und wie Euer Leben ist. [...] Liebe Tante Lida, schreib auch Du, vergiß mich nicht. Deine Jalke [Jalina]"[680]

Zu seiner in Bentfeld bei Paderborn lebenden Freundin Klaudia Wischnewka konnte Korsinkin auch nur Kontakt über die Bergkamener Adresse halten. In seinem Brief vom 17. Juni 1942 an Klaudia schrieb er von seinen eingeschränkten Lebensumständen, unter denen er stark litt.

„Guten Tag, Klawa! Ich sende dir meinen aufrichtigen Gruß. Einstweilen bin ich lebhaft und gesund, was ich dir auch wünsche. Deinen Brief, Klawa, erhielt ich schon am 7. April 1942, aber du entschuldigst, daß ich dir bis heute nichts mehr geschrieben habe. Im Augenblick bin ich in der Stadt Annen Nord, die ersten zwei Monate arbeitete ich hier in einer Fabrik, aber jetzt bin ich in einem Lager für Russen als Übersetzer. Zu dem, was du schreibst: Zu dir kommen kann ich vorläufig nicht, weil es uns nicht erlaubt ist, allein in die Stadt zu gehen. Jede Woche besuchen mich meine Schwester und mein Schwager, was mich ein wenig aufheitert. Du Klawa, hast natürlich eine bessere Unterkunft als ich gefunden. Doch nichts; irgendwann werden wir wieder zusammen sein, nur sei nicht traurig und laß den Mut nicht sinken - das ist das Wichtigste. Ich teile dir noch mit, daß am 11. April mein Vater gestorben ist, was mich sehr getroffen hat, jetzt bleibt meine Mutter mit zwei meiner Schwestern und ihren Ehemännern allein zuhause. Klawa, du kannst dir nicht vorstellen, wie traurig ich bin und daß ich die ganze Nacht hindurch nicht schlafe. Du kannst es dir nur vorstellen, es nicht sehen, du kennst meine Natur und meinen Charakter. Klawa, von dir bin ich nicht weit entfernt, nur 45 Kilometer, doch leider können wir einander nicht sehen. Klawa, wie ist deine Gesundheit (du schriebst, daß du sehr krank warst)? Im Ganzen, Klawa,

[679] Brief der Nichte Jalina aus der Ukraine an Valentina Schuster vom 12.2.1942 (Original in Privatbesitz), Kopie im Kreismuseum, Übersetzung aus dem Russischen von Tamara Viethen.
[680] Brief der Nichte Jalina an Valentina Schuster (auch gerichtet an Lydia Korsinkina), ohne Datum (Original in Privatbesitz), Kopie im Kreismuseum, Übersetzung aus dem Russischen von Tamara Viethen.

Abb. 86:
Nach dem Schulabschluß be-
gann Stanislaw Korsinkin sein
Medizinstudium, ca. 1940

beschreibe alles, dann werde ich sehr froh sein! Schreibe meiner Schwester einen Brief, und sie wird
ihn mir dann übergeben. Einstweilen lohnt es sich nicht zu schreiben, Klawuscha, weil ich viele
Gedanken habe, aber nicht alles auf dem Papier beschreiben kann. Dein Stanislaw. Ich küsse dich
fest und wünsche dir alles Gute. Schreibe, Klawa!"[681]

Da er keine Antwort von Klaudia erhielt, schrieb er am 10. August erneut eine Postkarte an seine Freundin.

„Hallo Klaudia! Klawa, ich schicke Dir schon den dritten Brief, aber von Dir habe ich bis jetzt
nichts bekommen. Ich weiß es nicht zu erklären, vielleicht bist Du auch schon nicht mehr dort. [...]

[681] Brief von Stanislaw Korsinkin an Klaudia Wischnewka vom 17.6.1942 (Original in Privatbesitz),
Kopie im Kreismuseum, Übersetzung aus dem Russischen von Daniel Becker.

Schreib, wie Du lebst, was Du machst. [...] Nun, damit ende ich, ich übermittle Dir einen herzlichen Gruß und drücke Deine Hand fest, Stanislaw."[682]

Es sind auch Notizzettel erhalten, auf denen Stanislaw Korsinkin Aphorismen und Zitate aus Gedichten und Liedern festhielt. Die Anspielungen auf seine momentane Lebenssituation sind unverkennbar:

"Versuch einem Ochsen das Maul nicht zuzuhalten, wenn er frißt. Gib ihm das größere Stück, damit er Dir nicht alles abnimmt. - Mein Herz dulde es, Du hast schon soviel geduldet. - Wie schäbig ist die Einsamkeit, wenn Dich die Enttäuschung frißt, und Du bist hilflos. Aber der Körper löst sich letztendlich auf, wenn so viele Zellen zerstört sind. [...]"

"Auf unserer Station dorthin und hierher laufen Zugzusammenstellungen und Züge durch. Auf unserer Station hat es jeder eilig, der junge Bursche möchte gerne das Mädchen lieben. Ach, wo ist diese Station, wo ist dieser Waggon, wo ist dieses Mädchen, in das ich verliebt bin. Ach, hier ist die Station, hier ist auch der Waggon, ach hier ist das Mädchen, in das ich verliebt bin."[683]

In einem Brief von Klaudia Wischnewka an Valentina Schuster vom 20. Oktober 1942 drückt sie ihre Freude über einen Brief von Stanislaws Schwester aus. Zu diesem Zeitpunkt befand sich Korsinkin bereits im KZ Niederhagen.

"Liebe Valitschka! Euren Brief habe ich erhalten, für den ich gar nicht weiß, wie ich meine Dankbarkeit zum Ausdruck bringen soll. Es war eine solche Freude in mir. [...] Ich werde Sie nicht so stark mit meinen Briefen belasten? Ich bitte darum, mir unbedingt die Adresse von Lidotschka [Lydia] zu schicken. Und falls ihr könnt, so schickt mir bitte den Brief, den ich Stas [Stanislaw] geschickt habe. [...] Im Moment kann ich nicht zu Euch kommen, denn noch habe ich Arbeit. Es ist nicht so allzuviel, aber keiner ist dafür da. Die Ehefrau des Hausherrn ist gestorben, besser gesagt durch Stromschlag getötet und das in meiner Anwesenheit. So sind wir zu Hause geblieben, die Tochter, 14 Jahre alt, der Vater und ich, sonst niemand mehr. Es gibt nur zwei Söhne in der Armee. Aber später werde ich Euch helfen. [...]"[684]

Am 2. September 1942 war Korsinkin als Häftling mit der Nummer 574 von der Dortmunder Gestapo in das KZ Niederhagen eingeliefert worden. Die Gründe für seine Verhaftung sind ungeklärt. Die von der Gestapo eingerichteten "Russen-Referate" hatten das Recht, straffällige "Ostarbeiter" ohne weiteres in Schutzhaft zu nehmen und hinzurichten. Seine Schwester Valentina bemühte sich um seine Entlassung, doch wurde ihr selbst mit KZ-Haft gedroht, wenn sie sich weiter für ihren Bruder einsetzte. Auch ein Besuch im Lager wurde ihr nicht gestattet. Sie konnten ihn nur von außerhalb

---

[682] Schreiben von Stanislaw Korsinkin an Klaudia Wischnewka vom 10.8.1942 (Original in Privatbesitz), Kopie im Kreismuseum, Übersetzung aus dem Russischen von Tamara Viethen.
[683] Stanislaw Korsinkin, verm. 1942 (Original in Privatbesitz), Kopie im Kreismuseum, Übersetzung aus dem Russischen von Tamara Viethen.
[684] Brief von Klaudia Wischnewka an Valentina Schuster vom 20.10.1942 (Original in Privatbesitz), Kopie im Kreismuseum, Übersetzung aus dem Russischen von Tamara Viethen.

des Lagers sehen. Eine Gelegenheit zum Treffen bekamen sie jedoch noch. Unter strenger Bewachung der Gestapo wurde Korsinkin nach Bergkamen gebracht, um dort vor dem Haus seiner Schwester mit ihr reden zu dürfen. Er wußte zu diesem Zeitpunkt schon von seiner drohenden Hinrichtung. Er teilte seiner Schwester mit, er sei unschuldig. Ein politischer Vorarbeiter im Lager habe ihn verleumdet. Sein Tod am 24. November 1942 wurde im Sterberegister des Standesamtes Wewelsburg offiziell mit der Todesursache *„Lymphosakrom der Unterkieferwinkeldrüse (links)"* vermerkt. Zeugen berichteten allerdings, daß er erhängt worden sei. An diesem Tag starben sieben weitere ukrainische Häftlinge, offiziell an "natürlichen" Todesursachen. Als seine Schwester in Bergkamen die Nachricht von seinem Tod erhielt, fuhr sie mit ihrem Mann nach Wewelsburg. Allerdings konnte sie die Leiche nicht mehr sehen, da sie bereits verbrannt worden war.

Korsinkins Schwester Lydia kehrte nach dem Krieg in die Ukraine zurück. Sie war zuvor im Lager in Wewelsburg gewesen und hatte von den Amerikanern erfahren, daß ihr Bruder im Lager gestorben war. In der Ukraine wollte sie nichts über ihre Erfahrungen in Deutschland und über ihren Bruder erzählen. Bald darauf starb sie an einem Krebsleiden.[685] Valentina Schuster, Korsinkins Schwester in Bergkamen, hatte bis in die 1990er Jahre keinen Kontakt zu ihrer Familie in der Ukraine. Erst durch eine Suchmeldung, die ihre Schwester Nina 1992 über den Dortmunder Oberbürgermeister in der lokalen Presse veröffentlichte, fanden die Geschwister wieder zueinander.

7.   Die "homosexuellen" Häftlinge

Direkt nach der Machtergreifung begann die Verfolgung von "Homosexuellen", die aus der Sicht der nationalsozialistischen Rechtsprechung *„objektiv nach gesunder Volksanschauung das Scham- und Sittlichkeitsgefühl in geschlechtlicher Weise"* verletzten.[686] Die Lebensform der "Homosexuellen" widersprach dem nationalsozialistischen Familienbild völlig. Die Nationalsozialisten, die aufgrund ihrer intendierten Expansions- und Rassepolitik die Gebär- und Zeugungsfähigkeit der deutschen Bevölkerung optimal ausschöpfen wollten, sahen in der Homosexualität eine "Volksseuche", die mit allen Mitteln bekämpft werden mußte.[687] Seit 1936 wurden Homosexuelle bei den "Asozialen-Aktionen" und anderen Razzien verhaftet und in Konzentrationslager eingewiesen. Gleichzeitig wurden den Nationalsozialisten mißliebige Personen durch

---

[685] Gespräch mit Henriette Schwalm, der Tochter von Valentina Schuster, und zwei ukrainischen Angehörigen von Stanislaw Korsinkin am 16.7.1992 im Kreismuseum.
[686] A. SCHÖNKE: Strafgesetzbuch für das Deutsche Reich, Berlin ²1944, S. 392, zit. in: BREBECK, HÜSER, Das Konzentrationslager, S. 23.
[687] HANS-GEORG STÜMKE, RUDI FINKLER: Rosa Winkel, Rosa Listen. Homosexuelle und "Gesundes Volksempfinden" von Auschwitz bis heute, Hamburg 1981, S. 212-233.

den Vorwurf der Homosexualität in der Öffentlichkeit häufig diskreditiert, so daß sie ihre Arbeitsplätze verloren. Viele von ihnen kamen in Schutzhaft.[688]

Die Zahl der Häftlinge mit dem rosa Winkel in Wewelsburg ist nicht bekannt, ihre Anwesenheit ist jedoch anhand der Zeugenaussagen gesichert. Da die "homosexuellen" Häftlinge von der SS als "minderwertig" eingestuft wurden, unterlagen sie einer gewalttätigen und bewußt erniedrigenden Behandlung.[689] Häftlinge mit dem rosa Winkel waren von der Funktionsstellenvergabe ausgeschlossen und wurden in besonders schweren und zermürbenden Arbeitskommandos eingesetzt. So war ein "homosexueller" Häftling im KZ Niederhagen zum Einsargen der Leichen eingesetzt, die vor dem Bau des Krematoriums nach Bielefeld oder Dortmund gebracht wurden.[690] Auch Otto Preuss erinnert sich an einen "homosexuellen" Häftling:

> *„Wir hatten einen homosexuellen Gefangenen - da war ja alles durcheinander, Kriminelle, Homosexuelle, Bibelforscher, Asos. Und da war ein Berliner, der ein Restaurant hatte, ein Lokal in Berlin. Und der war homosexuell, wie es ja viele sind, und die waren ja verboten. Und der war dort. Und der war von oben bis unten tätowiert, nicht immer schöne Sachen, die da drauf standen. Und der [Haas] ließ den regelmäßig kommen, wenn er Besuch hatte. [...] Da mußte er kommen. 'Machen Sie sich eben frei.' Da mußte er dann auf die Bühne und sich von allen Seiten zeigen. Und die haben ihre schlechten Witze gemacht."[691]*

Aufgrund ihrer Herkunft aus unterschiedlichen Lebensbereichen hatten die "homosexuellen" Gefangenen keine gemeinsame soziale Basis, auf der sie eine Gruppenidentität hätten aufbauen können. Sie konnten kaum auf familiäre Bindungen oder eine weltanschauliche Orientierung zurückgreifen, die ihnen zusätzlichen Rückhalt gegeben hätten.[692]

Ihre soziale Integration innerhalb der Häftlingsgesellschaft konnte kaum vollzogen werden, denn jede Kontaktaufnahme zu anderen Häftlingen konnte falsch ausgelegt werden. Aus Angst vor Verdächtigungen fanden kaum Solidaritätsleistungen von Häftlingen anderer Kategorien zugunsten der "Homosexuellen" statt. Die SS übte durch die Möglichkeit der willkürlichen Bezichtigung der Häftlinge ihres "homosexuellen Verhaltens" einen besonderen Druck auf unbequeme Häftlinge aus, der durch die bestehende Lagerhierarchie und die distanzierte Haltung der anderen Häftlinge gegenüber "Homosexuellen" verstärkt wurde. Homosexuelle Handlungen waren im Lager durchaus verbreitet, ohne daß die Häftlinge generell Anstoß daran genommen hätten.

---

[688] HANS-GEORG STÜMKE: Vom "unausgeglichenen Geschlechtshaushalt". Zur Verfolgung Homosexueller, in: Verachtet - verfolgt - vernichtet, S. 47-63, hier S. 47-57. Von den Denunziationen waren nicht nur politische Gegner betroffen, sondern auch Geistliche; s. auch GÜNTHER GRAU (Hg.): Homosexualität in der NS-Zeit - Dokumente einer Diskriminierung und Verfolgung, Frankfurt a. M. 1993.

[689] S. auch RICHARD PLANT: Rosa Winkel. Der Krieg der Nazis gegen die Homosexuellen, Frankfurt a. M., New York, 1991, S. 146f.

[690] ZA Albert H. (Rep. 118-921).

[691] Interview Otto Preuss vom 20.3.1996.

[692] LAUTMANN, GRIKSCHAT, SCHMIDT, Der rosa Winkel, S. 336-347.

Geächtet und gemieden wurden allein die Häftlinge, die äußerlich mit dem rosa Winkel gekennzeichnet waren.[693] Im KZ Niederhagen war es unter den Häftlingen weitgehend bekannt, daß ein BV-Häftling eine sexuelle Beziehung zu einem jüngeren Häftling seines Arbeitskommandos hatte. Manche jüngere Häftlinge der "asozialen" oder BV-Häftlingskategorien sahen darin eine Möglichkeit, materielle Vergünstigungen, zusätzliche Brotrationen oder leichtere Arbeit zu bekommen.[694] Als die SS von dem Kontakt erfuhr, wurde der Kapo mit 25 Stockhieben bestraft und kurzzeitig seiner Funktion enthoben. Nachdem der Kapo sein Arbeitskommando wieder übernommen hatte, starb der junge Häftling kurz danach während des Arbeitseinsatzes.[695]

Den "homosexuellen" Häftlingen gelang es kaum, sich überlebensnotwendige Verhaltensweisen anzueignen, da sie von der Häftlingsgesellschaft ausgeschlossen wurden. Im KZ Niederhagen endeten auch "homosexuelle" Häftlinge als "Muselmänner" oder wurden für die "Aktion 14 f 13" ausgesucht.[696] Die Todesrate der "homosexuellen" Häftlinge für das KZ Niederhagen kann aufgrund fehlender Daten nicht berechnet werden, doch muß die Sterblichkeit dieser Häftlinge wegen der extremen Lebensbedingungen, die sie mit ihren individuellen Verhaltensweisen kaum überwinden konnten, sehr hoch angesetzt werden.[697] Biographien von Häftlingen mit rosa Winkel waren aufgrund der fehlenden Quellenhinweise nicht zu recherchieren.

8.   Die jüdischen Häftlinge

In Wewelsburg waren nur wenige jüdische Häftlinge inhaftiert. Die auf deutschem Reichsgebiet gelegenen Konzentrationslager wurden nicht als Vernichtungslager für die Ermordung der jüdischen Bevölkerung durch Einsatz von Giftgas eingesetzt. Vielmehr wurden hier diejenigen jüdischen Häftlinge in Schutzhaft gehalten, die aus unterschiedlichen Gründen, meist im Zuge der verschiedenen Phasen der Judenverfolgung bis 1941, festgenommen wurden. Doch auch in den Konzentrationslagern war die Behandlungsmethode der SS hinsichtlich der Juden auf Vernichtung ausgerichtet. Mangelnde materielle Versorgung, bewußte Vorenthaltung von Essensrationen und Pflegemaßnahmen, Einsatz in den schwersten Arbeitskommandos sowie brutale Mißhandlungen waren Elemente der Behandlung der sogenannten "Volksschädlinge". Den jüdischen Häftlingen war allein die Bezeichnung "Jude" gemeinsam, ansonsten fand sich ein breites Spektrum an sozialen Schichten, politischen Richtungen oder unter-

---

[693] Interview Friedrich Klingenberg; vgl. KOGON, Der SS-Staat, S. 284.
[694] ZA Stefan A. (Rep. 118-920).
[695] ZA Stefan A. (Rep. 118-920), Herbert H. (Rep. 118-921), Hans Z. (Rep. 118-919).
[696] ZA Albert H. (Rep. 118-921).
[697] Eine Untersuchung über Homosexuelle im KZ-System gibt die Todesrate mit rund 60 Prozent an, im Vergleich dazu die Todesrate der in Schutzhaft befindlichen politischen Häftlinge mit 41 Prozent; in: LAUTMANN, GRIKSCHAT, SCHMIDT, Der rosa Winkel, S. 347f. Die Untersuchung stützt sich auf Quellen der KZs Buchenwald, Dachau, Flossenbürg, Mauthausen, Natzweiler, Neuengamme, Ravensbrück, Sachsenhausen und einiger früherer Konzentrationslager.

schiedlicher Glaubensausübung. Die Erlebnisse und Erfahrungen aus der Zeit vor der Schutzhaft waren so vielschichtig und oft konträr, daß sie keine Möglichkeiten bargen, auf einer gemeinsamen Basis kollektive Verhaltensweisen zur Bewältigung der für sie extrem lebensbedrohlichen Situation zu entwickeln. Ihre Gruppenidentität konnten sie allenfalls aus der unmenschlichen Behandlung durch die SS gewinnen, die allen Häftlingen mit dem gelben Stern zuteil wurde. Jedoch ließen sich daraus keine Verhaltensweisen ableiten, die ihnen zum Überleben geholfen hätten.[698]

Die rücksichtslose Behandlung der jüdischen Häftlinge ließ die übrigen Häftlinge nicht unbeeindruckt. In vielen Zeugenaussagen wurden die Mißhandlungen erwähnt. Danach wurden alle jüdischen Häftlinge des KZ Niederhagen umgebracht oder auf einen Vernichtungstransport geschickt.[699] Die genaue Zahl der nach Wewelsburg transportierten jüdischen Häftlinge ist nicht festzustellen. 20 Todesurkunden von verstorbenen Häftlingen weisen die Opfer als Juden aus. Dabei handelte es sich um deutsche, polnische und sowjetische Juden.[700] Der einzige jüdische Häftling des KZ Niederhagen, über den mehr bekannt ist als sein Name aus dem Sterberegister, ist der polnische Jude Mark Weidmann.[701] Er überlebte die KZ-Haft wohl nur, weil er sich als katholischer Pole ausgab.

---

[698] PINGEL, Häftlinge, S. 91-96.
[699] ZA Karl D. (Rep. 118-920), Hermann R. (Rep. 118-922).
[700] HÜSER, Wewelsburg, S. 96.
[701] S. Kapitel: Polnische politische Häftlinge.

V.   Schlußbetrachtung

Die Darstellung der Geschichte des Konzentrationslagers in Wewelsburg weist deutlich die Abhängigkeit von der nationalsozialistischen Herrschaftsentwicklung nach. Zunächst machte der Abzug des RAD-Kommandos zum Bau der Westfront 1938 den Einsatz von KZ-Häftlingen zur Fortführung des SS-Projektes "Wewelsburg" notwendig. Der Anstieg der Häftlingstransporte und die damit verbundene Ausweitung der Häftlingsgruppen erklärt sich einmal aus der Verschärfung der innenpolitischen Situation, aber auch aus der Einlieferung von ausländischen Gefangenen im Verlauf der ersten für die Nationalsozialisten erfolgreichen Kriegsphase. Die Behandlungsmethoden der SS gegenüber den ausländischen Häftlingen, vor allem den polnischen Häftlingen und den sowjetischen Kriegsgefangenen, lassen Rückschlüsse auf die Besatzungspolitik der Reichsregierung zu. Auch die Auswirkungen der "Ostarbeiter"- und "Polen"-Erlasse wurden im KZ Niederhagen spürbar. Die Nutzung des Konzentrationslagers in Wewelsburg als Exekutionsstätte der Gaue Westfalen/Lippe läßt die Einbindung des Lagers in das KZ-System erkennen. Als selbständiges Konzentrationslager stand Niederhagen in einer Reihe mit den größeren Konzentrationslagern und wurde durch übergreifende, staatlich angeordnete Aktionen - wie die "Aktion 14 f 13" - in das KZ-System eingebunden. Die äußere Form und die Lagerverwaltung entsprachen den allgemein gültigen Regeln des KZ-Systems, die sich an dem Dachauer Modell orientierten. Entscheidend wirkte sich die militärische Niederlage bei Stalingrad aus, durch die das Deutsche Reich in die Kriegsdefensive geriet. Der dadurch bewirkte Anstieg der Rüstungsproduktion führte zur endgültigen Einstellung der kriegsunwichtigen Bauten, unter die die Wewelsburg fiel, und somit auch zur Auflösung des KZ Niederhagen im Jahr 1943.

Das SS-Projekt war seit Kriegsbeginn 1939 ständig durch die ökonomischen Einschränkungen zugunsten der Kriegsproduktion bedroht gewesen. Dem bauleitenden Architekten Hermann Bartels gelang es, den drohenden Baustopp durch Hinweis auf den Häftlingseinsatz, der die Wirtschaft nicht belastete, aufzuhalten. Der Einsatz von KZ-Häftlingen war für die SS eine kostengünstige Maßnahme, ihre Wirtschaftsunternehmen zu fördern. Das Wewelsburg-Projekt, obwohl nicht aus Profitstreben, sondern aus persönlichem Interesse Himmlers angelegt, machte hier keine Ausnahme. Zum Ausbau der Wewelsburg wurden Häftlinge bis zur völligen Ausnutzung ihrer körperlichen Kräfte eingesetzt. "Vernichtung durch Arbeit" - dieser Begriff kennzeichnet die rücksichtslose Behandlungsmethode der SS für die Häftlinge in Wewelsburg.

Die hohe Todesrate von 1 285 Toten bei insgesamt rund 3 900 Häftlingen zwischen 1939 und 1945 verdeutlicht die Rigorosität der Arbeits- und Existenzbedingungen. Während die Lebensbedingungen des Kleinen Lagers nach Aussagen ehemaliger Häftlinge noch relativ erträglich waren, verschärften sich die Bedingungen seit dem Umzug in das Schutzhaftlager in der Gemarkung Niederhagen. Der Wandel in den

Abb. 87:
Ein Wachturm des ehemaligen
KZ Niederhagen, ca. 1947

Existenzbedingungen läßt sich nicht an dem Wechsel der organisatorischen Stellung zum selbständigen Konzentrationslager festmachen, sondern bereits an dem Umzug in das Schutzhaftlager im Spätsommer 1940. Vorher waren nach einer kurzen Anfangsphase, in dem ein BV-Kommando in Wewelsburg untergebracht war, ausschließlich Bibelforscher im Kleinen Lager. Parallel zu der Einlieferung von weiteren Häftlingsgruppen verschlechterten sich die Existenzbedingungen im Schutzhaftlager. Lag dies zwar einerseits an der sich generell verschlechternden materiellen Versorgung, trug doch vor allem die SS zu der katastrophalen Extremsituation bei. Durch bewußte Gewalt- und Schikanemaßnahmen, durch Vorenthalten von Nahrungs- und Gebrauchsgütern sowie durch rücksichtslosen Arbeitseinsatz intendierten sie die physische Schwächung und Vernichtung der Häftlinge.

Nach einem ideologisch geprägten Wertesystem unterwarfen sie die einzelnen Häftlingskategorien unterschiedlichen Behandlungsmustern, so daß deren Möglichkeiten zur Bewältigung der Extremsituation - ganz unabhängig von ihren vorkonzentrationären Eigenschaften - bereits beeinflußt und beschränkt wurden. Die sowjetischen

Gefangenen der Durchgangstransporte kamen bereits körperlich so geschwächt nach Wewelsburg, daß nur wenige den Bedingungen des Lagers gewachsen waren und Überlebensstrategien assimilierten. Nicht wesentlich besser war die Lage der polnischen Häftlinge, die von der SS als "minderwertig" angesehen wurden. Jüdische Häftlinge wurden nur vereinzelt nach Wewelsburg eingeliefert, sie starben an den Mißhandlungen der SS. "Asoziale" und "homosexuelle" Häftlinge entwickelten wegen ihrer mangelnden gemeinsamen vorkonzentrationären Erfahrungen kaum kollektive Verhaltensweisen zur Bewältigung der Lagersituation. Viele von ihnen endeten als "Muselmänner", körperlich schwache Häftlinge, die sich selbst aufgegeben hatten. Die BV-Häftlinge in Wewelsburg zeigten ein starkes individuelles Streben nach Selbstbehauptung. Dies zeichnete sich besonders durch individuelle Fluchtversuche und ein eher aggressives Verhalten gegenüber Mithäftlingen aus. Viele Häftlinge mit dem grünen Winkel, oft auch "asoziale" Häftlinge, wurden von der SS auf Funktionärsposten gesetzt, die sie - bei gleichzeitiger Unterdrückung anderer - zur eigenen Situationsverbesserung nutzten. Einzelne Arbeitskommandos waren wegen ihrer brutalen BV-Kapos gefürchtet. Bessere Lebens- und Arbeitsbedingungen fanden die politischen deutschen Häftlinge, was wohl auch für die französischen, belgischen, niederländischen und tschechischen Gefangenen galt. Zwar erhielten die politischen Häftlinge kaum Funktionärsstellen - die ausländischen politischen Häftlinge gar nicht - doch gelang es ihnen, aufgrund ihrer vor der Haft gewonnenen Erfahrungen eine gemeinsame Basis für kollektive Verhaltensweisen zu entwickeln. Durch gegenseitige Hilfeleistungen während der Arbeit oder beim "Organisieren" von Lebensmitteln unterstützten sie sich innerhalb ihrer Kategorie. Die Bifo-Häftlinge in Wewelsburg vermochten sich auf der Basis ihrer gemeinsamen Gruppenidentität, die sie durch ihren Glauben erworben hatten, zu behaupten. Sie bildeten eine feste solidarische Gemeinschaft, die durch ihre Gewissenhaftigkeit und Ehrlichkeit auffiel.

Die SS hatte mit der Differenzierung der Häftlingsgesellschaft eine hierarchische Ordnung gebildet, die von den Häftlingen in ihrer Haltung gegenüber anderen Häftlingskategorien übernommen wurde. In den Zeitzeugenberichten über die Erfahrungen im KZ Niederhagen wird sichtbar, daß sich die Häftlinge bei der Bewertung von Verhaltensweisen anderer Häftlingsgruppen nur selten von der Differenzierung, die die SS gemäß ihres ideologisch geprägten Wertesystems vorgegeben hatte, lösten. Abweichende Verhaltensformen einzelner Häftlinge wurden kaum beachtet. Durch die strenge Hierarchisierung der Häftlingskategorien verhinderte die SS die Bildung einer homogen strukturierten Häftlingsbelegschaft, da sie einem Teil der Häftlinge eine bessere Behandlung zusicherte, auf die diese Häftlinge nicht verzichten konnten, wenn sie überleben wollten. Vielmehr war diese Häftlingsdifferenzierung ein weiterer Bestandteil des SS-Terrors, der neben bewußten Schikanen, wie Nahrungs- und Postentzug sowie entwürdigenden Behandlungen, auf die psychische Erniedrigung und Entwürdigung der Persönlichkeit zielte. Der psychische Druck durch die SS zeigte zusammen mit der extrem schlechten materiellen Versorgung und den bewußt hoch angesetzten Arbeitsanforderungen in der Schutzhaftlager-Phase vom Sommer 1940 bis zum Frühjahr 1943 die stärkste und lebensfeindlichste Ausprägung. Das Schutzhaftlager bot aufgrund seiner geringen Größe den Häftlingen nur geringe Möglichkeiten, der Kontrolle der SS zu entgehen.

Die extremen Lebensbedingungen schränkten die Häftlinge des Konzentrationslagers in Wewelsburg derart ein, daß Widerstands- und Solidaritätshandlungen nur begrenzt möglich waren. Die Lagersituation schloß bestimmte Widerstandshandlungen, wie aktiven politischen Widerstand, direkt aus. Die BV-Kommando-Phase von Mai 1939 bis Januar 1940 zeichnete sich durch das stark ausgeprägte individuelle Verhalten der BV-Häftlinge aus. Die Fluchtversuche und die skrupellose Verfolgung durch die SS hinterließen in der Dorfbevölkerung einen nachhaltigen Eindruck. Die SS ersetzte das BV-Kommando deshalb durch Bibelforscher, die aus Glaubensgründen keine Fluchtversuche unternahmen. Die SS nutzte die Verhaltensweisen der Zeugen Jehovas mit der Absicht, die Aufmerksamkeit der Dorföffentlichkeit wieder zu beruhigen. Gleichwohl profitierte sie von der Arbeitsleistung der Bibelforscher, denn es wurden vor allem Bifo-Häftlinge nach Wewelsburg gebracht, die handwerkliche Fähigkeiten besaßen, um die Bauarbeiten an der Burg fortführen zu können. In der Schutzhaftlager-Phase zeigten sich - bedingt durch die heterogene Häftlingsbelegschaft - unterschiedliche Formen von Widerstands- und Solidaritätshandlungen. Während der Großteil der Häftlinge um die eigene Existenzsicherung, die Selbstbehauptung im Lager, bemüht war, lassen sich vor allem von den politischen und Bibelforscher-Häftlingen Solidaritätsleistungen nachweisen, die auch über die eigene Gruppe hinausgingen. Die Bereitschaft zu Solidaritätshandlungen war für diese Häftlingskategorien eher möglich, da sie in der Lagerhierarchie weit oben standen und sie bessere Existenzbedingungen und Behandlungsweisen durch die SS erwarten konnten als andere. Nur wer bereits eine gewisse Selbstbehauptung erlangt hatte, konnte Solidarität leisten. Die Hilfeleistungen stützten sich bei den politischen Häftlingen entweder auf politische oder auf nationale Übereinstimmungen, bei den Bibelforschern auf religiöse Identität.

Das Widerstandsverhalten der Ernsten Bibelforscher, die im Kleinen Lager und im Restkommando nahezu die einzige Häftlingsgruppe ausmachten, war durch die Standhaftigkeit ihres Glaubens geprägt. Sie beharrten in ihrem Glauben, auch wenn dieses oft den Tod zur Folge hatte. Zur Ausübung ihres Glaubens waren sie - entgegen ihres sonstigen Verhaltens - bereit, die Gesetze zu übertreten und illegale Methoden anzuwenden. Diese Verhaltensweisen waren den Formen politischer Widerstandshandlungen gleich, doch waren sie religiös motiviert und hatten ein anderes Ziel: Sie verlangten nicht den politischen Umsturz - dafür würde Jehova-Gott sorgen - sondern Freiraum zur Ausübung ihres Glaubens. Die Überschreitung der strengen Gesetze bedeutete in der extremen Situation des Lagerlebens ein erhöhtes Risiko. In der Phase des Restkommandos gelang es den Bibelforschern jedoch, den durch die Aufhebung der totalen Kontrolle durch die SS-Wachposten neugewonnenen Freiraum, zur Sicherung des eigenen religiösen Handlungsraumes zu nutzen. Die organisierte Untergrundarbeit, die bis zum illegalen Druck und Vertrieb von religiösen Schriften führte, war erst unter den gelockerten Existenzbedingungen des Restkommandos möglich geworden.

Die Untersuchung legt dar, daß das Konzentrationslager in Wewelsburg bis 1943 weitgehend in das KZ-System integriert war. Die äußeren Bedingungen wurden von der NS-Herrschaft und den Zielen der SS bestimmt, und auch die inneren Verhältnisse wiesen vergleichbare Strukturen mit anderen Konzentrationslagern auf. Eine besondere Stellung nahmen die Ernsten Bibelforscher ein. Im Gegensatz zu anderen Lagern erfüllten sie in Wewelsburg nicht nur Kalfaktorenaufgaben, sondern besetzten hohe Funktionsämter der Häftlingsselbstverwaltung. Somit waren sie in der Lage, die inneren Verhältnisse des Konzentrationslagers zu beeinflussen. Vor allem nach 1943, in der Phase des Restkommandos, wurde ihr Einfluß auf die Lebens- und Arbeitsbedingungen des Lagers in Wewelsburg sichtbar.

Die vorgestellten Biographien konnten die einzelnen Häftlingsgruppen, deren Winkel sie trugen, nicht repräsentieren, dafür sind die Schicksale zu verschieden und einzigartig. Die Lebensgeschichten konnten jedoch einzelne, als "typisch" beschriebenen Verhaltensweisen bestimmter Häftlingsgruppen an einer Person deutlich herausstellen. Die Hilflosigkeit und Ohnmacht, der Willkür des SS-Machtgefüges im Konzentrationslager ausgesetzt zu sein, wird in jeder Biographie deutlich. Der Machtbereich der SS war von Gewalt und Schikane gezeichnet. Einigen Häftlingen gelang es, sich dem Druck der Extrembedingungen des Lagers anzupassen. Sie fanden Solidarität unter den Häftlingen und Wege, sich im Lager zu behaupten. Sie überlebten die KZ-Zeit, um geprägt von den Eindrücken dieser Jahre ein neues Leben zu beginnen - immer wieder eingeholt von den Erinnerungen. Andere überlebten die Willkür und ständige Todesbedrohung durch die SS nicht. Ihnen gelang es nicht, sich gegen den Druck der Lebens- und Arbeitsbedingungen zu behaupten, sie wurden Opfer der katastrophalen Lagerverhältnisse oder des gezielten Terrors der SS. Die wenigen Biographien, die hier vorgestellt werden konnten, verdeutlichen auch den Mangel an Kenntnissen über die Häftlinge des Konzentrationslagers in Wewelsburg. Von der Mehrzahl der Häftlinge sind noch nicht mal die Namen bekannt. Mehr als 50 Jahre nach der Befreiung des Restkommandos reduzieren sich die Chancen auf neue Erkenntnisse zunehmend. Die Fortführung der Recherche nach weiteren Hinweisen und der Beschäftigung mit den Schicksalen der Häftlinge ist aber notwendig, um den Opfern des Konzentrationslagers in Wewelsburg zu gedenken und die Erinnerung an sie wachzuhalten.

VI.   Anhang

Zugänge nach Wewelsburg[567]

05.1939	100 BV-Häftlinge aus KZ Sachsenhausen
12.12.1939	60 BV-Häftlinge aus KZ Sachsenhausen
16.02.1940	70 Bibelforscher-Häftlinge aus KZ Sachsenhausen
20.02.1940	30 Bibelforscher-Häftlinge aus KZ Sachsenhausen
12.03.1940	20 Bibelforscher-Häftlinge aus KZ Sachsenhausen
25.05.1940	100 Bibelforscher-Häftlinge aus KZ Buchenwald
22.09.1940	287 Häftlinge, darunter "asoziale", politische und BV-Häftlinge aus KZ Sachsenhausen
08.03.1941	90 Häftlinge, darunter 82 Bibelforscher und 8 politische Häftlinge aus KZ Buchenwald
27.06.1941	56 Häftlinge, darunter "asoziale" und politische Häftlinge aus KZ Sachsenhausen
30.07.1941	3 politische Häftlinge aus KZ Dachau
22.10.1941	100 Häftlinge, darunter 70 Deutsche, 15 Polen, 8 Franzosen, 4 Tschechen, 2 Staatenlose und 1 Jugoslawe aus KZ Sachsenhausen
23.10.1941	150 Häftlinge, darunter 109 Deutsche, 28 Polen, 7 Franzosen, 4 Tschechen und 2 Jugoslawen aus KZ Sachsenhausen

[567] Die folgenden Übersichten beanspruchen keine Vollständigkeit, sondern geben die bisher ermittelten Zu- und Abgänge des Lagers in Wewelsburg an. Zum Konzentrationslager in Wewelsburg gibt es wegen der fehlenden Aktenbestände keine Übersicht aus der Lagerverwaltung in Wewelsburg, die Zahlen stammen aus anderen Archiven (Sachsenhausen, Buchenwald, Ravensbrück, BA Koblenz, StA Osnabrück, IfZ München, u. a.) und von Zeugenaussagen.

28.03.1942	300 Häftlinge, darunter Deutsche und Polen aus KZ Sachsenhausen
21.06.1941- 20.02.1943	12 Häftlinge von Stapoleitstelle Osnabrück, darunter 6 Polen, 4 Sowjetbürger, 1 Reichsdeutscher und 1 Franzose
10.06.1942- 21.12.1942	818 Häftlinge, darunter Sowjetbürger von Stapoleitstelle Bielefeld
22.12.1942- 08.01.1943	420 sowjetische Häftlinge, darunter 41 Kriegsgefangene und 60 Jugendliche unter 18 Jahren von Stapoleitstelle Bielefeld
01.01.1943- 31.01.1943	105 Zwangsarbeiter aus Osteuropa von Stapoleitstelle Düsseldorf
13.01.1943- 19.01.1943	261 sowjetische Häftlinge von Stapoleitstelle Bielefeld (Durchgangstransport)
20./21.01.1943	153 sowjetische Häftlinge von Stapoleitstelle Bielefeld (Durchgangstransport, 18 Kriegsgefangene blieben in Wewelsburg)
02.02.1943	10 Häftlinge, davon je 5 Deutsche und Polnische aus KZ Sachsenhausen
01.01.1943- 05.04.1943	281 sowjetische Häftlinge von Stapoleitstelle Bielefeld

Abgänge und Verlegungen aus Wewelsburg

01.09.1939	rund 98 BV-Häftlinge nach KZ Sachsenhausen
16.02.1940	rund 58 BV-Häftlinge nach KZ Sachsenhausen
10.02.1941	10 deutsche Häftlinge nach KZ Sachsenhausen
29.06.1941	40 deutsche Häftlinge nach KZ Sachsenhausen
13.06.1942	1 Häftling nach KZ Sachsenhausen
08.1942	126 Häftlinge, darunter Polen, Sowjetbürger und Deutsche nach KZ Dachau
17.01.1943	450 Häftlinge, davon 389 Sowjetbürger, 1 Deutscher und 60 ohne Angaben nach KZ Sachsenhausen
30.01.1943	587 Häftlinge, davon 106 Polen, 23 Franzosen, 29 Deutsche, 16 Holländer, 6 Belgier, 4 Protektoratsangehörige und 2 Serben nach KZ Sachsenhausen
26.02.1943	69 Häftlinge, darunter Franzosen und Belgier nach KZ Dachau
04.1943	rund 400 Häftlinge nach KZ Ravensbrück
04.1943	rund 200 Häftlinge nach KZ Dachau
12.04.1943	339 Häftlinge, davon 184 sowjetische Zwangsarbeiter, 53 Bibelforscher, 9 "asoziale", 86 politische und 7 BV-Häftlinge nach KZ Buchenwald
07.05.1943	rund 150 Häftlinge nach KZ Bergen-Belsen
30.05.1943	2 Bibelforscher-Häftlinge nach KZ Bergen-Belsen
02.06.1943	3 Bibelforscher-Häftlinge nach KZ Bergen-Belsen

Stärkemeldungen für das Konzentrationslager in Wewelsburg[568]

04.05.1939	Wewelsburg wird noch nicht erwähnt
05.05.1939	100 Häftlinge, Außenkommando Wewelsburg des KZ Sachsenhausen
30.05.1939	106 Häftlinge
31.05.1939	100 Häftlinge
13.06.1939	105 Häftlinge
05.09.1939	100 Häftlinge
08.09.1939	Wewelsburg wird nicht erwähnt
27.12.1939	60 Häftlinge
17.02.1940	216 Häftlinge
07.01.1941	471 Häftlinge, Außenlager Wewelsburg des KZ Sachsenhausen
08.01.1941	470 Häftlinge
01.09.1941	480 Häftlinge, KZ Niederhagen
07.05.1943	49 Häftlinge, Außenkommando Wewelsburg
03.06.1943	44 Häftlinge
06.12.1943	43 Häftlinge
14.08.1944	42 Häftlinge

[568] Da kaum amtliche Akten des KZ Niederhagen überliefert worden sind, liegen auch keine genauen Stärkeangaben der Häftlingszahlen vor. Ebenso ist nur ein Teil der Häftlingstransporte nach und von Wewelsburg bekannt, deshalb sind Schätzungen hinsichtlich der Häftlingszahl im KZ Niederhagen sehr vage und nicht als absolute Zahlen zu betrachten. Die Angaben aus der Zeit des Außenkommandos und -lagers stammen von Stärkemeldungen aus Sachsenhausen (1939-1941) und Buchenwald (1943-1945).

Abkürzungsverzeichnis

Abkürzungen in den Quellenangaben

BA   Bundesarchiv Koblenz
BDC   Berlin Document Center
Bü   Büren
D   Düsseldorf
Dt   Detmold
Diss.   Dissertation
Dok.   Dokument
GARF   Gosudarstvennyi archiv/Staatliches Archiv der
                  Russischen Föderation
F   Frankfurt
FA   Fotoarchiv
Gö   Göttingen
He   Herten
HM   Hängemappe
HstA   Hauptstaatsarchiv
IfZ   Institut für Zeitgeschichte München
IMT   Internationales Militärtribunal
ISD/ITS   Internationaler Suchdienst des Roten Kreuzes, Arolsen
KA   Kreisarchiv
KHM   Kriminalhauptmeister
Kreismuseum   Kreismuseum Wewelsburg
LAG   Ordner der Lagergemeinschaft Sachsenhausen
ms.   maschinenschriftlich
o. D.   ohne Datum
Ol   Oldenburg
Os   Osnabrück
Pb   Paderborn
PfA W   Katholisches Pfarrarchiv Wewelsburg
RGBl.   Reichsgesetzblatt
RZM   Russisches Zentrum für die Aufbewahrung und Erforschung
                  der Dokumente der Neuzeit, Moskau
SH   Archiv Mahn- und Gedenkstätte Sachsenhausen
StA   Staatsarchiv
StandesA   Standesamt

StdA	Stadtarchiv
Stu Dok	Studienkreis Dokumentationsarchiv
Sonderarchiv	Zentrum für die Aufbewahrung historisch-dokumentarischer Sammlungen in Moskau
UB	Staats- und Universitätsbibliothek
ZA	HStA D, Zweigstelle Kalkum; Prozeßunterlagen betr.: KL Niederhagen/Wewelsburg (Rep. 118 Nr. 855-935)
VfZG	Vierteljahreshefte für Zeitgeschichte
We	Wewelsburg
WZ	Westfälische Zeitschrift

Abkürzungen in der historischen Darstellung

Agitprop	Agitations-Propaganda
ANMB	Allgemene Nederlandse Metallbewerkersbond (Allgemeine Niederländische Metallgewerkschaft)
ASF	Aktion Sühnezeichen Friedensdienste e. V.
Aso-Häftlinge	Häftlinge der "asozialen" Kategorie
Bifo-Häftlinge	Bibelforscher-Häftlinge
BV-Häftlinge	Befristete Vorbeuge-Häftlinge, im SS-Jargon "Berufsverbrecher"
DAW	Deutsche Ausrüstungswerke
DEST	Deutsche Erd- und Steinwerke GmbH
DP	Displaced Person (ehemalige osteuropäische Zwangsarbeiter)
FAD	Freiwilliger Arbeitsdienst
Gestapa	Geheimes Staatspolizeiamt
Gestapo	Geheime Staatspolizei
GULag	Glawnoje Uprawlenije Lagerej (Hauptverwaltung der Straflager in der Sowjetunion)
IBV	Internationale Bibelforscher-Vereinigung
KL	offizielle Abkürzung der Nationalsozialisten für Konzentrationslager
KZ	in der Bevölkerung übliche Abkürzung für Konzentrationslager
KPD	Kommunistische Partei Deutschlands
NS	Nationalsozialismus/Nationalsozialisten
NSB	National Sociaalistische Beweging (Nationalsozialistische Partei der Niederlande)
NSDAP	Nationalsozialistische Deutsche Arbeiterpartei
NVV	Nederlandsch Verbond van Vakvereenigingen (Niederländischer Gewerkschaftsbund)
RAD	Reichsarbeitsdienst
RF SS	Reichsführer der SS; Heinrich Himmler 1929-1945

RM	Reichsmark
RSHA	Reichssicherheitshauptamt
SA	Sturmabteilung
SD	Sicherheitsdienst
SDAP	Sociaal Democratische Arbeiders Partij (Sozialdemokratische Arbeiterpartei der Niederlande)
Sipo	Sicherheitspolizei
SS	Schutzstaffel
SS-T.-Standarte	SS-Totenkopf-Standarte
SS-T.-Stuba	SS-Totenkopf-Sturmbann
SV-Häftlinge	Häftlinge der Kategorie "Sicherheitsverwahrte"
TexLed	Gesellschaft für Textil- und Lederverwertung mbH
VOMI	Volksdeutsche Mittelstelle
WTG	Wachtturm Bibel- und Traktat-Gesellschaft
WVHA	Wirtschaftsverwaltungshauptamt; die Ergänzungen (C, D, W etc. bezeichnen die verschiedenen Amtsgruppen)

Quellen- und Literaturverzeichnis

Ungedruckte Quellen aus folgenden staatlichen, kirchlichen, kommunalen, amtlichen, und privaten Archiven

Archiv des Instituts für Zeitgeschichte, München (IfZ)
- (Nürnberg. Dok. PS 1063) Schreiben der Stapoleitstelle Düsseldorf an Stapoleitstelle Dortmund vom 12./18.1.1943

Archiv des Kreismuseums Wewelsburg (Kreismuseum)
- Besucherbuch Mai 1984
- (Buder-Bericht) Buder, Paul: Oh Wewelsburg, ich kann dich nicht vergessen, 1976 (Manuskript)
- Reinsch, Waltraud: Oral-History-Projekt: Befragung von Wewelsburger Zeitzeugen, 1993 (Tonbandaufnahmen, ms-Transkript)
- Wenck, Alexandra: Biographische Angaben von SS-Wachmannschaften, aus: Dissertation über SS-Wachmannschaften im KZ Bergen-Belsen, unveröffentl. Manuskript, 1996

Archiv der Mahn- und Gedenkstätte Sachsenhausen (SH)
- Archivalien der Lagergemeinschaft Sachsenhausen (LAG):
- (XV 10) Stärkemeldungen des KZ Sachsenhausen
- Archivalien aus dem Zentrum für die Aufbewahrung historisch-dokumentarischer Sammlungen in Moskau (Sonderarchiv):
-- (R 202 M5) Veränderungs- und Stärkemeldungen KZ Sachsenhausen

-- (R 202 M13) Veränderungs- und Stärkemeldungen KZ Sachsenhausen
-- (R 221 M101) Stärkemeldungen KZ Sachsenhausen
-- (R 214 M55) (Außen-) Kommandoliste Wewelsburg 31.8.1941; Transportliste KZ Sachsenhausen nach KZ Niederhagen vom 22.10.1941
- Archivalien aus dem Staatlichen Archiv der Russischen Föderation (GARF P 7021-104-4):
-- (R 232 M 158) Statistik Sachsenhausen

Berlin Document Center (BDC)
- Personalakte Adolf Haas

Bundesarchiv Koblenz (BA)
- (Z 36 I, 501/49) Allgemeiner Organisationsausschuß Celle: Liquidierung des Besitzes der Gesellschaft zur Förderung und Pflege deutscher Kulturdenkmäler e. V.
- (NS 4 Bu/Vorl. 138) Stärkemeldungen KZ Buchenwald
- (NS 4 Bu/Vorl. 6) Funksprüche des Kommandoführers Wewelsburg an Arbeitseinsatzführer in Buchenwald; Monatsberichte des Lagerarztes Dr. Hagel nach Buchenwald

Friedhofsamt Bielefeld-Sennefriedhof
- Einäscherungslisten 1940-1943

Friedhofsamt Dortmund-Hauptfriedhof
- Einäscherungslisten 1940-1943

Hauptstaatsarchiv Düsseldorf, Zweigarchiv Kalkum (HStA D)
- (Rep. 118 Nr. 855-935) Unterlagen der Zentralstelle im Lande Nordrhein-Westfalen für die Bearbeitung von Nationalsozialistischen Massenverbrechen in Konzentrationslagern bei dem Leitenden Oberstaatsanwalt in Köln zum zweiten

Wewelsburg-Prozeß beim Landgericht Paderborn; Prozeßunterlagen betr.: KL Niederhagen-Wewelsburg, AZ: 7 KS 24 JS 2/69 (Z)

Hauptstaatsarchiv Wiesbaden (HStA W)
- (Bestand 46123 442, Bd. 2) Schreiben von Dr. Mennecke an Weingutbesitzer vom 4.4.1942

Internationaler Suchdienst des Roten Kreuzes, Arolsen (ISD)
- (Historischer Ordner 6) Schreiben des SS WVHA
- (Historischer Ordner 158-160) Übersichtstabellen über Stärkemeldungen KZ Buchenwald
- (HM Niederhagen-Wewelsburg/KL Bu) Vermischte Angelegenheiten KZ Niederhagen; Wewelsburg, Außenkommando von KZ Buchenwald

Katholisches Pfarrarchiv Wewelsburg (PfA W)
- Pfarrchronik Wewelsburg

Kreisarchiv Paderborn (KA Pb)
- (Bauamt Büren B5 40/53/1/W I-IV) Baumaßnahmen: Schreiben Arbeitsamt Paderborn bez. Häftlingseinsatz vom 15.5.1941; Baubeschreibung vom 28.5.1941
- (B 417) Schreiben des Landrats an Standesamt Wewelsburg vom 8.1.1942
- Gesamtplan für den Bau des Kesselhauses KZ Niederhagen vom 30.1.1943

Niedersächsische Staats- und Universitätsbibliothek Göttingen (Ub Gö)
- (Fall IV, Dok. Nr. NO-547, S. 2) Jahresbericht des Amtes W VIII vom 10.1.1942
- (Nürnberg. Dok. Nr. 3838) Monatsbericht des Amtes W VIII August 1941

Panstwowe Museum Na Majdanku

- Musterbogen für Aktion 14 f 13

Russisches Zentrum für die Aufbewahrung und Erforschung der Dokumente der Neuzeit, Moskau (RZM)
- (Fond 495/op. 205) Fragebogen Hans Drach

Staatsarchiv Detmold (StA Dt)
- (D 70, Nr. 160) Monatsbericht des WVHA Oktober 1941
- (D 2443-2445) Schreiben von W. O.
- (Akte M 1IP Nr. 641) Inhaftierungsakte Otto Preuss 1933

Staatsarchiv Oldenburg (StA Ol)
- (Best. 350/Landesbauernschaft Weser-Ems) Gerichtsakte Heinrich Auf der Heide

Staatsarchiv Osnabrück (StA Os)
- (Rep. 439) Gestapokartei Osnabrück

Stadtarchiv Büren (StdA B)
- Gemeindechronik Wewelsburg, 1814 - 1971
- (Polizeiakte) Schriftwechsel bez. Sterbeurkunden W. Petermann und K. Wuwer; Rückumschlag des KZ Niederhagen

Stadtarchiv Herten (StdA He)
- Akte Paul Bugla

Standesamt Büren (StandesA Bü)
- (Sterberegister) Sterbeurkunden, Todesanzeigen Wewelsburg/Niederhagen 1941-1943
- (ohne Signatur) Dokumente Max Hollweg bzgl. Eheschließung Mai 1945

Studienkreis Dokumentationsarchiv Frankfurt (Stu Dok F)
- (AN 707) Baron, Herbert: Jahre des Grauens, 1977, Erinnerungsbericht eines Zeugen Jehovas (ms-Manuskript)

Dokumente aus Privatbesitz (Originale/Kopien im Kreismuseum)

- Prof. Dr. Waleri Berdjajew, Minsk/Rußland: Zeitungsbericht der *Omsker Prawda* vom 9.5.1990
- Friedrich Klingenberg, Hamm: Schreiben an Helene Tr. vom 4.7.1938
- Addi Klohe, Offenburg: Lebensbericht Georg Klohe; Aufzeichnungen von G. Klohe von 1969; Rechnungen 106/213 bez. Cellobau vom 31.3.1944/13.6.1944; Häftlings-Personalkarte von G. Klohe; Lebenslauf von G. Klohe, K. L. Niederhagen; Briefe von G. Klohe an seine Familie vom 9.7.1939; 29.6.1940; an seinen Sohn Addi vom 30.3.1941; 6.11.1941; 11.1.1942; 24.1.1942; 7.2.1943; 11.11.1944; 20.11.1944
- Alois Moser, Mondsee/Österreich: Briefe an seine Familie vom 12.10.1941; 25.1.1942; 1.11.1942
- Otto Preuss, s'Gravenwezel/Belgien: Brief von Mark Weidmann an ihn, März 1996; Liste belgischer und französischer Häftlinge
- Annerose Schmeichel, Prenzlau: Brief von Max Schlott an seine Mutter vom 10.8.1941
- Prof. Dr. Heinz Schumann, Waldburg: Briefe von Paul Ulbricht an seine Tochter Hilde Schumann vom 16.3.1941; 17.5.1942; 1.11.1942; 24.1.1943; Brief des Bürgermeisters von Limbach an P. Ulbricht vom 23.9.1940; Briefe der Kommandantur KZ Sachsenhausen an H. Schumann vom 4.7.1941; 5.8.1941; 12.8.1941; Briefe der Kommandantur KZ Niederhagen an H. Schumann vom 8.2.1943; 10.2.1943; Brief des Chefs der Sipo und des SD vom 28.11.1942
- Henriette Schwalm, Neheim-Hüsten: Gedichte von Stanislaw Korsinkin, verm. 1942; Briefe von St. Korsinkin an Valentina Schuster vom 8.4.1942; an Klaudia Wischnewka vom 17.6.1942; 10.8.1942; Briefe von K. Wischnewka an V. Schuster vom 20.10.1942; Brief von Lydia Korsinkina an V. Schuster vom 9.9.1942; Briefe von Jalina an V. Schuster vom 12.2.1942; o. D.
- Georgina Sorm Beachell, Newark/USA: Schreiben des ISD bez. Rudolf Sorm von 1985
- Irena Tatara, Piaseczno/Polen: Briefe von Jan Rokicki an seine Familie vom 19.4.1942; 31.5.1942
- Johannes Visser, Epse/Niederlande: Brief von Gerrit Visser an den Niederl. Gewerkschaftsbund vom 27.3.1941; Antwort des Niederl. Gewerkschaftsbundes an G. Visser vom 31.3.1941; Schreiben der Lager-Kommandantur an Maria Visser vom 3.7.1942; Briefe von Jacob Frey an G. Vissers Tochter vom 30.7.1948; an Johannes Visser vom 6.10.1948

Schriftliche Mitteilungen
Briefe an das Kreismuseum Wewelsburg und die Verfasserin

- Prof. Dr. Waleri Berdjajew, Minsk/Rußland, 23.3.1990
- Beatrix Herlemann, Historische Kommission für Niedersachsen und Bremen, 31.8.1988
- Zbigniew Jaworski, Szczecin/Polen, 3.2.1990
- Friedrich Klingenberg, Hamm, 28.6.1992
- Reinhard Müller, Hamburg, 20.2.1992
- Annerose Schmeichel, Prenzlau, 8.1.1988
- Georgina Sorm Beachell, Newark/USA, 10.9.1988
- Irena Tatara, Piaseczno/Polen, 26.1.1993, 14.3.1996
- Mark Weidmann, New York/USA, 15.5.1996

Mündliche Mitteilungen
Zeitzeugeninterviews und Gespräche mit Mitarbeiterinnen und Mitarbeitern des Kreismuseums Wewelsburg sowie der Verfasserin

- Herbert Baron, Wyk: Interview vom 16.5.1992 (Tonbandaufzeichung, ms-Transkript)
- Christoph Bitterberg, Hamburg: Gespräch im November 1995 (Gesprächsnotizen)
- Gerhard Claus, Berlin: Interview vom 16.5.1992 (Tonbandaufzeichung, ms-Transkript)
- Joachim Escher, Meinerzhagen: Interviews vom 23.5.1991; 25.9.1991 (Tonbandaufzeichnung, ms-Transkript)
- Max Hollweg, Schlangen: Interview vom 16.5.1992 (Tonbandaufzeichnung, ms-Transkript); Gespräch am 15.5.1992
- Zbigniew Jaworski, Szczecin/Polen: Interviews vom 26.6.1987; 1.7.1987 (Tonbandaufzeichnung, ms-Transkript); Gesprächsrunde beim Treffen der ehemaligen Häftlinge in Wewelsburg am 16.5.1992 (Gesprächsprotokoll)
- Karlheinz Kellermann, Castrop-Rauxel: Gespräch am 8.6.1996 (Gesprächsnotizen)
- Friedrich Klingenberg, Hamm: Interview vom 16.5.1992 (Tonbandaufzeichnung, ms-Transkript)
- Otto Preuss, s'Gravenwezel/Belgien: Interviews vom 11.5.1984; 20.3.1996 (Videoaufzeichnung, ms-Transkript); Gespräch mit Wewelsburger Bürgerinnen und Bürgern, 1984 (Videoaufzeichnung); Gespräch im Mai 1984; am 20.3.1996 (Gesprächsnotizen)
- Friedel Ransenberg, West Bridgewater/USA: Gespräch am 26.3.1994 (Gesprächsnotizen)
- Heinrich Schürmann, Mayen: Interview vom 16.5.1992 (Tonbandaufzeichnung, ms-Transkript)
- Prof. Dr. Heinz Schumann, Waldburg: Gespräch am 25.6.1996 (Gesprächsnotizen)
- Henriette Schwalm, Neheim-Hüsten und zwei ukrainische Angehörige von Stanislaw Korsinkin, Gespräch am 16.7.1992 (Gesprächsnotizen)
- Irena Tatara, Piaseczno/Polen: Gespräch am 16.6.1993 (Gesprächsnotizen)
- Johannes Visser, Espe/Niederlande: Gespräch am 28.8.1996 (Gesprächsnotizen)
- Mark Weidmann, New York/USA: Lebensbericht, 1995 (Tonbandaufnahme)

Zeitungen

- Bürener Zeitung, Nr. 43, vom 27.3.1939
- Bürener Zeitung, Nr. 114, vom 16.5.1939
- Bürener Zeitung, Nr. 148, vom 28.6.1939
- Neue Westfälische, vom 2.2.1971
- Omsker Prawda, vom 13.2.1990
- Trauw, vom 21.6.1996

Publikationen der Wachtturm Bibel- und Traktat-Gesellschaft

RUTHERFORD, JOSEPH FRANKLIN: Befreiung, Brooklyn, Magdeburg 1926

RUTHERFORD, JOSEPH FRANKLIN: Regierung. Der unbestreitbare Nachweis, daß die Völker der Erde eine gerechte Regierung erhalten werden, und eine Erklärung der Art und Weise ihrer Aufrichtung, Brooklyn, Magdeburg 1928

WACHTTURM BIBEL- UND TRAKTAT-GESELLSCHAFT (Hg.): Jahrbuch der Zeugen Jehovas, Wiesbaden 1974

WACHTTURM BIBEL- UND TRAKTAT-GESELLSCHAFT (Hg.): Jahrbuch der Zeugen Jehovas, Selters/Taunus 1989

WACHTTURM BIBEL- UND TRAKTAT-GESELL-SCHAFT (Hg.): Jehovas Zeugen. Verkündiger des Königreiches Gottes, Selters/Taunus 1993

WACHTTURM BIBEL- UND TRAKTAT-GESELL-SCHAFT (Hg.): Jehovas Zeugen - Weltweit vereint, Gottes Willen zu tun, Selters/Taunus 1986

WROBEL, JOHANNES: Einige Grundwerte und Glaubensinhalte der Zeugen Jehovas und ihr Verhalten während der Haft, Selters/Taunus 1994 (Maschinenschrift)

Gedruckte Quellen und Literatur

ACKERMANN, JOSEF: Heinrich Himmler als Ideologe, Göttingen u. a. 1970

ADLER, HANS-GÜNTHER: Selbstbehauptung und Widerstand in den KZ der SS, in: VfZG 8/1960, S. 221-236

ALGERMISSEN, KONRAD: Konfessionskunde. Ein Handbuch der christlichen Kirchen- und Sektenkunde der Gegenwart, zugl. 4. und vollst. neu gearb. Aufl. von Christliche Sekten und Kirche Christi, Hannover 1930

BETTELHEIM, BRUNO: Erziehung zum Überleben. Zur Psychologie der Extremsituationen, Stuttgart 1980

BLUDAU, KUNO: Gestapo! Geheim! Widerstand und Verfolgung in Duisburg, Bonn/Bad Godesberg 1973 (Schriftenreihe des Forschungsinstituts der Friedrich-Ebert-Stiftung)

BOBERACH, HEINZ (Hg.): Meldungen aus dem Reich. Auswahl aus den geheimen Lageberichten des Sicherheitsdienstes der SS 1939-1944, Neuwied, Berlin 1965

BREBECK, WULFF E.: Wie Wewelsburg zu einer Gedenkstätte kam, in: Detlef Garbe (Hg.): Die vergessenen KZs. Gedenkstätten für die Opfer des NS-Terrors in der Bundesrepublik, Bornheim Merten 1983, S. 153-176

BREBECK, WULFF E.: Gedenkstättenarbeit auf dem Lande - z. B. Wewelsburg, in: NS-Ideologie und Neonazismus - ihre Bedeutung für die Gedenkstättenarbeit. Protokoll des Gedenkstättenseminars vom 16.- 19. Mai 1985 im Kreismuseum Wewelsburg, durchgef. von der Friedrich-Ebert-Stiftung und der Aktion Sühnezeichen e. V., S. 2-19

BREBECK, WULFF E.: Wewelsburg. Zum Umgang der Bevölkerung mit der Erfahrung eines Konzentrationslagers im Dorf, in: Hubert Frankemölle (Hg.): Opfer und Täter. Zum nationalsozialistischen und antijüdischen Alltag in Ostwestfalen-Lippe, Bielefeld 1990, S. 175-202

BREBECK, WULFF E.: Erhaltung oder Zerstörung von NS-Bauten. Historisches Bewußtsein und politische Prozesse, dargestellt am Beispiel der SS-Kult- und Terrorstätte Wewelsburg, in: Edeltraud Klueting (Hg.): Denkmalpflege und Architektur in Westfalen 1933-1945, Münster 1995, S. 111-135

BREBECK, WULFF E., KARL HÜSER: Wewelsburg 1933-1945. Das Konzentrationslager, Münster 1991 (Westfalen im Bild)

BREBECK, WULFF E., KARL HÜSER: Wewelsburg 1933-45. Kultstätte des SS-Ordens, Münster ²1995 (Westfalen im Bild)

BREBECK, WULFF E., ANDREAS RUPPERT: Wewelsburg, in: Joachim Meynert, Arno Klönne (Hg.): Verdrängte Geschichte. Verfol-

241

gung und Vernichtung in Ostwestfalen 1933-1945, Bielefeld 1986, S. 323-372

BROSZAT, MARTIN: Zur Perversion der Strafjustiz im Dritten Reich, in: VfZG 6/1958, S. 390-443

BROSZAT, MARTIN: Resistenz und Widerstand. Eine Zwischenbilanz des Forschungsprojektes, in: Martin Broszat, Elke Fröhlich, Anton Großmann (Hg.): Bayern in der NS-Zeit. Herrschaft und Gesellschaft im Konflikt, Bd. 4, München, Wien 1981, S. 691-709

BROSZAT, MARTIN: Nationalsozialistische Konzentrationslager 1933-1945, in; Martin Broszat, Hans-Adolf Jacobsen, Helmut Krausnick (Hg,): Anatomie des SS-Staates, Bd. 2, München ⁵1989 S. 11-134

BUBER-NEUMANN, MARGARETE: Als Gefangene bei Stalin und Hitler. Eine Welt im Dunkel, Stuttgart 1958

COHEN, ELIE A.: Human Behavior in the Concentration Camp, New York 1953

DAMERIUS, HELMUT: Über zehn Meere zum Mittelpunkt der Welt. Erinnerungen an die "Kolonne Links", Berlin 1977

DIELS, RUDOLF: Lucifer ante Portas, Stuttgart 1957

DÖRNER, BERNWARD: Gestapo und "Heimtücke". Zur Praxis der Geheimen Staatspolizei bei der Verfolgung von Verstößen gegen das "Heimtücke-Gesetz", in Gerhard Paul, Klaus-Michael Mallmann (Hg.): Die Gestapo - Mythos und Realität, Darmstadt 1995, S. 325-342.

FEST, JOACHIM C.: Das Gesicht des Dritten Reiches. Profile einer totalitären Herrschaft, München 1963

GARBE, DETLEF: "Gott mehr gehorchen als den Menschen". Neuzeitliche Christenverfolgung im nationalsozialistischen Hamburg, in: Projektgruppe für die vergessenen Opfer des NS-Regimes in Hamburg e. V. (Hg.): Verachtet - verfolgt - vernichtet - zu den vergessenen Opfern des NS-Regimes, Hamburg ²1988, S. 172-219

GARBE, DETLEF: Zwischen Widerstand und Martyrium: Die Zeugen Jehovas im "Dritten Reich", München 1993 (Studien zur Zeitgeschichte 42)

GARBE, DETLEF: Der lila Winkel. Die "Bibelforscher" (Zeugen Jehovas) in den Konzentrationslagern, in: Dachauer Hefte. Studien und Dokumente zur Geschichte der nationalsozialistischen Konzentrationslager. Täter und Opfer, Heft 10, November 1994, S. 3-31

GEORG, ENNO: Die wirtschaftlichen Unternehmungen der SS, Stuttgart 1963 (Schriftenreihe der Vierteljahreshefte für Zeitgeschichte 7)

GOODRICK-CLARKE, NICHOLAS: The occult Roots of Nazism. The Ariosophists of Austria and Germany 1890-1935, Wellingborough 1985

GRAU, GÜNTHER (Hg.): Homosexualität in der NS-Zeit - Dokumente einer Diskriminierung und Verfolgung, Frankfurt a. M. 1993

GRUCHMANN, LOTHAR: Justiz im Dritten Reich 1933-1940, Anpassung und Unterwerfung in der Ära Gürtner, München 1988 (Quellen und Darstellungen zur Zeitgeschichte 28)

GUTMANN, ISRAEL u. a. (Hg.): Enzyklopädie des Holocaust. Die Verfolgung und Ermordung der europäischen Juden, Berlin 1993

HEIBER, HELMUT (Hg.): Reichsführer! ... Briefe an und von Himmler, Stuttgart 1968

HENKE, JOSEF: Von den Grenzen der SS-Macht. Eine Fallstudie zur Tätigkeit der Verwaltung contra Menschenführung im Staat Hitlers, in: Dieter Rebentisch, Karl Teppe (Hg.): Studien zum politisch-administrativen System, Göttingen 1986, S. 255-277

HERBERT, ULRICH (Hg.): Europa und der "Reichseinsatz". Ausländische Zivilarbeiter, Kriegsgefangene und KZ-Häftlinge in Deutschland 1938-1945, Essen 1991

HERBERT, ULRICH: Fremdarbeiter. Politik und Praxis des "Ausländer-Einsatzes" in der Kriegswirtschaft des Dritten Reiches, Bonn 1985

HETZER, GERHARD: Ernste Bibelforscher in Augsburg, in: Martin Broszat, Elke Fröhlich, Anton Großmann (Hg.): Bayern in der NS-Zeit. Herrschaft und Gesellschaft im Konflikt, Bd. 4, München, Wien 1981, S. 621-643

HIMMLER, HEINRICH: Die SS als antibolschewistische Kampforganisation, München 1936

HÖHNE, HEINZ: Der Orden unter dem Totenkopf. Die Geschichte der SS, Gütersloh 1967

HÖSS, RUDOLF: Kommandant in Auschwitz. Autobiographische Aufzeichnungen, (eingel. v.) Martin Broszat, Stuttgart 1958 (Quellen und Darstellungen zur Zeitgeschichte 5)

HOHMANN, FRIEDRICH G.: Das Ende des Zweiten Weltkrieges im Raum Paderborn, in: WZ 130/1980, S. 339-397

HOHMANN, JOACHIM S.: Geschichte der Zigeunerverfolgung in Deutschland, Frankfurt a. M., New York, 1988

HÜSER, KARL: Das KZ in Wewelsburg 1939-1945, in: Ludwig Eiber (Hg.): Verfolgung - Ausbeutung - Vernichtung. Die Lebens- und Arbeitsbedingungen der Häftlinge in deutschen Konzentrationslagern 1933-1945, Hannover 1985, S. 149-159

HÜSER, KARL: Wewelsburg 1933 bis 1945. Kult- und Terrorstätte der SS. Eine Dokumentation, Paderborn ²1987 (Schriftenreihe des Kreismuseums Wewelsburg 1)

HÜTTENBERGER, PETER: Vorüberlegungen zum "Widerstandsbegriff", in: Jürgen Kocka (Hg.): Theorien in der Praxis des Historikers. Forschungsbeispiele und ihre Diskussion, Göttingen 1977 (Geschichte und Gesellschaft, Sonderheft 3), S. 117-139

HUTTEN, KURT: Seher, Grübler, Enthusiasten. Das Buch der traditionellen Sekten und religiösen Sonderbewegungen, vollst. revid. und wesent. erw. Aufl. Stuttgart 1982

INTERNATIONALES BUCHENWALD-KOMITEE DER ANTIFASCHISTISCHEN WIDERSTANDSKÄMPFER IN DER DDR (Hg.): Buchenwald. Mahnung und Verpflichtung, Dokumente und Berichte, 3. überarb. u. erw. Aufl., Berlin 1961

JACOBSEN, HANS-ADOLF: Kommissarbefehl und Massenexekution sowjetischer Kriegsgefangener, in: Martin Broszat, Hans-Adolf Jacobsen, Helmut Krausnick (Hg.): Anatomie des SS-Staates, Bd. 2, München ²1989, S. 137-232

KAIENBURG, HERMANN: Erinnerungsberichte als Geschichtsquellen bei der Erforschung der Geschichte der Konzentrationslager, in: Herbert Diercks (Hg.): Die Bedeutung von Zeitzeugenberichten für die Erforschung und die Vermittlung der Geschichte der Konzentrationslager. Dokumentation und Protokolle der Tagung der KZ Gedenkstätte Neuengamme am 24./25. November 1989 im Museum für Hamburgische Geschichte, Hamburg 1990, S. 16-22

KAIENBURG, HERMANN: "Vernichtung durch Arbeit". Der Fall Neuengamme. Die Wirtschaftsbestrebungen der SS und ihre Auswirkungen auf die Existenzbedingungen der KZ-Gefangenen, Bonn 1990

KAMINSKI, ANDRZEJ: Konzentrationslager 1896 bis heute. Geschichte. Funktion. Typologie, München, Zürich 1990

KATER, MICHAEL H.: Die Ernsten Bibelforscher im Dritten Reich, in: VfZG 17/1969, S. 181-217

KATER, MICHAEL H.: Das "Ahnenerbe" der SS 1935-1945. Ein Beitrag zur Kulturpolitik des Dritten Reiches, Stuttgart 1974

KAUTSKY, BENEDICT: Teufel und Verdammte. Erfahrungen und Erkenntnisse aus sieben Jahren in deutschen Konzentrationslagern, Wien 1948

KEMPNER, ROBERT M. W.: SS im Kreuzverhör. Die Elite, die Europa in Scherben schlug, erw. Neuaufl., Nördlingen 1987 (Schriften der Hamburger Stiftung für Sozialgeschichte des 20. Jahrhunderts 4)

KERSHAW, IAN: "Widerstand ohne Volk"? Dissens und Widerstand im Dritten Reich, in: Jürgen Schmädeke, Peter Steinbach (Hg.): Der Widerstand gegen den Nationalsozialismus. Die deutsche Gesellschaft und der Widerstand gegen Hitler, München, Zürich, 1986, S. 779-798

KLEE, ERNST: "Euthanasie" im NS-Staat. Die "Vernichtung lebensunwerten Lebens", Frankfurt a. M. 1983

KOCH, WERNER: "Sollen wir K. weiter beobachten?" Ein Leben im Widerstand, Stuttgart 1982

KOGON, EUGEN: Der SS-Staat. Das System der deutschen Konzentrationslager, München [21]1989

KRAUSNICK, HELMUT: Judenverfolgung, in: Martin Broszat, Hans-Adolf Jacobsen, Helmut Krausnick (Hg.): Anatomie des SS-Staates, Bd. 2, Müchen [5]1989, S. 235-266

LANGBEIN, HERMANN: ... Nicht wie die Schafe zur Schlachtbank. Widerstand in den nationalsozialistischen Konzentrationslagern 1938-1945. Mit einem Geleitwort von Eugen Kogon, Frankfurt a. M. 1980

LAUTMANN, RÜDIGER, WINFRIED GRICKSCHAT, EGBERT SCHMIDT: Der rosa Winkel in den nationalsozialistischen Konzentrationslagern, in: Seminar: Gesellschaft und Homosexualität, Frankfurt a. M. 1977

LERG, WINFRIED B.: Das Gespräch. Theorie und Praxis der unvermittelten Kommunikation, Düsseldorf 1970

Lieder der Agitprop-Gruppen vor 1945: Das Lied - im Kampf geboren!, Deutsche Akademie der Künste zu Berlin. Sektion Musik, Abtlg. Arbeiterlied, Heft 2, Leipzig 1959

LÖWENTHAL, RICHARD: Widerstand im totalen Staat, in: Karl-Dietrich Bracher, Manfred Funke, Hans-Adolf Jacobsen (Hg.): Nationalsozialistische Diktatur 1933-1945, Bonn 1986 (Schriftenreihe für politische Bildung 192), S. 618-632

LONGERICH, PETER (Hg.): Die Ermordung der europäischen Juden. Eine umfassende Dokumentation des Holocaust 1941-1945, München, Zürich 1989

LÜTTIG, ANDREAS: Fremde im Dorf. Flüchtlingsintegration im westfälischen Wewelsburg 1945-1958, Essen 1993 (Historische Schriften des Kreismuseums Wewelsburg 1)

LUZA, RADOMÍR: Der Widerstand in Österreich 1938-1945, Wien 1985

MANN, REINHARD: Protest und Kontrolle im Dritten Reich. Nationalsozialistische Herrschaft im Alltag einer rheinischen Großstadt, Frankfurt, New York 1987 (Studien zur Historischen Sozialwissenschaft 6)

MAURY, LOUIS: Apercus sur la psychologie et le comportement des ressortissants des diverses nationalités de déportés au camp de concentration de Neuengamme, Revue d'Histoire de la Deuxième Guerre Mondiale 17/1955, S. 47-64

MITSCHERLICH, ALEXANDER, FRED MILKE: Das Diktat der Menschenverachtung. Eine Dokumentation, Heidelberg 1947

MOMMSEN, HANS: Die Geschichte des deutschen Widerstandes im Lichte der neueren Forschung, in: Aus Politik und Zeitgeschichte B 50/1986, S. 3-18

MÜLLER, ROLF-DIETER: Die Zwangsrekrutierung von "Ostarbeitern" 1941-1944, in: Wolfgang Michalka (Hg.): Der Zweite Weltkrieg.

Analysen. Grundzüge. Forschungsbilanz, München, Zürich 1989, S. 772-783

NIEDERSÄCHSISCHER VERBAND DEUTSCHER SINTI e. V. (Hg.): „Es war unmenschenmöglich". Sinti aus Niedersachsen erzählen - Verfolgung und Vernichtung im Nationalsozialismus und Diskriminierung bis heute, Hannover 1995

NIETHAMMER, LUTZ (Hg.): Lebenserfahrung und kollektives Gedächtnis. Die Praxis der "Oral History", Frankfurt a. M. 1980

PETERSON, AGNES F., BRADLEY F. SMITH (Hg.): Heinrich Himmler: Geheimreden 1933-1945 und andere Ansprachen, Berlin 1974

PETSCH, JOACHIM: Baukunst und Stadtplanung im Dritten Reich. Herleitung - Bestandsaufnahme - Entwicklung - Nachfolge, München, Wien 1976

PEUKERT DETLEV: Volksgenossen und Gemeinschaftsfreunde, Köln 1982

PIKE, DAVID: Deutsche Schriftsteller im sowjetischen Exil 1933-1945, Frankfurt 1981

PINGEL, FALK: Häftlinge unter SS-Herrschaft. Widerstand, Selbstbehauptung und Vernichtung im Konzentrationslager, Hamburg 1978 (Historische Perspektiven 12)

PINGEL, FALK: Die Konzentrationslagerhäftlinge im nationalsozialistischen Arbeitseinsatz, in: Waclaw Dlugoborski (Hg.): Zweiter Weltkrieg und sozialer Wandel, Göttingen 1981, S. 151-163

PINGEL, FALK: Die KZ-Häftlinge zwischen Vernichtung und NS-Arbeitseinsatz, in: Wolfgang Michalka (Hg.): Der Zweite Weltkrieg. Analysen. Grundzüge. Forschungsbilanz, München, Zürich 1989, S. 784-788

PLANT, RICHARD: Rosa Winkel. Der Krieg der Nazis gegen die Homosexuellen, Frankfurt a. M., New York 1991

PRIESTER, HARDY: Die Bedeutung der Gesellschaft zur Förderung und Pflege deutscher Kulturdenkmäler e.V.' für das SS-Projekt Wewelsburg, (Mag.arbeit) Bochum 1996.

ROSE, ROMANI, WALTER WEISS: Sinti und Roma im "Dritten Reich". Das Programm der Vernichtung durch Arbeit, Göttingen ²1993

RÜCKERL, ADALBERT (Hg.): Die Strafverfolgung von NS-Verbrechen 1945-1978. Eine Dokumentation, Heidelberg, Karlsruhe 1978

RUSSEL, STUART, JOST W. SCHNEIDER: Heinrich Himmlers Burg. Das weltanschauliche Zentrum der SS. Bildchronik der SS-Schule Haus Wewelsburg 1934-1945, Essen 1989

SCHMUHL, HANS-WALTER: Reformpsychiatrie und Massenmord, in: Michael Prinz, Rainer Zitelmann (Hg.): Nationalsozialismus und Modernisierung, Darmstadt ²1994, S. 239-266

SCHNEIDER, WOLFGANG (Hg.): "Vernichtungspolitik". Eine Debatte über den Zusammenhang von Sozialpolitik und Genozid im nationalsozialistischen Deutschland, Hamburg 1991 (Schriftenreihe des Hamburger Instituts für Sozialforschung)

SCHULZE-BERGE, FRANZ: Die Schutzhaft, ihr Begriff und ihre rechtlichen Grundlagen, (Diss.) Greifswald 1918

SCHWARZ, GUDRUN: Die nationalsozialistischen Konzentrationslager, Frankfurt a. M., New York 1990

SOFSKY, WOLFGANG: Die Ordnung des Terrors: Das Konzentrationslager, Frankfurt a. M. 1993

STEINBERG, HANS-JOSEF: Widerstand und Verfolgung in Essen 1933-1945, Hannover 1969 (Schriftenreihe des Forschungsinstituts der Friedrich-Ebert-Stiftung)

STOKES, LAWRENCE D.: Kleinstadt und Nationalsozialismus. Ausgewählte Dokumente zur Geschichte von Eutin 1918-1945, Neumünster 1984 (Quellen und Forschungen zur Geschichte Schleswig-Holsteins 82)

STREIM, ALFRED: Die Behandlung sowjetischer Kriegsgefangener im "Fall Barbarossa". Eine Dokumentation, Heidelberg 1981

STREIT, CHRISTIAN: Sowjetische Kriegsgefangene - Massendeportationen - Zwangsarbeiter, in: Wolfgang Michalka (Hg.): Der Zweite Weltkrieg, München, Zürich 1989, S. 747-760

STÜMKE, HANS-GEORG, RUDI FINKLER: Rosa Winkel, Rosa Listen. Homosexuelle und "Gesundes Volksempfinden" von Auschwitz bis heute, Hamburg 1981

STÜMKE, HANS-GEORG: Vom "unausgeglichenen Geschlechtshaushalt". Zur Verfolgung Homosexueller, in: Projektgruppe für die vergessenen Opfer des NS-Regimes in Hamburg e. V. (Hg.): Verachtet - verfolgt - vernichtet - zu den vergessenen Opfern des NS-Regimes, Hamburg ²1988, S. 46-63

THAMER, HANS-ULRICH: Verführung und Gewalt. Deutschland 1933-45, Berlin 1986 (Die Deutschen und ihre Nation 5)

TUCHEL, JOHANNES: Arbeit in den Konzentrationslagern im Deutschen Reich 1933-1939, in: Rudolf G. Ardelt, Hans Hartmann (Hg.): Arbeiterschaft und Nationalsozialismus in Österreich, Wien, Zürich 1990, S. 455-467

TUCHEL, JOHANNES: Die NS-Prozesse als Materialgrundlage für die historische Forschung. Thesen zu Möglichkeiten und Grenzen interdisziplinärer Zusammenarbeit, in: Peter Steinbach, Jürgen Weber (Hg.): Vergangenheitsbewältigung durch Strafverfahren? NS-Prozesse in der Bundesrepublik Deutschland, München 1984 (Akademiebeiträge zur politischen Bildung 12), S. 134-144

TUCHEL, JOHANNES: Selbstbehauptung und Widerstand in nationalsozialistischen Konzentrationslagern, in: Jürgen Schmädecke, Peter Steinbach (Hg.): Der Widerstand gegen den Nationalsozialismus. Die deutsche Gesellschaft und der Widerstand gegen Hitler, München, Zürich 1986, S. 938-953

TUCHEL, JOHANNES: Konzentrationslager. Organisationsgeschichte und Funktion der "Inspektion der Konzentrationslager" 1934-1938, Boppard am Rhein 1991 (Schriften des Bundesarchivs 39)

YOUNG, JAMES EDWARD: Beschreiben des Holocaust. Darstellung und Folgen der Interpretation, Frankfurt a. M. 1992 (Erstaufl. 1988)

ZIPFEL, FRIEDRICH: Kirchenkampf in Deutschland 1933-1945. Religionsverfolgung und Selbstbehauptung der Kirchen in der nationalsozialistischen Zeit, Berlin 1965

Abbildungsnachweis

Da das Kreismuseum Wewelsburg nicht in allen Fällen die Inhaber der Rechte an den reproduzierten Fotos ausfindig machen konnte, bittet es um Mitteilung bestehender Ansprüche.

Abb.-Nr.	Bildherkunft	Bildbesitzer/Fotograf
1	Kreismuseum, FA, Sig.: 1.4.3.4	Westfälisches Landesamt für Denkmalpflege, Münster
2	Kreismuseum, FA, o. Sig.	Royal Air Force, Großbritannien
3	Kreismuseum, FA, Sig.: 1.1.2.2.1	Walter Nies, Lippstadt
4	Kreismuseum, FA, Sig.: 1.4.3.8	Westfälisches Landesamt für Denkmalpflege, Münster
5	Kreismuseum, FA, Sig.: 1.4.7.1.1	Gisbert Gramberg, Georgsmarienhütte
6	Kreismuseum, FA, Sig.: 1.4.7.1.2	Gisbert Gramberg, Georgsmarienhütte
7	Kreismuseum, FA, Sig.: 1.4.7.1.2	Andreas Ruppert, Paderborn
8	Kreismuseum, FA, Sig.: 10.3	Westfälisches Landesamt für Denkmalpflege, Münster
9	Kreismuseum, FA, Sig.: 1.5.2.8	Emma Kloppenburg, Wewelsburg/Fotoarchiv SS-Schule Haus Wewelsburg
10	Kreismuseum, FA, Sig.: 1.5.2.5	Karl-Heinz Grote, Wewelsburg
11	Kreismuseum, FA, Sig.: 1.1.8	unbekannt
12	Kreismuseum, FA, Sig.: 1.4.3.5	Heinz Hartmann, Paderborn
13	Kreismuseum, FA, Sig.: 1.5.2.6	Addi Klohe, Offenburg
14	Kreismuseum, FA, Sig.: 1.5.2.6	unbekannt
15	Kreismuseum, FA, Sig.: 1.2.4	Karl-Heinz Grote, Wewelsburg
16	Kreismuseum, FA, Sig.: 1.1.2.2.3	H. Schubert, Wewelsburg
17	Kreismuseum, FA, Sig.: 1.5.2.8	Anneliese Büker, Wewelsburg
18	Kreismuseum, FA, Sig.: 1.5.2.8	Ernst Büker, Wewelsburg
19	Kreismuseum, FA, Sig.: 1.5.2.8	Privatbesitz
20	Kreismuseum, FA, o. Sig.	Royal Air Force, Großbritannien
21	Kreismuseum, FA, Sig.: 1.1.2.2.1	Rudolf Völmeke, Wewelsburg
22	Kreismuseum, FA, Sig.: 1.1.2.2.3	Adolf Porsch, Wewelsburg
23	Kreismuseum, FA, Sig.: 1.1.2.2.3	H. Kreuzberg
24	Kreismuseum, FA, Sig.: 1.1.2.2.1	unbekannt
25	Kreismuseum, FA, Sig.: 1.1.2.2.1	Ernst Büker, Wewelsburg
26	Kreismuseum, FA, Sig.: 1.1.2.1	Johannes Büttner, Wewelsburg
27	Kreismuseum, FA, Sig.: 1.1.2.2.3	Oswald Sander, Wewelsburg

28	StdA Bü, o. Sig./Kreismuseum, FA, Sig.: 1.1.4	Rolf & Co., Bad Nenndorf
29	Kreismuseum, FA, Sig.: 1.1.2.2.3	unbekannt
30	Kreismuseum, FA, Sig.: 1.1.2.2.3	Gilbert Eylan, Nivelles/Belgien
31	Kreismuseum, FA, Sig.: 1.1.2.2.3	Gilbert Eylan, Nivelles/Belgien
32	Kreismuseum, FA, Sig.: 1.1.2.1	Ernst Büker, Wewelsburg
33	StdA Lip, Bildarchiv W. Nies, Teil 1, 8570 Neg. 44/ Kreismuseum, FA, Sig.: 1.1.2.2.3	Walter Nies, Lippstadt
34	StdA Lip, Bildarchiv W. Nies, Teil 1, 8570 Neg. 43/ Kreismuseum, FA, Sig.: 1.1.2.2.3	Walter Nies, Lippstadt
35	Kreismuseum, FA, Sig.: 1.1.2.2.3	Fa. Herberg, Wewelsburg
36	Kreismuseum, FA, Sig.: 1.1.3	Kirsten John, Paderborn
37	Kreismuseum, FA, Sig.: 1.1.2.2.3	Gilbert Eylan, Nivelles/Belgien
38	Kreismuseum, FA, Sig.: 1.5.2.6	Anatoli Kikachin, Omsk/Rußland
39	Kreismuseum, FA, Sig.: 1.5.2.6	Friedel Ransenberg, Westbridgewater/USA
40	Kreismuseum, FA, Sig.: 1.5.2.6	Friedel Ransenberg, Westbridgewater/USA
41	Kreismuseum, FA, Sig.: 1.5.2.6	unbekannt
42	Kreismuseum, FA, Sig.: 1.5.2.6	Wolfram Czeschick, Wewelsburg
43	Kreismuseum, FA, Sig.: 1.1.2.2.4	Kirsten John, Paderborn
44	Kreismuseum, FA, Sig.: 1.5.2.6	Privatbesitz
45	Kreismuseum, FA, Sig.: 1.5.2.6	Privatbesitz
46	Kreismuseum, FA, Sig.: 1.1.2.2.2	Adolf Porsch, Wewelsburg
47	Kreismuseum, FA, Sig.: 1.5.2.6	Addi Klohe, Offenburg
48	Kreismuseum, FA, o. Sig.	Wachtturm-Gesellschaft, Selters/Taunus
49	Kreismuseum, FA, Sig.: 1.5.2.6	unbekannt
50	Kreismuseum, FA, Sig.: 1.1.2.2.4	Kirsten John, Paderborn
51	Kreismuseum, FA, Sig.: 1.4.3.4	Kreismuseum, Fotoalbum
52	Kreismuseum, FA, Sig.: 1.5.4	Franz Ruffing, Ahden
53	Kreismuseum, FA, Sig.: 1.2.4	Kirsten John, Paderborn
54	Kreismuseum, FA, Sig.: 1.5.2.6	Addi Klohe, Offenburg
55	Kreismuseum, FA, Sig.: 1.5.2.6	Addi Klohe, Offenburg
56	Kreismuseum, FA, Sig.: 1.5.2.6	Addi Klohe, Offenburg
57	Kreismuseum, FA, Sig.: 1.5.2.6	Addi Klohe, Offenburg
58	Kreismuseum, FA, Sig.: 1.5.2.6	Max Hollweg, Schlangen
59	Kreismuseum, FA, Sig.: 1.5.2.6	Max Hollweg, Schlangen
60	Kreismuseum, FA, Sig.: 1.5.2.6	Hartmut Scholz, Bröckel
61	Kreismuseum, FA, Sig.: 1.5.2.6	Hartmut Scholz, Bröckel

62	Kreismuseum, FA, Sig.: 1.5.2.6	Joachim Escher, Meinerzhagen
63	Kreismuseum, FA, Sig.: 1.5.2.6	Joachim Escher, Meinerzhagen
64	Kreismuseum, FA, Sig.: 1.5.2.6	Johannes Büttner, Wewelsburg
65	Kreismuseum, FA, Sig.: 1.5.2.6	Otto Preuss, s'Gravenwezel/Belgien
66	Kreismuseum, FA, Sig.: 1.5.2.6	Otto Preuss, s'Gravenwezel/Belgien
67	Kreismuseum, FA, Sig.: 1.5.2.6	Otto Preuss, s'Gravenwezel/Belgien
68	Kreismuseum, FA, Sig.: 1.5.2.6	Johannes Büttner, Wewelsburg
69	RZM (Fond 495/op. 205)	Kreismuseum/Scriptorium, Münster
70	Kreismuseum, Archiv, Sig.: 18/4/5/6	Kreismuseum/Scriptorium, Münster
71	Kreismuseum, FA, Sig.: 1.5.2.6	Heinz Schumann, Waldburg
72	Kreismuseum, FA, Sig.: 1.5.2.6	Heinz Schumann, Waldburg
73	Kreismuseum, FA, Sig.: 1.5.2.6	Heinz Schumann, Waldburg
74	Kreismuseum, FA, Sig.: 1.5.2.6	Zbigniew Jaworski, Szczecin/Polen
75	Kreismuseum, FA, Sig.: 1.5.2.6	Zbigniew Jaworski, Szczecin/Polen
76	Kreismuseum, FA, Sig.: 1.5.2.6	Johannes Büttner, Wewelsburg
77	Kreismuseum, FA, Sig.: 1.5.2.6	Irena Tatara, Piaseczno/Polen
78	Kreismuseum, FA, Sig.: 1.5.2.6	Irena Tatara, Piaseczno/Polen
79	Kreismuseum, Archiv, Sig.: 18/4/5/3	Irena Tatara, Piaseczno/Polen
80	Kreismuseum, FA, Sig.: 1.5.2.6	Mark Weidmann, New York/USA
81	Kreismuseum, FA, Sig.: 1.5.2.6	Georgina Sorm Beachell, Newark/USA
82	Kreismuseum, FA, Sig.: 1.5.2.6	Johannes Visser, Hengelo/Niederlande
83	Kreismuseum, FA, Sig.: 1.5.2.6	Annerose Schmeichel, Prenzlau
84	Kreismuseum, FA, Sig.: 1.5.2.6	Henriette Schwalm, Neheim-Hüsten
85	Kreismuseum, FA, Sig.: 1.5.2.6	Henriette Schwalm, Neheim-Hüsten
86	Kreismuseum, FA, Sig.: 1.5.2.6	Henriette Schwalm, Neheim-Hüsten
87	Kreismuseum, FA, Sig.: 1.1.2.2.3	Pfarrer Paul Kewitsch, Paderborn

Lagerplan

Als Vorlage für die Erstellung eines Lagerplanes des KZ Niederhagen dient der Gesamtplan für den Bau eines Kesselhauses im KZ Niederhagen vom 30. Januar 1943.[569]

Die mit Nummern versehenen Gebäude und Baracken hatten folgende Funktionen:[570]

Nummer	Häftlingslager
1	zunächst Häftlingsküche, Häftlingskammer und Krankenrevier, später Effektenkammer und Wohnblock
1a	Zusatzrevierblock
2	Wohnblock
3	Wohnblock
4	Wohnblock
5	Wohnblock
5a	Häftlingsküche
6	zunächst Tischlerei, später Wohnblock
6a	Bunker, Arrestgebäude
7	Wohnblock
8	Wohnblock
9	Wohnblock
10	Wohnblock
11	Krankenrevier, unterkellert
12	Wohnblock
(13)	fehlt, wurde nie gebaut
14	Wohnblock, nicht fertiggestellt
15	Krankenrevier
16	Wohnblock, nicht fertiggestellt

---

[569] Gesamplan für den Bau eines Kesselhauses (KA Pb).
[570] Die Zählung der eingezeichneten Nummern richtet sich weitgehend nach den in den Prozeßunterlagen betr. KL Niederhagen/Wewelsburg, Rep. 118 Nr. 855-935 vorgefundenen Angaben, teilweise wurden sie um neue Nummern ergänzt.

Industriehof

4a	Werkstatt, Wohnblock für das Restkommando
4b	Gemüse- und Kartoffelküche, Häftlingsküche für das Restkommando
18	SS-Krankenrevier, später in das SS-Lager verlegt
19	Pferdestall
20	Schweinestall
21	Munitionsbunker
22	Leichenhaus
23	Wäscherei
24	Maschinenhaus
25	SS-Garagen
26	Krematorium
W	Wachtürme
Z	Stacheldrahtzaun
FT	Feuerlöschteich

SS-Baracken-Reihe vor dem Häftlingslager

27	Torhaus
28	Schleuse
1b	Politische Abteilung
1c	SS-Bekleidungskammer und SS-Unterkünfte, später teilweise in das SS-Lager verlegt
2a	Diensträume der Lagerführung, SS-Schneiderei, Unterkunftsräume für SS-Wachleute, später in das SS-Lager verlegt
2b	SS-Küche, SS-Speisesaal
2c	Hundezwinger

SS-Lager

S1	Kommandantur
S2	Lagerverwaltung
S3	Geschäftszimmer der Wachtruppe, Zimmer des Einheitsführers
S4	SS-Revier
S5-9	SS-Blocks, nicht fertiggestellt
S10	Wirtschaftsgebäude, nicht fertiggestellt

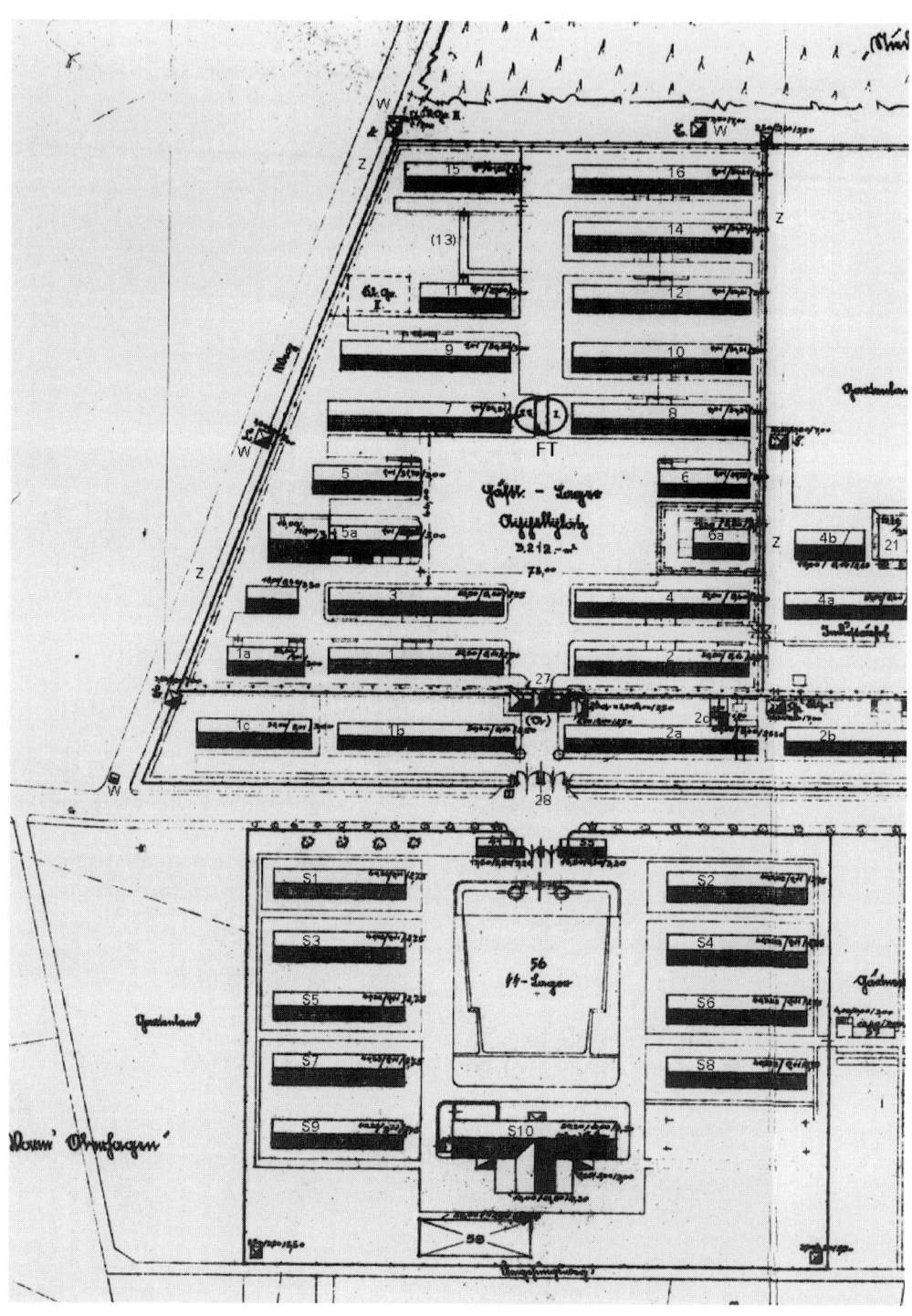

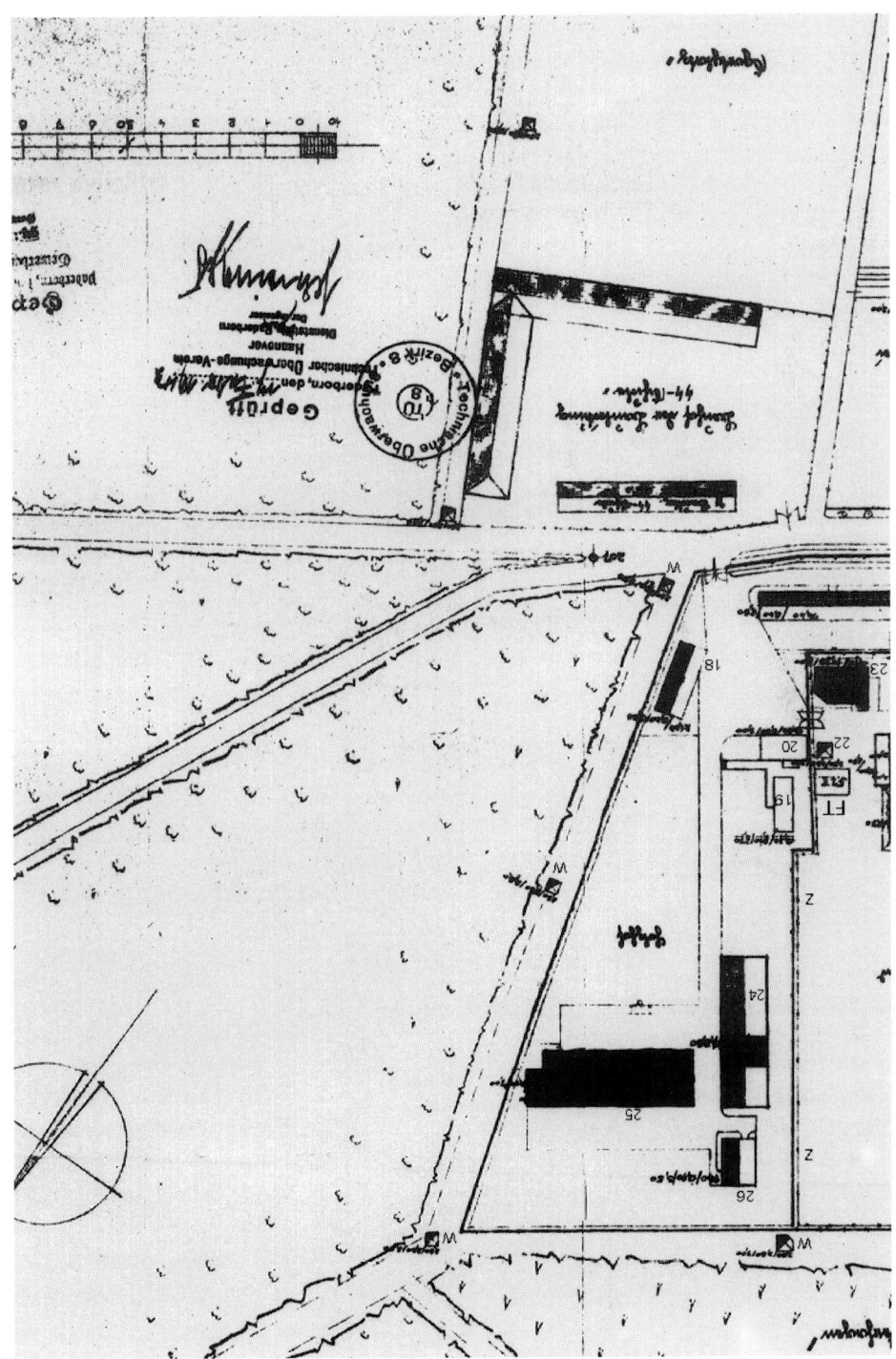